OTTO ZIERER
GROSSE ILLUSTRIERTE WELTGESCHICHTE

DER ERSTE WELTKRIEG UND DIE ZEIT DANACH

OTTO ZIERER

Große illustrierte Weltgeschichte

Der Erste Weltkrieg und die Zeit danach

HERBIG

Der Erste Weltkrieg und die Zeit danach
Band 19 der Ausgabe ZIERER · Große illustrierte Weltgeschichte

1981 by F. A. Herbig Verlagsbuchhandlung, München · Berlin
Bilder: Dr. Christian Zentner, München und Verlag Olde Hansen,
(aus «Kriege des 20. Jahrh.»)
Einbandgestaltung: Wolfgang Quaiser, Adliswil
Layout Farbtafeln: Walter Fitzi, Zürich
Fotosatz: Zobrist & Hof AG, Pratteln
Gedruckt in Deutschland durch Uhl, Radolfzell
Eine Produktion der Druck-Dienst AG, Feldmeilen/Schweiz
ISBN 3-7766-1062-X

Inhalt

Im Mahlstrom des Todes

Es ist Krieg – Weltkrieg!

Fronten zerschneiden den alten Erdteil Europa. Über die Weltmeere streben Schiffe, beladen mit Soldaten aller Nationen, dem Brandherde zu.

Am 28. Juli 1914 war die Kriegserklärung von Österreich-Ungarn an Serbien erfolgt, am 1. August diejenige von Deutschland an Rußland.

Sie waren ausgezogen: Deutsche, Engländer, Franzosen, Russen, Italiener und ein paar Dutzend andere Völker – die Welt zu verwandeln. Aber der Krieg verwandelte sie. Die befreite Kampflust des Jahres 1914 war in Blut und Eisen der Materialschlachten erstickt. Ein Unsichtbarer hatte den Feldherren die Zügel aus den Händen genommen. Niemand mehr – weder auf dieser noch auf jener Seite der Front – führte. Alle wurden geführt: vom Schicksal, von der zur Springflut aufgepeitschten Geschichte, von unübersehbaren Gewalten, die, einmal entfesselt, nicht mehr zu bändigen waren.

Dieser Krieg zeigte ein anderes Gesicht, als es die Menschheit je vordem gesehen hatte. Das war kein Kampf mehr, den Fürsten oder Dynastien, Feldherrn oder Eroberer gegeneinander führten, es war ein vulkanischer Ausbruch von Elementargewalten.

Insgesamt waren während des Krieges weltweit über 71 Millionen Menschen mobilisiert, davon ca. 32 Millionen auf seiten der Mittelmächte.

Dieser Krieg trug keine bunten Farben mehr, er war feldgrau oder khakibraun geworden wie die Heere, die er in Bewegung setzte. Seine Helden versanken im Gewühl der Massen, im Strom des Materials, im Rohstoff, in Kolonnen tollwütiger Maschinen, in Tabellen, Ziffern, Berechnungen. Es war ein Krieg ohne Fahnen, Kavallerieattacken, Militärmusik und Romantik, nur noch ein zähes Ringen weltweiter Wirtschafts- und Herrschaftssysteme, in dem der Besitz von Stahl, Kupfer, Kohle, Industriegebieten und Märkten die Entscheidung bringen mußte.

In diesen Mahlstrom einer vernichtenden Technik aber wurde der Mensch geworfen – der Mensch der hochzivilisierten bürgerlichen Ära –, und er versank in den Strudeln. Das Dröhnen solchen Weltgerichts erweckte die Kontinente jenseits der Meere, die Kolonialimperien, die farbigen te jenseits der Meere, die Kolonialimperien, die farbigen Völker, ja, die Unterdrückten aller Länder. Der Krieg trieb zu anderen Zielen als denen, die seine Väter ihm vorgeschrieben hatten.

*

Frühjahr 1916. Über dem Ruhrgebiet verlieren sich keine Stunde mehr die grau-braunen Rauchsäulen und -schwaden der unzähligen Schornsteine und Hochöfen. Es wird in drei Schichten gearbeitet: Der Moloch Krieg verschlingt ungeheure Mengen Material. Seit Februar versucht Moltkes Nachfolger, General von Falkenhayn, den Gegner vor Verdun mit seiner Abnutzungsstrategie zu zermürben. Immer neue Armeen wirft er gegen die zäh verteidigte Festung. Das Ringen um die Bastion wird 700 000 Menschen das Leben kosten.

General Erich von Falkenhayn übernahm am 14.9.1914 das Kommando.

Schlacht um Verdun vom Februar bis Oktober 1916.

Die Somme-Offensive vom Juli bis November 1916.

An der Somme bereiten die Alliierten die gewaltigste Schlacht der Weltgeschichte vor. Sie häufen unvorstellbare Massen Artillerie, Munition, Millionenheere, Flieger, technische Hilfsmittel an, um den Durchbruch durch die erstarrte Front zu erzwingen. Offensiven der Russen, vom Weichselbogen bis zu den Karpaten, der alliierten Salonikiarmee und der nun gegen die Mittelmächte in den Kampf getretenen Italiener künden sich an. In Deutschland aber beginnen die Rohstoffe und vor allem die Lebensmittel knapp zu werden. Die Menschenreserven schwinden im Feuer der Materialschlachten.

Die Industriezentren Frankreichs in Le Creusot, Roubaix und Paris, Englands in Sheffield, Leeds, Birmingham und London, Amerikas in Pittsbourgh und Detroit arbeiten auf Hochtouren. Ein mörderischer Wettlauf der Produktion ist im Gange, ebenso wie an der Front werden in den Fabriken Schlachten gewonnen – oder verloren.

Darum brodelt Tag und Nacht der Rauch über der Ruhr, darum liegt es wie ein einziger Donner über den Werkhallen der deutschen Waffenschmiede. Unter erblindeten Glasdächern langgestreckter Schuppen laufen die Drehbänke, an denen abgehärmte Frauen mit Kopftüchern stehen und Granatrohlinge herstellen. In den rußigen Hallen glühen die Martinöfen, an der Walzenstraße faucht und gleißt das ausgestoßene Bandeisen unter den Zangen schurzfellbekleideter Männer, Pressen knirschen und ächzen, Dampfhämmer schmettern auf Panzerplatten.

Hoch oben am Kranz eines Hochofens rollen bärtige, in Sackleinen gekleidete Männer die Kipploren. Dort häufen sich Erz und Koks. Kaum sind die Arbeiter zurückgetreten, so hebt eine unsichtbare Kraft die Klappe, die Ladung stürzt in den Trichter, Feuerzungen fahren gen Himmel, schwarzer Qualm wolkt auf.

Ein Landwehrmann treibt die Männer an, die gebannt in den Höllenschlund starren.

Die Landwehr umfaßte alle nicht zur Linie eingezogenen Soldaten bis zum 39. Lebensjahr.

«Vorwärts! Weiter! Schneller!»

Die Zeit ist kostbar, die Front schreit nach Kanonen, Granaten, Stahl ...

Diese Hochofenarbeiter sind gefangene Russen. Vor wenigen Jahren noch waren sie Bauern, die ein Ukas des Zaren aus ihrer stillen Hügelheimat an der Moskwa, aus den weiten Getreidefeldern der Ukraine, von den schwermütigen Ufern des Don zu den Waffen rief. Seither leben sie von Kartoffelsuppe, Krautblättern, schwarzem, mit Kleie versetztem Brot – hinter ihnen liegen Kampf, Verwirrung, Waffenstreckung und Gefangennahme. Manche haben die Füße mit Lumpen umhüllt, denn dieses schwer ringende Deutschland ist zu arm, seinen Gefangenen Schuhe zu geben.

Ukas, ein Erlaß bzw. eine Verordnung des Zaren.

Die Öfen speien Feuer, die Hallen dröhnen. In einer Betonschlucht werden Geschützrohre zentriert. Überall stehen Posten mit geladenen Gewehren: Die Arbeiter sind hier Zivilgefangene aus Belgien, gefangene Russen oder deutsche Strafsoldaten.

Es muß mehr produziert werden, der Krieg frißt täglich Berge kostbarer Rohstoffe.

Die Sirenen heulen zum Schichtwechsel. Ein Strom menschlicher Körper, eine graue Masse wälzt sich zum Werkstor. Unter den Wartenenden auf der Straße steht ein großer, blonder Soldat in der Uniform eines Maschinenmaats von «SMS Pommern». Die «Pommern» ist ein 13 000 Tonnen großer Schlachtkreuzer, der 1905 gebaut wurde. Jetzt liegt er – wie die gesamte Hochseeflotte – meist am Kai in Wilhelmshaven. Die sozialdemokratischen Blätter schreiben, was jeder denkt. Zuerst hat der Kaiser das teure Spielzeug der Flotte gebaut und damit Englands Todfeindschaft herausgefordert. Jetzt aber, da die Schiffe sich bewähren sollen, liegen sie angekettet in Kiel und Wilhelmshaven. Warum kämpft die Flotte nicht wie das Heer und die Luftwaffe?

Hein Kröger, der Maat, ist einundzwanzig Jahre alt, von Beruf Dreher und seit acht Tagen in Urlaub. Mutter und Braut arbeiten bei Thyssen, Vaters Lohn allein reicht nicht zum Leben. Der Vater fährt zu Berge und macht trotz seiner fünfzig Jahre noch Überschichten. Aber alles ist teurer geworden, Brot gibt es auf Karten, auch Fleisch wird zugeteilt, neuerdings sind es wöchentlich nur noch 250 Gramm. Das übrige muß schwarz gekauft werden.

Die Thyssen-Hütte war 1890 als gemischtes Hüttenwerk von August Thyssen gegründet worden.

Lebensmittelkarten wurden seit 1916 ausgegeben.

Wenn man als Urlauber sehen muß, daß die Angehörigen daheim wie Sklaven werken, dabei hungern und sich zugrunde richten, so hebt das nicht gerade jenen Geist der Truppe, den jede Woche einmal der Kapitänleutnant mit den so oft gehörten Phrasen aufzupulvern versucht. Und wenn die Matrosen am Ende solcher Ansprachen auch gehorsam das dreifache Hurra! auf Seine Majestät ausbringen, so murren sie doch bei all dem sinnlosen, zermürbenden Exerzierdienst, dem sie nun schon im dritten Jahr unterworfen sind. Mit der im Offizierskasino gereichten Verpflegung natürlich läßt sich das aushalten!

Daran denkt Hein Kröger, wenn er rings um sich die altklugen Kindergesichter der Halbwüchsigen vorm Werkstor stehen sieht. Die Jugend wächst mit Eichelkaffee, Krautsuppe, Runkelrübengemüse, Kartoffelschalenbrot heran und trägt Kleider aus Brennesselstoff. Das große Schlagwort der Zeit heißt «Ersatz» – alles ist im blockierten Deutschland ersetzt, nur für den Menschen finden die weisen Leute in den Laboratorien noch keinen Ersatz.

Scharen von Frauen und Mädchen schieben sich aus dem Werk. Sie tragen meist Handschuhe, halten Tücher vor die Gesichter oder haben Schleier vorgezogen. Das sind die «Kanarienvögel» – wie man sie scherzhaft nennt. Sie arbeiten in der Abteilung, in der die Granaten mit Gas oder Ekrasit gefüllt werden. Ihre Haut ist durch den Umgang mit den Chemikalien safrangelb geworden, viele husten und spucken Blut. Keine von ihnen – so sagt man – wird jemals Kinder gebären können.

Ekrasit ist ein Sprengstoff aus Pikrinsäure unter Zugabe von Nitronaphtalin.

Dann wieder kommen Arbeiterinnen aus der Dreherei. Mutter Kröger und Heins Braut sind dabei. Langsam zieht der Maat das Telegramm aus der Tasche, das er heute bekommen hat: «Sofort zur Truppe zurück!» Das ist eine schlimme Nachricht für die Frauen.

Sie stehen benommen am Rande des Menschenstromes und blicken sich schweigend an. Weiße Schwaden ziehen aus dem Werk, ein Hochofen schluckt seine Ladung ein, und Gluthauch weht über die graue Stadt, als habe der Moloch Krieg selber den Rachen aufgerissen.

*

Als Hein Kröger in Wilhelmshaven eintrifft, findet er das Geschwader in Alarmbereitschaft. In der Nacht kommt der Befehl zum Auslaufen.

Wieder eine der üblichen Demonstrationen, sagen die Matrosen, ein Ausflug ins «nasse Dreieck», Exerzieren, Spazierenfahren, damit England nicht völlig vergißt, daß es eine deutsche Hochseeflotte gibt.

Im Morgengrauen stoßen die Schlachtkreuzer aus der Jadebucht in die langsam rollende Dünung der Nordsee. Von Osten her kriechen andere Ungetüme, mit langen Rauchfahnen überm Heck, heran. Es scheint alles unterwegs zu sein, was Gefechtswert besitzt. 22 Schlachtschiffe, 5 Panzerkreuzer und ganze Schwärme von Torbedobooten, Zerstörern und Depotschiffen sind ausgelaufen. Die Flotte formiert sich mit Kurs Nord und stampft mit 18 Seemeilen Fahrt in den aufziehenden Tag. Wie eine braune Nebelbank treibt der Rauch der Schornsteine nach Steuerbord.

45 000 Männer fahren in dieser schwimmenden Stadt aus Stahl ins Meer hinaus, das grau und unabsehbar heranrollt. Wie ein Netz unsichtbarer Nerven liegen Funkverbindungen über dem dahinziehenden Organismus der Flotte. Fühlern gleich strecken sich die Rudel der kleinen Kreuzer vor den Marschweg, dahinter folgt ein dichter Schleier von Torpedobooten. Das Haupt dieses Riesenleibes bildet das Geschwader der fünf Panzerkreuzer, um die herum sichernde kleine Einheiten schwärmen.

Meilenweit dahinter aber schäumt und tost die See, aufgewühlt von den breiten, stählernen Brüsten der Schlachtschiffe. Das Gros stampft gleich Urweltungeheuern auf der Spur der Vorhuten nordwärts.

An Bord wird mit Manöverkartuschen exerziert, der Schweiß rinnt in Strömen. So läuft die deutsche Flotte in weit geöffneter Fächerformation nordwärts, entlang der dänischen Küste und erreicht am frühen Nachmittag mit ihrer Spitze die Höhe von Skagerrak. Im Osten steht flach der jütische Strand.

Das Folgende nach amtlichen Verlautbarungen der Agentur Reuter vom 3. Juni 1916 und des Wolffschen Telegraphenbüros vom 2./3. Juni.

Der kleine Kreuzer «Elbing» ist am weitesten nach links, in die freie Nordsee, vorgeschoben. Er sichtet einen dänischen Frachter, fordert ihn zum Stoppen auf und schickt eine Kontrolle an Bord. Der beigedrehte Steamer läßt Dampf ab, der wie eine ballige Gewitterwolke gen Himmel steigt.

Das ist das Zeichen zum Beginn ...

*

Von Westen her über die graue Nordsee wühlt sich um diese Zeit eine noch größere Flotte gegen die Spitze Jütlands. Die Home-Fleet Englands mit 28 Großkampfschiffen und 15 Panzerkreuzern, umgeben von einem Schirm aus 20 Kleinen Kreuzern und mehr als 100 Zerstörern, nimmt bei rund 240 km Entfernung im rechten Winkel Kurs auf die Deutschen.

Home-Fleet, die in den englischen Häfen stationierte Flotte.

Gegen 3 Uhr nachmittags sichtet der britische Kreuzer «Galatea» am Rande des östlichen Horizonts die aufquellende Dampfwolke des Dänen, pirscht sich näher heran und erspäht die nahende deutsche Flotte. Funksprüche zucken durch den Äther, Flaggensignale wechseln von Bord zu Bord. Die Vorhuten behalten Fühlung, hinter dem dichten Rauchschleier der Leichten Kreuzer und Torpedoboote marschieren mit schäumendem Bug die schweren Einheiten auf.

Die Gefechtsglocken läuten. Das Kommando «Schiff klar zum Gefecht!» ertönt, Bootsmannspfeifen trillern.

Durch riesige Entfernungen getrennt, stehen die Admirale in gepanzerten Türmen, lesen die Meldungen der Morsestationen und beugen sich über die Seekarten. Im Westen ist es Sir Beatty, der Führer der Vorhut, und hundert Kilometer hinter ihm Admiral Jellicoe, der Chef der «Grand Fleet»; näher der jütischen Küste sind es Admiral Hipper und der Chef der Hochseeflotte, Admiral Scheer.

David Beatty (1871-1936) war 1916-19 Chef der großen Flotte, 1919-27 Erster Seelord.

John Rushword Jellicoe (1859-1935), 1912-14 2. Lord der Admiralität, 1914-16 Chef der großen Flotte.

Admiral Franz Hipper (1863-1932), 1913-18 Führer der Aufklärungsstreitkräfte, vom August bis November 1918 Kommandeur der Hochseestreitkräfte.

Admiral Reinhard Scheer (1863-1928) wurde 1916 Chef der Hochseeflotte, 1918 Chef des Admiralstabes.

Auf 20, 18, 15 Kilometer Entfernung laufen nun die Panzerkreuzer der Vorhut parallel zueinander auf Nordkurs. Ein leichter Wind verjagt die Rauchbänke, in den Entfernungsmessern werden die grauen Riesenleiber der feindlichen Einheiten deutlich. Hunderte von Geschützführern halten den Finger am Feuerknopf. Tausende von Matrosen stehen an den Granataufzügen, den Loren, den Sehschlitzen der gepanzerten Türme. Langsam drehen sich die Zwillingsrohre nach den Zielen.

In den Unterwasserräumen der Schiffe brennt das elektrische Licht, die Feuermäuler der Kessel flammen, halbnackte Heizer schaufeln Kohle, Maschinisten rennen mit Ölkannen an die Lager und Wellen. Hinter den Panzerplatten rauscht das grüngraue Wasser der Nordsee, lauert der Tod.

Wie Blutkörperchen in den Adern eines fiebernden Körpers, so pulsieren Menschen in den Schächten, Gängen und Türmen der von Kampfgier bebenden Stahlleiber. Hinter den Sehrohren und Meßinstrumenten wachen tausend Augen. Langsam geht die blutrote Flagge an Hippers Führungsschiff hoch, die Feuerglocken rasseln.

Hein Kröger hat wie seine 45 000 Kameraden Gefechtsposition bezogen – weit unten im Bereich der sausenden Kolben, schwingenden Räder und Gestänge, wo blauer Stahlglanz und kaltes Kunstlicht zusammenflammen. Die «Pommern» ist ein altes, unzureichend gepanzertes Schiff. Aber auch sie muß ins Gefecht.

Eine Detonation läßt alles erzittern: Die Türme feuern. Dann hämmert es wie Faustschläge der See an die Panzerplatten: Einschläge der Briten. Rings um das Schiff springen grüne, gespenstische Säulen aus Wasser in die Höhe.

Wenn eine dieser schweren Granaten durchschlägt, eine Munitionskammer trifft – dann ist alles zu Ende. Jetzt hat Hein Kröger kein persönliches Schicksal mehr, jetzt ist er nur noch ein Blutkörperchen. Er lebt oder stirbt mit der «Pommern» , mit der Flotte.

Seine Pflicht ist es, ein kleines Meßinstrument zu beobachten und Öl auf die Welle zu gießen. Dazwischen denkt er an zu Hause.

*

Ein paar Britenschiffe stehen eingehüllt in braunen, rotdurchzuckten Qualm. Auf dem Panzerkreuzer «Seyd-

Die Schlacht vor dem Skagerrak war nach Gefechten bei Helgoland und an der Doggerbank das letzte Aufeinandertreffen der englischen und deutschen Flotte im Ersten Weltkrieg.

litz» durchschlägt eine Granate den Geschützturm, ein greller, unerträglicher Lichtschein huscht über das Verdeck. Im Innern des Turmes verdampfen 80 Mann Bedienung in Hitzegraden, die genügten, Eisen zu schmelzen. Die Zwillingsrohre starren tot zum Himmel.

Alle zwanzig Sekunden eine Salve aus allen Geschützen.

Die Männer haben aufgehört, Menschen mit eigenen Schicksalen zu sein, sie bewegen ihre Glieder, wie es Maschinen tun, alles ist eingelernt, genormt, ein einziges Ineinandergreifen, um die Mäuler der Kanonen zu füttern.

Die Luft scheint eine Glocke zu sein, die bersten will, ein rasender, alles durchdringender Donner, Schlag auf Schlag fallen die Abschüsse. Purpurn zuckt das Licht der Mündungsfeuer in das Innere der Panzertürme. Und manchmal halten die Menschen den Atem an, wenn die elementaren Schläge der Explosion die Schiffsrümpfe treffen.

Torbedoboote greifen wie Hornissen an, ziehen schäumende Bahnen. Brennende, weißglühende Schiffsriesen stehen als Fackeln am Horizont. Die «Infatigable» explodiert, 1017 Mann sind in Sekundenfrist in der Ewigkeit. Schweres Feuer liegt auf «Queen Mary», Flammen schlagen wie eine Haube über den Masten zusammen – in einer Pause, in der die Kanonen Atem zu holen scheinen, weht es übers Meer: «God save the King!»

Die da drüben gehen singend auf Grund.

Das Führungsschiff Admiral Hippers, die «Lützow», brennt und schert aus der Kiellinie. «Von-der-Tann» wälzt sich unter schweren Treffern, die aus blauem Himmel fallen. Die Hauptflotte Jellicoes kommt auf, die überlegenen Großkampfschiffe greifen ein.

Die Schlacht endete trotz größerer britischer Verluste unentschieden.

Jetzt erst beginnt die Schlacht der Giganten.

Es ist der 31. Mai 1916.

*

Bis tief in die Nacht donnert der Himmel: Ein riesenhaftes Halbrund flammender Schlünde ist über die Nordsee ausgespannt. Das sind die feuernden Breitseiten der Schlachtschiffe. Trümmer und Rettungsboote treiben durch die Dunkelheit.

Unter dem Schutz der Finsternis löst Admiral Scheer seine Einheiten von dem stark überlegenen Gegner und läuft auf Südkurs, seiner Basis entgegen. Das Meer ist tintenschwarz. Manchmal tauchen aus seiner Tiefe bleiche Gesichter auf, blutige Leiber werden hochgetragen und versinken wieder. Man vermag nicht zu erkennen, ob es Engländer oder Deutsche sind. Es sind nur noch getötete Menschen: vielleicht ein Dreher aus Leeds, ein pommerscher Bauernsohn, ein Kupferschmied aus Bayern, ein Seemann aus Liverpool. Keiner hat je den andern gekannt.

Hein Kröger, der von Bord der zerschossenen «SMS Pommern» gesprungen ist, hat sich mit einigen Kameraden auf eines der Notflöße retten können. Im Schein des ersten Morgenrots wird er von einem deutschen Zerstörer aufgefischt.

Am 5. Juni – sechs Tage nach der großen Seeschlacht – erscheint der Kaiser in Wilhelmshaven, um seiner Flotte zu danken. Fahnen wehen von den Häusern, Girlanden sind um Balkone und Mauern geschlungen, Militärkapellen spielen aufrüttelnde Märsche, und die Menge schreit Hurra. Deutschland ist voller Begeisterung über Haltung und Leistung seiner «blauen Jungens» in der Skagerrakschlacht. Während auf Reede und in den Docks die angeschlagenen und ramponierten Panzerschiffe liegen, treten Matrosen und Maschinenpersonal vor ihrem Obersten Kriegsherrn an.

Kaiser Wilhelm II. (1859-1941) hatte in seiner Bewunderung für das England seiner Großmutter den deutschen Flottenbau stark vorangetrieben.

Kaiser Wilhelm spricht:

«Der erste gewaltige Hammerschlag ist getan, der Nimbus der englischen Weltherrschaft geschwunden. Wie ein elektrischer Funke ist die Nachricht durch die Welt geeilt und hat überall, wo deutsche Herzen schlagen, und auch in den Reihen unserer tapferen Verbündeten beispiellosen Jubel ausgelöst. Das ist der Erfolg der Schlacht in der Nordsee. Ein neues Kapitel der Weltgeschichte ist von euch aufgeschlagen ...»

Rede Kaiser Wilhelms vom 5.6.1916.

Drei Tage vordem sind in Massengräbern diejenigen der 9526 Toten der Schlacht beerdigt worden, die auf den Schiffen heimkehrten. Die Blockade Deutschlands aber, seine Aussperrung von den Rohstoffen und von den Lebensmittelmärkten der Welt, ist weder gesprengt noch gelockert.

Die englische Admiralität meldet amtlich:

«Der Oberkommandierende der Großen Flotte gibt bekannt, daß am 31. Mai eine Seeschlacht zwischen der

Telegramm der Agentur Reuter vom 3.6.1916.

Homefleet und der deutschen Hochseeflotte stattgefunden hat. Der Gegner wurde in seine Häfen zurückgewiesen und erlitt schwere Verluste. Auch die britische Flotte hat einige Einheiten eingebüßt.»

*

Trotz dem Erfolg in der Seeschlacht bleibt die deutsche Kriegsführung unentschlossen und ziellos. Bei Kriegsausbruch hatte der Kaiser vor dem zusammengerufenen Reichstag die Einigkeit der Volkes gefeiert:

Aufzeichnung des Reichspresse-Chefs Dr. Hamann.

«Sie haben gelesen, Meine Herren, was Ich zu Meinem Volke von dem Balkon des Schlosses aus gesagt habe. Ich wiederhole: Ich kenne keine Parteien mehr, Ich kenne nur noch Deutsche ...»

Diese neue Brüderschaft war von den Parteivorständen und dem Kaiser durch feierlichen Handschlag besiegelt worden. Auch der Führer des Sozialdemokratischen Partei hatte sich dem Gelöbnis angeschlossen.

Nicht lange vorher hatte der Kaiser die Sozialdemokraten «eine Rotte von Menschen, nicht wert, den Namen Deutsche zu führen» oder «vaterlandslose Gesellen» genannt. Das schien von beiden Seiten vergessen. Der allgemeine und tiefgehende Begeisterungssturm der Aufbruchzeit von 1914 hatte alle Ressentiments aus Hütten und Palästen hinausgeweht.

Jetzt aber, da der Krieg immer schwerer auf der Nation, besonders auf den arbeitenden und kämpfenden Massen lastet, beginnen die alten Spannungen sich wieder gefährlich aufzuladen. Der Kaiser, dessen laute und prahlende Stimme vordem allzuoft die Welt beunruhigt hatte, ist – seit es hart auf hart geht – recht still geworden. Seine Haltung ist schwankend, unsicher, widerspruchsvoll.

Aus Graf Reventlow, «Von Potsdam nach Doorn».

Theobald von Bethmann Hollweg (1856-1921) wurde 1907 Staatssekretär des Reichsamts des Innern, 1909 Reichskanzler und preußischer Ministerpräsident.

«Desto mehr tritt der Reichskanzler Bethmann Hollweg in den Vordergrund, der Mann, dessen gesamte Außenpolitik mit dem Tage der Kriegserklärung Großbritanniens nach seinen eigenen Worten ‹wie ein Kartenhaus zusammengestürzt war›.»

Dieser Kanzler ist der Repräsentant der Deutschland beherrschenden Schicht. Diplomaten, hohe Beamte, Hochschullehrer, aber auch einzelne Fürstenhöfe und vor allem die ganze Bank- und Geschäftswelt stehen hinter ihm.

Bethmann Hollweg und seine Freunde träumen immer noch von einer Verständigung mit England und hoffen, sie durch gewisse Rücksichtnahmen in der Kriegführung erkaufen zu können. Mit dieser Gruppe sympathisiert im geheimen auch der Kaiser, dessen alte Haßliebe zu England ihn immer in einem lähmenden Zwiespalt gefangenhält. Die Schlacht von Skagerrak bedeutet für diese Politiker ein gefährliches Hemmnis auf dem Weg zu ihrem Ziel. Gleich nach der schallenden Triumphrede Seiner Majestät versammelt Reichskanzler von Bethmann Hollweg in Wilhelmshaven die Admirale und erklärt ihnen kategorisch, «so etwas dürfe nicht wieder vorkommen, die Sache sei noch einmal glimpflich abgelaufen, doch die Schlacht erschwere die Verständigung mit England ...»

Nach einer Mitteilung des Admirals Bachmann vom Juni 1916.

Es gibt jedoch auch eine Kriegspartei, die unter Einsatz aller Mittel die militärische Entscheidung erzwingen will. Exponent dieser offensiven Gruppe in der Marine ist der Schöpfer der deutschen Flotte, Großadmiral von Tirpitz. Die schwankende Politik der kaiserlichen Regierung hat gegen seinen Willen mit halbfertiger und zahlungsmäßig zu geringer U-Bootwaffe den «gemäßigten» U-Bootkrieg ein Jahr zu früh – 1915 – eröffnet. Andererseits aber ist der Einsatz der Hochseeflotte wie auch der unbeschränkte U-Bootkrieg immer wieder verweigert worden. Im Kampf solcher Widersprüche hat Tirpitz im März 1916 den Abschied nehmen müssen.

Alfred von Tirpitz (1849-1930) wurde 1911 Großadmiral.

Der kaltgestellte Großadmiral schreibt um diese Zeit:

«Ich sehe nur ein Mittel: Der Kaiser muß auf acht Wochen oder mehr sich krank melden, an Stelle Bethmann Hollwegs muß Hindenburg kommen und diesem alles unterstellt werden, zugleich Heer und Marine ...»

Brief des Großadmirals Tirpitz vom Juli 1916.

Tripitz vertritt die Meinung der Generale. Bedauerlich bleibt nur, daß die zur Macht strebende Militärbürokratie zwar strategische, aber keinerlei politische Pläne bereithält. Gleichwohl verhilft die rasche und bedrohliche Entwicklung der Lage dem Kreis um Hindenburg bald zu den gewünschten Positionen.

*

«So soll es noch lange dauern – ein Kampf grimmigster Art von den bittersten Haßgefühlen geschürt, die Europa seit Jahrhunderten gekannt. Eine jede der kriegführenden Parteien sucht ihre Hilfsmittel aus allen Teilen der Welt zu verstärken: Truppen, Geld, Waren und nicht zuletzt geistige und moralische Faktoren. Von beiden Seiten wird alles aufgeboten, um Haß gegen die anderen zu säen, und auf keiner von beiden hat man Geduld mit den Lauen und Zweifelnden.»

Aus Upton Sinclair, «Weltende».

Wenn der Wind von Westen kommt, liegt über dem Sommerhimmel der deutschen Städte bis tief nach Bayern hinein anhaltendes, fernes Donnergrollen. Die zur Erntehilfe eingesetzten Schulkinder heben die Köpfe und horchen. Sie wissen, daß dieses Rollen und Murren von den Vogesen herüberkommt und vielleicht auch weither aus der «Todesmühle von Verdun»: aus jener Mondkraterlandschaft um Fort Vaux und Douaumont, die fast ständig unter den Rauchpilzen des Trommelfeuers liegt und in der jede Minute Hunderte von Menschen sterben. «Verdun» lastet wie ein Alpdruck auf der Seele des deutschen Volkes.

Auch an der Somme geht es hart auf hart. Was die illustrierten Zeitungen an Bildern bringen, läßt ahnen, daß dort die Hölle rast.

Von der italienischen Front wird das gute Voranschreiten der österreichischen Offensive gemeldet. Der österreichische Generalstabschef Conrad von Hötzendorff scheint diesmal Schluß mit den Italienern zu machen. In dieser Stunde bricht der Russensturm in Galizien los. General Brussilow wirft fast zwei Millionen Mann in den Kampf. Alle Reserven müssen nach Osten – Italien ist gerettet. Gleichzeitig tritt das bisher schwankende Rumänien mit seiner gut ausgerüsteten Armee gegen die Mittelmächte in den Krieg. Die entlasteten Italiener greifen in einer Reihe von Isonzoschlachten an und stoßen gegen Tirol vor, das von Standschützen – Sechzehn- und Sechzigjährigen – verteidigt wird. Alle Fronten wanken, die Stunde der Generale steigt herauf.

Die Kriegserklärung Rumäniens erfolgte am 27. August 1916.

Unter dem Druck der öffentlichen Meinung tritt der volkstümlichste Heerführer, Generalfeldmarschall von Hindenburg, an die Spitze der OHL und des Generalstabs, Ludendorff wird sein Generalquartiermeister. Die neue

Am 29. August 1916 übernimmt Ludendorff die Spitze der OHL.

Führung greift sofort auch in die politischen und wirtschaftlichen Belange ein. Das «Hindenburgprogramm» zwingt die private Wirtschaft zum Kriegsdienst: Jetzt gibt es Zivildienstpflicht, Rohstofferfassungsgesetze, Zwangswirtschaft und Kriegsanleihen. Und das Wunder geschieht: Die neue OHL bringt alle feindlichen Offensiven zum Stehen. Sogar Rumänien, gegen dessen 150000-Mann-Armee man nur noch einige, im Westen unverwendbare Kavalleriedivisionen und wenige Hilfstruppen einsetzen kann, wird in raschem Zuge unter Falkenhayn und Mackensen überrannt und geschlagen.

Erich von Falkenhayn (1861-1922) war seit 1913 preußischer Kriegsminister.

Wieder flattern in Deutschland und Österreich die Siegesfahnen von den Balkonen, die Glocken läuten, und die Kinder haben schulfrei. Aber der politische Horizont erhellt sich dadurch nicht. Der Himmel bleibt bedeckt von Wolken lastender Schwere. Aus ihrem Geschiebe brauen sich neue Unwetter zusammen.

Im Oktober erschießt der sozialdemokratische Politiker Dr. Friedrich Adler den österreichischen Ministerpräsidenten Grafen Stürgkh. Und am 21. November 1916 schließt der greise Kaiser Franz Joseph – das inmitten seiner Völker schon sagenhaft gewordene Oberhaupt des zerbröckelnden Donaureiches – die Augen für immer. Eine Epoche, die 1848 mit Franz Josephs Trohnbesteigung begonnen hat, geht zu Ende. Die Risse der Monarchie treten schärfer hervor, die Widerstandskraft läßt nach.

Aber auch Rußland scheint friedensbereit. Ein neues Kabinett des Zaren neigt der Verständigung mit den Mittelmächten zu.

Es handelt sich bei dieser neuen Regierung um das Kabinett Stürmer.

In diese undurchsichtige Situation fällt die Forderung der deutschen OHL nach Errichtung eines «selbständigen», das heißt von Deutschland abhängigen Polen. Diese von Bethmann Hollweg unterstützte politische Unklugheit bedeutet den sofortigen Abbruch der deutsch-russischen Verständigungsversuche.

Ludendorff gewinnt in dem neuen Königreich Polen zwar ein Depot zur Einziehung von Rekruten – was bedeutet das jedoch gegenüber der beinahe schon greifbaren, nun aber verlorenen Möglichkeit einer Rückenfreiheit im Osten! Der schwere Fehler ist gemacht, der politische Ausweg aus dem Verhängnis versäumt.

Das Friedensangebot datiert vom 12.12.1916.

Ein Friedensangebot der Mittelmächte, das seinen Weg

über die noch neutralen USA nimmt, scheitert: Es begnügt sich damit, die deutschen Siege herauszustreichen, ohne klare Friedensziele zu nennen. Kurz darauf folgt eine von dem Präsidenten der USA ausgehende Friedensaktion. Am 22. Januar 1917 gibt Wilson dem Kongreß als Forderungen für einen Weltfrieden unter anderem bekannt: Gründung eines Völkerbundes und eines obligatorischen Schiedsgerichtes der Nationen.

Der am 31.1.1917 eröffnete uneingeschränkte U-Bootkrieg richtete sich vor allem auch gegen die Handelsschiffahrt.

Da antwortet die deutsche, nun ganz von den Generalen beherrschte Oberste Heeresleitung mit der Erklärung des uneingeschränkten U-Bootkrieges als Revanche gegen die Hungerblockade. Von Stund an werden die deutschen U-Boot-Kommandanten in bestimmten Zonen auch neutrale Handelsschiffe ohne vorherige Warnung torpedieren. Der Schlag trifft vor allem die USA, deren Wirtschaft sich weitgehend auf Kriegslieferungen nach Europa eingestellt hat.

Jedes Friedensgespräch ist abgeschnitten, Amerika wird endgültig auf die Seite der Alliierten gezwungen. Fast widerwillig nimmt es seine neue historische Aufgabe an, Schiedsrichter und Ordner einer Welt zu werden, die von den sich selbst zerfleischenden Europäern offenbar nicht mehr befriedet und erhalten werden kann.

*

Ernest Rutherford (1871-1937), englischer Physiker und Nobelpreisträger 1908.

Im Atomforschungsinstitut Rutherfords zu Manchester sind neue Apparaturen montiert, der Krieg hat auch der Wissenschaft ihre Aufgaben gestellt. Ein Spezialbehälter riesigen Ausmaßes füllt den größten Raum des Institus; er dient zu Versuchen mit Horchgeräten, die die rechtzeitige Ortung angreifender U-Boote ermöglichen sollen. Lebensmittelversorgung und Nachschub für England sind schwer bedroht. Was Napoleon vor mehr als hundert Jahren durch die Kontinentalsperre versucht hat, erstreben die Deutschen durch den tödlichen Ring ihrer U-Boote.

Professor Ernest Rutherford, Nobelpreisträger 1908, kommt eben von einer Reise aus Kanada zurück, wo er mit amerikanischen und kanadischen Physikern der Kriegswirtschaft konferiert hat. Nach langer Zeit betritt er wieder die vertrauten Räume des Labors. Hier hatte er einst mit einer Garde junger Gelehrter die ersten tastenden Schritte auf dem Wege zu einer neuen Weltschau getan. Es waren der Amerikaner Soddy, die englischen Landsleute Chadwick und Moseley, der Däne Niels Bohr und die Deutschen Otto Hahn und Geiger – Männer zwischen Zwanzig und Dreißig, eine Elite, der die Zukunft gehörte.

Otto Hahn (1879-1968) entdeckte 1938 die Uranspaltung und erhielt dafür den Nobelpreis 1945.

Wo waren die Assistenten und Freunde geblieben? Hahn und Geiger waren heimgekehrt und standen auf der anderen Seite der Front, Moseley war bei dem Angriff der alliierten Flotte auf die Meerengen von Gallipoli gefallen, Chadwick saß in einem deutschen Gefangenenlager. Der Kreis war gesprengt.

Rutherford, müde und abgespannt, schaut blicklos auf die Versuchsanordnungen. Im Mittelmeer ist ein großer Truppentransport, ein Geleitzug vieler Schiffe, von U-Booten torpediert worden. Die Admiralität fordert immer dringender die neuen Sicherungsgeräte. Nur die Wissenschaft kann schnelle Hilfe bringen. Auch die Laboratorien kämpfen in diesem Krieg der Kriege mit.

Zeigen nicht diese Teufelskerle in Deutschland, was die Wissenschaft eines von Rohstoffen und Hilfsmitteln abgeschnittenen Landes zu leisten vermag? Längst wäre der Kampf zu Ende, wenn es dort drüben nicht diese findigen Chemiker und Physiker gäbe. Professor Bergius hatte schon 1913 das Hochdruckverfahren zur Verflüssigung der Kohle erfunden und damit der Chemie ein unabsehbares Gebiet zur Schaffung neuer Stoffe erschlossen; der deutsche Ingenieur Rudolf Diesel hatte den Gasölmotor erdacht. Sein Leben hatte sich in der Verwirklichung dieses Gedankens verzehrt und in Erschöpfung und Nervenkrisen geendet – jetzt aber bauten die deutschen Fabriken Dieselmotoren von 12000 PS Leistung für U-Boote. Seit neuestem flogen die Deutschen auch zweimotorige Rumplerflugzeuge, die mehr als 2-4 Stunden in der Luft bleiben konnten und schwere Bombenlast trugen. Als der Krieg begann, hatten die Optimisten in England vorausgesagt, daß Deutschland – abgeschnitten von den Rohsalpetervorräten Chiles – schon wegen Pulvermangels bald kapitulieren müsse. Die Professoren Haber und Bosch aber hatten den fehlenden Stickstoff buchstäblich aus dem einzigen Rohstoff gewonnen, von dem man Deutschland niemals absperren konnte: aus der Luft. Die riesigen Leunawerke waren erstanden und deckten jeden Bedarf.

Friedrich Bergius (1884-1949), der deutsche Chemiker entwickelte das nach ihm benannte Verfahren zur Gewinnung von synthetischen Kohlenwasserstoffen (u.a. Benzin).

Rudolf Diesel (1858-1913), Erfinder des Schwerölmotors.

Leunawerke, damals noch Ammoniakwerk Merseburg GmbH, gegründet 1916.

Das Folgende nach Rutherford, «Radioaktivität und Atomtheorie».

Auch England erwartet von seinem größten Physiker neue Mittel zu Abwehr und Angriff. Rutherford konstruiert jetzt bessere akustische Ortungsgeräte – aber seine Forscherleidenschaft gehört immer noch der Aufgabe seines Lebens: der Welt der Atome, den Geheimnissen der Radioaktivität.

Er beginnt die verstaubten Apparaturen zu säubern, die in einer Seitenkammer des Labors zusammengestellt sind. Eine Nacht und der folgende Tag mögen ihm wohl gehören, ehe die Admiralität ihn wieder zum Flottenstützpunkt Firth of Forth oder nach den franzsösischen Basen ruft.

Niels Bohr (1885-1962), dänischer Physiker, entwickelte unter anderem ein anschauliches Atommodell, Nobelpreis für Physik 1922.

Albert Einstein (1879-1955), der überragende deutsche Physiker, leitete bis 1933 das Kaiser-Wilhelm-Institut für Physik in Berlin.

Seit langem sucht Rutherford nach Wegen, tiefer, exakter ins Innere der Atomkerne einzudringen. Er hat schon einmal die Atome verschiedener Gase mit Alphateilchen bombardiert, das will er nun von neuem versuchen. Seit sein Assistent Niels Bohr 1913 ein Atommodell wie ein Planetensystem konstruiert und mit Hilfe des Planckschen Wirkungsquantums die Spektralfrequenzen des Wasserstoffatoms berrechnet hat, kann man sich eine bildhafte Vorstellung von jener unsichtbaren Welt der Bausteine alles Seienden machen. Der Angriff auf den Atomkern ist eröffnet. Was wird geschehen, wenn die Zertrümmerung des Atoms wirklich eines Tages gelingt? Wenn es stimmt, was Einstein, der große deutsche Physiker, in seiner Relativitätstheorie behauptet, daß nämlich Masse und Energie im Grunde dasselbe sind – müssen dann bei der Auflösung des letzten Bausteins der Materie nicht ungeahnte Kräfte entfesselt werden: Energien, fähig die Welt zu verändern?

Die Nacht sinkt auf Manchester. Irgendwo in der Ferne heulen die Sirenen. Vielleicht treibt sich eines der deutschen Zeppelinluftschiffe über den Midlands herum. Die Abwehrgeschütze beginnen zu bellen.

In Rutherfords Labor tastet ein einsamer Mann nach dem Schlüssel zu einer kommenden, neuen Welt und vergißt darüber alles, was sich im gleichen Augenblick auf diesem streitzerrissenen Globus begibt.

*

Das Folgende nach Geiger, «Erinnerungen an Rutherford in Manchester».

Etwa zur selben Zeit befindet sich der Gefreite Hans Geiger, Schüler Rutherfords und Erfinder des «Geiger-Zählrohrs» auf Genesungsurlaub in Berlin. Durch Briefe weiß er, daß sein alter Kamerad Chadwick im Internierungslager Ruhleben sitzt.

Otto Hahn und andere Freunde versorgen den Gefangenen nicht nur mit den karg gewordenen Lebensmitteln und Zigaretten, sondern auch mit wissenschaftlichem Forschungsmaterial. Chadwick hat sich im Lager ein kleines Behelfslabor einrichten können; der Krieg hindert ihn nicht, den Rätseln der Radioaktivität auf der Spur zu bleiben.

Die beiden Männer, die im nüchternen Barackenraum beisammensitzen – der Gefangene mit der aufgenähten Nummer und der Mann in der feldgrauen Uniform –, vergessen die haßerfüllten Welten, die sie voneinander trennen. Sie sprechen von der gemeinsamen Zeit in Manchester, von Niels Bohr, von Rutherford, von den Problemen der Atomphysik, aus der sich ein neues Weltbild zu formen beginnt.

Chadwick bringt einen Brief zum Vorschein, der den Kontrollstempel der Zensur trägt, das Rote Kreuz übermittelte ihn über die Schweiz.

«Der Chef hat geschrieben!»

Hans Geiger, der deutsche Professor und Gefreite, nimmt mit bewegter Neugier die Blätter, auf denen er die vertraute Handschrift des Gelehrten erkennt.

«Rutherford ist auf neuen Wegen», sagt Chadwick, «er geht den Atomkern an.»

Geiger ist schon bei einer anderen Stelle des Briefes. Er hat Mühe, seine Rührung zu verbergen.

Rutherford schreibt, daß er sich jenseits aller Kriegspsychose, jenseits der Fronten und des Hasses, immer als der im Geist der Forschung verbundene Kamerad seiner ehemaligen Schüler fühle. Und ebenso Soddy, der Amerikaner, und Thomson, der Engländer. Sie grüßen nicht nur den Gefangenen Chadwick, sondern auch die Deutschen Otto Hahn und Hans Geiger.

Vor der Baracke dröhnt ein Gong. Befehle hallen über den Platz. Die Gefangenen treten zum Appell an.

*

1917 soll das Jahr der Entscheidungen werden. Amerika, die größte Industriemacht der Welt, rüstet sich zum Kriegs-

Der Kriegseintritt der USA erfolgte am 6. April 1917.

eintritt, von China bis Peru flammen die Kriegserklärungen gegen Deutschland über den Erdball. Die Alliierten in Europa, selbst schwer ringend, raffen alle Kräfte zum letzten Stoß gegen die bisher unerschütterten Fronten der Deutschen im Westen zusammen.

Das Folgende nach Cloche, «Dernières Nouveautés et la révolution de la grande guerre».

In aller Stille hat sich ein ungeheurer Aufmarsch vollzogen. General Nivelle kann auf einem Abschnitt von 40 km in der Champagne und am Chemin des Dames 950 000 Mann mit 5000 Geschützen, die «Heeresgruppe Durchbruch», versammeln, 25 neue Aufmarschstraßen sind durch ein Massenaufgebot von 22 000 Arbeitern erbaut worden. 120 km Normalspurbahnen und 300 km Schmalspurlinien mit 43 000 Waggons schaffen das Material heran, 28 000 Motorfahrzeuge laufen mit Nachschub, 400 000 Maultiere und Pferde stehen bereit, die Munitionslager und Treibstofftanks sind zum Bersten gefüllt, die Verpflegungslager aufs beste versorgt.

Das Folgende nach dem Bericht General Gröners vom März 1917.

Auf der deutschen Seite der Front aber leben die Soldaten von Marmeladebroten, Gemüsekonserven und dem Fleisch gefallener Pferde. Die Uniformen sind Brennesselstoff, Verbandsmaterial besteht aus Papier, Kartuschen und Patronenhülsen aus plattiertem Eisen, mit jedem Schuß Munition wird gegeizt. Der Nachschub an Menschen beträgt kaum mehr die Hälfte von dem, was die Alliierten heranzuschaffen vermögen.

Jenseits des Ozeans schiffen sich die unverbrauchten, blendend ausgerüsteten Divisionen der USA auf den Transportern ein. Kein Zweifel mehr: Amerika wird den Krieg entscheiden und dann der Welt Gesetze geben. Doch das gerade ist es, was Frankreichs Stolz nicht erträgt. Paris will nicht zulassen, daß die Führerrolle in der Welt von Europa auf die Neue Welt übergeht. Es wird die Deutschen zerschmettern, bevor der erste Amerikaner den Boden des alten Kontinents betritt.

Das Folgende nach Rolf Bathe, «Frankreichs schwerste Stunde».

Am Karfreitag, dem 6. April 1917, rollt der Salonzug Poincarés, des Präsidenten der Rebuplik, aus dem Pariser Nordbahnhof. Durch eine regennasse Landschaft mit keimenden Saaten fährt der Zug zur Oise und nach Compiègne – knapp 30 km hinter der Front. Als die Räder still stehen und die Wagen auf einem gegen Fliegersicht gedeckten Nebengleise halten, spürt man, wie die Scheiben von einem unaufhörlichen Schwingen und Dröhnen der

Luft erbeben: Trommelfeuer liegt auf dem Chemin des Dames.

Im Konferenzwagen sind Präsident Poincaré, Ministerpräsident Ribot, der Kriegsminister Painlevé, Marineminister Lacaze und Kolonialminister Maginot versammelt. Der Adjudant meldet die Generale.

Dann stehen die Männer mit den roten, goldbetreßten Käppis unter der Portiere: der finstere, verschlossene Nivelle, kühl und selbstgewiß Pétain, der Retter von Paris und Verdun, hinter ihnen Franchet d'Espetey und der nervöse Micheler, Begrüßung und Vorstellung vollziehen sich in einer Atmosphäre von gespannter Höflichkeit. Man ist zusammengekommen, um über eine schicksalhafte Entscheidung zu sprechen.

Painlevé, der Kriegsminister, ergreift das Wort:

«Wir dürfen uns nicht auf ein Abenteuer einlassen und Frankreichs ganze militärische Kraft auf eine Karte setzen. Die Offensive muß auf jeden Fall so geführt werden, daß die Armee nicht unersetzliche Verluste erleidet, die in keinem Verhältnis zum Erfolg stehen.»

Nach Painlevé, «Die Wahrheit über die Offensive vom April 1917».

Nivelles Finger trommeln nervös auf den Tisch:

«Die Verantwortung trage ich!»

«Und die Regierung, Herr General! Es ist ein gefährliches Spiel», sagt Painlevé.

Nivelle belehrt die Zivilisten:

«Wir dürfen keine halbe Schlacht schlagen. Wir müssen nach dem Durchbruch zur Operation gelangen. Die 70 Prozent Sicherheit, die Napoleon vor jeder Schlacht beanspruchte, sind vorhanden. Allein der Angriff verleiht den Sieg, Rückfall in die Verteidigung bedeutet die Niederlage.»

Napoleon I. (1769–1821), in den Jahren 1804–14/15 Kaiser der Franzosen.

Aus Painlevé, «Die Wahrheit etc.»

«70 Prozent Sicherheit», wendet Painlevé ein, «sind umstritten, andere Offiziere denken anders.»

Nivelle braust auf.

«Ich muß gestehen, daß ich es für untragbar halte, wenn man mich als Generalissimus zwingt, zu den geistigen Ergüssen irgendwelcher Reserveoffiziere Stellung zu nehmen. Was fürchten Sie denn? Schwere Verluste? Die Offensive ist die Angelegenheit von 24 Stunden.»

Aus Palat, «Der große Krieg an der Ostfront» (Band 11/12).

Der Minister überlegt und sucht nach beruhigenden Worten.

«Also gut, sagen wir 48 Stunden. Wenn dann der Durchbruch nicht erzielt ist, wird der ganze Angriff eingestellt. Ich erkläre Ihnen, Herr General, unter gar keinen Umständen will die Regierung eine Wiederholung der Sommeschlacht. Frankreich kann nicht noch einmal 210 000 Mann für einige Quadratkilometer eroberter Trichterwüste opfern ...»

Aus Palat, «Der große Krieg etc.»

Die Adjutanten legen Kartenblätter auf den Tisch. In roter und blauer Farbe sind Divisionen, Armeen, Reservestellungen eingezeichnet. In dieser Konferenz wird mit Hekatomben gerechnet, man verschiebt die Menschen in Blöcken zu zwanzigtausend.

Hekatombe, im alten Griechenland das Massenopfer von 100 Rindern, heute ein allg. Begriff für Massenopfer.

Die Generale stehen dem Plan Nivelles mißtrauisch gegenüber, sie warnen. Die Deutschen haben an der Somme gezeigt, daß man ihre Front nicht so leicht durchbrechen kann.

Schließlich erhebt sich General Nivelle zornrot, seine Faust schlägt aufs Kartenbrett. Er bietet dem Präsidenten seinen Rücktritt an. Das bringt Verwirrung in die Reihe der Minister. Nach einer kurzen Besprechung der neuen Lage durch die Regierungsmitglieder steht Ministerpräsident Ribot auf und erklärt:

«Ich spreche Ihnen, Monsieur le Général Nivelle, das volle Vertrauen der Regierung aus. Die Offensive ist beschlossen. Handeln Sie!»

Cievrieux, «Die Offensive von 1917».

Der Stab über das Leben von Zehntausenden ist gebrochen. Frankreich wird seine Söhne opfern. Und auch Deutschland wird bluten.

*

Der Beginn der großen Offensive ist auf den 16. April angesetzt.

«In diesem Augenblick ereignet sich etwas ganz Unerwartetes. Ludendorff tritt dazwischen, und die Deutschen schreiten zur Tat. Die große militärische Persönlichkeit, die Deutschland in seiner Not entdeckt hat, wirft unter der Ägide Hindenburgs und von seinem Glanze gedeckt, die gesamte Strategie Nivelles mit einem sicheren Schlage über den Haufen.»

Nach Winston Churchill, «Die Weltkrisis 1916–1918» (Band 1).

Die Deutschen haben die massierten Angriffe der Alliierten seit dem Beginn des Frühjahrs erwartet. Rasch entschlossen und fast unbemerkt haben sie die erstarrte

Front vom Gegner gelöst, geben den weit vorspringenden Frontbogen um Noyon auf und ziehen sich in eine festgebaute «Siegfriedstellung», auf die Sehne des Bogens, zurück.

Die «Siegfriedstellung» bildete eine Linie zwischen Soissons und Arras.

Der Stoß Nivelles muß in den leeren Raum treffen, sein Trommelfeuer verschwendet sich an ein Trichterfeld ohne Besatzung, die angelegten Nachschubbasen und Wege sind unnütz geworden. Die stürmende Infanterie aber wird die ganze Last des Kampfes an anderer Stelle zu tragen haben.

*

Acht Tage lang fallen die feurigen Hammerschläge pausenlos auf die Mondkraterlandschaft am Chemin des Dames. Es gibt keinen Quadratmeter, den nicht ein paarmal Granaten umgepflügt haben. Die hellen Vorfrühlingstage sind zur Dämmerung geworden, aus der Blitze zucken; Erdfontänen und Rauchpilze wandern zwischen den toten Wassertümpeln hin, das Brausen und Donnern des Infernos liegt auf der Ebene.

Die Artillerie der Deutschen antwortet vom Chemin des Dames. In der vordersten französischen Linie sitzen die Poilus dichtgedrängt in den Unterständen – dicke Lagen Balken und Eisenträger und vier Meter Erde darüber. Die Erde bebt, der Lehm rieselt herab.

Poilu, französisch für «Unrasierter», der Spitzname für die französischen Soldaten.

André Juin, Arbeiter aus Roubaix, Sozialist, zweiundzwanzig Jahre alt, Infanterist eines Sturmregiments, kauert auf der Pritsche. Der kleine Pierre, ein Student aus Paris, der sich zitternd an ihn drückt, fragt ihn angstvoll, ob hier auch keine Granate durchschlage.

«Natürlich», sagt André unwillig, «natürlich hauen sie durch. Die Boches haben drüben 21er stehen, gegen die wächst kein Kraut.»

Der sausende Eisenhammer kommt näher, der Unterstand schwankt wie ein Boot auf hoher See, der Luftdruck reißt die Bohlentüre auf, heißer Wind faucht herein. Auf einer anderen Pritsche liegen Charles und George, die Köpfe unter der Militärdecke, einer von ihnen betet. Man hört sein Gemurmel, wenn das Feuer Atem holt.

Andere rauchen gleichmütig selbstgedrehte Zigaretten. André greift aus seiner Manteltasche einen Flugzettel, den ihm heute der Essenholer zugesteckt hat. Das ist ein rotes Stück Papier mit schreienden Schlagzeilen.

«Es ist eine Lüge, daß Elsaß-Lothringen von Deutschland unterdrückt wird. Unsere Regierung führt einen Eroberungskrieg ... Ihr müßt verbluten, damit England einen Wirtschaftskonkurrenten vernichten kann, ihr blutet für die Profite der Kriegsindustrie ... Seid Männer, nehmt euer Schicksal selbst in die Hand!»

Nach einem Flugblatt aus dem Jahre 1917.

Ein Sergeant taumelt die Bunkertreppe herunter, er ist kalkweiß im Gesicht, von seinen Schultern rieselt Erde, hinter ihm steht in weißblauem, loderndem Schein die Hölle. Die Kerze im Unterstand flackert im Zugwind ...

*

Im Morgengrauen des 16. April kommt der Angriffsbefehl. Schlagartig hat die französische Artillerie ihren Feuervorhang weiter nach vorn verlegt, um das Herankommen feindlicher Reserven zu verhindern. Die Regimenter treten am Waldrand an, endlose, horizontblaue Linien und Kader. Jean de Bassompierre, Hauptmann der Reserve, in Zivil Lehrer an einer höheren Schule in Paris, tritt vor seine Kompanie und zieht den Degen. Er spricht ein paar sich überschlagende Worte: «La France est plus que jamais la grande nation – prenons revanche pour Sedan – renouvelons la gloire et la victoire ...!»

Frankreich ist mehr denn je die große Nation – rächen wir uns für Sedan – erneuern wir den Ruhm und den Sieg ...!

Boches, ein französisches Schimpfwort für die Deutschen, wahrscheinlich aus dem Ausdruck «caboche» (Quadratschädel) abgeleitet.

Er hat sie immer gehaßt, die «Boches». Sieben Jahre stand er in der Schulstube, und sieben Jahre lang hat er seinen Schülern glühenden Nationalismus und brennenden Haß eingepflanzt. Wie war er stolz gewesen, als fast alle seine ehemaligen Zöglinge sich freiwillig meldeten, um für das heilige Frankreich wider die «Hunnen» auszuziehen! Manch einer hat unterdes dem Vaterland sein Leben als Opfer dargebracht.

Und nun steht ein großer Tag bevor! Der Sieg wird errungen werden. Es ist eine Ehrenpflicht für Capitaine de Bassompierre, dabei zu sein und, wenn es sein soll, auch den letzten Preis zu zahlen. Das «Vive la France!», mit dem er seinen Aufruf schließt, bleibt in der Kompanie ohne Echo. Langsam setzen die Männer sich in Bewegung.

*

Lange blaue Linien, tief gestaffelt bis zum fernen Waldrand, fluten über das Feld, aus dem nun die Feuersäulen der deutschen Artillerieeinschläge aufschießen.

Schreie zerfetzen die Luft, die Poilus beginnen zu laufen, um rascher an die schützenden Gräben der Boches heranzukommen.

Aber die deutschen Linien sind verlassen. Wieder hat das Trommelfeuer eine geräumte Stellung umgepflügt, in den wenigen noch stehengebliebenen Unterständen sind raffinierte Höllenmaschinen versteckt, die ganze Stoßtrupps zerfetzen.

Das ist ein wenig ermutigender Beginn der großen Offensive.

Am Nachmittag erreichen die Massen Nivelles endlich das neue, beinahe unversehrte Stellungssystem der Deutschen. Da mischt sich in das tobende Artilleriefeuer das rasende Hämmern der MG und ein Hagel von Minen. Die Poilus liegen scharenweise am Boden, ohnmächtig suchen sie Schutz in Granattrichtern und Gräben.

Der Tod trommelt wilde Wirbel.

*

Auch auf der deutschen Seite der Front erbeben die Herzen in der Hölle dieses Kampfes. Als am Abend des ersten Offensivtages das Feuer etwas nachläßt, kauern die Feldgrauen in ihren Unterständen. Viele von ihnen sind blutjunge Burschen, die der Ruf des Vaterlandes aus den Hörsälen oder Lehrwerkstätten fortgeholt hat.

Ein Student schreibt an seine Eltern ...

«... Und so lösche ich denn mein Dasein aus in dem Gedenken an den Vorabend der furchtbaren Schlacht und denke mein Selbst hinweg aus dem teueren Kreise, dem es als geliebtes Glied angehören durfte ... Auch die Lücke, die ich hinterlassen würde, muß sich schließen. Der unendliche Reigen der Geschöpfe läßt sich nimmer beirren – ich segne ihn, ein winziges Glied, das ihm angehörte, in alle Zukunft! Und bis in Eure letzten Tage gedenkt mein, ich bitte Euch, in milder Liebe, ehrt mein Gedächtnis, ohne es zu übergolden, und bewahrt mich in treuem, zärtlichem Herzen ...»

Aus «Kriegsbriefe gefallener Studenten» (München 1929).

Dieser Brief wird in einem Bataillonsgefechtsstand geschrieben. Eine Kerze flackert im Zugwind der Explosionen, der über die lehmverschmierte Treppe herabstößt. Auch der Bataillonskommandeur, ein junger Hauptmann, sitzt schreibend an seinem kleinen Klapptisch. Er erledigt sein nun wieder angewachsenes Pensum von Briefen, die an fremde Adressen gehen: an Eltern, Ehefrauen und Bräute von Gefallenen seines Bataillons.

Heute hat er einen Verlust zu melden, der ihm mehr als andere persönlich nahegeht. Mit dem Führer der 2. MGK – Leutnant Hugo Lyon – wurde ihm ein Freund entrissen. Jetzt erst, da er die Papiere des Toten durchsieht, entdeckt er, daß sein Kamerad jüdischen Glaubens gewesen ist – aber was spielt das für eine Rolle? Der Bataillonsführer schreibt:

Aus «Gefallene deutsche Juden» (Berlin 1935).

«Ihr Herr Sohn war uns stets als Soldat wegen seiner vorbildlichen Pflichttreue und Tapferkeit ein leuchtendes Vorbild, als Mensch und Kamerad infolge seines stets freundlichen, entgegenkommenden Wesens lieb und wert. Wir alle werden sein Gedenken hoch in Ehren halten und stets mit Wehmut an den braven Lyon zurückdenken ...»

Dann setzt der junge Offizier in raschem Zug, als gelte es, den Schmerz zu verscheuchen, seinen Namen unter den Brief. Wieviele Angehörige werden in den nächsten Tagen in ganz Deutschland – nein, in ganz Europa – mit trostlosem Blick auf solche Schreiben starren?

*

Aus Palat, «Der große Krieg an der Ostfront».

«Das französische Oberkommando hat in unfaßlicher Verblendung für die Durchbruchsschlacht mit dem Abgang von 10 000 Verwundeten gerechnet, die oberste Sanitätsbehörde etwas weniger optimistisch mit dem Verlust von 15 000 Verwundeten. Aber an den Schlachttagen vom 16. bis 25. April strömen 101 462 Verwundete in die schon am ersten Tag überfüllten Feldlazarette ...»

Chaotische Zustände entwickeln sich hinter der französischen Front. In Proully, dem Sammellazarett der V. Armee, können von je 100 Verwundeten nur 11 auf ein Bett rechnen. Alle übrigen werden im Freien auf Strohschütten, unter Bäume, im strömenden Regen in die nächsten Granatlöcher gelegt. Es gibt in diesem Massenlazarett nur vier Thermometer, die Ärzte arbeiten Tag und Nacht, aber sie lassen nur noch solche Verwundete zur Operation zu, die den Chirurgen nicht mehr als eine halbe Stunde in Anspruch nehmen.

Das Artilleriefeuer der Deutschen rückt näher. Zwischen die aufgestauten Verwundeten schlägt Granate um Granate. In den Ortschaften sind sämtliche Keller mit Lebenden, Sterbenden und Toten verstopft. Die Leichtverwundeten setzen sich selbständig in Marsch und beginnen Verpflegungslager, Transportzüge und Autos zu stürmen.

«Haufenweise liegen die Verwundeten ohne Verband, ohne Pflege in Blut und Eiter. Der erste Arzt, der eines dieser verpesteten Gewölbe betritt, wird von den verzweifelten, vor Schmerzen halb wahnsinnigen Verwundeten mit tierischem Gebrüll, mit Flüchen und Verwünschungen empfangen.»

Nach Allard, «Les dessous de la guerre».

*

Da geschieht es! Die namenlose Armee erhebt ihre Stimme. Es nimmt seinen Anfang bei den in Ruhe liegenden Regimentern der 2. Kolonialdivision. Als diese Reservetruppe den Marschbefehl an die Front erhält, gehen Zettel von Mann zu Mann: «Nicht marschieren!» Am Appellplatz fordern Rufe: «Nieder mit dem Kriege! Tod den Verantwortlichen!» Plötzlich tauchen rote Fahnen auf, die Offiziere flüchten.

Der Aufstand begann am 3. Mai 1917.

Die Meuterei pflanzt sich mit Windeseile fort. Berühmte, lorbeerbekränzte Korps der französischen Armee wählen Soldatenräte und jagen ihre Stabsoffiziere davon. Schon gibt es Offiziere, die in den Gesang der Internationale mit einstimmen. Überall werden Massen von Flugzetteln verteilt, die zu Streik, Meuterei und Revolution aufrufen. Die Armeen Nivelles – den seine Soldaten nun den «Blutsäufer» nennen – befinden sich in voller Auflösung und fluten unaufhaltsam zurück.

Das Folgende nach Allard, Painlevé, Palat und anderen.

«Die ganze Aktion zeigt, daß sie von unsichtbarer Meisterhand gelenkt wird ...»

Aus Churchill, «Die Weltkrisis 1916–1918».

«Diese Meisterhand, die hier die Feder führte, gehört einem russischen Emigranten, der in der Schweiz und in

Aus Bathe, «Frankreichs schwerste Stunde».

Frankreich seine Netze zieht. Sein Name ist Leo Trotzki ...»

Ein Flugblatt in russicher Sprache läuft bei russischen Hilfstruppen der Westfront um.

«Die russichen Soldaten sind an Frankreich verkauft worden! Sie sollen mit ihrem Blut Munitionslieferungen an Rußland bezahlen ...

Das russische Volk will den Frieden! Aber die französische Bourgeoisie will keinen Frieden, denn für sie ist der Krieg ein Geschäft ...»

Nach einem Flugblatt aus dem Jahre 1917.

Immer neue Soldatenräte entstehen, die roten Fahnen flattern bis Soissons, Divisionen, die vorne kämpfen sollen, plündern im Hinterland Verpflegungslager und Züge. Die Auflösung ist vollkommen. In Paris werden Aufrufe gedruckt, in denen es heißt: «Kameraden der sozialistischen Armee, Paris, die Stadt der Kommune erwartet euch!»

Der Ministerrat tritt im Palais des Präsidenten zusammen.

*

Der Präsident der Republik, aschgrau im Gesicht, stützt sich schwer auf den Tisch, er starrt den Kriegsminister fassungslos an.

«Aber das ist doch nicht möglich, Herr Minister! Es kann sich doch wohl nur um einige Regimenter handeln wie 1916 vor Verdun ...»

«Nein, Herr Präsident ... die Armee meutert! Nicht nur einige Truppenteile.»

«Geben Sie uns Einzelheiten über den Umfang der Katastrophe», sagt Ministerpräsident Ribot mit fast tonloser Stimme.

Henri Philippe Pétain (1856–1951) wurde im Mai 1917 Oberbefehlshaber der franz. Streitmacht, er hatte 1916 die erfolgreiche Verteidigung von Verdun geleitet.

«General Pétain meldet, daß in 16 Armeekorps, das sind 45 Divisionen, der Aufruhr ausgebrochen ist: bei 75 Infanterie-Regimentern, 22 Jägerbataillonen, 12 Artillerieregimentern, 2 Kolonialregimentern und einem Dragonerregiment.»

Raymond Poincaré (1860–1934) wurde 1912 Ministerpräsident und Außenminister, im Januar 1913 Staatspräsident, er veranlaßte später die Besetzung des Ruhrgebiets.

«Ich will den Teufel nicht an die Wand malen», sagt Poincaré. «aber was dann, wenn in dieser Situation die Deutschen zur Offensive schreiten? Was dann?! Wieviel Divisionen stehen zwischen Soissons und Paris, auf die wir zählen können?» «Zwischen Soissons und Paris», antwortet

Österreichs Kavallerie war ein extravagantes Überbleibsel einer glorreichen Vergangenheit. (1)

Viele Reservisten trugen voller Begeisterung ihre Uniform. Der Krieg sollte sich als weniger attraktiv erweisen, als manche dachten. (2)

Der europäische Krieg 1914

Nr. 10160.

Die Schlacht am Yser-Kanal bei Ypern.

Die nach Eroberung der Festung Antwerpen geflüchteten belgischen und englischen Truppen sammelten sich an der Küste des Kana
stützung durch französische und frische englische Truppen fanden, ferner durch die aus Afrika und Indien herangezogenen Spahis. Sikhs, Gurka
hinterher und es entspann sich in der Gegend von Ypern ein mörderischer Kampf. Englische und französische Kreuzer beschossen vom Kanal c
durch verschiedene Volltreffer unserer schweren Geschütze zum Rückzug gezwungen. Die Schleusen bei Nieuport wurden von den Engländern zers
gesetzt; es konnte dies den Vormarsch unserer Truppen vielleicht etwas verzögern, aber nie aufhalten, die Pioniere hatten sehr bald Brücken ge
und auch an Geschützen wurden die Verbündeten fortwährend zurückgedrängt, feindliche Vorstöße brachen in sich selbst zusammen, was auf ei
ständiger Sieg unsererseits dürfte nahe bevorstehen.

Die Neuruppiner Bilderbogen schilderten laufend die Ereignisse des Krieges. (3)

Nr. 16.

10

…n, bei Oehmigke & Riemschneider.

…e Ostende - Dünkirchen, wo sie Unter-
…d Patkans. Unsere Armee rückte sofort
… Flügel unserer Truppen, wurden aber
…h ein Teil des Geländes unter Wasser
…r schweren Verlusten an Mannschaften
…der Truppen schließen läßt. Ein voll-

Kronprinz Rupprecht von Bayern war der Sohn des Königs Ludwig III. von Bayern. 1914 übernahm er den Befehl über die deutsche Sechste Armee. (4)

Die österreichischen Armeeuniformen waren ins Auge fallend und glanzvoll. (5)

nach einer Pause der Kriegsminister gebrochen, «stehen im Augenblick nicht mehr als zwei Divisonen ...»

Aus Painlevé, «Die Wahrheit über die Offensive vom April 1917».

*

Anfang Juni hat der deutsche Generalstab ziemlich genaue Nachrichten über die erschütternden Vorgänge hinter der französischen Front. In dieser Stunde ist Frankreich und selbst England – durch den U-Bootkrieg schwer angeschlagen und in Versorgungsschwierigkeiten geraten – friedensbereit.

Da geschieht – für die Westmächte – das Wunder. Im November 1916 ist der alte Kaiser Franz Joseph aus dem Leben geschieden. Das neue Kaiserpaar Karl und Zita zeigt sich bereit, unter gewissen Umständen Frieden zu schließen. Prinz Sixtus von Parma-Bourbon, ein Verwandter des Habsburgerhauses, übernimmt die Vermittlerrolle. Österreich – das bunte, auseinanderstrebende Völkergemisch – ist einer Belastungsprobe nicht mehr gewachsen.

Franz Joseph II. (geb. 18.8.1830), Kaiser von Österreich und König von Ungarn, starb am 21.11.1916.

Außerdem gelangen Nachrichten über die Verknappung der deutschen Rohstoffe und Menschenreserven, über die dumpfe Verzweiflung bei den Bundesgenossen der Deutschen, über Hungerrevolten im Ruhrgebiet und in den Küstenstädten in die Hände der alliierten Staatsmänner.

Der österreichische Minister Czernin verfaßt eine Denkschrift, die in der Feststellung gipfelt, daß «eine weitere Winterkampagne für Österreich-Ungarn völlig ausgeschlossen sei, und daß mit allen Mitteln Schluß gemacht werden müsse».

Das ist für Frankreich die Rettung.

«Danach noch mit Deutschland zu verhandeln, wäre nach Ansicht aller Minister heller Wahnsinn gewesen.»

Aus der «Times» vom 30. Juli 1919.

In Paris steht hinter Ribot der Schatten des «Tigers» Clemenceau auf, der als kommender Ministerpräsident der «Organisator des Sieges» wird. Dieser fanatische Hasser ruft zum äußersten Widerstand auf.

Clemenceau war von 1917–1920 Ministerpräsident.

«Schwäche wäre Mitschuld! Alle an der Meuterei Beteiligten vor die Kriegsgerichte! Der Soldat auf dem Richterstuhl eins mit dem Soldaten auf dem Schlachtfeld! Keine Pazifistenumzüge mehr, keine Umtriebe zugunsten Deutschlands, weder Verrat noch Halbverrat: Krieg, nichts als Krieg!»

Aus Clemenceaus Regierungserklärung vom 21. November 1917.

Die Standgerichte walten ihres Amtes. Hunderte der Meuterer werden an die Wand gestellt, Tausende gehen in die Strafbataillone. Die Armee kehrt zum Gehorsam zurück. Deutschlands günstige Stunde ist verpaßt, der Kampf geht bis zur letzten Erschöpfung weiter.

Schon im Februar 1917 war es nach der Veröffentlichung des «Zimmermann-Telegramms» (Versuch Deutschlands, Mexiko zum Kriegseintritt zu bewegen) zum Abbruch der diplomatischen Beziehungen zwischen Deutschland und den USA gekommen.

Die Entscheidung aber naht von jenseits des Ozeans – von Amerika. Das Zeitalter, das die europäischen Länder als Angelpunkte der Welt sah, ist vorbei. Die Epoche der Kontinente hebt an.

Sir Winston Leonard Churchill (1874–1965), seit 1911 erster Lord der Admiralität, wurde 1917 Munitionsminister.

Der Erste Lord der britischen Admiralität Winston Churchill stellt in dieser Zeit an der Wende zweier Zeitalter die Diagnose:

«Der Krieg hat nun fast drei Jahre gedauert, alle ursprünglichen Kampfteilnehmer befinden sich in äußerster Spannung. Auf beiden Seiten erheben sich neben den Gefahren des Kampfes andere Drohungen weit hinter den pulsierenden Frontlinien: Rußland ist diesen neuen Gefahren zum Opfer gefallen; Österreich ist in Auflösung. Türken und Bulgaren zeigen Erschöpfungssymptome. Sogar Deutschland ist inmitten des Schlachtengetümmels gezwungen, seinen Völkern weitreichende Verfassungsrechte und Freiheiten einzuräumen; Frankreich ist der Verzweiflung nahe; Italien steht am Rande des Abgrundes; selbst im verläßlichen Großbritannien beginnen die Menschen die Lage anders zu betrachten ...

Plötzlich entfaltet eine 120-Millionen-Nation ihre Fahnen und tritt auf die Seite der ohnehin schon stärkeren Partei; plötzlich wird der menschenreichste demokratische Staat der Welt, der so lange den Richter gespielt hat, in den Kampf geschleudert – nein, schleudert sich selbst in den Kampf. Der Verlust Rußlands wird angesichts dieser neuen Verstärkung verschmerzt. Umstürzlerische Bewegungen werden auf der einen Seite zurückgestellt, auf der anderen geschürt.

Weit und breit entwickeln sich in jeder kriegführenden Nation die beiden gegensätzlichen Anschauungen: Die ganze Welt ist gegen uns ... die ganze Welt ist auf unserer Seite ...

Der Krieg scheint damit entschieden, der Rest ist Todeskampf.»

Nach Churchill, «Die Weltkrisis 1916–1918» (Band 1).

Ein Zug fährt durch die Nacht

Was das Jahr 1917 zu einem in die Augen springenden Wendepunkt der Weltgeschichte macht, ist nicht nur der Einzug der USA in Europa, sondern mehr noch der Abzug Rußlands nach Asien. Als ein wirklicher Abfall von Europa sollte sich die bolschewistische Revolution mit der radikalen Abschwörung aller abendländischen Gesittung bald genug erweisen. Ihr geistiger Antrieb zwar, die auf Hegels Dialektik fußende Lehre von Karl Marx, ist europäischer Herkunft. Aber in den Hirnen der russischen Revolutionäre dient sie nur als intellektuelles Werkzeug zur Entfesselung ganz anders gearteter, elementarer Gewalten, die Rußland aus der europäischen Völkerfamilie herauslösen und ihm ein fremdes, unfaßbares, im tiefsten Wesen europafeindliches Gesicht aufzwingen.

Zunächst allerdings blicken die vom Kriege zermürbten Völker nicht nur mit Unbehagen und Grauen, sondern auch mit frohen Erwartungen und Hoffnungen auf dieses Riesenreich, das sich plötzlich wie aus tausendjährigem Schlaf erhebt und allen Unterdrückten Erlösung verspricht.

Aus wesentlich kühleren Erwägungen setzen die westlichen Regierungen ihre Hoffnung auf die Ereignisse in Petersburg. Sie helfen dem Umsturz nach: die alliierten in der ersten, demokratischen Etappe, um Rußland weiter im Krieg zu halten; die deutsche in der zweiten, bolschewistischen Etappe, um es endgültig auszuschalten. Beide wissen nicht, was sie in Gang setzen. Nur die Geschichte weiß es. Im Kriege bleibt den Politikern wenig Zeit, mit Weisheit Voraussicht zu üben. Alles Planen und Handeln ist auf die Abwehr momentaner Gefahren abgestellt – ungeachtet dessen, was später daraus werden mag. Die Gefahr für die westlichen Demokratien liegt Ende 1916 in der Neigung des Zaren, den Krieg sofort zu beenden, um den drohenden inneren Umsturz im letzten Augenblick noch aufzuhalten.

Georg Wilhelm Friedrich Hegel (1770–1831), an seine Begriffe wie z.B. die Anhäufung der Reichtümer und die «Erzeugung des Pöbels» knüpfte später Karl Marx an.

Karl Heinrich Marx (1818–1883), nach Studien historischer, staatswissenschaftlicher und philosophischer Richtung in Bonn und Berlin schloß er sich bis zu seiner Verbindung mit L. Feuerbach der junghegelianischen Bewegung an.

Das durch eine zurückbleibende Industrie und mangelhafte Organisation behinderte Zarenreich hat schon 1915 unter den wuchtigen Schlägen der deutschen Angriffe zu wanken begonnen. Noch mehr an die Wurzeln seiner Kraft gingen die eigenen Angriffe des Jahres 1916, diese Serie von großangelegten Offensiven, die trotz anfänglicher Geländegewinne in Wolhynien und Galizien nirgends die Front der Mittelmächte aufzubrechen vermochten. Furchtbare Blutopfer – rund eine Million Mann Verluste – wurden gebracht, ohne daß die Aussicht auf ein Ende des Krieges auch nur näher gerückt wäre.

Der Muschik weiß zu leiden und zu dulden. Aber die Verzweiflung in den Armeen Brussilows ist nicht weit entfernt von der, die einige Monate später die Armeen Nivelles zur Meuterei treibt. Die Empörung bricht an der russischen Front nicht unvermittelt aus, aber sie nimmt schicksalhaftere Dimensionen an und reißt das ganze Hinterland mit. Unter den Lasten und Leiden des Krieges drängen alle Spannungen, die in der Tiefe dieses noch von Feudalismus und Absolutismus geprägten Staatsgebildes wirksam sind. Hier geht es nicht um eine Revolte, sondern um die Revolution.

Boris Wladimirowitsch Stürmer (1848–1917) wurde am 2. Februar 1916 russischer Ministerpräsident (Kabinett Stürmer) und war im selben Jahr vom Juli bis November zugleich Außenminister.

Kadetten, der volkstümliche Name für die «Konstitutionelle Demokratische Partei» (K.D., auch «Partei der Volksfreiheit» genannt). Diese Partei verfolgte vorerst die Errichtung einer konstitutionellen Monarchie, trat aber später für die Republik ein.

Sozialrevolutionäre, eine bäuerliche, sozialistische Partei, die zu Beginn des Jahrhunderts gegründet wurde. Sie vertrat die Interessen des kleinbäuerlichen Landbesitzers während der Revolution.

Am 10. März erhielt General Chabalow, der Kommandierende der Petrograder Truppen, vom Zaren ein herrisches Telegramm: «Ich befehle, schon morgen die Unruhen in der Hauptstadt, die in der schweren Zeit des Krieges gegen Deutschland nicht geduldet werden können, zu liquidieren.»

Die westlichen Demokratien verlegen dem Zaren Nikolaus II. und seinem Ministerpräsidenten Stürmer den letzten Ausweg: mit einer raschen Friedensaktion den Aufruhr abzufangen. Sie wünschen Krieg, nichts als Krieg, und bestehen darauf, daß ihr Verbündeter durchhält – wenn nicht unter dem zaristischen, dann eben unter einem demokratischen Regime. Der englische Gesandte Buchanan bedient sich rücksichtslos seiner Geldmittel und seines diplomatischen Einflusses, vor allem bei der bürgerlichen «Kadettenpartei»' Miljukows. Die Franzosen stützen die «Sozialrevolutionäre» gemäßigter Richtung unter Plechanow und Kerenski. Die USA begünstigen in einer seltsamen Vermengung von schwärmerisch demokratischer Kreuzzugsideologie und nüchterner Geschäftspolitik den Durchbruch zum bürgerlichen Liberalismus. Auch sie verwenden ihren Einfluß für den Umsturz. Will der Zar den Krieg nicht mehr führen, so werden ihn eben die demokratischen und sozialistischen Freunde führen.

Mit dem Geld und den Versprechungen des verbündeten Auslandes in der Tasche, wagen die Empörer die Erhebung. Am 11. März 1917 weigern sich die Parteien in der Reichsduma, dem Auflösungsdekret des Zaren Folge zu leisten. Dieser Impuls greift sofort auf die Straße über. Wenige Tage später ist Petersburg in den Händen aufständischer Massen. Am 15. März 1917 dankt der Zar zugunsten des Großfürsten Michael ab. Die Macht liegt jedoch bereits bei einer «Provisorischen Regierung», in der die bürgerlich-liberalen Kräfte unter Außenminister Miljukow und die sozialdemokratischen Gruppen unter Justizminister Kerenski bestimmend sind. Die Zarenfamilie wird in Zarskoje-Selo bei Petersburg gefangengehalten und schließlich in den Ural transportiert.

Die Revolution aber setzt sich jetzt erst in Bewegung. Überall im Lande bilden sich Arbeiter- und Bauernräte, die den Weisungen aus Petersburg keinerlei Beachtung mehr schenken. Die «Provisorische Regierung» bringt die Massen nicht mehr unter ihre Kontrolle. Dagegen gelingt es ihr vorübergehend, den Kampfgeist der Fronttruppen mit neuen Hoffnungen zu beleben. Redner der II. Internationale, wie der Franzose Albert Thomas, werden zu diesem Zweck aus dem Westen an die russische Front geholt. Denn nach dem Willen der «Provisorischen Regierung», die den Westmächten so viel verdankt, geht der Krieg weiter – wenngleich ganze Truppenteile trotz allem anfangen, sich aufzulösen und heimwärts abzusikkern.

Die große Chance Deutschlands und seiner Verbündeten scheint gekommen. Gelingt es, den revolutionären Lavastrom vernichtend ins Innnere Rußlands zu lenken, eine Festigung der liberalen und sozialistischen Regierung zu verhindern und den Zusammenbruch vollständig zu machen, dann wird der Sieg der Mittelmächte im Osten nicht aufzuhalten sein. Aus dem Riesenleib eines zerfallenden Rußlands mag die Beute geschnitten werden, die der Krieg bringen soll.

Darum gestattet die deutsche OHL den radikalen Revolutionären Wladimir Iljitsch Uljanow, genannt Lenin, und Leo Davidowitsch Bronstein, genannt Trotzki, nebst einigen anderen Emigranten in einem plombierten Wagen durch Deutschland zu reisen. Die OHL gibt ih-

Lenin, eigentlich Wladimir Iljitsch Uljanow (1870–1924), hatte in der sibirischen Verbannung (1896–99) nach den Lehren von Marx und Engels die theoretischen Grundlagen eines revolutionären Programms entwickelt.

nen damit den Weg frei, aus ihrem Exil in der Schweiz über Schweden nach Rußland zu gelangen.

*

Der D-Zug jagt durch die wolkenverhangene Aprilnacht nach Norden. Eine kurze Wagenkette nur. Hinter geschlossenen Vorhängen überfüllte Abteile. Da sind Frontoffiziere aus den Vogesen, die in feldgrauen Mänteln dem Urlaub entgegenträumen. Eine Gruppe Rote-Kreuz-Schwestern vor Übermüdung in Schlaf gesunken. Kuriere in rauchgeschwängerten Sonderabteilen. Ingenieure, die in wichtigen Aufträgen reisen. Der Krieg ist unterwegs.

Ein geschlossener Gepäckwagen trägt das Schlußlicht des Zuges. Bei jeder Station springen aus einem Abteil Soldaten mit Gewehren und umstellen den letzten Wagen. Es wird nichts aus- oder eingeladen, ein Spaßvogel hat «Achtung! Dynamit!» auf die Seitenwand geschrieben.

Das Abteil vor dem plombierten Wagen ist von den Offizieren der Zugwache besetzt. Ihr Führer ist ein Generalstabs-Major mit roten Biesen. Ein älterer Hauptmann und ein junger Leutnant sitzen ihm rauchend gegenüber. Monoton hämmern die Räder des D-Zuges.

Leutnant von Prittwitz nimmt die englische Beutezigarette aus dem Mund und wendet sich dem Hauptmann zu.

«Verzeihen, Herr Hauptmann, was für Leute sind das eigentlich, die wir eskortieren?»

Der Hauptmann, ein Reserveoffizier, fährt als Dolmetscher mit. Er ist in Zivil Professor für slawische Sprachen und Literatur.

«Sie wissen nicht, Herr Kamerad?» sagt er. «Lenin, Trotzki und Genossen sind die Häupter der radikalen Revolutionäre der sogenannten Bolschewiki.»

Leo Trotzki, eigentlich Bronstein (1879–1940) war aus seiner sibirischen Verbannung nach London geflohen, wo er Lenin kennenlernte.

Der Leutnant macht nachdenklich einen tiefen Zug aus seiner Zigarette. «Wer hätte das im Reich des Zaren für möglich gehalten! Man meinte bisher, der russische Bauer wäre tiefgläubig und seinem Zaren ergeben. Rußland ist doch ein konservatives Bauernland, nicht wahr? Wie also konnte ausgerechnet in Rußland ein solcher Umsturz vor sich gehen und der Zar so schnell gestürzt werden?»

Bevor der Hauptmann antworten kann, ergreift der Major das Wort.

«Wer die Dinge kannte, sah die Katastrophe schon lange kommen. Das ist die Quittung für die sträfliche Nachgiebigkeit der zaristischen Regierungen gegenüber den revolutionären und demokratischen Strömungen seit der Winterrevolution von 1905. Das ist doch in Rußland nun schon seit mehr als einem Menschenalter nicht anders: Das Bürgertum liebäugelt mit liberalen und demokratischen Reformen. Man hat systematisch unter Bauern und Arbeitern gewühlt. Mit Bomben und Pistolen gingen die Nihilisten den führenden Männern zu Leibe, dazu kamen Streiks in den Fabriken und Unruhen auf dem Lande. Als Ministerpräsident Stolypin mit seinen ‹Schwarzen Hundertschaften› gründlich durchzugreifen versuchte, haben ihn die Revolutionäre in der Oper zu Kiew in Gegenwart des Zaren erschossen. Statt nun endlich die eiserne Faust zu zeigen, haben Zar, Hochadel und Offizierskorps einfach alles treiben lassen.»

Der russisch-japanische Krieg 1904/05 löste im Januar 1905 die sog. Winterrevolution aus. Von Petrograd ausgehend, breiteten sich Streiks und Revolten über das ganze Land aus. In Odessa (Panzerkreuzer «Potemkin») und Kronstadt kommt es zu Meutereien.

«Ich glaube, die Ursachen sitzen doch tiefer ...», wendet der Hauptmann ein. Eine Handbewegung des Majors läßt ihn schweigen.

«Dann kam der Krieg – ein wenig glorreiches Unternehmen für die zaristische Regierung. Zuerst die vernichtenden Niederlagen bei Tannenberg und bei den Masurischen Seen, dann Hindenburgs Schläge in Galizien und Polen, zuletzt diese wahnwitzige Brussilow-Offensive vom vorigen Herbst. Meine Herren, ich war an Ort und Stelle: Denken Sie sich zwei Millionen russischer Infanteristen, von denen jeder dritte ein Gewehr mit wenigen Schuß Munition hat, und diese Massen blindlings und ohne viel Strategie gegen eine dünne, aber wohlbefestigte und mit Maschinenwaffen bewehrte Linie unserer Truppen gejagt! Wer nicht vorging, wurde von Kosakeneinheiten hinter der Front zusammengehauen; in der Nacht mußten die Reserven nach vorne kriechen und sich die Gewehre der zu Haufen liegenden Gefallenen holen, damit am nächsten Tage gestürmt werden konnte. Der Zar ist an seiner unzureichenden Rüstung und an seinen militärischen Niederlagen zerbrochen.»

Der Hauptmann schüttelt zweifelnd den Kopf.

«Sicher haben Herr Major recht, Unruheherde gab es seit 1905 in Rußland. Bürgertum und Intelligenz wandten sich gegen die Allmacht von Polizei und Bürokratie, gegen die Bestechlichkeit und Willkür, die das Leben dort drüben

Das Folgende nach Veröffentlichungen des Reichsarchivs (Brussilow-Offensive 1916).

Alexander II. (1818–1881) führte neben der Abschaffung der Leibeigenschaft auch eine Rechts- und Verwaltungsreform durch.

beherrschten. Aber ich glaube, daß der Krankheitsherd tiefer sitzt. Alexander II. hat zwar 1861 die Leibeigenschaft der Bauern aufgehoben, aber der Boden blieb den Großbesitzern; die ‹Feldgemeinschaft› der befreiten Dorfbauern mußte weiter Pacht für den Boden bezahlen. Als Stolypin 1910 die Entlassung des einzelnen Bauern aus dem Verband der Feldgemeinschaft gesetzlich ermöglichte, gab er nur den Vermögenden eine Chance. Wer Geld hatte, konnte freier Besitzer – Großbauer, Kulak – werden. Die Masse bildeten jedoch die Dorfarmen und Kleinbauern. Die Güter blieben unangetastet. Trotzdem ist der Bauer im Grunde nicht revolutionär gesinnt. Den Krieg hat er zwar satt, aber er ginge am liebsten nach Hause und nicht auf die Barrikaden. Dahin drängen ihn die proletarischen Revolutionäre, die der Krieg mit Gewehren und Kanonen und vor allem auch mit der Gelegenheit ausgestattet hat, ihre Propaganda in die zusammengeballten Massen der Bauernsoldaten zu tragen. Ich glaube sogar, daß sich die Revolution eines Tages gegen den Bauern wenden wird. Der uralte Gegensatz zwischen Stadt und Land wird zum Ausbruch kommen. Und dann wehe den Bauern!»

*

In dem plombierten Packwagen, der notdürftig für die Bequemlichkeit der Russen eingerichtet ist, sitzen an einem Tischchen, das sonst die Schaffner für Schreibarbeiten benützen, zwei Männer und eine Frau.

Einige der primitiven Hindenburglichter helfen dem trüben Schein der Gasflammen an der Decke des Wagens nach. Der D-Zug hämmert unablässig über die schnurgeraden Strecken der Norddeutschen Tiefebene. Vor den Fenstern wird es allmählich hell, ein Streifen rötlichen Lichts kriecht im Osten über die regengraue Landschaft herauf.

Die Krupskaja, Lenins Frau, blickt von ihrer Schreibarbeit hoch, sie legt die Feder beiseite und liest, was sie nach Wladimir Iljitschs Diktat geschrieben hat.

«Arbeiter! Ihr habt im Bürgerkrieg gegen den Zarismus Wunder an proletarischem Heldentum, an Volksheldentum vollbracht. Ihr müßt Wunder an Organisation des Proletariats und des ganzen Volkes vollbringen, um euren Sieg in der zweiten Etappe der Revolution vorzubereiten.»

«Ist es so richtig?» fragt die Krupskaja. Sie ist die getreue und unermüdliche Helferin und Gefährtin des großen Revolutionärs. Schon 1895/96 nahm diese Frau es auf sich, mit Lenin in dem Dorfe Schuchenskoje am oberen Jenissei drei Jahre Verbannung zu teilen. Nach der Winterrevolution von 1905 mußte sie mit ihrem Mann für mehr als ein Jahrzehnt die russische Erde meiden: Sie lebten in München und an verschiedenen Orten der Schweiz.

Abgesehen von der ausgedehnten Korrespondenz ist die «Zeit des Exils eine Epoche eifrigen Lernens» gewesen.

«Die Abende wurden mit Lektüre ausgefüllt: Hegel, Kant und die französischen Materialisten, auch Puschkin, Lermontow, Nekrassow. Mit den Exilgenossen in der Nachbarschaft spielte man Schach per Brief ...»

Noch die beiden ersten Kriegsjahre waren eine «ruhige Zeit». Aber jetzt, seit den Flammensignalen aus Petersburg, fiebert dieses Leben zwischen Geist und Tat wieder ungeteilt der Aktion entgegen.

Wladimir Iljitsch hat sich erhoben, er geht einige Schritte auf und ab: eine kleine Gestalt, auf der ein verhältnismäßig großer Schädel sitzt.

Dort in der Ecke sitzt Leo Bronstein-Trotzki. Die funkelnde Brille, das gekrauste, leicht ergraute Haar, die scharfe Nase, die zupackenden Augen – alles an ihm verrät Intelligenz und Tatkraft.

«Meinen Sie nicht, Wladimir Iljitsch», sagt er, «daß es taktisch voreilig war, jetzt schon von einer zweiten Etappe der Revolution zu sprechen? Man erweckt unnötig die Wachsamkeit der Provisorischen Regierung, man schneidet sich die Möglichkeit zu Verhandlungen ab.»

Lenins dunkle Augen blitzen auf. Dieser kleine, ehemalige Rechtsanwalt, der seit 1900 mit kurzen Unterbrechungen im Ausland gelebt hat, ist ein ungeheuer belesener und gelehrter Mann. Lenin hat aus der Revolution eine exakte Wissenschaft gemacht.

«Leo Davidowitsch», erwidert er hochfahrend, «Sie gebrauchen schon wieder das Wort ‹Verhandlungen›. Weshalb sind Sie nicht zu den Menschewiki gegangen? Deren Hauptbeschäftigung ist es, zu verhandeln und Geschäfte zu machen. Ich will die absolute Revolution – keine Konferenz. Das Telegramm geht mit dem Text ab, den Nadjeschda geschrieben hat.»

Nach Lenin, «Briefe aus der Ferne» (April 1917).

«Nun – vergeben Sie, Wladimir Iljitsch – ich dachte mir nur, man könnte, solange die Revolution noch so vielen Gefahren ausgesetzt ist, die Bündnishand der siegreichen Bourgeoisie annehmen. Später dann ...»

«Sagen Sie nicht, daß die Bürger den Zaren gestürzt hätten, Leo Davidowitsch!

‹Die Revolution war das Werk des Proletariats, das Proletariat hat heldenmütig gekämpft, das Proletariat hat sein Blut vergossen, es hat die breitesten Massen der Werktätigen und der armen Bevölkerung mit sich gerissen.›

Das Folgende nach den Erinnerungen der Krupskaja (1929).

Wer nicht zum Proletariat gehört, ist unser Gegner.»

«Wir sind der Generalstab einer neuen Zeit, fährt Lenin nach einer Weile fort, «wir haben wissenschaftlich und exakt, unter Berechnung und Überlegung aller Komponenten zu verfahren. Bevor ein Generalstäbler seine Division zum Einsatz schickt, erkundet er die Lage der Front. Ich analysiere demnach zuerst die gegenwärtige Situation, und ich sage:

‹Nichts ist erreicht, gar nichts. Die Revolution muß erst geschaffen werden. Trunken von den Erfolgen der Revolution und von den einschläfernden Beteuerungen der Menschewiki und Sozialrevolutionäre, daß nun alles gut gehe, schenken die breiten Massen – ja, sogar Bauern und Arbeiter – der Provisorischen Regierung ihr Vertrauen ... Vor der bolschewistischen Partei steht dic Aufgabe, den von den ersten Erfolgen trunkenen Arbeiter- und Soldatenmassen klarzumachen, daß es noch weit bis zum Sieg der Revolution ist, daß das Volk weder Frieden noch Brot, noch Boden erhalten werde, solange sich die Regierung der Bürger an der Macht befindet ... Wir müssen noch einen Schritt vorwärts tun und alle Macht den Sowjets übergeben ...›»

Menschewiki (Minderheitler), gemäßigte sozialistische Partei, die sich auf Marx berief. Sie forderte jedoch die Verbindung der Arbeiterklasse mit dem liberalen Bürgertum zur Niederwerfung des Zarismus und zur Errichtung einer demokratischen Republik.

«Haben Sie sich schon Gedanken darüber gemacht, wie die übrige Welt auf einen vollen Sieg der Sowjets reagieren wird?» fragt Trotzki.

«Natürlich habe ich auch diese Faktoren mit einbezogen ...

‹Die Entwicklung des Kapitalismus geht in den verschiedenen Ländern höchst ungleichmäßig vor sich ... Daher die unumgängliche Schlußfolgerung: Der Sozialismus kann nicht gleichzeitig in allen Ländern siegen ... Das muß nicht nur Reibungen hervorrufen, sondern auch das direkte Bestreben der Bourgeoisie anderer Länder, das siegreiche Proletariat des sozialistischen Staates niederzuwerfen. In solchem Falle wäre ein Krieg für uns rechtmäßig und gerecht ...»

Aus Lenin, «Sämtliche Werke» (Band 20).

«Ach», sagt Trotzki, und in seiner Stimme klingt der Spott, «Sie sprechen von künftigen Kriegen, während wir bestrebt sind, die Welt aus dem gegenwärtigen Krieg zu erretten!»

«Ich spreche von mindestens zwei künftigen Weltkriegen», erwidert Lenin. «Wenn wir die sozialistische Revolution hinüberzuretten vermögen über die bevorstehenden Interventionen der kapitalistischen Mächte, dann nur durch Versprechungen, durch Hingabe von Konzessionen, Profiten, Geschäften , durch Landabtretungen und so fort. Wir werden dann etwa 15 – 20 Jahre Zeit haben, bevor die nächste Krise der kapitalistischen Welt den nächsten Weltkrieg hervorbringt. Dann kommt alles darauf an, sich möglichst lange herauszuhalten, bis die Imperialisten sich gegenseitig ausreichend geschwächt haben. Wir werden unsere erpreßten Zugeständnisse wieder billig zurückholen, unsere verlorenen Provinzen heimführen und zusehen, wie der Westen sich Produktionsstätten und Städte zerstört, wir werden nie dagewesene Flüchtlingsmassen wandern sehen und nach Möglichkeit selbst verursachen; denn – das wissen Sie, Leo Davidowitsch – erst der entwurzelte und seiner Habe beraubte Mensch des Westens wird reif für die Weltrevolution sein. Ihn dahin zu bringen, das wird nach dem Gesetz des kapitalistischen Systems der Westen selbst besorgen.»

Gekürzter Auszug aus Lenin, «Das Militärprogramm der politischen Revolution».

«Erst nach diesem zweiten Weltkrieg also erwarten Sie die Weltrevolution?» fragt Trotzki, dessen Traum es ist, die Weltrevolution bereits am Ende des gegenwärtigen Krieges zu sehen.

«Wenn wir diesen zweiten Weltkrieg ohne Schaden überstehen», fährt Lenin beharrlich fort, «so heißt es noch mehr auf der Hut sein. Denn nun wird die sterbende Welt der Imperialisten begriffen haben, daß sie zum Untergang verurteilt ist, wenn nicht vorher der sozialistische Staat stirbt. Sie werden also den dritten Weltkrieg vorbereiten. Nach diesem wird es entweder keine Sowjets oder keine Kapitalisten mehr geben.»

«Ob erst so viel Vernichtung, Tod und Zerstörung über die Menschheit kommen müssen?» fragt Trotzki zweifelnd. «Es wäre ein furchtbarer Weg.»

«Der einzige Weg heraus aus Enge und Dumpfheit in eine andere Zukunft. Und wir werden ihn gehen!»

Die Räder rattern, draußen steigt es blutrot am östlichen Horizont empor. Im D-Zug fährt der Generalstab der Zukunft.

«Tage, die die Welt erschüttern»

Der graue, niedrig hägende Aprilhimmel reißt an manchen Stellen auf, wie aus fernen Abgründen funkeln vereinzelte Sterne. – Am schwarzen Gemäuer der Peter-Paul-Festung liegt der Kreuzer «Aurora» vor Anker und läßt seine Scheinwerfer über die Newa spielen, die düster unter der Troizkij-Brücke strömt. Am Ufer erhebt sich silhouettenhaft die Kuppel der Moschee. Wenn die Lichtarme der Scheinwerfer die Fensterreihen des Militärhospitals am Knie der Bolschaja Newka streifen, flammen die Scheiben rötlich auf, als lohe Feuer in den Häusern.

Die Bogenlampen am Kameno-Ostrowskij-Prospekt und auf den Newabrücken sind wie trübe Monde in dieser Nacht. Das Trappeln von Pferdehufen, das Rasseln der Straßenbahnen und das Surren der Automobile lärmt durch die grauen Häuserschluchten von Petersburg.

Das schnurgerade Band des Liteinij-Prospekts entlang drängen schwarze Menschenmassen zur Alexanderbrükke. Auf dem rechten Newaufer, vor dem Finnländischen Bahnhof, staut sich die Menge Kopf an Kopf. Die große Glocke der Kasankathedrale schlägt die elfte Nachtstunde, die Turmuhren vom Taurischen Palais und von der Simeonkirche fallen ein.

Matrosen mit halbentblößter Brust und tätowierten Armen kommen in lärmenden Gruppen vom Neuen Arsenal herüber und schieben sich zwischen die Arbeiter, die die Ssimbirskaja füllen.

Aus Krasnow, «Vom Zarenadler zur roten Fahne».

«Soldaten in feldgrauer Uniform mit geflickten Hosen und abgegriffenen Mützen, Kosaken in eleganten, englischen Röcken und Reithosen mit breiten roten Streifen, junge Offiziere in gewöhnlicher Soldatenuniform stehen in buntem Durcheinander mit jungen, frech blickenden und in schreiende Farben gekleideten Frauenzimmern ...»

Das Folgende zusammengefaßt aus mehreren Stellen in Lenins «Gesammelte Werke» (Band 10–19).

Ein Zug ist, von Dampfwolken verhüllt, in die Halle eingelaufen. Bewegung kommt in die gestauten Massen.

«Er ist es!» heißt es, «jetzt kommt er, er wird es machen!»

Petersburg, das spätere Leningrad.

Diese Menschen aus dem überschäumenden Kessel Petersburg sind herbeigeeilt, um Wladimir Iljitsch Lenin und seinen Gefährten Leo Trotzki zu empfangen. Die Revolution hat zwar gesiegt, man hat den Zaren und seine korrupte Clique von Großfürsten, Gutsbesitzern und Generalen gestürzt, aber die Massen der Arbeiter und Soldaten haben das Gefühl, daß alles noch reichlich ziellos und unklar ist.

Führende Köpfe der Bolschewistischen Partei wie Rykow, Bubnow und Nogin haben begonnen, mit den Menschewiki in der «Provisorischen Regierung» zu paktieren. Andere sind damit nicht einverstanden. Aus sibirischer Verbannung ist Jossif Wissarionowitsch Dschugaschwili zurückgekehrt, den die Revolutionäre unter dem Namen Stalin kennen. Vor ein paar Tagen kam er nach Petersburg. Aus seinem Versteck, wo er die illegale Zeit überstanden hat, ist auch Molotow aufgetaucht. Diese beiden Radikalen sind gegen jedes Zusammengehen mit der «Regierung», sie rufen die Arbeiter- und Bauernräte, die Sowjets, zum Kampf gegen die Fortsetzung des imperialistischen Krieges auf. Die Partei selbst zählt um diese Zeit nicht mehr als 40–45 000 eingeschriebene Mitglieder, etwa 500 davon gelten als «Kader der Zukunft». Das ist nicht viel, um ein Riesenreich zu revolutionieren. Es ist höchste Zeit, daß einer kommt, der mit klaren Zielen an die Spitze tritt. Jetzt ist er da: Lenin.

Jossif Wissarionowitsch Stalin, eigentlich Dschugaschwili (1879–1953) hatte sich 1903 den Bolschewiki angeschlossen und gehörte seit 1917 als Mitglied des Politbüros und als Volkskommissar für die Nationalitäten zur obersten Parteiführung.

Wiatscheslaw Molotow, seit 1906 Mitglied der bolschewistischen Partei, einer der Gründer der «Prawda».

Plötzlich steigt es wie ein einziger Aufschrei zum nächtlichen Himmel, die Massen beginnen nach vorne zu schieben. Man will in die Halle, auf den Bahnsteig.

Die Vordersten sehen Lenin auf der Plattform eines Waggons. Er hebt die geballte Faust zum Gruße – begeisterte Matrosen und Soldaten stürzen zu ihm hin, sie heben ihn auf die Schultern und tragen ihn zum Ausgang.

Tosend bricht sich der Schrei der Massen an den Glasdächern.

Hinter Lenin schwanken Trotzki und die Krupskaja über den Köpfen der Menge. Die Glastüren zum Empfangssaal des Bahnhofes sind weit geöffnet, der Strom schiebt sich hinein. Matrosen haben eine Absperrkette gebildet. Man stellt Lenin auf die Beine, denn hier im Saale warten die Vertreter der «Provisorischen Regierung» – Tscheidse und

Skobelew –, um den heimkehrenden Revolutionär zu begrüßen.

«Im Namen des Petrograder Sowjets», hebt Tscheidse an, «heiße ich Sie, Wladimir Iljitsch, herzlich willkommen! Die Provisorische Regierung und die Partei der Menschewiki gibt der Hoffnung Ausdruck, daß Sie die gemeinsame Sprache mit ihr finden werden ...»

Die «Provisorische Regierung», gebildet aus Kadetten, Oktobristen und Trudowiki, besaß zu diesem Zeitpunkt nur den Schatten einer Autorität (keine Polizei und keine Truppen).

Das ist ein Bündnisangebot. Die «Verhandlungen», von denen Trotzki träumt, sollen ihren Anfang nehmen.

Es ist still geworden, Tausende von Augenpaaren richten sich auf den Führer der Radikalen. Wie wird er antworten? Womit wird er seine politische Mission beginnen?

Einen Moment steht Lenin mit schmalen Augenschlitzen vor dem Empfangskomitee, Tscheidse streckt ihm die Hand entgegen. Doch der kleine Mann mit der Reisemütze hebt nur schläfrig die Lider, scheint die ausgestreckte Hand nicht zu sehen und schreitet an den Herren der «Provisorischen Regierung» vorüber. Er geht – und das ist sinnbildhaft – auf die Masse der Arbeiter und Soldaten zu, umarmt den nächsten, der da im russischen Kittel steht, schüttelt Hände und verläßt unter dem orkanartig anschwellenden Beifall der Massen die Halle.

Man geleitet ihn zu einem Panzerauto, das eingekeilt auf dem Platze steht. Lenin steigt auf den Kühler. Ein Scheinwerfer richtet sich auf ihn, er hebt Schweigen gebietend die Arme, es wird still, als habe ein Zauberer die Wogen gebändigt. Dann hält er seine erste Rede in der Heimat. Er spricht fast monoton, immer dieselben einprägsamen Schlagworte wiederholend, aber bezwingend durch den fast hypnotisierenden Rhythmus seiner Sätze. Die Zehntausende lauschen gebannt.

Lenin ruft die Massen zum Kampf für die wahre, kommende sozialistische Revolution auf, er prägt das neue Schlagwort: «Alle Macht den Sowjets! Es lebe die sozialistische Revolution!»

Seine Fahrt über die Alexander-Brücke, entlang dem Newakai zum Hauptquartier der Bolschewistischen Partei, nach dem Smolny-Kloster, ist ein einziger Triumphzug.

*

Am 4. April 1917

Am Tage darauf versammeln sich die Häupter der Bolschewistischen Partei im Refektorium des Smolny-Klosters. Sofort übernimmt Lenin den Vorsitz und gibt einen festen Feldzugsplan bekannt, nach dem man vorgehen wird, um die bürgerlich-demokratische Revolution in eine sozialistische umzuwandeln.

«Zunächst erstreben wir als Übergangsmaßnahmen wirtschaftliche Veränderungen, denn die Wirtschaft ist die Mutter der Politik. Nationalisierung des gesamten Bodens im Lande bei Konfiskation der Ländereien der Gutsbesitzer, Verschmelzung aller Banken zu einer Nationalbank, Einführung der Kontrolle der Nationalbank durch den Sowejt der Arbeiterdeputierten. Einführung der Kontrolle über die gesellschaftliche Produktion und die Verteilung der Produkte ...»

Aus «Geschichte der bolschewistischen Partei» (Berlin 1946).

Kamenew, der bereits mit der «Provisorischen Regierung» verhandelt hat, springt entrüstet auf und widerspricht.

Leo Kamenew, eigentlich Rosenfeld (1893–1936), war 1917 bis 1926 Mitglied des Politbüros. 1935 wurde er in einem Schauprozeß wegen Opposition gegen Stalin verurteilt und bald darauf hingerichtet.

«Genosse Wladimir Iljitsch, das bedeutet, daß Sie die Kräfte des feudalistischen und zaristischen Widerstandes gegen die Revolution um das bürgerliche Lager vermehren. Wir selber schweißen damit unsere Gegner zusammen – den Besitz anzutasten, ist verfrüht.»

Lenin wischt alle Bedenken mit einer Handbewegung fort.

«Genossen! Adel, Großbesitzer und Bürgerliche sind von Natur aus Todfeinde des Proletariats. Mit ihnen beschäftigen wir uns nicht. Aber wir werden durch unsere Maßnahmen sofort die Masse der besitzlosen Bauern gewinnen, die durch die ‹Provisorische Regierung› enttäuscht worden sind, weil diese nach wie vor die Ländereien der Großgrundbesitzer schützt. Wer aber mit uns zusammen erst bei der Auflösung der Güter, an der Zerstörung der Gutshäuser, Schlösser und Paläste mitwirkt, wer mit uns die Hand nach den Äckern der Herren ausgestreckt hat – der kann nie mehr zurück. Er muß mit uns gehen, siegen oder sterben. Die Arbeitermassen aber werden wir von vornherein auf unserer Seite haben, weil wir sie aus den Fesseln kapitalistischer Ausbeutung befreien.»

Heiße Debatten entstehen, selbst im Führerkorps der Bolschewisten gibt es menschewikische Strömungen. Lenin fordert den Übergang von der parlamentarischen Republik zur Sowjetrepublik.

«Die Eigenart der gegenwärtigen Lage in Rußland besteht im Übergang von der ersten Etappe der Revolution, die infolge des ungenügend entwickelten Klassenbewußtseins und der ungenügenden Organisation des Proletariats der Bourgeoisie die Macht gab, zur zweiten Etappe der Revolution, die die Macht in die Hände des Proletariats und der ärmsten Schichten der Bauernschaft legen muß.»

Die folgenden drei Zitate aus Lenin – Stalin, «Das Jahr 1917».

Man klatscht Beifall. Nur Trotzki sitzt schweigend auf seinem Platz.

«Keine parlamentarische Republik!» ruft Lenin aus. «Von den Sowjets der Arbeiterdeputierten zu dieser zurückzukehren, wäre ein Schritt rückwärts. Nur eine Republik der Sowjets, der Arbeiter und Landarbeiter- und Bauerndeputierten im ganzen Lande von oben nach unten, vollendet die Revolution!»

Er fordert die sofortige Beendigung des imperialistischen Krieges.

«Die Bolschewisten haben die Aufgabe, die kriegsmüden Massen darüber aufzuklären, daß eine Beendigung des räuberischen und imperialistischen Krieges ohne Sturz der immer noch herrschenden Bourgeoisie unmöglich ist.»

Nur wenn die Radikalen sich zu Sprechern des ersehnten Friedens machen, werden sie die Völker gewinnen. Nach Lenins Auffassung hat die II. sozialdemokratische Internationale völlig versagt – wie hätten sonst die sozialistischen Parteien der westlichen Welt die Kriegspolitik ihrer Regierungen unterstützen können! Deshalb ruft er zur Gründung einer neuen, der III. Internationale der Kommunisten aller Länder auf. Zugleich schlägt er vor, den Namen der Partei in «Kommunistische Partei» umzuändern.

Auf diesen Pfaden folgen ihm fast alle Deputierten, auch der kluge Trotzki, der die Zeichen der Macht wohl zu lesen versteht. Nur Kamenew, Rykow und Pjatakow widersprechen.

Rykow höhnt: «Und wie wollen Sie, Genosse Wladimir Iljitsch, diese Fieberphantasien in die Wirklichkeit umsetzen? Alle Macht liegt bei der Provisorischen Regierung.»

Aber auch dafür hat Lenin bereits einen fertigen Plan. Er hämmert den Genossen ein, daß es die Aufgabe der kommenden Wochen sein werde, die Massen aufzuklären und von unten her – über die Soldaten- und Arbeiterräte – die Stellung der bürgerlichen Regierungsparteien zu erschüttern. Man muß den Boden unterwühlen, auf dem der Ministersessel eines Kerenski und der Redaktionstisch eines Plechanow stehen.

*

Bolschewisten (Mehrheitler), sozialistische Partei unter Lenin, welche die «Diktatur des Proletariats» unter der Führung einer Elite-Partei fordert. Die Bolschewistische Partei wurde offiziell auf dem 1. Parteitag in Prag (1912) gegründet.

Der Kampf der gemäßigten Partei der Menschewiki, die die «provisorische Regierung» gebildet hat, mit dem radikalen Flügel der Bolschewisten ist damit unvermeidlich geworden. In den folgenden Wochen setzt ein zähes Ringen um die Macht ein. Während die «Provisorische Regierung», in der immer mehr der zum Kriegsminister ernannte Kerenski den Ton angibt, dem verbündeten Frankreich und England die Einhaltung aller Verträge und damit die Fortsetzung des Krieges bis zum siegreichen Ende garantiert hat, richten die Bolschewisten eine Botschaft des annexionslosen Friedens an alle kriegführenden Nationen. Nach außen schleudern sie in die Völker der Erde das weltrevolutionäre Schlagwort «Proletarier aller Länder vereinigt Euch!» Nach innen erobern sich die Genossen Lenins – seinen Weisungen mit eiserner Disziplin gehorchend – in raschem Zuge die Massen.

Demonstrationszüge jagen sich, rote Spruchbänder schreien zu Häupten der wogenden Menschenmassen. Riesenversammlungen in den Industriewerken, auf freiem Felde und selbst unter den Fronttruppen wühlen die Leidenschaften auf. Von den Gewerkschaften und Betriebsräten her setzen die Bolschewisten den Hebel an. Ihre Zeitungen überfluten auch die Armee.

Die Kerenski-Offensive unter der Führung der Generale Brussilow und Kornilow. Sie kam schon nach wenigen Tagen zum Stehen.

Als eine von der Regierung befohlene Offensive im Juni 1917 an der deutschen Schlagkraft zerschellt und die Truppen abermals besiegt zurückfluten, werden von meuternden Regimentern Offiziere erschossen, Divisonskommandeure erschlagen und rote Banner an Stelle der alten Regimentsfahnen gehißt. Immer mehr fahnenflüchtige Soldaten tauchen in den Städten auf.

Die unermüdliche Propagandaarbeit der Leute Lenins, begünstigt durch die ungeschickte Politik der Menschewiki, führt überall zu Neuwahlen der Arbeiter- und Soldatenräte, bei denen die Bolschewiki mächtigen Zuwachs gewinnen. Ein Aufstand in Petersburg im Juli kann noch einmal durch regierungstreue Kosaken niedergeworfen werden – aber die Verschiebung der Macht läßt sich nicht mehr ändern. Lenin, gegen den Kerenski nun Haftbefehl erläßt, muß abermals nach Finnland fliehen, einige Wochen später jedoch zeigt die Wahl des Petrograder Sowjets, aus der Leo Trotzki als Vorsitzender hervorgeht, daß die Massen nicht mehr hinter der «Provisorischen Regierung» stehen.

Lenin arbeitet um diese Zeit bereits einen genauen Aufstandsplan aus:

«Wie die Truppenteile, die Flotte und die Rotgardisten eingesetzt werden sollen, welche entscheidende Punkte in Petrograd besetzt werden müssen, um den Erfolg des Aufstandes zu sichern ...»

Aus Lenin-Stalin, «Das Jahr 1917».

Auch die Verteidiger der alten, untergehenden Bürgerwelt sammeln in Eile alle Kräfte. Das Offizierskorps tritt in einem konterrevolutionären «Offiziersbund» zusammen, die Helden des St. Georgordens bilden Stoßbataillone, man verhandelt fieberhaft mit den Alliierten, mit den Deutschen, mit zaristischen Generalen, die sich in Sibirien, in der Ukraine und im Baltikum bereitmachen, gegen die Revolution zu marschieren.

Fast unbeachtet ist in diesen Sommertagen die Familie des letzten Kaisers aller Russen untergegangen. Die Uralrepublik, von Sowjets beherrscht, hat den Zaren und seine Angehörigen durch ein Schnellgericht zum Tode verurteilt und in der Nacht vom 17. zum 18. Juli in Jekaterinburg, dem heutigen Swerdlowsk, erschießen lassen.

Der Zar und die Zarin waren am 21. März 1917 verhaftet worden.

Die Ereignisse treiben zur Katastrophe. Es ist Herbst 1917.

*

Am 7. Oktober kehrt Lenin aus Finnland zurück und nimmt die Leitung der Aktionen von einem Versteck in einem Petersburger Vorort aus wieder in die Hand. Drei Tage später tritt das Zentralkomitee der Bolschewistischen Partei im Smolny-Kloster zusammen.

Die Lage duldet kein Zögern mehr. In Deutschland ist es zu Matrosenunruhen auf den Schiffen der Flotte in Kiel und Wilhelmshaven gekommen – Zeichen für das Heranreifen der Weltrevolution. Die Westmächte aber drohen, die Revolution zu erwürgen, wenn sie es sich einfallen ließe, nicht mehr ihre Pflicht gegen die Deutschen zu tun. Kerenski verhandelt heimlich mit dem Gegner – man spricht von einer Übergabe Petersburgs an die deutsche OHL. Um das revolutionäre Minsk werden Kosakendivisionen zusammengezogen. Auch in Petersburg hat man versucht, bolschewistische Truppen durch regierungstreue Regimenter zu ersetzen. Die Arbeiter- und Soldatenräte aber sind in den Händen der Getreuen Lenins.

Jetzt die Stunde nicht nützen, hieße die ganze Chance verspielen. Darum schlägt Lenin folgende Resolution vor:

«Das Zentralkomitee stellt somit fest, daß der bewaffnete Aufstand unumgänglich ist und fordert alle Parteiorganisationen auf, sich hiervon leiten zu lassen und von diesem Gesichtspunkt aus alle praktischen Fragen zu behandeln und zu entscheiden ...»

Aus Lenin, «Ausgewählte Werke», (Band 5).

Kerenski war seit Juli 1917 Ministerpräsident.

Wieder treten Kamenew und Sinowjew gegen Lenin auf, auch Trotzki ist vorsichtig und weicht einer klaren Entscheidung aus. Doch die Jungen, die Radikalen, stellen sich hinter Lenin. Der Parteikongreß schafft eine Zentralstelle des geplanten Aufstandes und beauftragt den eifrigsten Anhänger Lenins, den achtundreißigjährigen Genossen Stalin, mit der Führung. Die Genossen Molotow, Woroschilow, Kirow, Kaganowitsch, Ordshonikidse und ein paar Dutzend andere gehen sofort in die Provinz ab, um die Erhebung dort vorzubereiten und zu leiten.

Grigorij Jewsejewitsch Sinowjew, eigentlich Hirsch Apfelbaum (1883 – 1936), war der Leiter der internen Organisation der Bolschewiki. Nach Lenins Tod bildete er zusammen mit Stalin und Kamenew ein Triumvirat.

Einige Widersacher des bewaffneten Aufstandes – Kamenew und Sinowjew – sind noch nicht überzeugt. Sie schreiben anderntags in einer Parteizeitung offen über die Geheimbeschlüsse des Zentralkomitees und verraten damit dessen Absicht an die Regierung. Nun trifft Kerenski in höchster Eile seine Gegenmaßnahmen. Am 19. Oktober ruft die «Provisorische Regierung» Truppen von der Front zum Schutze heran, verstärkte Patrouillen von Kadetten und Offiziersschülern durchstreifen die Straßen Petrograds. Den Sowjets im Smolny-Kloster wird der Plan Kerenskis bekannt, ihren Sitz schlagartig zu umzingeln und auszuheben.

Die Agenten Lenins gehen auf die Straße, in die Kasernen, zur Flotte nach Kronstadt. Die Regierung aber siedelt ins feste Winterpalais des Zaren über, das auf freiem Platz direkt an der Newa liegt. Um diesen Palast sammelt Kerenski die zuverlässigsten Truppen.

Es gibt nun zwei Brennpunkte in Petrograd: das Smolny-Kloster und das Winterpalais – Sitz der beiden Regierungen, die über das revolutionäre Rußland herrschen: die bürgerlich-demokratische Kerenskis und die sozialistische Lenins.

Die Entscheidung muß in den nächsten Tagen und Stunden fallen. Es wird eine Entscheidung für die Welt sein.

*

Am Morgen des 24. Oktober erläßt die Kerenski-Regierung eine Anordung, durch die das Zentralorgan der Bolschewisten, die Zeitung «Rabotschi Putj», verboten wird. Eine Kolonne von Panzerautomobilen rollt in Richtung des Redaktionsgebäudes.

Die Geschäfte in den Straßen der Innenstadt sind geschlossen, über die Bürgersteige wälzt sich eine unübersehbare Menge von Arbeitern und Arbeiterinnen. Viele tragen rote Armbinden, manche gehen mit umgehängten Gewehren, die Mündungen nach unten. Auffällig ist die große Anzahl von Matrosen und Marinesoldaten. Die meisten haben leuchtend rote Sterne auf den Mützen.

Die grauen Ungetüme rattern in Kiellinie dahin und erreichen gegen 9 Uhr ihr Ziel. Aber vor dem Gebäude der «Rabotschi Putj» stehen Zehntausende, Kopf an Kopf, eine finstere Mauer des Widerstandes. Am Hauptportal hat sich ein Mann in Lederjacke, mit einer rotbesternten Schirmmütze auf dem Kopf und einem dunklen Schnauzbart, auf den Trittstein geschwungen und gibt Befehle. Überall ballen sich Gruppen von Rotarmisten, Matrosen, Arbeiterwehren. Um die Panzer entsteht ein leerer Raum. Als Kapitän Uchomskij, einer von der alten Gardeinfanterie, aussteigt und sich Gehör verschaffen will, krachen plötzlich Schüsse.

Aus Dachluken hämmern MGs, heißes Eisen spritzt von den gepanzerten Wänden der Automobile, Handgranaten und Benzinflaschen fliegen heran. Ein unbeschreibliches Durcheinander entsteht. Kampfunfähig entrinnen die Wagen und kehren zum Winterpalais zurück.

Gegen 11 Uhr erscheint der «Rabotschi Putj» mit der

Schlagzeile: «Stürzt die Verräterregierung! Kampf bis zum Sieg der Sowjets!»

*

Unter dem Dach des Smolny-Klosters sitzt der Generalstab der roten Revolution. Kuriere gehen aus und ein.

«Im dritten Stockwerk des Smolny, in einem kleinen Eckzimmer, tagt ununterbrochen das Komitee. Dort konzentrieren sich alle Berichte über Truppenbewegungen, über die Stimmung der Soldaten und Arbeiter, über Agitationen in den Kasernen, über die Pläne der ‹Schwarzen Hundert›, über die Ränke der bürgerlichen Politiker und der ausländischen Gesandtschaften, über das Leben im Winterpalais, über die Beratungen der früheren Sowjetparteien. Informationen treffen aus allen Richtungen ein. Es kommen Arbeiter und Soldaten, Offiziere, Portiers, sozialistische Fahnenjunker, Dienstboten, Frauen kleiner Beamter ...»

Aus Trotzki, «Mein Leben».

Am folgenden Tage besetzen die Bolschewiken die Bahnhöfe, das Postamt, das Telegraphenamt und die Ministerien sowie die Bankhäuser. Die vor Kronstadt liegende Flotte setzt rote Fahnen mit dem neuen Abzeichen «Hammer und Sichel!» dem Sinnbild der vereinten Arbeiter- und Bauernräte. Die meisten Kasernen folgen ihrem Beispiel.

Alle Straßen von Petrograd wimmeln von Gestalten aus den Vorstädten: Die Unterwelt ist aus ihren Elendsquartieren heraufgestiegen. Arbeiter in ihren rußigen Arbeitskleidern, davongelaufene Infanteristen mit verwilderten Bärten und zerfetzten Militärmänteln beherrschen das Straßenbild. Betrunkene Matrosenhorden und Weiber aus finsteren Gassen lärmen Arm in Arm durch die breiten Geschäftsstraßen. Man sieht keine Bürger mehr, keine Offiziere, keine Kutschen und Autos. Das ist alles wie fortgefegt. Es scheint, als sei die bisherige Einwohnerschaft der russischen Hauptstadt jählings in der Versenkung verschwunden, als hätten die Abgründe eine neue Menschheit ausgespien.

«Die jungen Proletarier haben Gewehre und tragen Maschinengewehrgürtel um die Schultern. An den Scheiterhaufen wärmen sich die Straßenpatrouillen. An zwei Dutzend Telephonen konzentriert sich das geistige Leben der Hauptstadt, die in dieser Herbstnacht den Kopf aus der einen Epoche in die andere hinüberzwängt.»

Das Schlimmste erwartend, sitzen die Inhaber der eleganten Wohnungen im Zentrum, am Newskij-Prospekt, im Kasaner und Kolomnascher Stadtteil hinter den herabgelassenen Jalousien; die vielen kleinen und großen Palais in den Parks liegen wie verlassen. Da und dort schrillen Schreie, es werden persönliche Rechnungen ausgeglichen, betrunkene und räuberische Horden dringen in Geschäftshäuser ein. Das Bürgertum ist wie gelähmt. Die Regierung behauptet nur noch das Winterpalais, das von ihren letzten zuverlässigen Truppen geschützt wird.

Gegen Abend des 25. Oktober donnern von der Newa her Geschütze. Der rote Kreuzer «Aurora» hat begonnen, den Sitz der Kerenski-Regierung zu beschießen. Eine neue Ära steigt grollend herauf.

*

Es riecht nach Schnee, über der Newa treiben Nebelbänke. Eine Nacht ohne Sterne lastet auf der Stadt.

Schwarz gleitet der Strom dahin. Hinter der Palaisbrücke drohen die Häusermassen des Stadtviertels Wassilij Ostrow. Auf der anderen Seite ragt finster der alte Kaiserpalast. Nur ein paar Fenster über dem prunkvollen Jordansportal sind erleuchtet. Über den weiten Platz, den drüben das wuchtige Gebäude des Generalstabs begrenzt, dringen verworren die Geräusche der aufgewühlten Millionenstadt.

Es geht auf Mitternacht, und aus Nordwest singt unablässig ein eisiger Wind. Die Posten hinter den Barrikaden hüllen sich frierend in die dünnen Kriegsmäntel.

Diese Barrikaden – letzter Wall der bürgerlichen Welt – sind gestern in aller Eile aus umgeworfenen Straßenbahnwagen, aufgerissenem Pflastermaterial und Mobiliar aus dem Winterpalais errichtet worden. Gardefähnriche und Junker der adeligen Kavallerieschule, Kammerpagen und Schüler vornehmer Institute sind die Besatzung.

Fähnrich Andrej Tschuilew, siebzehn Jahre alt, liegt in einer windgeschützten Ecke und hält sein Gewehr umschlungen, als wäre es eine Rettunsgplanke. Er ist hungrig und so übermüdet, daß er nicht schlafen kann. Dicht vor ihm steht Leutnant Rutenberg, ein Balte, der Wache hält.

«Fedor Alexejewitsch», flüstert der Fähnrich, «sagen Sie mir, wie wird das ausgehen. Werden wir unsere Familien wiedersehen?»

Der Leutnant drückt den Rest der Zigarette aus.

«Du weißt, wer da drüben wartet: Lenin mit seinen Proleten. Die schlagen alles tot, was ihnen unter die Hände kommt. Und vergiß nicht, Fähnrich, daß heute eine ganze Menge von ihnen im Feuer unserer MGs liegengeblieben ist. Sie werden mit der Abrechnung nicht lange auf sich warten lassen. Tschort!»

Eine Weile ist Schweigen, dann kommt wieder die flüsternde Knabenstimme des Fähnrichs aus dem Dunkel.

«Wozu denn alles? Sind sie nicht Russen wie wir?»

Reval (estn. «Tallin», russ. «Rewel») liegt an einer Bucht des finnischen Meerbusens und ist der wichtigste Hafen der estnischen SSR.

«Wozu? – Was mich betrifft, so kämpfe ich aus Rache, aus Empörung, aus Abwehr. Man schrieb mir aus Reval – in dieser Gegend liegen die Güter meiner Familie –, daß die Roten wie die Wilden auf den Gutshöfen gehaust hätten, die Männer wurden zu Tode gefoltert, die Frauen geschändet. Die Züge nach Sibirien und dem Süden sind seit Wochen vom flüchtenden Adel und dem Bürgertum überfüllt. Einige dieser Transporte sind den Roten in die Hände gefallen, die Menschen wurden gleich auf den Bahnhöfen massakriert.»

Lange denkt der kleine Fähnrich nach, dann kommt abermals seine Stimme.

«Wir kämpfen gegen etwas, Herr Leutnant, die da drüben aber für etwas. Sie schreien Freiheit, Gleichheit, Brüderlichkeit, wie damals in der französischen Revolution. Und ich erinnere mich aus der Schule, wie es den Verteidigern der Tuilerien erging, die sich der Revolution in den Weg stellen wollten.»

«Auch wir kämpfen für eine gute Sache, Andrej Sergewitsch, auf daß die Ordnung der Welt erhalten bleibe, auf daß der Mensch ein Mensch und keine Maschinenbestie werde und auf daß der Zarenadler wieder die Flügel über Rußland spanne.»

«Sehen Sie, Herr Leutnant, daran glaube ich nicht! Die Ordnung, von der Sie sprechen, ist nur die unsere, die der Herren. Die Leute dort drüben aber hat gerade unsere Ordnung zu Maschinenbestien gemacht, und wir haben uns erst für sie interessiert, als sie anfingen, auf uns zu schießen. Was aber den Zaren anbelangt, so ist er tot. Und dort oben sitzt ein wildgewordener Advokat namens Kerenski, der Regierung spielt und Konferenzen hält, anstatt zu handeln. Ich sage Ihnen, wir werden die Rechnung bezahlen.»

«Verdammt, Fähnrich, was reden Sie? Wenn Sie schon nicht wissen, weshalb Sie hier sind, so denken Sie doch an die armen, kleinen Mädchen vom Alexander-Institut, die sich vor den betrunkenen Matrosen ins Palais geflüchtet haben. Kämpfen Sie für ihren Schutz und für Ihr eigenes Leben dazu.»

Man hat den Verteidigern des Winterpalais baldigen Entsatz durch heranrückende Kosaken-Divisonen versprochen, ihnen aber verschwiegen, daß diese Transporte wegen des Generalstreiks der roten Eisenbahner weit vor Petersburg liegengeblieben sind.

Kurz nach Mitternacht zischt von der Peter-Pauls-Festung eine grüne Rakete hoch, durchstößt mit zuckendem Geflacker die Nebelschicht und fällt in Funken auf das schwarze Wasser zurück.

Gleich darauf brüllen die Geschütze der beiden Kreuzer «Aurora» und «Sarja Swobody» auf. Irgendwo prasselt Mauerwerk, berstende Detonationen zerreißen die Nacht. Über die Brücke rattern Panzerwagen, orangerote Flämmchen sprühen aus den Luken, Querschläger pfeifen und schwirren.

Schlaftrunken taumeln die Verteidiger aus ihren Verstecken, legen die MGs auf die Barrikaden, heben die Gewehre. Da wogt es grölend und tobend heran. Unvorstellbare Flüche kommen wie Unflat herüber – eine breiige Masse von Gesichtern schiebt sich näher. Die Scheinwerfer der Kreuzer beleuchten milchig die gespenstische Szene.

Es ist, als wären das keine menschlichen Wesen, die da kommen, sondern eine einzige quallige Masse von Gespenstern, die aus den Gräbern der Jahrhunderte aufgestiegen sind. Als hätten sich alle Geräderten, Gehängten, Geschundenen und Verratenen erhoben, einer sterbenden Welt die Rechnung zu präsentieren. Niemand darf auf Gnade hoffen, der auf der falschen Seite der Front steht.

Was da herankommt, ist eine neue Welt ohne Mitleid

und ohne Gefühle, sie ist geboren im glasklaren, eisigen Gehirn von Männern, die entschlossen sind, die Menschheit nach ihrem Willen neu zu erschaffen.

Geschüttelt vom Grauen, drückt der Fähnrich Andrej Tschuilew auf den Abzug, das MG bäumt sich auf und hämmert mitten hinein in die wankenden, brüllenden Reihen.

*

Einige Zeit, nachdem der Nachtangriff abgeschlagen ist, treten aus den Seitenportalen des Palais Offiziere. Eine Trillerpfeife zerschneidet die Geräusche der Nacht.

«Antreten!» hallen Befehle. «Ablösung ist gekommen!»

Aber es sind nicht die erwarteten Kosaken. Überall tauchen die Uniformen der «Pawlowski» auf: Uniformen des Garderegiments «Kaiser Paul». Die Junker übergeben die schweren Waffen den Ankömmlingen, mürrischen und aufsässigen Burschen, die ihre Offiziere duzen und fluchend in die Stellung rücken.

Mit seinem Zug marschiert auch Fähnrich Tschuilew zum Portal. In der gewaltigen Vorhalle, die sonst nur bei der feierlichen Anfahrt ausländischer Gesandter benützt wurde, brennen einige Kerzen. Das Licht läßt den großartigen Schwung der samtbelegten Marmortreppen ahnen, die hinaufführen. Es spiegelt sich das Geglitzer der Kristallüster auf Falconets lernäischer Löwengruppe; rotgolden leuchtet das Reichswappen, und am Treppenabsatz hängt das Gemälde, das die große Katharina an der Spitze ihrer Preobraschenskergarde zeigt.

Etienne-Maurice Falconet (1716–1791) lebte 1766–78 in Petersburg, wo er auch sein bekanntestes Werk, das Reiterstandbild Peters des Großen, schuf.

Die Fähnriche und Junker steigen mit regennassen Mänteln, große Pfützen hinterlassend, in das erste Stockwerk des Palastes. Sie sollen endlich warmes Essen erhalten. Eine Weile warten sie in dem dunklen Thronsaal Peters des Großen. Da niemand kommt, machen sich Tschuilew und Leutnant Rutenberg auf, nach dem Rechten zu sehen.

«Jenseits der fensterlosen, allen Besuchern des Winterpalais unter dem Namen ‹Der dunkle Korridor› bekannten Galerie tagt die Konferenz ...»

Zitiert bei Reck-Maleczewen (Seite 20f)

Die beiden Soldaten blicken durch die angelehnten Türen und betrachten kopfschüttelnd das chaotische Bild.

«Wie überall im verlassenen Schloß, so haben auch hier

Unordnung und Verfall Besitz ergriffen von den preziösen Räumen. Trübe, inmitten des Zigarettenqualms, brennen zerbrochene Lüster, bis zum Überquellen sind auf dem großen Malachittisch in der Mitte des Zimmers die Onyxschalen mit Papyrossistummeln gefüllt. Stadtpläne, Meßzirkel und leere Flaschen bedecken den Tisch; zerfetzte Zeitungen, Aufrufe und Speisereste in greulichem Durcheinander ... sind auf die Teppiche zerstreut, und unter dem kriegerischen Bilde des ersten Nikolaus ... schnarcht auf kostbarer Damastdecke, mit schmutzigen Stiefeln, ein offensichtlich betrunkener Gardeoberst ...»

Papyrossi, die russischen Zigaretten mit einem langen Kartonmundstück.

Zitat bei Reck-Maleczewen.

Im nächsten Raum, wo Alexej Fjodorowitsch Kerenski und seine zusammengeschmolzene Regierung noch immer verhandeln, Protokolle verlesen und Erklärungen abgeben, werden eben in diesem Augenblick die Flügeltüren aufgerissen. Von den Kronleuchtern bricht eine Gasse Licht in das Vorzimmer heraus.

Ein Offizier in Lackstiefeln, einer von den «Pawlowsken», führt einige Zivilisten hinein: Männer mit Pelzkragen, plumpen Arbeiterstiefeln und roten Händen. Einer trägt eine scharfe Brille, sein Haar ist schwarz und gekraust, ein zweiter hat mongolische Züge. Ein paar bleiben im Türrahmen stehen. Man hört die Stimme des Gardeoffiziers:

«Euer Hochwohlgeboren, da weiterer Widerstand angesichts der Haltung der Petrograder Garnison und der beiden Kreuzer unmittelbar vor unserer Haustüre sinnlos ist, sind diese Herren gekommen, mit Ihnen über die Bedingungen einer Kapitulation zu verhandeln. Man ist gewillt, Ihnen freien Abzug zu gewähren ...»

Die Finger des Fähnrichs krallen sich in den Ärmel des Leutnants. «Verloren!» ächzt er. Der Leutnant zieht ihn stumm an eines der hohen Fenster des Palais, die zum Platz hinuntersehen.

Es hat zu schneien begonnen, auf dem weißen Feld heben sich deutlich die Postenlinien des Pawlowsken ab, aber unmittelbar davor, bereits in Tuchfühlung mit den Verteidigern, drängen sich die Roten. Andrej sieht, wie ein Offizier der Garde dankend Feuer von einem Matrosen mit rotem Stern nimmt. Einige Posten haben Mädchen im Arm. Nein – die da unten werden nicht mehr kämpfen.

Tausende von Gesichtern blicken gepsannt zu den Fenstern des Winterpalais herauf, als wollten sie fragen, weshalb die Übergabe dieser letzten Zwingburg so lange dauere. Unheimlich ist dieses Gewoge und Gewühl der Massen.

Aus der Galerie werden eilende Schritte hörbar. Türen klappen. Regierungsmitglieder rennen zur Hintertreppe, und aus einem großen, leeren Saal tönt herzerweichend das Schluchzen der kleinen Institutmädchen.

Dann peitschen Schüsse, hallen im Treppenhaus wider, und das Trampeln von tausend Stiefeln wird hörbar. Brüllend stürmen die Angreifer heran.

*

Der bolschewistische Staatsstreich verlief außerordentlich unblutig, auf der Seite der Bolschewiki zählte man lediglich 6 Tote.

Der in derselben Nacht zusammengetretene II. Sowjetkongreß verkündet den russischen Völkern:

Die beiden folgenden Zitate aus dem Protokoll des II. Sowjet-Kongresses vom 25. Oktober 1917.

«Gestützt auf den Willen der gewaltigen Mehrheit der Arbeiter, Soldaten und Bauern, gestützt auf den in Petrograd vollzogenen siegreichen Aufstand der Arbeiter und der Garnison, nimmt der Kongreß die Macht in seine Hände.»

Tags darauf beschließt der Kongreß das «Dekret über den Frieden», durch das allen kriegführenden Ländern ein sofortiger Waffenstillstand und der Beginn von Friedensverhandlungen empfohlen wird. Zugleich freilich werden die Arbeiter dieser Länder aufgefordert,

«die Sache des Friedens und damit die Sache der Befreiung der werktätigen und ausgebeuteten Volksmassen von jeder Sklaverei und jeder Ausbeutung erfolgreich zu Ende zu führen.»

Am gleichen 26. Oktober erläßt der Sowjetkongreß ein Dekret, das alles Eigentum der Gutsbesitzer an Grund und Boden unverzüglich und ohne jede Entschädigung aufhebt. Güter, Kloster- und Kronländereien sollen dem werktätigen Volke übergeben werden. Alle Bodenschätze – Kohle, Erdöl, Eisenerze, Waldungen und Gewässer – gehen gleichzeitig in das Eigentum des Volkes über.

Zu Mitgliedern im «Rat der Volkskommissare» wurden ausschließlich Bolschewisten berufen.

Dann wählt der Kongreß die erste Sowjetregierung, den «Rat der Volkskommissare», den Vorsitz übernimmt Wladimir Iljitsch Lenin.

Das neue Regime braucht den Frieden, und es unternimmt alles, ihn zu erreichen. Die Alliierten lehnen Verhandlungen ab, sie wünschen – nach Clemenceaus Worten

– Krieg und nichts als Krieg. Doch mit der deutschen OHL kommt es zu Gesprächen in der polnisch-russischen Grenzstadt Brest-Litowsk.

Bald zeigt sich, daß hier zwei Welten aufeinanderprallen, die den gewechselten Worten verschiedene Bedeutungen unterlegen. Die Sowjets verstehen unter dem «Selbstbestimmungsrecht» der Völker, daß Rußland alles in vergangenen Tagen unterworfene Gebiet behalten darf, weil sich für jeden dieser Staaten von Finnland bis Polen irgendein Komitee findet, das den Anschluß an Rußland heiß begehrt. Die deutschen Unterhändler aber benützen dasselbe Schlagwort, um unter dem Vorwand der «Befreiung» eine Reihe von Deutschland abhängiger Pufferstaaten zu schaffen. Zudem versuchen die Sowjets, über die Köpfe der deutschen Bevollmächtigten hinweg zu den revolutionären Kräften in Deutschland zu sprechen.

Die Verhandlungen werden abgebrochen, der Krieg geht weiter.

Die Friedensverhandlungen von Brest-Litowsk begannen am 20. Dezember 1917.

Aber bald zeigt sich, wie sehr die Revolution den russischen Armeen die Widerstandskraft genommen hat. Der «Eisenbahnvormarsch» führt die Truppen der Mittelmächte tief in die Ukraine und das Baltikum. Da in den Randprovinzen überall konterrevolutionäre Kräfte unter zaristischen Generalen auftreten, wird die Lage der Sowjets so ernst, daß Lenin gegen den Widerstand seiner Parteifreunde die kompromißlose Annahme der deutschen Bedingungen durchsetzt: Sowjetrußland muß zunächst Frieden für den Aufbau und die Umerziehung seiner Völker, für neue, welterschütternde Umschichtung und für künftige Rüstung haben; für diesen Frieden ist kein Preis zu hoch.

Die Verhandlungen wurden im März 1918 abgeschlossen.

Die deutschen Bedingungen sind von der Gruppe imperialistisch denkender Generale, Industriekapitäne und Machtpolitiker entworfen worden. Man gewährt dem besiegten Feind keinen Frieden, den er einhalten könnte, sondern erpreßt von ihm Unmögliches.

In einem späteren Zusatzvertrag vom 27. August 1918 mußte Rußland auch noch Forderungen in der Höhe von 6 Milliarden Goldmark anerkennen.

Rußland muß alle Randgebiete, einschließlich der reichen Ukraine, abtreten. Dazu sichert sich die deutsche OHL weitreichenden Einfluß auf innerrussische Verhältnisse und die Bestimmung über die Erdölquellen am Kaukasus und die Bodenschätze am Ural.

Ein ähnlicher Gewaltfriede wird Rumänien aufgenötigt. Hier sättigt sich Österreich-Ungarn durch die Einverlei-

Im Frieden von Bukarest vom 7. Mai 1918.

bung einiger Grenzlandschaften und durch die wirtschaftliche Vorhand auf Rohstoffe; Bulgarien erhält die Dobrudscha.

Vergeblich wartet das schwer ringende und hungernde Deutschland auf den praktischen Nutzen des «Brotfriedens». Aus der gesegneten Ukraine kommen weder wesentliche Getreideimporte, noch vermag die Ostfront – angesichts der Revolutionskämpfe – größere Truppeneinheiten abzugeben. Was bleibt, ist die leichtfertige Propaganda nationalistischer Kreise, daß nun der Krieg fast gewonnen sei, daß bald auch der Westen unter den Schlägen der frei gewordenen Armeen zusammenbrechen werde. So rafft sich das deutsche Volk unter trügerischen Hoffnungen noch einmal zu einer gewaltigen Anstrengung auf. Das Militär aber glaubt sich stark genug, ohne den letzten Versuch einer Friedensaktion die Entscheidungsschlacht im Westen bestehen zu können.

Unaufhaltsam hinab ...

Paris ist das Herz Frankreichs, es ist das Herz des Krieges. Es schlägt in diesem Frühjahr 1918 zwischen Hangen und Bangen.

Jedermann hofft, daß die Stunde des französischen Sieges heranreift, aber alle fürchten dieses unberechenbare, feldgraue Heer, das sich seit vier Jahren so unerschütterlich gegen die ganze Welt behauptet. Was wird der Deutsche unternehmen, bevor er hinabstürzt?

Die große Stadt lebt im Schatten der Front, wartet mit Beklemmung, daß irgend etwas Gewaltiges und Schreckliches aus Norden oder Nordwesten hereinbrechen könne.

Alles spricht von der bevorstehenden letzten Schlacht und von dem Tage X, an dem die Erde der Champagne, Flanderns oder der Picardie sich wie von vulkanischen Kräften gerüttelt erheben und zu wandern beginnen wird – auf Paris, auf das Herz Frankreichs zu.

Wann wird der Deutsche zum letzten Verzweiflungssprung ansetzen?

In diesen Märztagen ist der Himmel über der Ile-de-France seidig und zart, im Bois de Boulogne blühen Anemonen und Veilchen, die Cafés der Boulevards rücken wieder Stühle und Tische ins Freie. Auf den Bänken des Jardin du Luxembourg sitzen Bonnen mit Kinderwagen, Krankenschwestern führen Verwundete in gestreiften Lazarettanzügen spazieren. Überall sieht man Uniformen in dem vom Frühling angehauchten Straßenbild: die mattblauen Röcke der französichen Infanterie, die khakifarbenen der Engländer, die funkelnagelneuen Litewkas der bewunderten Amerikaner. In den Straßenbahnen, auf der „Metro“ und selbst in den großen Fabrikbetrieben tun Frauen Dienst. Sie tragen die kniefreien, immer kürzer werdenden Röcke, die durch die Textilnot und die Erfordernisse der Arbeitssicherheit während der Kriegszeit erzwungen wurden; auch sieht man immer mehr junge Frauen mit kurzgeschnittenen Haaren. Es ist praktischer, einen

Litewka, Uniformrock von blusenähnlichem Zuschnitt, von Offizieren außerhalb des Dienstes getragen.

Métro, die Pariser Untergrundbahn. Das erste Teilstück wurde 1900 eröffnet.

Pagen- oder Bubikopf zu tragen, wenn man an der Maschine steht – und ist es nicht auch hübscher?

Nie wurde in Paris leidenschaftlicher gelebt als jetzt, da die Weltstadt vom Tode überschattet liegt, da die Verlobten, die Gatten und Brüder in den Schützengräben kämpfen. Tausende von alliierten Offizieren und Soldaten verbringen ihre kurzen Urlaubstage in der Stadt.

Eine neue Note ist in das Bild der Straße gekommen. Noch vor einem Jahr haben sich die Boulevardblätter lustig gemacht über die Hungersnot in Deutschland, haben hämische Berichte über die langen «Schlangen» veröffentlicht, die in Berlin, in Essen, Hamburg oder München vor den Lebensmittelgeschäften standen. Seit dem letzten Winter aber wachsen auch in Paris die Menschenansammlungen vor den Kaufhäusern, die Not ist in Frankreich eingezogen.

Aus Abel Hermant, «Das Leben in Paris», (Paris 1919).

«Die Geschäfte stecken noch voller Lebensmittel, aber welche Preise! Eine ungeahnte Teuerung ist über die Hauptstadt hereingebrochen. Medikamente fehlen, Kohlen fehlen. Die Tabaksbüros sind fast leer, es gibt kaum noch Streichhölzer ...

Butter gibt es nur noch unter der Hand, zum Preis von 13 Frs. pro Kilo ... man hat drei Tage in der Woche ohne Fleisch und Wurstwaren eingeführt ...pro Woche bekommt die Familie 30 kg Kohlen, davon werden die Zentralheizungen der vielstöckigen Häuser nicht warm. Und dabei kostet der Zentner 8,25 Frs. anstatt 1,60 Frs. anno 1914 ...»

Dennoch hält diese heitere und tapfere Stadt wenigstens den Anschein der Lebensfreude aufrecht. Wenn sich die Tore der großen Kontorhäuser und die Pforten der Fabriken öffnen, strömt eine lärmende Menge von Mädchen heraus. Soldaten, Offiziere und Kavaliere in Zivil warten, haken sich ein, man strebt dem Montmartre oder dem Montparnasse zu – obschon die Vergnügungsstraßen seit einigen Monaten ihrer bunten Lichtreklame beraubt und die einst strahlenden Schaufenster der Boulevards verdunkelt sind.

Manchmal fallen wie Hammerschläge furchtbare Detonationen auf das Häusermeer. An irgendeiner Stelle steigen gewaltige Rauchpilze empor, Feuerwehren sausen schrillend durch die Straßen, man trägt Tote fort – stumme Gestalten unter schwarzen Tüchern.

Zuerst hat Paris an hochfliegende Flugzeuge geglaubt, die Bomben abwerfen. Jetzt weiß man, daß diese Teufelskerle von Deutschen die Hauptstadt aus einem oder mehreren Ferngeschützen beschießen. Die Wunderkanonen stehen rund 130 km entfernt. Weiß Gott, was man von den »Boches« noch alles zu erwarten hat!

Es heißt, sie bereiten die Offensive aller Offensiven vor – immer wieder kehren die Gedanken der Menschen zu diesem drohenden Gespenst zurück. Ob dann der Poilu halten wird, wie er vor vier Jahren vor den Toren von Paris gehalten, wie er sich in Verdun behauptet hat?

Aber da sind die Zeitungen – eine Weltmacht für sich –, ihre Schlagzeilen machen allen Ängstlichen Mut. Der Arbeiter, der aus den Toren von Renault tritt, verfällt jeden Tag aufs neue den schreienden Überschriften: «Greuel der Boches an belgischen Kindern!» «Untaten der Deutschen im Osten!»

Die Renault-Werke waren 1898 von M. Louis Renault (1877–1944) gegründet worden.

Und jeden Tag will der Mann, der sich an das süße Gift der Sensation gewöhnt hat, von neuen und immer schrecklicheren Massakern, Unmenschlichkeiten und Massenmorden hören. Die Presse liefert sie ihm. Skrupellose Haftpropaganda wird als patriotische Tat geheiligt, außerdem erhöht sie den Umsatz.

Haben nicht die amerikanischen Zeitungen das Wunder fertiggebracht, die prodeutsche Stimmung der USA-Bevölkerung bei Kriegsausbruch nach Wunsch der Machthaber zu lenken? Die Zeitungen des Hearst- oder Northcliffe-Konzerns sind ganz auf den primitiven Geschmack der Massen zugeschnitten. Meldungen brauchen nicht mehr ernsthaft geprüft und sauber stilisiert zu werden, es genügt, wenn die Blätter rasch aus den Händen der Verkäufer fliegen. Nichts ist vergessener als ein Leitartikel von gestern. Seit Jahren ergießt sich eine Flut von Alarmmeldungen, Schreckensnachrichten und erfundenen Greueln über die Menschheit.

William Randolph Hearst (1863–1951), der Gründer des Hearst-Konzerns, besaß bei seinem Lebensende etwa 38 Zeitungen und Magazine.

*

André Juin, der ehemalige Bergmann aus Roubaix, ist damals bei der Nivelle-Offensive verwundet worden und nun bei Renault als Arbeiter beschäftigt. Für ihn hat der Krieg ein Ende, aber ein anderes Problem beginnt erst jetzt. Er hat – wie viele seiner Altersgenossen – angefangen, über Sinn und Unsinn dieser Gesellschaft nachzudenken, im Lazarett war Zeit genug. Dann ist er bei Renault auf geschulte Marxisten gestoßen; heute bekennt er sich zu den Prinzipien, die Rußland verkündet hat, er ist Kommunist geworden.

Nach Zeitungsangaben des Jahres 1918.

Mit verächtlichem Lächeln liest er die fettgedruckten Überschriften im «Temps»: 10000 Tonnen Munition sind eingetroffen, 8 Divisionen aus USA in Bordeaux ausgeladen, 6000 Schanzarbeiter aus China in Marseille gelandet, 12000 Schwarze aus Nigeria und Senegal in Toulon an Land gegangen.

Zahlen, nichts als Zahlen. Man rechnet nur mit Geschützen, Flugzeugen, Eisenbahnmaterial, Tanks und Divisionen: Der Einzelmensch hat aufgehört, etwas zu bedeuten.

Mißgelaunt schlendert André Juin die dämmrige Straße hinab, als ihn plötzlich etwas zwingt, den Kopf zu heben – sein an die Geräusche der Front gewöhntes Ohr hat ein anschwellendes Sausen vernommen. Es wird rasch stärker und heult in furchtbarem Schlage auf. Bei der Kirche in St. Gervais stieben Steine und Staub, Geschrei füllt die Straßen.

Aus den Häuserschluchten quellen Menschen, wie Ameisen aus einem Haufen, in den ein Stein gefallen ist. Es trappelt und läuft, drängt und wimmelt: Frauen, Männer, Kinder – verschmolzen zur grauen, wesenlosen Masse. So hasten sie, von Neugier getrieben, der Unglücksstätte zu.

Vielleicht hat es Tote gegeben! Sensation, Aufregung, Nervenkitzel ...

Am Straßenrand, halb in einen Hauseingang gedrängt, steht ein kleiner, klug aussehender Herr mit weißem Haar. Das ist der sechsundsiebzigjährige Gelehrte Gustave Le Bon, der vor dreiundzwanig Jahren ein Buch mit dem Titel «Psychologie des foules» – Psychologie der Massen – geschrieben hat. Er hatte schon damals begriffen, daß die fortschreitende Industrialisierung ein Zeitalter der Massen heraufführen werde, und deren Charakter hatte er mit wissenschaftlicher Methodik zu ergründen versucht.

Gustave Le Bon (1841–1931). Seine «Psychologie des foules» erschien 1895. Er gilt als Begründer der Massenpsychologie.

Massen und Material werden den Krieg entscheiden und die kommende Zeit formen. Eben ist in Rußland ein Mann namens Lenin aufgetreten und hat sich zu den schöpferischen Kräften der Massen bekannt. Freilich hat er auch gesagt, daß diese Menschenhorden der genialen Leitung bedürfen.

Nur darin stimmt Le Bon dem Revolutionär zu, daß er die Masse als impulsiv, von Gefühlen beherrscht, bedenkenlos und leicht berauschbar erkennt, daß er alle Eigenschaften der Raubtiere in ihr findet und darum auch zugesteht, daß sie geschickter Dompteure bedürfe. Aber niemals wird aus der Mitte dieser formlosen, brodelnden Menge Kultur wachsen. Die Persönlichkeit geht in diesem Strom strudelnder Beine und Arme unter, sie wird zur anonymen Kollektivseele, die nach Art der Primitiven nur Freude am Zerstören, am Lärm, am Tumult hat ...

Die Menschen hasten noch immer dem Schauplatz des Granateinschlags zu, es heißt, daß die Kirche dicht gefüllt gewesen sei. Sanitäts- und Polizeiautos versuchen, unaufhörlich hupend, sich einen Weg zu bahnen, aber die Neugierigen sind kaum zum Weichen zu bringen. Man will dem Tod ins Antlitz sehen.

*

Im Frühjahr 1918 stehen von den 231 deutschen Divisionen 193 im Westen; 3750000 Soldaten und 14000 Geschütze werden die Entscheidungsschlacht auf den blutgetränkten Feldern Frankreichs anbieten, und sie werden auf 1850000 Briten, 1850000 Franzosen, auf 10 belgische, 2 portugiesische und vorerst eine amerikanische Division treffen. Es wird eine Schlacht von 8 Millionen Mann sein, das Material ist unübersehbar.

Die folgenden Zahlenangaben nach den Veröffentlichungen des Reichsarchivs (veröffentlicht 1929/30).

Der seit Herbst 1914 in den Schlammtrichtern Flanderns, in den Kreidefelsen der Champagne und der Kraterlandschaft von Verdun erstarrte Stellungskrieg schickt sich an, noch einmal den Sturm zu versuchen. Hüben und drüben liegen Verzweifelte, tragen namenlose Helden die ganze Last eines Lebens, das täglich mit dem Tode würfelt. Sie kennen nichts mehr von der Geborgenheit in Familie und Haus, sie wittern wie Tiere die Gefahr, sie schleppen sich von Alarm zu Alarm, von Hölle zu Hölle.

Mit dem Festlaufen des Angriffs der deutschen 4. und 6. Armee an der Yser und vor Ypern erstarrte die Westfront im Stellungskrieg.

Der Angriff der deutschen Truppen erfolgt am 21. März zwischen Arras und La Fère auf einer Breite von 70 km.

Die Entscheidung ist nahe, muß nahe sein. Hunger, Rohstoff- und Menschenmangel und nicht zuletzt die zunehmenden inneren Spannungen machen jedem klar, daß die Mittelmächte, selbst das harte und kühne Deutschland, so oder so zu Ende kommen müssen.

Die Männer in der deutschen OHL wissen, daß die kommende Schlacht der Endkampf sein wird, das Schicksal steht auf dieser letzten Karte: auf dem «Unternehmen Michael», das Ludendorff seit Monaten vorbereitet hat.

Die Fabriken Deutschlands haben trotz aller Hungerrevolten und Unruhen die höchste Stufe ihrer Produktionskraft erreicht. Jeden Monat verlassen 725 Geschütze und 400 Kanonen schweren Kalibers die Werkhallen; 200 000 Gewehre und 14 000 MGs werden in derselben Zeit hergestellt, die Flugzeugwerke haben ihre Produktion auf 1870 Motoren pro Monat gesteigert. Nur der Tankwaffe haben die Deutschen kein Interesse geschenkt. Ludendorff wird nur über 90 Panzerwagen verfügen können.

Die Führung ist kriegsbesessen, sie hat die Maßstäbe verloren und weiß nicht mehr, was einer selbst zähen und geduldigen Nation zugemutet werden darf. Das «Unternehmen Michael», von dem man sich in der OHL die Kriegsentscheidung erhofft – ohne zu bedenken, daß hinter einer Einnahme von Paris immer noch der Raum und die entschlossene Feindschaft fast des ganzen Erdballs stehen –, wird nach wissenschaftlichen Methoden angelegt. Ein Mathematiker, Hauptmann der Artillerie, hat ein System von Tabellen ausgearbeitet, nach dem die Batterien aller Kaliber mechanisch, ohne Einschießen, die höchstmögliche Wirkung erzielen müssen. Hinter den Linien der deutschen Front häufen sich zum erstenmal wieder unendliche Reserven von Material. Munition rollt in Massen zu den Artilleriestellungen, zahllose neue Batterien werden ausgeladen. Die besten Infanterieeinheiten aber werden seit Wochen auf die neue Ludendorffsche Stoßtrupptaktik umgeschult.

Da bricht mitten unter den Vorbereitungen am 28. Januar 1918 der Streik von 500 000 Rüstungsarbeitern aus. Die Vorgänge im Osten sind nicht ohne Rückwirkung geblieben, die Botschaft der Reden Lenins ist bis ins Reich gedrungen.

Aus einem Flugblatt vom Januar 1918.

«Friede ohne Annexionen und Entschädigungen! Sofortige Aufhebung des Belagerungszustandes und Wahlreform! Fort mit dem Dreiklassenwahlsystem der Junker!»

Die Radikalen der USPD, der «Unabhängigen Sozialdemokratischen Partei Deutschlands» erklären offen ihre So-

Feldmarschall von Hindenburg, der Sieger von Tannenberg. (6)

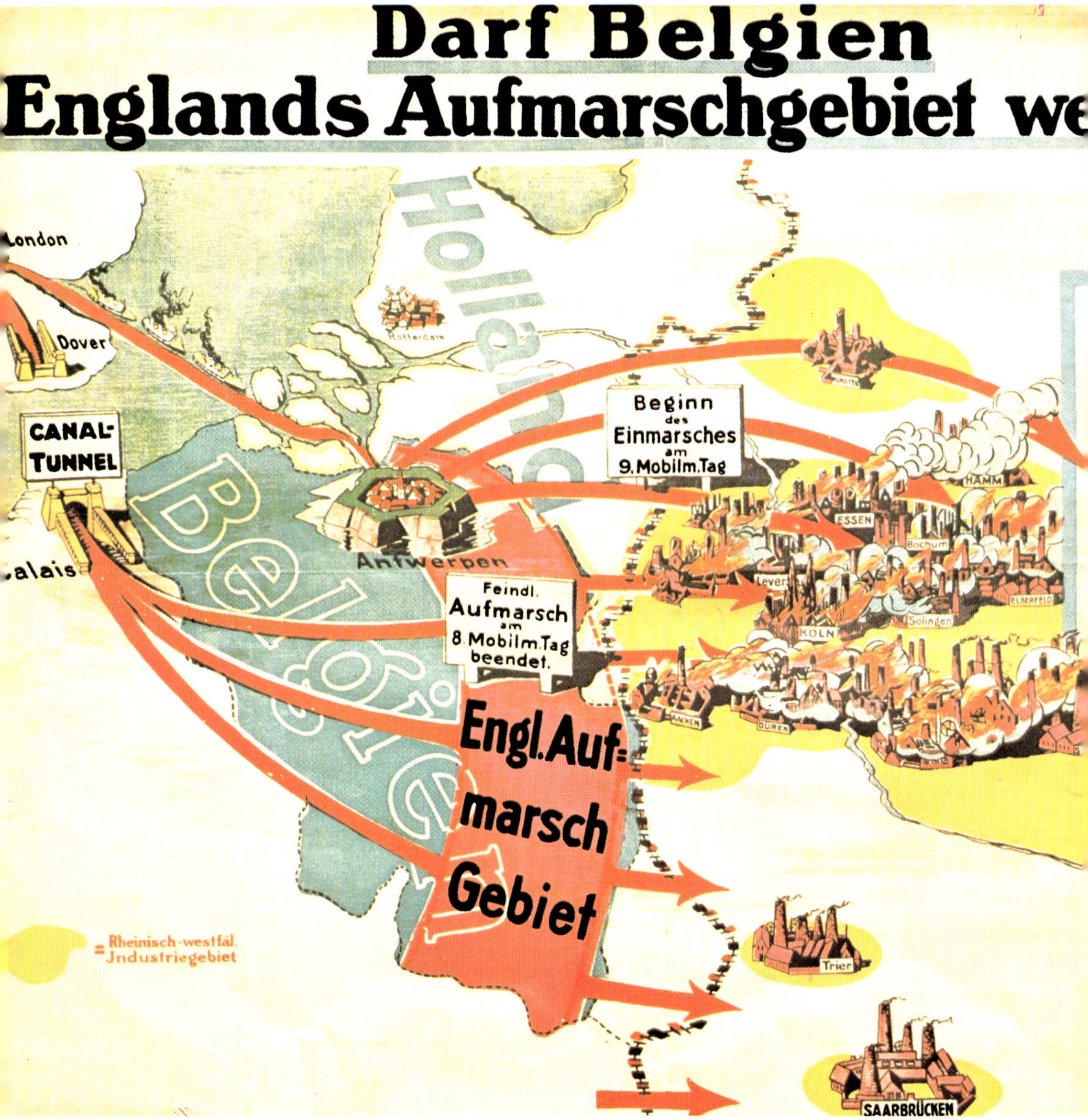

Die deutsche Propaganda behauptete, Belgien würde von England besetzt werden, um als Sprungbrett für Angriffe auf das Rhein-Ruhr-Gebiet zu dienen, das wirtschaftliche Zentrum des Reiches. Die Deutschen sollten überzeugt werden, daß die Invasion in Belgien diesen Absichten zuvorkommen sollte und daher berechtigt war. Tatsächlich wurde in England ein solcher Plan nie erwogen, denn die Deutschen besetzten Belgien viel zu schnell, aber zu Beginn des Zweiten Weltkrieges wurde er ernsthaft diskutiert.

(7)

General von Kluck, dessen Mangel an Mut bei der Durchführung des Schlieffenplans zur Katastrophe an der Marne führte. (8)

Ein deutscher Künstler schuf diese Impression des wilden Kampfes Mann gegen Mann in der ersten Kriegsphase. (9)

Eine italienische Karikatur des Kaisers, der gierig die Welt verschlingt. (10)

lidarität mit den russischen Proletariern, denen man den Vertrag von Brest-Litowsk aufzwingen will. Für einen Augenblick sieht es so aus, als nähmen nun die Völker ihr Schicksal selbst in die Hand. Denn gleichzeitig mit den Berliner Streiks legen die Arbeiter des Departements Haute-Loire, besonders in St. Etienne und Le Creusot, die Arbeit nieder. Für einige Tage befindet sich eine Million französischer Arbeiter im Ausstand.

Aber das ist nur ein kurzes Aufflackern. In Berlin und in St. Etienne gebraucht man Gewalt. Der Stadtkommandant von Berlin setzt Militär und Polizei ein, Clemenceau wirft vier Kavalleriedivisionen nach Mittelfrankreich: Beide Seiten wünschen, daß der Krieg weitergeht, bis eine Partei am Boden liegt.

Inmitten dieser entfesselten Leidenschaften verklingen zunächst kaum beachtet die neuen Friedensbemühungen des US-Präsidenten Wilson. Er hat am 8. Januar unter deutlicher Ablehnung des Friedens von Brest-Litowsk 14 Punkte verkündet, nach denen Friede geschlossen werden könne.

Thomas Woodrow Wilson (1856–1924) war der 28. Präsident der USA. Er wurde 1910 Gouverneur des Staates New Jersey und 1913 Präsident.

Auszug aus Wilsons Rede vor dem amerikanischen Kongreß vom 8. Januar 1918.

1. Öffentlichkeit aller internationalen Vereinbarungen. 2. Freiheit der Meere, 3. Freiheit des Welthandels, 4. Rüstungsbeschränkung, 5. Internationale Regelung der Kolonialfragen, 6. Räumung und Freiheit Rußlands, 7. Räumung und Wiederherstellung Belgiens, 8. Räumung allen französischen Gebietes und Abtretung von Elsaß-Lothringen an Frankreich, 9. Berichtigung der italienischen Grenzen nach dem nationalen Prinzip, 10. Freiheit zu autonomer Entwicklung der Völker Österreich-Ungarns, 11. Räumung Rumäniens, Serbiens, Montenegros, 12. Nationale Selbständigkeit der nichttürkischen Völker des Ottomanischen Reiches, 13. Bildung eines freien polnischen Staates mit freiem Zugang zum Meer auf einem Gebiet, das von unbestreitbar polnischer Bevölkerung bewohnt ist, 14. Gründung eines Völkerbundes.

Im kaiserlichen Hauptquartier zu Spa entwickelt unterdessen General Ludendorff die Grundzüge des «Unternehmens Michael». Der Plan ist darauf aufgebaut, durch einen kurzen überraschenden, aber alles zermalmenden Artillerieschlag die feindlichen Stellungen aufzureißen, dann auf breiter Front vorzubrechen und die Nahtstelle zwischen dem französischen und dem englischen Befehlsbereich zu durchstoßen.

Fast gleichzeitig tagt der Oberste Kriegsrat der Alliierten im Schloß Versailles. Kurz vorher hat Clemenceau bei einer Truppenbesichtigung seinem Groll Luft gemacht. Ein General hatte ihm erklärt, die Soldaten übten «hinhaltenden Widerstand in der zweiten Linie».

Der Oberste Kriegsrat der Alliierten trat am 31. Januar 1918 zusammen.

«Wenn die Deutschen angreifen, so wird gekämpft, mein Herr General, haben Sie mich verstanden! Kein Fußbreit französischen Bodens, hören Sie, darf aufgegeben werden. Nicht einen Schritt werden Sie zurückweichen!»

Aus Koeltz, «Die Schlacht von Frankreich».

Nun geht Clemenceau nach Versailles, um die Verbündeten für einen Hauptschlag zu gewinnen: die Entscheidungsschlacht in Frankreich. Marschall Foch erklärt Clemenceaus Absicht und setzt sie in militärische Forderungen um: Gegenangriff auf ganzer Front, Konzentration aller Anstrengungen auf die französische Erde.

Seinen langen und durchdachten Ausführungen schenken die Engländer nur geteilte Aufmerksamkeit. Lord Robertson, der englische Stabschef, zeigt sich interessiert, aber Lloyd George, der Regierungschef, ist nur mit halbem Ohr dabei. Durch seinen Kopf gehen bereits Pläne, die weit in die Zeit nach dem Kriege reichen, in eine Zeit also, da Frankreich und Rußland aus Verbündeten wieder zu Rivalen geworden sein werden.

Lloyd George (1863–1945) wurde 1915 Munitionsminister, 1916 Kriegsminister und Ministerpräsident.

Eine Entscheidung in Frankreich würde Deutschland schlagen und Frankreich endlich vom Alpdruck der feindlichen Invasionsdrohung befreien. Für das englische Weltreich aber gibt es, da am Endsieg nicht mehr zu zweifeln ist, globale Fragen, die rechtzeitig geregelt werden müssen. Dieser jahrelange Kampf war wirklich ein Weltkrieg. Man mußte die deutschen Kreuzergeschwader und die Hilfskreuzer auf den sieben Meeren niederkämpfen: bei den Falklands-, vor den Kokosinseln, im Atlantik. Trotz dem Kongo-Vertrag, der die Einbeziehung von Kolonialgebieten in einen europäischen Krieg verbietet, haben die in Übersee stark überlegenen Alliierten die deutschen Schutzgebiete besetzt. Nur in Deutsch-Ostafrika hat General Lettow-Vorbeck mit seiner kleinen Schar noch bis zu diesem Augenblick Widerstand geleistet und steht gegenwärtig sogar auf dem Boden von Englisch-Kenia. War die Fortnahme dieser gut verwalteten Gebiete schon ein einträgliches Geschäft gewesen, so zeigt sich jetzt eine noch weitaus hoffnungsvollere Möglichkeit der Expansion. Die

Streng genommen wurde in der Kongo-Akte von 1885 nur das Gebiet des Kongo und seiner Nebenflüsse für neutral erklärt.

Türkei als Bundesgenosse der Mittelmächte ist in das Stadium des Zerfalls eingetreten, alle nichttürkischen – die syrischen, arabischen und mesopotamischen – Gebiete haben den Aufrufen englischer Agenten Folge geleistet und sich erhoben.

An den Ufern des Euphrat steht General Marshall mit 250 000 Mann nur noch 33 000 schlecht bewaffneten, von einer korrupten Regierung verratenen Türken gegenüber; in Palästina marschiert General Allenby mit 150 000 Briten gegen die 40 000 Mann des deutschen Generals Liman von Sanders. Dort gibt es nicht mehr militärische, aber um so mehr politische Probleme zu lösen. Die arabische Welt ist in Bewegung geraten, ein Weltreich der Vergangenheit – das Reich der Sultane am Bosporus – löst sich auf. England hat zwar Juden und Arabern gleichzeitig Befreiung und die Errichtung von Nationalstaaten versprochen, es denkt aber nicht daran, sich selbst zu vergessen. Der Vordere Orient ist einer der reichsten Märkte, man hat im Irak und am Persischen Golf Öl gefunden – das bedeutet Macht in einem Zeitalter der sprunghaften Motorisierung.

Die Balfour-Deklaration vom 2. November 1917.

Und noch einen Grund gibt es, weshalb Lloyd George den Plänen des französischen Marschalls nur zerstreut zu folgen vermag: Hinter dem Irak, hinter Persien und der zerfallenen Türkei liegt das ebenfalls in Auflösung begriffene Rußland – eine verlockende Beute für weltweite Wirtschaftsinteressen. Soll man in diesem Zeitpunkt, wo es um die zukünftige Weltherrschaft geht, die Elitedivisionen Englands und des Commonwealth vor die Schlünde der deutschen Kanonen werfen? Ist es nicht ertragreicher, sie im Vorderen Orient marschieren zu lassen, wo der Krieg zu Ende ist und die Neugestaltung der Landkarte bereits zur Debatte steht?

Als Clemenceau und Marschall Foch die Frage eines gemeinsamen Oberkommandos aufwerfen, finden sie wenig Gegenliebe bei den Briten. Marschall Haig und Lloyd George lehnen mit höflichem Bedauern ab.

*

«S. M. der Kaiser hat persönlich den Oberbefehl über die Angriffstruppe übernommen. Der Tag X ist der 21. März

Nach dem Tagesbefehl vom 20. März 1918.

1918, 4 Uhr 40 Minuten vormittags. Null Zeit ist 9 Uhr 40 vormittags.»

Tausende Kompanie- und Batterieführer halten diesen Befehl in Händen. Die Uhren werden verglichen und genau gestellt. Jede Ecke der Schützengräben ist mit Sturmtruppen belegt, die Unterstände sind brechend voll von schwerbewaffneter Infanterie. Stählerne Brustschilder tragen die Stoßtruppmänner und scharfgeschliffene Spaten, Bündel von Handgranaten, neue MGs.

Draußen fällt nieselnder Nebel auf die nächtliche Trichterlandschaft, im Drahtverhau klappert gedämpft eine Schere. Da sind die Pioniere am Werk, sie öffnen vorsichtig die Sturmgassen durch die eigenen Hindernisse – wenn es losgeht, muß die Sturmbahn frei sein.

Immer dichter und milchiger wird der Nebel, die Nacht ist undurchsichtig wie das Chaos am ersten Tag. In den Artilleriestellungen gehen die Batteriechefs noch einmal von Stapel zu Stapel, wo die Granaten mit den grünen, blauen und gelben Kreuzen gesondert liegen. Das ist Gas – erstickend, Haut und Knochen zerfressend.

Chemische Kampfstoffe wurden erstmals im Ersten Weltkrieg in großem Maßstab eingesetzt.

Die Kanoniere schlafen kaum in dieser Nacht, sie kauern in den Unterständen, man sieht nur die vielen Lichtpünktchen der glimmenden Zigaretten. Die Geschützführer blättern in den Tabellen, die sie bekommen haben: genaue Werte für jeden Schuß.

Drüben bei den Poilus ist es ganz still. Die schlafen wohl oder kauern bei stinkenden Karbidlichtern in den tropfenden Unterständen. Es ist vier Uhr nachts. Sie haben noch vierzig Minuten Gnadenfrist und wissen es nicht.

*

«Wie kleine rasche Tropfen fallen die Sekunden, und die Zeiger stehen jetzt auf 4 Uhr 40 Minuten ... Da bricht es urgewaltig aus der Erde. Es ist ein Ton, wie ihn die Menschheit nie gehört hat und vielleicht niemals wieder hören wird. Viele Kilometer im Umkreis beben Luft und Erde: Auf mehr als 70 Kilometer Breite, zwischen Croisilles und La Fère, haben 1701 leichte, schwere und allerschwerste Batterien losgeschossen, alle gleichzeitig zur selben Sekunde.»

Aus Ettighofer, «Sturm 1918».

Die Nacht öffnet sich wie ein Vulkan, die Nebelwände

zerfetzen unter blauen, gelben, roten Blitzen, und himmelhoch steigt ein Brüllen aus der Erde, als bäume sich das Herz der Welt gegen den Mord, der nun hämmernd auf die Menschen niedersaust. Mit fliegenden Händen laden die Kanoniere die Geschütze: Sie schießen Gas, Ätzstoff, Splitter, Tod.

Im Generalstab beugen sich Offiziere über Kartenblätter. Der Donner, der ferne zu ihnen herüberweht, ist für sie nur die Bestätigung, daß die erste Etappe der «Großen Schlacht in Frankreich» planmäßig begonnen hat. Alle Batterien schießen nach einem wohlerwogenen System. Nach der Berechnung darf nicht allzuviel Leben da drüben übrigbleiben.

*

Fünf Stunden lang rast das Trommelfeuer über Dörfer, Anmarschwege und Gräben. 9 Uhr 35 wechseln alle Geschütze schlagartig ihr Ziel. Tausende von Minenwerfern setzen nun heulend ein und streuen ihre Splittersaat über die vordersten Gräben des Gegners. Wer da drüben wirklich noch lebt, weiß: Jetzt werden sie gleich kommen, das ist der letzte Schlag vor dem Angriff.

Fünf Stunden lang ist in den französischen und englischen Gräben das zuckende, lebende Fleisch in den regennassen Lehm verkrallt gewesen, hat sich unter Einschlägen gewunden, sich eingewühlt und nur verbissen daran gedacht, zu überleben. Und wirklich: Auch der letzte Splitterregen läßt noch einige zurück, die davongekommen sind. Wieder wechseln die Batterien, wie von Zauberhand gelenkt, das Ziel. Die riesige Feuerglocke hebt sich vom Totenacker und fliegt kilometerweit nach dem feindlichen Hinterland: die Reserven von der sterbenden Front abzusperren.

Gleich ist es 9 Uhr 40 – Nullzeit!

Im Graben der Deutschen stehen die feldgrauen Massen dicht an dicht, die Spaten bereit, die Pistolen, die MGs entsichert. Die Kompanieführer starren gebannt auf die kreisenden Sekundenzeiger.

Im März 1918 standen auf Deutscher Seite an der Westfront 192 Divisionen mit über 3,5 Millionen Mann.

Der junge Leutnant Hirsch, Kriegsfreiwilliger von 1914, atmet noch einmal tief auf, dann hebt er die Hand. In dieser Minute springen 160000 Mann deutsche Sturmtruppen auf die Schanzen. Für einen Atemzug scheint das Trommelfeuer übertönt durch den Schlachtruf, der westwärts rollt: «Michael! Michael!»

Aus der rauchenden Urweltlandschaft drüben steigen gespenstische Gestalten; Menschen, die aus zerhauenen Unterständen taumeln, halbwahnsinnige Überlebende des Feuers: Franzosen, Kanadier, Engländer ... nein, nichts mehr davon: nur noch in der Hölle des Materialkriegs geschändete Menschen.

*

Die große Offensive schreitet planmäßig voran. Um Mittag haben die aus der Pein des Stellungskrieges erlösten und mit hinreißendem Schwung vorstürmenden Truppen die Reservestellungen der britischen Armee Gough erreicht. Unvorstellbare Beute an Artillerie, Train, an Lagern und Lebensmitteln fällt in deutsche Hand. Zehntausende von Gefangenen werden eingebracht. Ohne Bewachung oder höchstens in Begleitung von ein paar deutschen Leichtverwundeten, die Hände im Nacken verschränkt, marschieren sie zu den Sammelstellen.

Die deutschen Sturmdivisionen brechen ins offene Hinterland des Feindes. Die Nahtstelle der Front ist aufgerissen, der Bewegungskrieg kann sich wieder entfalten. Erst vor Amiens versteift sich der Widerstand, ganze Geschwader von Schlachtfliegern und graue Panzerungetüme von 30 Tonnen Gewicht tauchen auf.

*

Jetzt – in höchster Not – als sich die Wand aus Feuer und Eisen aus der Erde erhoben und die Wanderung ins Herz Frankreichs begonnen hat, einigt sich der Oberste Kriegsrat der Alliierten rasch auf ein gemeinsames Oberkommando. Es wird dem französischen Marschall Foch übertragen.

Ferdinand Foch (1851–1929), der Offizier der Artillerie, wurde 1914 Kommandierender General, 1916 Oberbefehlshaber der französischen Truppen an der Somme und 1917 Generalstabchef. Das Oberkommando über die Alliierten Kräfte erhielt er am 3. April 1918.

Und doch scheint Ludendorffs Plan zu gelingen. Im April stoßen die deutschen Elitetruppen über den Kemmelberg zum Pas de Calais vor. Die Briten können sich nur mit Mühe der Einkesselung entziehen. Mit schnellem Entschluß wirft der Feldherr seine Sturmdivisionen nun bei Reims gegen die Franzosen, um sie zur Verschiebung ihrer

Reserven zu veranlassen, erreicht aber zu seiner eigenen Überraschung rasch die Aisne und sieht plötzlich das erstrebte Ziel, Paris, greifbar nahe vor den Augen.

Im Mai ballen sich die deutschen Truppen wie im Jahre 1914 in der Schicksalsebene an der Marne. Diesmal wollen sie den Gewaltschlag führen, hinüber an jenen fernen Horizont, der im satten Blau des Maimonats liegt und in dem sich wie Filigran die Silhouette des Eiffelturms abzeichnet.

*

Verbissen, gestützt auf seinen Soldatenstock, den Kopf verbunden und halb unter einer schwarzen Haube verborgen, so schreitet Clemenceau durch die Laufgräben der Front bei Reims.

Georges Clemenceau (1841–1929) gelangte im November 1917 an die Spitze der franz. Regierung.

Der schneeweiße, buschige Schnauzbart und die etwas schief stehenden Augen geben dem Ministerpräsidenten das Aussehen eines gereizten Tigers: Aber nicht das ist es, was ihm den Beinamen «Le tigre» verliehen hat. Es ist sein infernalischer Haß, seine Unerbittlichkeit, sein dämonischer Wille zur Vernichtung des Gegners.

Von der Front, aus den vordersten Gräben, fährt Clemenceau ins Hauptquartier des Marschalls Foch.

Im Laufe des 28. Mai treffen sich die beiden Männer in Sarcus. Ohne Einleitung fällt Clemenceau den General mit der Frage an: «Na, was nun, Marschall? Wie steht es? Werden wir sie aufhalten?»

Foch zuckt die Achseln.

«Herr Präsident, hier haben Sie die nackte Wahrheit: Die Deutschen haben heute auf breiter Frontlinie die Besle überschritten. Alle befohlenen Gegenstöße der 6. Armee sind im Sande verlaufen. Unsere Divisionen sind restlos geschlagen und befinden sich auf dem Rückzug. Hinter ihnen steht nichts mehr als die Besatzung des befestigten Lagers von Paris.»

Die beiden folgenden Zitate aus Tournes, «Foch und der Sieg 1918» (Paris 1921).

Einen Augenblick starrt der «Tiger» zu Boden, seine Züge verzerren sich, und er ballt die Faust um den Soldatenstock. Dann faßt er Foch plötzlich am Uniformrock, schüttelt ihn und sagt hastig, fordernd:

«General, wenn alles zugrunde geht, wir beide glauben doch an unsere Kraft. Sie und ich. General: Werfen Sie den letzten Mann ins Gefecht zur Deckung der Hauptstadt! Ich weiß, daß Frankreich geborgen in Ihrer Hand liegt. Nochmals, ich betone das: Sie haben alle Vollmacht. Die Regierung steht hinter Ihnen und mit der Regierung ganz Frankreich.»

*

Ende Mai tränken deutsche Husarenpatrouillen ihre Pferde in der Marne, die Infanterie nähert sich unwiderstehlich den Städten Reims und Paris. Im Juni ebben die deutschen Angriffe ab, wie ein Sturm, der Atem holen muß zum letzten Stoß. Ludendorff braucht eine Pause, um seine Artillerie, seine Munition, seine Trains nachzuziehen.

Die Zeit arbeitet jedoch mit jedem Tag für die Alliierten. Bis Ende Juni sind 760000 Amerikaner ausgeschifft und streben in Eilmärschen an die bedrohten Stellen; vom Kanal bis nach Reims sind 22000 Geschütze gegen die 17000 der Deutschen aufmarschiert. Neger, Marokkaner, Farbige aller Erdteile treffen in immer neuen Schüben ein. Der Jahrgang der Zwanzigjährigen geht in Frankreich an die Front.

Auf deutscher Seite aber werden bereits die unterernährten und durch Etappe und Heimat in ihrem Kampfgeist gebrochenen Achtzehn- und Siebzehnjährigen auf die Schlachtfelder geschickt. Die Waggons tragen Aufschriften wie «Deutschlands letztes Aufgebot» oder «Der Kindermord von Bethlehem».

Die alten Stoßdivisionen, die den Durchbruch erzwungen haben, die erfahrenen und unerschütterlichen Männer der Elite, sind in der «Großen Schlacht in Frankreich» verbraucht worden. Nur noch Reste von ihnen warten auf den neuen Angriffsbefehl.

Im Juli dringen die Deutschen an die Marne vor und stoßen auf Marschall Fochs Gegenangriff, der aus den Wäldern von Villers-Cotterets kommt. Der Fluß kann nicht überquert werden. Im Gegenteil: Die Führung muß den vorspringenden Frontbogen nach aufreibenden Kämpfen zurücknehmen.

Das ist offenbar das Ende. Die Offensive hat ihr letztes Ziel nicht erreicht, sie ist zum Stehen gekommen. Die Einstellung aller Angriffe wird befohlen, und erschöpft, resigniert und im Glauben an den Sieg getroffen, gräbt sich das feldgraue Heer wieder ein.

Der August 1918 brennt mit seiner Sonne auf die zerschossene Erde. Zu Anfang des Monats haben die Alliierten ihren Aufmarsch beendet. Am 8. August fegt ein Orkan aus Tausenden von Geschützen über die deutschen Stellungen, Gas- und Nebelmunition verseuchen das Gelände, Minenwerfer schleudern massierten Tod auf die ausgemergelten, hungernden Männer der von ihrer eigenen Offensive erschöpften Armee. Schlachtflieger und Tankgeschwader treten in panikerregenden Mengen auf, die Feuerwalze setzt sich in Bewegung, überrennt die umgepflügten Gräben. Aus der Erde Frankreichs steigen neben den Poilus Hunderttausende khakifarbiger, wohlgenährter und glänzend ausgerüsteter Soldaten, schwarze, weiße, gelbe Gesichter blicken unter den flachen Stahlhelmen nach Osten. Die Straßen am Horizont sind vollgestopft von unendlichen, pausenlos näherkriechenden Kolonnen von Lastautos, Tanks, Batterien.

Da und dort in der deutschen Front bleiben ein paar Unentwegte bei ihrem MG, schicken der Übermacht ihre Garben entgegen und opfern sich, hoffnungslos und verloren. Die Masse der deutschen Infanterie geht befehlsmäßig auf die Ausgangsbasis zurück, die sie im März verlassen hat. Die «Siegfried-Stellung» erwartet sie wieder.

Trostlos wandern unter der glühenden Sonne die grauen Regimenter, Staubfahnen wehen über ihnen. Irgendwo bellen Feldgeschütze, Flieger kreisen am Himmel. Sie marschieren nordwärts und ostwärts, sie sind auf dem Rückzug, alle Opfer waren vergeblich.

Sie marschieren, auch als das Wetter umschlägt und der Regen in Gießbächen zu rauschen beginnt. Die schlechten Schuhe lösen sich auf, die dünnen Uniformen kleben an der Haut. Sie haben keine Hoffnung mehr.

«Der Regen rauscht. Marschierende Kolonnen ... Vom dunklen Wegkreuz schaut der Jesuchrist, in seines Lämpchens Dunstkreis eingesponnen, ins Volk, das müd' von hundert Schlachten ist. Das graue Heer, das schweigend ostwärts zieht, hat kaum des lichten Herrn am Holze acht, der still und hell auf jeden niedersieht: Wohin, mein Bruder, gehst du durch die Nacht?»

Aus einem Gedicht von Walter Flex (geb. 6.7.1887), er fiel in den Kämpfen um die Insel Ösel im Oktober 1917.

Umsturz

Am 29. September schließt Bulgarien, der tapfere Verbündete der Mittelmächte, unter der Wucht des alliierten Angriffs niederbrechend, einen an Kapitulation grenzenden Waffenstillstand.

In der Offensive der Alliierten in Mazedonien vom September 1918 war die bulgarische Armee praktisch aufgelöst worden.

Am gleichen Tage wird in der OHL zu Spa die Umbildung der deutschen Regierung auf parlamentarischer Grundlage beschlossen. Man hat begriffen, daß die Alliierten mit der Regierung des Kaisers nicht verhandeln werden.

Schon am 14. August 1918 hatte die OHL in einer Konferenz im Hauptquartier von Spa die Fortführung des Krieges für aussichtslos erklärt.

Österreich-Ungarn hält sich nur noch mit letzter Kraft aufrecht. Mit Mühe wehrt sich die Piavefront gegen französische, britische und italienische Übermacht. Am 16. Oktober erläßt Kaiser Karl ein Manifest an seine Völker, das föderalistischen Aufbau und «Staaten nach festumrissenen Siedlungsgebieten mit völliger Autonomie» verspricht. Trotzdem rufen am 28. Oktober tschechische Nationalisten zu Prag die Unabhängigkeit ihres Staates aus. Lange schon hat das in der Emigration weilende, tschechische Nationalkomitee unter Masaryk und Benesch die Anerkennung Frankreichs, Großbritanniens und neuerdings auch der USA gewonnen.

Thomas Garrigue Masaryk (1850–1937) wurde 1917 Präsident des 1916 gegründeten tschechoslowakischen Nationalrats in Paris.

Die Südslawen trennen sich von der Donaumonarchie und bilden einen neuen Staat: Jugoslawien. Ungarn ruft seine Truppen von der Front ab, Kroaten und Bosniaken meutern.

Gleichzeitig bricht die Türkei zusammen. Der britische General Allenby stößt durch die Trümmer der zerfallenen Armeen bis Damaskus vor. Der englische Agent Oberst Lawrence, der den Aufstand in der Wüste organisiert hat, erlebt vor Damaskus bewundernd den disziplinierten, unerschütterlichen Rückzug des deutschen Hilfskorps.

«... in verlorenen Haufen treibt die Masse der Türken im stürmischen Wind dahin, schießt unsinnig in die Luft und läuft bei jedem Zusammenstoß mit Freund oder Feind blindlings auseinander ...

Eine Ausnahme allein machen die deutschen Abteilungen; und hier zum erstenmal werde ich stolz auf den Feind, der meine Brüder getötet hat. Sie sind zweitausend Meilen von ihrer Heimat entfernt, ohne Hoffnung im fremden, unbekannten Land, in einer Lage, verzweifelt genug, um auch die stärksten Nerven zu brechen. Dennoch halten ihre Truppen fest zusammen, geordnet in Reih und Glied, und steuern durch das wild wogende Meer von Türken und Arabern wie Panzerschiffe, schweigsam und erhobenen Hauptes. Werden sie angegriffen, so machen sie halt, nehmen Gefechtsstellung ein und geben wohlgezieltes Feuer. Da ist keine Hast, kein Geschrei, keine Unsicherheit. Sie sind prachtvoll ...»

Aus Lawrence, «Die sieben Säulen der Weisheit».

Während eine Welt zusammenstürzt, hält die «Siegfried-Stellung» im Westen, schwer blutend unter den Schlägen übermächtig angreifender Gegner. Es ist ein Kampf ohne Aussicht, ein Sterben inmitten ungeheurer Leere.

Schon am 1. Oktober hat Ludendorff auf sofortigen Abschluß eines Waffenstillstandes gedrängt. Am 3. Oktober tritt die Regierung Hertling zurück, und Prinz Max von Baden wird Kanzler, ein demokratischer, versöhnlicher Politiker. Seine Regierung stützt sich auf die Reichstagsmehrheit, zum erstenmal nehmen auch Sozialdemokraten Sitze auf der Regierungsbank ein. Am 4. Oktober geht ein Waffenstillstandsangebot an Präsident Wilson ab. Deutschland erklärt sich bereit, auf Grund der 14 Punkte in Friedensverhandlungen einzutreten. Der US-Staatssekretär Lansing bestätigt diese Basis der Gespräche. Aber inzwischen ist der Friede mit Deutschland angesichts der offenbaren militärischen und politischen Niederlage billiger geworden; die Alliierten wünschen den Sturz des Kaisers und den völligen Niederbruch des Reiches. Masaryk, der großen Einfluß auf Wilson besitzt, versteht es, den Präsidenten zu immer weiteren Verzögerungen zu veranlassen, so daß die Waffenstillstandsnote erst am 26. Oktober weitergegeben wird.

In der «Lansing-Note» vom 28. Oktober 1918.

Doch nun ist es für die Verhandlungen schon zu spät. Jetzt greift das Verhängnis an Deutschlands Herz, die Revolution bricht aus.

*

In den Munitionsfabriken rufen die Sprecher der SPD, der USPD und der KPD zum Streik. Auf den Drehbänken stehen die Männer mit dem roten Band am Kragen und schreien ihre Parolen in die versammelten Männer und Frauen der Belegschaft: «Legt die Arbeit nieder! Ihr arbeitet nur für den Kaiser und für die Junker! Noch ein paar Monate Krieg, und wir sind verhungert! Schluß mit dem Widerstand!»

Wer sich den Streikenden widersetzt, wird von Stoßtrupps niedergeschlagen. Streikposten ziehen vor den Toren der Fabriken auf.

Die militärischen Stellen greifen durch. Patrouillen mit aufgepflanztem Bajonett gehen durch die grauen Großstadtstraßen, die Kriegsgerichte arbeiten Tag und Nacht, die Arrestzellen, Zuchthäuser und Strafbataillone füllen sich.

Ludendorff war nach seiner Tätigkeit als Chef der Aufmarschabteilung (1908–12) am 22. August 1914 Generalstabschef Hindenburgs geworden.

Am 26. Oktober hat die neue Zivilregierung General Ludendorff entlassen. Das ist ein Signal! Der Kaiser will zusammen mit der Sozialdemokratie ein neues Deutschland aufbauen. Das ist ein Schlag ins Gesicht für jene Kreise, die den Widerstand bis zum letzten Mann und zur letzten Patrone predigen.

Auf der Reede von Wilhelmshaven ist die gesamte deutsche Hochseeflotte versammelt, diese Flotte, deren Material geschont und deren Bemannung jahrelang mit Exerzieren geplagt wurde. Jetzt ist sie Deutschlands letzte, scharfe Waffe. Die Geschwaderchefs haben versiegelte Order bekommen, das I., II., III. und IV. Geschwader machen Dampf auf. In braunen Schwaden steigt der Qualm aus den Schornsteinen zum grauen Novemberhimmel. Es wird «Klar Schiff» befohlen.

Gegen Abend verbreitet sich auf den Schiffen das Gerücht von einer bevorstehenden Aktion. Erregtes Geflüster geht um: Was haben die Offiziere vor? Mit dem Krieg ist doch Schluß, das Waffenstillstandsangebot ist doch heraus …

Da trillern schon die Bootsmannspfeifen, Befehle tönen: «Alle Mann auf Gefechtsstation! Dampf auf, Anker lichten!»

Es raunt und rumort durch die Schächte der grauen Panzerriesen. In den Kasematten rotten sich die Heizer und Maschinisten zusammen, die Signalmaate blinken von Bord zu Bord – ohne Befehl.

«Nicht auslaufen! Liegenbleiben! Dampf aus ...»

«SMS Thüringen» verständigt sich mit dem Schlachtschiff «SMS Helgoland». Antwort kommt durch die Nacht: «Kameraden, haltet aus! Wir stehen zu euch!»

Im Panzerturm gibt der Admiral vergeblich seine Kommandos, umsonst rasseln und klingeln die Maschinentelegraphen. Unten in der feuerdurchlohten Tiefe, unter den Gitterrosten der Zwischendecks, reißen die Heizer die Feuer aus den Kesseln, und die Maschinenmaate blasen Dampf ab. Die schon gelichteten Anker rasseln wieder auf Grund. Auf «SMS Baden», dem modernsten Schlachtschiff der Flotte, macht plötzlich das Gerücht die Runde: Die Offiziere wollen das Schiff in die Luft jagen! Da quillt es aus den Kasematten, die Oberdecks füllen sich mit Revoltierenden, die namenlosen Sklaven der Panzertürme, der Maschinen und Kessel bekommen Mut zu sich selbst. Tausendstimmig brüllt es auf, umsonst werfen sich Leutnants und Kapitäne dem Strom entgegen. Mit Schraubenschlüsseln und Fäusten machen die Matrosen sich die Bahn frei, lassen die Boote und Barkassen herab, verlassen das Schiff.

Aber drüben auf Schilligreede lösen sich langsam andere graue Kolosse: Linienschiffe, Panzerkreuzer, Leichte Kreuzer, Torpedoboote, Schiff um Schiff in langer Kiellinie. Braune Rauchballen stoßen in die von Scheinwerfern durchzuckte Nacht, die Jadebucht rauscht auf. Man sieht weiter draußen die angeleuchteten Türme von U-Booten.

Zu welchem Ziel geht die Fahrt? Warum marschiert die Flotte in dieser Nacht zum 8. November noch einmal aus, nachdem sie die letzten Jahre tatenlos vor Anker gelegen? Blinksprüche funken über die schwarzen Wasser: Die liegengebliebenen Schiffe «SMS Thüringen», die «Helgoland» und «Baden» suchen Verständigung mit den sich langsam entfernenden Kameraden der großen Flotte.

Die Schiffe haben Kurs Nordnordost anliegen, erreichen das offene Meer. Das Gerücht verstärkt sich, daß die Admiralität einen Verzweiflungsangriff auf die englische Home-Fleet beschlossen habe – einen Amoklauf der sterbenden Flotte. Immer grollender steigt es aus den Kasematten und Panzertürmen: «Wir machen nicht mit! Löscht die Feuer! Laßt Anker fallen! Kein zweites Skagerrak!»

An der Vorbatterie ballt sich eine Haufe und singt trotzig zum Kommandoturm: «Nach der Heimat möcht ich wieder ...» Offiziere mit gezogener Pistole treten an die Reling, das Flaggschiff signalisiert ohne Pause. Plötzlich fliegen Handspaken und Schemel, Kohlenstücke und Eisenschrauben durch die Luft.

In den Kesselräumen werden die Ventile geöffnet. Dampf wolkt die Aufgänge herauf, flüchtende Stabsingenieure rennen über die Decks. Die Sirene beginnt zu heulen, die Kommandoglocken läuten, die Bootsmannspfeifen trillern. Alles umsonst, die Schiffe verlieren Fahrt, bleiben liegen. Es kommt der Befehl: «Flottenvorstoß ist abzubrechen, zurück an die Liegeplätze ...»

*

Funksprüche gehen der einlaufenden Flotte voraus. Am Kai warten, im grauen Morgendämmer frierend, schwerbewaffnete Kompanien der Marineinfanterie. Beinahe lautlos gleiten die Riesenschiffe, einer Herde geängstigter Tiere gleich, in die Bassins. Das Gerücht springt von Schiff zu Schiff, daß man auf «SMS Helgoland», auf «SMS Thüringen» und «SMS Baden» einige hundert Kameraden verhaftet habe. Die Kriegsgerichte warten schon, und die Marinesoldaten da drüben sollen die Anführer der meuternden Flotte holen.

Da bricht es los. Es ist ein einziger Aufschrei, aus den Bäuchen der Großkampfschiffe laufen die Matrosen an Deck, Waffen werden aus den Kammern gerissen. Die Offiziere verschanzen sich im Panzerdeck, in den Türmen. Die Matrosen haben ihre Fesseln zerrissen: Der Krieg ist aus, es lebe die Revolution, es lebe Lenin!

Von hundert Fäusten gezerrt kommt die Kriegsflagge mit dem eisernen Kreuz nieder; Kohlensäcke, Schwabber, rote Tücher gehen an der Gaffel hoch. Und von den Linienschiffen, den Kreuzern und Zerstörern ringsum kommt brausende Antwort. Die Flotte meutert.

Dieselben Vorgänge spielen sich in Kiel ab. Das Reichsmarineamt in Berlin, besetzt von mehreren hundert Bürooffizieren und einer Kompanie Jäger, kapituliert vor einem Unteroffizier und sechs Mann. Es ist alles sinnlos geworden, auf den Straßen demonstrieren um diese Zeit Hunderttausende von Arbeitern.

*

Der SPD gelingt es, mehr und mehr die Führung Deutschlands an sich zu reißen. Das Organ der Partei – der «Vorwärts» – schreibt:

«... wegen eines einzigen Mannes dürfen weder die Verhandlungen erschwert werden, noch der Bürgerkrieg ausbrechen. Auch dieser Mann, der mit seinen sechs Söhnen aus dem Kriege zurückkehrt, muß Opfer bringen. Selbst dann wird er nicht der bedauernswerteste unter den deutschen Familienvätern sein ...»

Zitat aus dem «Vorwärts» vom 7. November 1918.

Das ist die offene Forderung auf Abdankung des Kaisers. Am 7. November stellen die Führer der SPD – Ebert und Scheidemann – die ultimative Forderung an den Kanzler, Prinz Max von Baden:

Friedrich Ebert (1871–1925) wurde 1912 Mitglied des Reichstages, 1913–19 war er Parteivorsitzender der SPD.

«Sofortige Umgestaltung der preußischen Regierung. Aufhebung des Versammlungsverbotes, äußerste Zurückhaltung der Polizei und des Militärs, Verstärkung des sozialdemokratischen Einflusses in der Regierung; Abdankung des Kaisers und Thronverzicht des Kronprinzen bis zum 8. November mittags ...»

Aus Reventlow, «Von Potsdam nach Doorn».

*

Am Frühnachmittag findet eine entscheidende Unterredung im kaiserlichen Hauptquartier zu Spa statt. Seit vormittag treffen ununterbrochen alle erreichbaren Stabschefs, Generale und hohen Offiziere vor dem anmutigen Schlößchen ein. In dem Kartenraum steht der Kaiser seinen Generalen gegenüber. Hinter den hohen, bis zum Boden reichenden Fenstern liegt eine düstere Novemberlandschaft, feiner Regen stäubt über die kahlen Bäume.

Feldmarschall von Hindenburg, ordenbedeckt, überragt die meisten der Kommandeure. Hinter dem Kartentisch steht Seine Majestät. Wie meist hält Wilhelm II. den verkrüppelten linken Arm auf dem Rücken, die Rechte stützt sich schwer auf den Tisch. Er trägt nur die Eisernen Kreuze.

Paul von Beneckendorf und von Hindenburg (1847–1934) befürwortete den Thronverzicht des Kaisers und leitete in der Folge den Rückmarsch des Heeres.

Aus Eisenhardt-Rothe, «Der Kaiser am 9.11.».

Entente (franz. «Einverständnis»), entstanden aus der Entente cordiale zwischen England und Frankreich zur Verständigung über die nordafrikanischen Kolonialfragen. Nach der Einbeziehung Rußlands entwickelte sich daraus die Tripelentente des Ersten Weltkrieges.

«Lassen Sie mich an die Front gehen, um zu kämpfen und mit meinen Truppen zu sterben ...», sagt der Kaiser.

Er ist in den letzten Jahren beinahe weiß geworden, der Bart ist gestutzt, schwere Tränensäcke hängen unter seinen Augen.

General Groener, der Nachfolger Ludendorffs, macht eine abwehrende Handbewegung.

«Das geht nicht, Eure Majestät. Dieser Schritt würde die Entente zu falschen Folgerungen veranlassen. Angesichts der bevorstehenden Verhandlungen ist das untragbar. Eure Majestät würden damit nur Blutvergießen und noch größeres Unheil verursachen.»

Der Kaiser bittet, eine Weile allein gelassen zu werden, nur den Kronprinzen hält er zurück. Er versichert seinem Sohne, daß er im Falle einer Abdankung immer noch König von Preußen bleibe und auf keinen Fall das Heer verlassen werde.

Draußen im Vorzimmer stellt General Groener an die Armeekommandeure die Frage, ob im Falle eines Bürgerkrieges Verlaß auf die Fronttruppe sei.

Graf Schulenburg fährt auf: «Vor die Alternative gestellt, den Fahneneid zu brechen und den Obersten Kriegsherrn zu verlassen, wird sich die Masse des Feldheeres treu erweisen.»

General Groener zuckt die Schultern, ein geringschätziges Lächeln spielt um seinen Mund.

«Oberster Kriegsherr? Das ist schließlich nur noch ein Phantom!»

Die Generale blicken zu Boden, sie alle haben das Gefühl, daß sich hier zwei Welten begegnen. Die neue, in der General Groener bereits lebt, wird sich ohne Rücksicht auf persönliche Bindungen lediglich an die Tatsachen halten. Was gilt eine einzige Person, wenn es um die Zukunft eines Volkes geht!

Man betritt wieder das Arbeitszimmer des Kaisers und verhandelt weiter. Wieder schrillt das Telephon, Staatssekretär Hintze läßt das Gespräch auf ein Nebenzimmer umlegen. Als er wiederkommt, ist er aschfahl.

«Eure Majestät, ich habe eine Meldung zu machen: Soeben rief der Herr Reichskanzler, Prinz Max von Baden, aus Berlin an. Die Lage hat sich dort weiter verschärft, die Sozialdemokraten haben von sich aus die Abdankung Eurer Majestät bekanntgegeben. Die Monarchie ist nicht mehr zu retten, wenn sich Eure Majestät nicht sofort zur Abdankung zu Gunsten des Kronprinzen entschließen.»

Unheimliche Stille – man hört das Tropfen der Dachtraufe vor dem Hause. Niemand wagt, den Kaiser anzusehen.

«Der Kaiser nimmt diese Nachricht mit tiefem, schweigendem Ernst entgegen, farblos, die festgeschlossenen Lippen in dem graugelb gewordenen und wie um Jahre gealterten Gesicht ...

Dann ... sucht er mit den Augen den Blick des Feldmarschalls, als müsse er bei ihm Kraft und Hilfe finden in seiner Qual. Aber da ist nichts. Still, tief erschüttert, in ausweglosem Schweigen, steht der große, alte Mann...»

Am 9. November wird der Thronverzicht Wilhelms II. und des Kronprinzen bekanntgegeben.

Ja, auch Hindenburg schweigt, die Generale schweigen. In Schweigen endet die Kaisergeschichte des deutschen Reiches.

*

Gegen Abend telegraphiert Seine Majestät nach Berlin, er verzichte auf die Kaiserkrone, wolle aber König von Preußen bleiben.

Die beiden folgenden Zitate aus Reventlow, «Von Potsdam nach Doorn».

Berlin funkt zurück: Zu spät, der Verzicht des Kaisers und des Kronprinzen seien bereits verkündet. Nun beschließt der Kaiser, auf jeden Fall bis zum bitteren Ende bei seinen Soldaten zu bleiben.

An diesem Abend sagt er zu General Gontard:

«Ich will bei meinem Heere bis zum äußersten ausharren und mein Leben einsetzen. Man will mich veranlassen, die Armee zu verlassen, das ist eine unerhörte Zumutung. Das sieht ja aus, als ob ich mich fürchte. Meine Frau bleibt mitten in den Unruhen in Potsdam, und ich bleibe hier.»

Doch erlaubt er gleichzeitig dem Staatssekretär Hintze, vorbereitende Maßnahmen für einen eventuellen Übertritt ins neutrale Holland zu treffen.

Einige Stunden später, nachdem er nochmals seinem Adjutanten, Oberstleutnant Niemann, erklärt hat, er werde nun an der Spitze seiner tapferen Truppen sterben, schreibt Kaiser Wilhelm einen Brief an den Kronprinzen, der sich wieder zu seiner Armee begeben hat.

«Lieber Junge!

Da der Feldmarschall mir meine Sicherheit nicht mehr gewährleistet und auch für die Zuverlässigkeit der Truppe keine Bürgschaft übernehmen will, so habe ich mich entschlossen – nach schwerem inneren Kampf –, das zusammengebrochene Heer zu verlassen. Berlin ist total verloren und in der Hand der Sozialdemokraten, und es sind dort schon zwei Regierungen gebildet, eine von Ebert als Reichskanzler und eine daneben von den Unabhängigen. Bis zum Abmarsch der Truppen in die Heimat empfehle ich Dir, auf Deinem Posten auszuharren und die Truppen zusammenzuhalten ... So Gott will, auf Wiedersehen!

Dein tiefgebeugter Vater.»

Wilhelm II. lebte zunächst in Amerongen, seit 1920 in Doorn. Die von der Entente verlangte Auslieferung (nach Art. 232 des Versailler Vertrages) wurde von der niederländischen Regierung 1920 abgelehnt.

*

Am Abend des 10. November fährt Ex-Kaiser Wilhelm im Auto der holländischen Grenze entgegen, um in sein Asyl nach Schloß Doorn zu gehen.

Nach langem Schweigen wendet er sich an den neben ihm sitzenden Adjutanten, Oberstleutnant Niemann.

Die folgenden beiden Zitate nach Kaiser Wilhelm, «Ereignisse und Gestalten».

«Es hat alles keinen Zweck mehr, Niemann. Eine friedliche Rückkehr ins Reich ist unmöglich geworden, die Aufständischen haben die Rheinbrücken und andere wichtige Anlagen im Rücken des Heeres bereits in Händen ...»

Der Adjutant blickt aus tiefem Nachdenken auf.

«Wenn sich Majestät an die Spitze treuer, aus der Kampffront gezogener Truppen gestellt und die Rückkehr erzwungen hätten?»

«Damit wäre der Zusammenbruch Deutschlands besiegelt gewesen», sagt der Kaiser resigniert, «denn zum Kampf gegen die zweifellos nachdrängenden Feinde würde der Bürgerkrieg kommen ...»

Schon am 10.11.1918 wurde in Deutschland eine neue Regierung gebildet, der «Rat der Volksbeauftragten», daneben bildet sich ein «Vollzugsrat der Arbeiter- und Soldatenräte».

Die harten, grauen Augen des Oberstleutnant richten sich fest auf den Kaiser, den letzten gekrönten Hohenzollern ...

«Und, Majestät, hätte es keinen anderen Weg für den Nachkommen Friedrichs des Großen gegeben, die Bühne der Geschichte zu verlassen?»

Der Kaiser begreift sofort, er wird einen Schein blasser.

«Den Ausweg, den Sie meinen – nein! Das ist durch meinen festen christlichen Standpunkt ausgeschlossen.

Und würde man nicht sagen: wie feige! Jetzt entzieht er sich aller Verantwortung durch den Selbstmord ...»

Der Blick des Kaisers sucht keine Entgegnung. Er sieht starr geradeaus. Durch das Fenster stürzt ihm die Straße entgegen: flaches Land, entblätterte Alleen, Kanäle und Hebebrücken – man ist in Holland. Lange bleibt es still, dann fügt der Gestürzte hinzu: «Die Zeit der heroischen Gesten ist vorüber ...»

Nebelstreifen verschlucken den Wagen.

*

Die Revolution fliegt wie im Sturm über die deutschen Städte. Der Zusammenbruch des Kaiserreichs fegt alle Fürstenthrone hinweg: In Dresden, Stuttgart und München fallen die Kronen. Nach russischem Vorbild treten die Arbeiter- und Soldatenräte zusammen. In Berlin haben sich die Ereignisse überschlagen. Die Straßen und Plätze sind überflutet von Menschenmassen. Ihre unberechenbare Tatenlust treibt die Regierung und die Parteiführer zu raschen und radikalen Entschlüssen.

Es bildet sich ein Rat aus sechs Volksbeauftragten, in dem die SPD und die den Kommunisten nahestehende USPD mit je drei Mandaten vertreten sind. Dieser Rat beauftragt den Abgeordneten Mathias Erzberger mit dem sofortigen Abschluß eines Waffenstillstandes. Marschall Foch erwartet die deutsche Abordnung in einem Salonzug im Walde von Compiègne.

Matthias Erzberger (1875–1921) war seit 1903 Mitglied des Reichstags und hatte hier auch maßgeblichen Anteil an der Friedensresolution vom 19. Juli 1917.

*

Im Reservelazarett von Pasewalk, einem kleinen Garnisonstädtchen in Pommern, gehen Flugzettel von Hand zu Hand. Eines Tages im November fährt ein mit Matrosen beladenes Lastauto vor, rote Fahnen schwingen über dem wild aussehenden Haufen. Männer mit verkehrt umgehängten Gewehren, die sicher noch nie die Front gesehen haben, springen ab. Sie gehen durch die Säle und verkünden in wirren Reden Freiheit, Umsturz, neue Zeit.

Noch halten viele der Soldaten dieses Zwischenspiel für eine örtliche Szene. Da erfahren sie am 10. November die ganze Wahrheit durch den alten Pastor des Lazaretts.

«Der alte, würdige Herr scheint zu zittern, als er mitteilt, daß das Haus Hohenzollern nun die deutsche Kaiserkrone nicht mehr tragen darf, daß das Vaterland ‹Republik› geworden ist ...»

Aus Hitler, «Mein Kampf».

Gebeugt von dem Unfaßbaren tritt der Geistliche ab, die Verwundeten verlassen heftig debattierend oder auch in niedergeschlagenem Schweigen den Saal.

Unter denen, die, aufs tiefste erschüttert, in ihre Zimmer zurückgehen, ist auch der Gefreite Adolf Hitler, ein Mann mit blassem, hagerem Gesicht, das einer ausdruckslosen Verträumtheit durch einen dunklen Schnauzbart ein männliches Profil zu geben versucht. Er geht unsicher und tastend, denn erst seit ein paar Tagen vermag er wieder einen Schimmer der Umwelt zu sehen. Vor drei Wochen ist er mit Gelbkreuzvergiftung, die er sich im Ypernbogen zugezogen hat, blind eingeliefert worden.

Tage vergehen, Nächte kommen – lang und schwarz und voll wirrer Gedanken.

«Je mehr er in diesen Stunden über das ungeheure Ereignis klar zu werden versucht, um so mehr brennt ihn die Scham der Empörung und der Schande in der Stirn. Was war der ganze Schmerz der Augen gegen diesen Jammer ... in diesen Nächten wächst der Haß, der Haß gegen die Urheber dieser Tat ...

Kaiser Wilhelm hat als erster deutscher Kaiser den Führern des Marxismus die Hand zur Versöhnung gereicht», – so denkt der Gefreite Hitler – «ohne zu ahnen, daß Schurken keine Ehre besitzen. Während sie so noch die kaiserliche Hand hielten, suchte die andere schon nach dem Dolche. Mit dem Juden gibt es kein Paktieren, sondern nur das harte Entweder – Oder ...»

Voller Haß und Racheschwüre sind diese Nächte von Pasewalk. Schweigend liegt da ein Mensch von 29 Jahren auf seinem Bett und wälzt Gedanken, die wie fahle Gespenster aus Abgründen steigen. Immer wieder lodert die Wut auf, die tödliche Wut gegen alles, was ihm bisher Widerstand geleistet, was ihm das Schicksal des Erfolglosen und Ausgestoßenen bereitet hat.

Seine Mutter trug den Namen «Schickelgruber» und war Hausmagd bei einem jüdischen Rechtsanwalt in Graz gewesen. Von dort brachte sie auch das uneheliche Kind und eine kleine Geldabfindung mit. Dann fand sich der wesentlich ältere Zollsekretär Hitler, der die Frau heiratete, den kleinen «Adolf Schickelgruber» legalisierte und in einen «Adolf Hitler» verwandelte – wahrhaft eine weltgeschichtliche Tat; denn vielleicht hätte allein der etwas skurrile, österreichische Name «Schickelgruber» so manche künftige Entwicklung verhindert!

Der Zollbeamte Hitler stammte als Kind einer Bauernmagd aus dem österreichischen Waldviertel. Er und seine Verwandtschaft hatten die bescheidene Laufbahn in der Finanzbehörde mit Stolz als sozialen Aufstieg empfunden. So versah er seinen Dienst mit Pflichttreue und freute sich nach Feierabend im Dorfwirtshaus seiner Beamtenwürde. Die kleine Familie Hitler war nicht wohlhabend, hatte es aber immerhin und dank einer kleinen Erbschaft zu einem winzigen Häuschen in Leonding bei Linz gebracht. Deshalb konnte man es sich auch leisten, daß der kleine Adolf die Realschule besuchte.

Nach ein paar Klassen war er nicht mehr mitgekommen, er hatte die Realschule aufgegeben und seine Zeit als Sorgenkind der Familie im Hause verbracht. Bildung hatte er sich fast im Vorbeigehen erworben, er las dies und hörte das: überall genug, um Meinungen zu haben, zu wenig, um wahre Kenntnisse zu begründen.

Einige Jahre vor dem Ausbruch des Weltkrieges war er nach Wien gegangen, um es mit einer Ausbildung als Maler zu versuchen. Hier war er zum zweiten Male gescheitert: Sein Aufnahmegesuch wurde abgelehnt. Das war für ihn ein Schlag ins Gesicht. Er hatte die Namen der Professoren erfragt, durch die die Ablehnung erfolgt war. Unter sieben Namen gab es zufällig drei, deren Träger jüdischen Glaubens waren.

Das war die Erklärung: Nicht sein Unvermögen, sondern die Niedertracht der Juden war schuld, daß ihm der Weg nach oben verbaut wurde.

Das Wien dieser Zeit war die Stadt des Ritters von Schönerer und des Dr. Lueger, der Antisemiten und Rasseeiferer.

Georg Ritter von Schönerer (1842–1921), seit 1879 in der Führung der Deutschnationalen Bewegung, er hatte großen Einfluß auf den jungen Hitler.

Karl Lueger (1844–1910) wurde mit seinem demokratisch-antisemitischen Programm 1897 Bürgermeister von Wien.

«In Wien war die Judenfrage eine Tatsache, die die wirtschaftlichen und politischen Beziehungen in gleicher Weise beherrschte. Ein Strom von Juden floß aus den Gettos der österreichisch-ungarischen Provinz Galizien unablässig in die Hauptstadt. Die billige Arbeit dieser

Einwanderer war für die Wiener Arbeiter eine ständige Konkurrenzdrohung ...»

Nach Ward Price, «Führer und Duce».

Hitler hatte in Männerheimen gewohnt, zeitweise im Obdachlosenasyl. Gelegentlich war er am Bau als Hilfsarbeiter beschäftigt, er fand keinen festen Beruf. Seine politisierenden Reden machten ihn lästig, stellten ihn bald außerhalb der Gemeinschaft. Die Arbeiter – Steinträger, Maurer, Zimmerleute – waren größtenteils organisiert, als Gewerkschaftler und Marxisten. Sie verlachten Hitler, drohten ihm Prügel an; er mußte seine Arbeit aufgeben, wenn er nicht täglich in Gefahr schweben wollte, vom Gerüst geworfen zu werden. Von da ab glaubte er den anderen «Todfeind alles Großen, Erhabenen und Deutschen» zu kennen: den Marxismus, der auch den Zusammenbruch verschuldet hatte.

Eines Tages, da die Musterungsbehörde nach ihm fahnden ließ, war er nach München gereist. Er wollte nicht unter der Fahne Habsburgs dienen. Ein Jahr nach seiner Ankunft in München war der Krieg ausgebrochen. Adolf Hitler hatte sich freiwillig gemeldet.

«Ihm kamen die damaligen Stunden wie eine Erlösung aus den ärgerlichen Empfindungen der Jugend vor. Er schämt sich heute nicht zu bekennen, daß er – überwältigt von stürmischer Begeisterung – in die Knie gesunken war und dem Himmel aus übervollem Herzen dankte, daß er ihm das Glück geschenkt hatte, in dieser Zeit zu leben ...»

Adolf Hitler, «Mein Kampf».

Das Soldatsein war ihm zum Beruf und das Chaos des Weltkrieges zur Heimat seiner unruhigen, haßerfüllten Seele geworden. Diesen Beruf, diese Heimat nahm man ihm nun fort. Und wieder waren es Juden und Marxisten, die es taten.

Er haßt, er haßt, er bebt in dem gierigen Willen, dieser gehaßten Welt seinen Stempel aufdrücken zu können. Seine Nächte gleichen einem Dschungel kühner Träume, phantastischer und rasender Pläne.

Es gibt nur einen Weg, sie zu verwirklichen: Man muß denselben Weg wie die Männer gehen, die aus dem Nichts aufgestiegen sind und am Steuerruder Deutschlands stehen.

Adolf Hitler beschließt, Politiker zu werden ...

*

Am 11. November 1918 unterzeichnet Erzberger im Walde von Compiègne den Waffenstillstand, über dessen Bedingungen Marschall Foch keinerlei Diskussion zuläßt. Deutschland, das noch immer auf die 14 Punkte Wilsons vertraut, muß sich verpflichten, alle besetzten Gebiete sofort, Elsaß-Lothringen innerhalb von 15 Tagen zu räumen. Die Friedensschlüsse von Brest-Litowsk und Bukarest sind ungültig. Das linksrheinische Gebiet muß ganz, das rechtsrheinische in einer Breite von 30 km geräumt werden. Sofort sind den Alliierten auszuliefern: 5000 Kanonen, 25 000 MGs, 5000 Lokomotiven, 150 000 Eisenbahnwaggons. Die Hochseeflotte und alle U-Boote müssen an England übergeben werden. Die Hungerblockade bleibt bestehen. Der Geist der Rache erhebt sich aus den Schlachtfeldern des Krieges, der Haß schwingt sein Szepter.

Die Hochseeflotte wird in Scapa Flow interniert.

Im Zeichen des Hasses

Der graue Heerwurm wälzt sich ostwärts, verlassen sind die zerwühlten Schlachtfelder Frankreichs. Nur die Toten bleiben zurück.

Der Obersten Heeresleitung gelingt das beinahe Unerfüllbare: die Truppen in der kurzen Zeit, die der Waffenstillstand läßt, an den Rhein heranzuführen. In endlosen Kolonnen strömt das geschlagene Heer über die Brücken. Die Landstraßen Deutschlands füllen sich mit marschierenden Divisionen und Regimentern.

Das ist ein anderes Marschieren als damals im Sommer 1914, als die zum Kampf ausziehenden Männer – der bis ans Unbehagen reichenden bürgerlichen Lebenssattheit müde – den Krieg wie einen befreienden Aufbruch zu Wagnis und großem Schicksal empfanden, als es von Fenstern und Balkonen Blumen regnete und begeisterte Menschenmassen jubelnd die Straßen der ausrückenden Regimenter säumten.

Nun treibt graues Gewölk über den Himmel, die Bäume am Straßenrand starren kahl, und die Menschen stehen bestürzt am Wege. Räder rasseln, Hufe klappern, tausend müde Landserstiefel schlürfen dahin. Aus der Menge, die sich in den Städten und Dörfern an den Bürgersteigen zusammenfindet, schluchzt manchmal eine Frauenstimme auf, fragt ein Verwundeter nach Kameraden, doch sonst herrscht Schweigen, betreten und erschüttert.

Dieses Volk, das da hungernd, mit grauen Gesichtern, in abgetragenen Kleidern seine besiegte Armee heimkehren sieht, scheint tausend Jahre älter geworden, als es 1914 war.

Das Eiserne Kreuz war 1813 von König Friedrich Wilhelm III. von Preußen für die Dauer des Krieges gestiftet worden, es wurde am 19.7.1870, 5.8.1914 und 1.9.1939 jeweils auf Kriegsdauer erneuert.

Weißhaarige Patrioten, mit dem Band des Eisernen Kreuzes von 1870/71 im Knopfloch, kämpfen die Tränen nieder, wenn sie die ausgemergelten Gestalten der Soldaten vorbeitreiben sehen: Das also sind die Männer, die viereinhalb Jahre lang einer Welt die Stirn geboten, in hundert Schlachten gesiegt hatten und nun, nach ungeheuren Taten zerbrochen, als Geschlagene, heimkehren!

Und was kommt hinter der letzten grauen Kolonne?

Der Feind rückt nach: Franzosen, Belgier, Engländer, Marokkaner, Amerikaner ... Was konnte nach diesem Erlebnis noch kommen: Elend, Verwirrung, Zerfall und eine Welt, die nichts mehr von den Werten und Idealen in sich tragen würde, für deren Bewahrung die Soldaten von 1914 ausgezogen waren.

Gibt es nach einer solchen Niederlage noch einen Weg zurück? Wohin führt die Straße, die jetzt diese Feldgrauen gehen? Noch sind sie durch dieselbe Uniform, durch die alten Bande der Kameradschaft und des – nur in wenigen Truppenteilen gelockerten – militärischen Gehorsams zusammengeschweißt. Aber sie werden die Uniformen ausziehen müssen: Die meisten Regimenter marschieren nur noch zu ihren Garnisonsorten, um sich in mehr oder weniger guter Ordnung aufzulösen.

Was wird sein, wenn diese graue Masse plötzlich in zahllose Einzelwesen auseinanderfällt? Wohin werden die Schicksale treiben?

Leutnant Hirsch, der Kriegsfreiwillige, hat diese Frage für sich längst beantwortet: Er nimmt das geplante Jura-Studium auf, er hat Familie und Heim, die ihn erwarten. Aber nicht für alle geht es so einfach. Leutnant von Balow, dessen heimatliches Gut in dem von den Polen besetzten Gebiet liegt, der nichts gelernt hat, als zu kämpfen und eine Kompanie zu führen, tritt sofort in den neuen Ost-Grenzschutz ein. Er ist ein Landsknecht, und er wird dafür kämpfen, daß die Heimat, das väterliche Gut, einst wieder diesseits der deutschen Grenze liegen. Sein Melder, der Westfale Peter Fernkamp, möchte auch am liebsten bei der neuen Wehrmacht bleiben. Früher hat er in einem Gußstahlwerk gearbeitet, aber er hat gesehen, daß man als Soldat leichter lebt – wenn man nicht gerade im Trommelfeuer liegt.

Es gibt genug zu tun für «gelernte» Soldaten. In Berlin ist es zu kommunistischen Unruhen gekommen, Karl Liebknecht und Rosa Luxemburg versuchen, die gemäßigte Revolution nach russischem Muster zur Sozialrevolution weiterzutreiben. Man hört, daß der rote Spartakusbund Barrikaden errichtet hat und sich mit regierungstreuen

Karl Liebknecht (1871–1919) war seit 1912 Mitglied des Reichstages.

Rosa Luxemburg (1870–1919) beteiligte sich an der russischen Revolution von 1905 und gründete zusammen mit Karl Liebknecht 1917 den Spartakusbund.

Der Spartakusbund, eine linksradikale Vereinigung, vertrat seit der russischen Revolution die bolschewistische Richtung in Deutschland. Der Name rührt von den Spartakusbriefen her, die Liebknecht seit Januar 1916 veröffentlicht hatte.

Truppen herumschießt. Auch an der Ruhr und in München sind Arbeiter- und Soldatenräte im Entstehen. Ehemalige Offiziere rufen zur Bildung von Freiwilligenkorps auf, die im Baltikum, in Schlesien und im Reich Ordnung schaffen sollen.

So sieht der Waffenstillstand aus! Der Krieg geht weiter. Das gesamte System der bürgerlichen Welt von 1914 ist zusammengestürzt, alle Grenzen, alle Machtschwerpunkte, alle Bedeutungen und altüberkommenen Grundsätze sind ins Gleiten geraten. Das Neue muß mit Blut und Opfern erkämpft werden.

Weltweit betrug die Zahl der Toten rund 10 Millionen. Darüber hinaus waren 20 Millionen Verwundete und 6 Millionen Kriegsgefangene zu beklagen.

Die Räder der Trainwagen rasseln, ein Oberst trabt auf seinem Gaul die Kolonne entlang, und tausend Stiefel marschieren im gleichen Schritt.

Der Leutnant sucht sich noch einmal das Ereignis dieses Krieges ins Gedächtnis zu rufen.

Zehn Millionen Mann hatte Deutschland an die Fronten geschickt; zwei Millionen Gräber ließ es auf dem Globus zurück: von den Ruinen Tsingtaus bis zu den Sandwüsten der Kalahari, von Flandern bis zum Persischen Golf. Auch die Fluten der Meere sind zum Grab geworden: vor den Falklandinseln, in der Südsee, auf Kaperfahrt und beim Durchbruch durch die Blockade. Von 391 U-Booten sind 178 nicht mehr heimgekehrt. Die Heimat mit ihren schwer arbeitenden Frauen und Jugendlichen hatte ohne Nahrung, Kleidung, Heizung, ohne ausreichende Medikamente durchgehalten und unsägliche Entbehrungen erduldet. Elend und Siechtum der kommenden Generation müssen die Folge sein.

Auf seiten der Mittelmächte waren insgesamt fast 32 Millionen Menschen mobilisiert.

Soll das deutsche Volk diese furchtbaren Opfer umsonst gebracht haben?

Der Leutnant wehrt sich gegen diesen lähmenden, hoffnungslosen Gedanken. Wenn es eine Gerechtigkeit unter der Sonne gibt, so hat sich das deutsche Volk und Heer einen ehrenvollen Frieden erkämpft. Eine neue, bessere Welt muß heraufsteigen ...

So denken viele in diesen endlosen Kolonnen des heimkehrenden Frontheeres. Und nicht nur sie. Der erbitterte Gegner Deutschlands, Lord der Admiralität Winston Churchill, ruft am Ende seiner Geschichte des Krieges bewundernd aus:

«Wahrlich, ihr Deutsche, ihr habt genug getan für die Unsterblichkeit.

Im Dezember 1918 und im Januar 1919 nehmen die Straßenkämpfe mit den Spartakusleuten in Berlin und an anderen Orten des Reiches ein gefährliches Ausmaß an. Doch nun stehen schon genug heimgekehrte Truppen zur Verfügung der Regierung Ebert. Der Innenminister Noske stellt aus Freiwilligen des alten Heeres neue Verbände auf: Im Kampf um die Ordnung geht die Sozialdemokratie mit dem bürgerlichen Lager zusammen.

Gustav Noske (1868–1946), seit 1906 Mitglied des Reichstages, unterdrückte im Januar 1919 mit Hilfe von Regierungstruppen und Freiwilligenkorps den Berliner Spartakusaufstand.

Dem Fortschritt der Revolution zur wirklichen Umwälzung alles Bestehenden im Sinne des Bolschewismus wird überall durch die Freiwilligenformationen Halt geboten. Am 15. Januar werden Karl Liebknecht und Rosa Luxemburg in Berlin gefangengenommen und auf dem Transport ins Gefängnis erschlagen.

Wenige Tage darauf finden – zum ersten Male mit dem Stimmrecht der Frauen – die Wahlen zur Nationalversammlung statt, an denen sich die Kommunisten nicht beteiligen. Es werden 42 Deutschnationale, 21 Abgeordnete von der Deutschen Volkspartei, 75 der Deutschdemokratischen Volkspartei, 75 von der Christlichen Volkspartei, 163 Sozialdemokraten, 22 Unabhängige und 10 Vertreter von Splittergruppen gewählt. Mit Rücksicht auf die unsicheren Verhältnisse in Berlin tritt die Nationalversammlung am 6. Februar 1919 in Weimar zusammen. Sie wählt am 11. Februar den Sozialdemokraten Friedrich Ebert zum Reichspräsidenten, der seinen Parteigenossen Philipp Scheidemann zum Chef der neuen Regierung beruft.

Philipp Scheidemann (1865–1939) war seit Oktober 1918 Staatssekretär im Kabinett des Prinzen Max von Baden. Er rief am 9. November des gleichen Jahres die Republik aus.

Der Geist der Revolution beherrscht das neue Parlament der 419 Abgeordneten. Zur Debatte steht die großzügige Sozialisierung der Grundstoffindustrie. Ein zähes Ringen zwischen den Sozialisten und den bürgerlichen Parteien hebt an.

Abgeordneter Dr. Cohn erklärt vor der Nationalversammlung:

«Vielleicht nennt ein künftiger Geschichtsschreiber dieses Gesetz einmal ‹Lex Spartacus›. Es ist infolge des Krieges ein Kraftgefühl in Millionen Arbeiter eingezogen, die sich nicht mehr in den Obrigkeitsstaat der Fabrik hineinbegeben wollen. Selbstverständlich handelt die Regierung unter dem Druck der Massen ...»

Die folgenden fünf Zitate aus den Weimarer Parlamentsberichten des Jahres 1919.

Regierungschef Scheidemann antwortet:

«Niemals haben Streik und Demonstrationen die Entschlüsse der Regierung beeinflußt – niemals ist die Gesetzesvorlage zur Sozialisierung im Schatten der Drohung durch die Straße entstanden ...»

Der Vertreter des Ruhrkapitals, der deutschnationale Abgeordnete Alfred Hugenberg, erhebt sich.

«Man will die Herrschaft der Straße über die Betriebe erzwingen! Die Regierung will im Geist der Brotkarte regieren, sie drängt auf die Verwirklichung des Kommunismus ...»

Der Reichsminister für Wirtschaft, Wissel, sucht zu vermitteln.

«Es gibt keine Dämme mehr, die stark genug wären, dem Anprall der sozialistischen Ideen zu widerstehen. Wir haben nichts anderes vor, als den machtvollen Strom des Sozialisierungswillens in ein geregeltes Kanalsystem zu leiten ...»

Aber die Einwände der Gegner einer Vergesellschaftung der Grundstoffindustrien sind gewichtig und nicht zu übersehen. Der Volksparteiler Kempke mahnt die Versammlung, die Folgen zu bedenken, die eine Sozialisierungsaktion in der Haltung der siegreichen Alliierten nach sich ziehen könnte.

«Halten Sie den Feind für so dumm, daß er nicht willkommene Pfänder für die Reparationen in jedem staatlichen Besitz erblicken würde ...? Das Ausland wartet nur auf unsere Sozialisierung, um ohne weiteres Hand auf die staatlichen Besitztümer legen zu können ...»

Auch der VP-Abgeordnete Dr. Gustav Stresemann, der Anwalt der rheinischen Industrie, ist ein Gegner der Sozialisierung.

Gustav Stresemann (1878–1929) war 1914–18 als Mitglied der Nationalliberalen Partei im Reichstag. Er gründete 1918 (im Dezember) die Deutsche Volkspartei und wurde 1923 Reichskanzler. 1926 erhielt er den Friedensnobelpreis.

«Wollen Sie nicht die Güte haben», sagt er, «uns mitzuteilen, wie sich denn die Finanzen in Rußland entwickelt haben, seit man dort die Vergesellschaftung eingeführt hat?»

Als die Versammlung betreten schweigt, schlägt seine Hand hart auf den Tisch.

«Ohne die Freudigkeit des Unternehmers können Sie nicht produzieren!»

Trotzdem wird am 13. März durch Mehrheitssozialisten, Zentrum und Demokraten eine, allerdings stark abgeschwächte, Sozialisierungsvorlage angenommen, die dem Reich Vollmachten zur Überführung der Grundstoffindu-

Unter Sozialisierung darf hier allerdings nicht die Vergesellschaftung der Produktionsmittel verstanden werden. Somit ist der Name dieser Vorlage genau so irreführend wie jene vom 4. März datierte Proklamation der Reichsregierung, in der verkündet wurde: «Die Sozialisierung ist da».

strien gibt – wobei den bisherigen Besitzern eine angemessene Entschädigung zugedacht wird. Künftig sollen die Kohlenerzeuger in 11 Bergbausyndikaten zusammengeschlossen werden, über denen der «Reichskohlenverband» steht. An der Verwaltung will man auch Arbeitnehmer beteiligen.

Das ist keine Sozialisierung? Die Revolution bleibt auf halbem Weg stehen, die Bremse des Bürgertums hat gewirkt.

Entscheidend für den Entschluß der Nationalversammlung waren nicht zuletzt die unsicheren Verhältnisse im Innern und die ständige Bedrohung des Weimarer Parlaments durch die Radikalen, die aus den hungernden Massen immer neuen Zulauf erhalten. Die Anarchie der «permanenten Revolution» bleibt weiterhin eine gefährliche Drohung. Da sind noch immer die schwerbewaffneten «Volksmarinedivisionen» der roten Matrosen, die sich als die Herren der Revolution fühlen und nach eigenem Gutdünken schalten und walten. Und da sind die «Sicherheitswehren», die die Unabhängigen im Gegenzug zu Noskes Freiwilligenverbänden aus Arbeitern und entlassenen Soldaten gebildet haben.

In diesen bewegten Wochen schafft der Sozialdemokrat Noske als Innenminister den Kern der neuen «Reichswehr». Mit Hilfe dieser Truppe gelingt es ihm, nach zehn Tagen erbitterter Straßenkämpfe in Berlin eines Aufstandes Herr zu werden, den die Unabhängigen nach einem Generalstreik Anfang März 1919 in Gang gebracht haben.

Während im Schutze der neu formierten Regimenter die Weimarer Versammlung inmitten eines gärenden Volkes die neue Verfassung Deutschlands berät, ist München ganz von den «Roten» erobert worden. Der Chef der Räteregierung, Kurt Eisner, ist auf dem Wege zum Landtag in der Prannerstraße von Leutnant Graf Arco erschossen worden. Darauf haben Matrosen und radikale Arbeiter die Herrschaft an sich gerissen, die «Räte» oder «Sowjets» haben den Freistaat Bayern ausgerufen.

Lastautos mit wild aussehenden Gestalten rasen durch die Straßen Münchens, eine «Rote Armee» wird aufgestellt. Geiseln aus bürgerlichen Kreisen werden in die Keller des Luitpoldgymnasiums geschleppt.

Anton Graf von Arco (1897–1945)

Kurt Eisner (1867–1919) rief am 7.11.1918 in München die Republik aus und wurde daraufhin bayrischer Ministerpräsident. Er wurde am 21. Februar 1919 auf dem Weg zum Landtag, wo er seinen Rücktritt erklären wollte (die Landtagswahlen im Januar ergeben eine bürgerliche Mehrheit), von Graf Arco erschossen.

Im Oberland aber sammeln sich die Bauern und Soldaten, von Württemberg und Nordbayern rücken Regierungstruppen und Freikorps an.

*

Aus «Geschichte des Bolschewismus der UdSSR» (SMA, Berlin 1946).

«In ganz Europa beginnt der revolutionäre Aufschwung. In Österreich entfaltet sich die revolutionäre Bewegung. In Ungarn wird die Sowjetrepublik ausgerufen. Von der Woge der Revolution getragen, kommen die kommunistischen Parteien Europas an die Oberfläche ...»

Das ist der Boden, auf dem die Sowjets in Rußland die III. – die kommunistische – Internationale aufbauen. Delegierte aus allen Staaten Europas und Amerikas finden sich im März 1919 in Moskau ein, um unter Lenins Führung das Vollzugsorgan der «Komintern» zu gründen und eine methodische Planung der erhofften Weltrevolution vorzubereiten.

Vor diesem flammenden und drohenden Hintergrund finden die Verhandlungen statt, die der Welt einen neuen Frieden und eine bessere Ordnung geben sollen.

*

Der am 11. November geschlossene Waffenstillstand ist unterdessen mehrmals verlängert worden. Jede Verlängerung muß Deutschland erkaufen. Die Hungerblockade wird nicht aufgehoben, deutsche Schiffe dürfen weiterhin gekapert werden. Die Verlängerung am 13. Dezember 1918 muß das Reich damit einhandeln, daß es fast seinen gesamten Handelsschiffraum den Alliierten zur Verfügung stellt. Es beraubt sich damit der Möglichkeit, Lebensmittel einzuführen, die Opfer der Blockade erhöhen sich auf 760000. Bei der Erneuerung des Waffenstillstandes am 17. Februar 1919 verpflichtet sich Deutschland, vor den polnischen Freischaren auf eine willkürlich festgesetzte Linie im Osten zurückzuweichen und große Teile Westpreußens, Posens und Schlesiens freizugeben. Am 4. März verfügen die Verbündeten die Auslieferung aller deutschen Hochseeschiffe. Und eine Friedensregelung scheint noch in weiter Ferne zu liegen.

Am 18. Januar 1980 – dem achtundvierzigsten Jahrestag

der Reichsgründung – soll in demselben Spiegelsaal zu Versailles, der einst die Ausrufung des Deutschen Kaiserreiches erlebt hatte, die Konferenz zusammentreten, die über das Schicksal der Besiegten verhandeln wird. Zum erstenmal seit Jahrhunderten werden die Vertreter des Volkes, das den Krieg verloren hat, nicht zugezogen. Die alliierten Staatsmänner und ihre Stäbe werden ihr Diktat allein beraten.

Insgesamt waren bei der Friedenskonferenz 32 Staaten vertreten, der Schwerpunkt lag jedoch bei den sog. großen Zehn, den Premiers der fünf siegreichen Großmächte und ihren Außenministern.

Vor dem vergoldeten Gitter des Hofes Ludwig XIV. halten hoch zu Roß lange Reihen von Gardekürassieren. Die Brustpanzer blitzen, die roten Roßschweife auf den hohen Schuppenhelmen wehen im frischen Wind dieses klaren Januartages, unruhig scharren die Pferde.

Eifrige Polizeioffiziere eilen hin und her, hinter der Kette der «Flics» wogt eine unübersehbare Menge. Noch immer beherrschen Uniformen aller Nationen das Straßenbild. Im Hof von Versailles werden die heranrollenden Automobile auf die Parkplätze verwiesen, Generale, Stabsoffiziere steigen aus, man sieht weiße, gelbe, schwarze Gesichter, phantastische, exotische Uniformen. Die ganze Welt ist hier vertreten, und die Reporter mit ihren großen Stativen und Photokästen haben ununterbrochen zu tun.

Plötzlich geht ein Raunen durch die Massen, Hochrufe rollen wie eine rasch aufkommende Dünung die schnurgerade Rue de Paris entlang. Begleitet von der Ehrenwache eines Dragonerregiments, nähert sich im Schrittempo eine schwarze, gravitätisch hohe Limousine, fährt auf das weitgeöffnete Portal zu. Die Säbel der Kürassiere blitzen salutierend, donnernd erfüllt der Schrei «Vive Wilson!» den Cour Royal.

Hinter den Scheiben des Wagens grüßt ein hagerer Diplomat mit feierlichem Zylinder: Präsident Woodrow Wilson, der Mann, der an der Spitze der USA den Krieg entschieden hat. An der Freitreppe, die zum Mittelbau des Schlosses hinaufführt, steht eine Ehrenwache der Fronttruppe, kommandiert von Major de Bassompierre.

Woodrow Wilson erhielt nach der Pariser Friedenskonferenz 1919 den Friedensnobelpreis.

Kommandos ertönen, Gewehre werden präsentiert. Der Major empfängt den Händedruck des Präsidenten.

Welch ein Tag für den ehemaligen Lehrer einer höheren Schule: Das rote Band der Ehrenlegion leuchtet an seiner Brust, er trägt Tapferkeitsorden, ist ein Held der Nation

Ehrenlegion (Légion d'honneur), der höchste französische Orden, wurde 1802 von Napoleon gestiftet.

geworden! Welch ein Weg liegt hinter Bassompierre seit jenem schwarzen Tag der Nivelle-Offensive! Er hat nicht umsonst gelebt und gekämpft, die Revanche für 1870/71 ist gelungen, Clemenceau – der große Mann Frankreichs – hat dem Erbfeind den Fuß auf den Nacken gesetzt.

Höhepunkt seines Lebens ist dieser Tag von Versailles auch für Woodrow Wilson, den Präsidenten der USA. Er ist krank, ein altes Rückenmarkleiden macht ihm zu schaffen, aber die Euphorie dieser letzten Tage – der triumphale Empfang bei der Ankunft in Paris, die Freundlichkeiten und Schmeicheleien der Politiker aller Welt, das alles hat ihn in eine fast fiebernd optimistische Stimmung versetzt.

Woodrow Wilson ist Historiker und Nationalökonom und war Professor, bevor er sich mit der Politik befaßte. Jetzt erlebt er seinen Gipfelsieg, alle Mühsal des Daseins ist bezahlt durch diese Stunde; denn seine sehnsüchtig gehegte Idee, in vielen, von Debatten heißen Nächten gewachsen, die Idee einer Welt ohne Kriege, einer Welt der Gerechtigkeit und Freiheit wird sich nun verwirklichen. Die neue Welt Woodrow Wilsons, die Welt der 14 Punkte, wird geboren werden, man wird später einmal einen neuen Abschnitt der Weltgeschichte nach diesem Präsidenten der USA benennen müssen.

Es soll einen allgemeinen Völkerbund, eine einzige, von Gewalt, Hunger und Unrecht befreite Menschheit geben: Man wird ein Forum der Völker schaffen und alle Streitfälle am Konferenztisch regeln. Dieser Krieg wird der letzte der Geschichte gewesen sein.

Wie traumentrückt steigt der Präsident die Treppe herauf, entschwindet den Blicken der Wache hinter den glitzernden Türen der «Salle de la paix».

Vittorio Emanuele Orlando (1860–1952) war vom Oktober 1917 bis Juni 1919 italienischer Ministerpräsident.

Wieder salutieren die Reiter an den goldenen Gittern des Cour d'Honneur: Die Wagen Orlandos und Lloyd Georges fahren ein.

Lloyd George war seit Ende 1916 Ministerpräsident. Er trat auf der Pariser Friedenskonferenz entschieden für eine Belastung des Deutschen Reichs mit allen Kriegskosten der Alliierten ein.

Orlando ist der Vertreter Italiens – man hat ihn erst nach langem Für und Wider unter die «Großen Vier» aufgenommen. Wilson, der Allmächtige, liebt die Italiener nicht. Es wird einen schweren Kampf für Orlando geben, denn der Amerikaner, der nur sehr vage Vorstellungen von europäischer Geographie und fast keinen Begriff von den jahrhundertalten Verwicklungen der abendländischen Völker hat, fördert die Jugoslawen und hat ihnen Fiume und Dalmatien versprochen.

Lloyd George, Englands Premier, steigt, nach allen Seiten grüßend, aus seinem Wagen.

Er ist ein kleiner, weißhaariger Walliser. Die verkniffenen und listigen Züge verheißen einen zähen und an Schleichwegen reichen Verhandlungspartner. Und doch ist er mehr Massenführer und Demagoge als großer Politiker. Er hat den Wahlkampf des November 1918 mit der einprägsamen und äußerst volkstümlichen Parole durchgekämpft: Der Kaiser muß gehängt werden, und die Deutschen werden alles bezahlen!

Jetzt bereitet es ihm Sorge, dieses Programm mit den realpolitischen Gegebenheiten in Einklang zu bringen; denn Großbritannien hat diesen Krieg nicht geführt, um an Stelle einer deutschen Kontinentalmacht und Konkurrenz eine französische Vorherrschaft in Europa und eine amerikanische Konkurrenz in Übersee großzuziehen. Es möchte also gerne ein wenig glimpflicher mit den Deutschen verfahren, um die Franzosen nicht zu groß werden zu lassen, Noch immer gilt die alte Politik der «Balance of power».

Nur in einem Punkte ist sich auch England einig: Die «damned Germans» sollen alles bezahlen! Durch die ungeheuren Anleihen und die gestundeten Material- und Waffenlieferungen der USA hat England zwar den Krieg überlebt und schließlich gewonnen, aber die Amerikaner sind durch dieses Riesengeschäft nun bedrohlich hochgekommen, und dies nicht nur als Flotten-, Wirtschafts- und Militärmacht, sondern vor allem als Gläubiger der ganzen Welt. Sie sind auch Englands Bankiers geworden und werden über kurz oder lang die Wechsel aus dem Krieg präsentieren.

Und deshalb muß Deutschland bezahlen, bezahlen, bis es weißbluten wird!

Auf der Rue de Paris steigt ein einziger Schrei zum Himmel, wie Meeresbrandung tobt das Volk, Hüte fliegen in die Luft. Trotz des Winters fallen Blumen von den Balkonen der Villen auf ein rasch heranfahrendes Auto: Clemenceau kommt ...

Er trägt noch immer das verblichene blaue Käppi des Soldaten, das er in Dankbarkeit und Erinnerung an die Helden der Großen Schlacht von Frankreich, von Verdun, von der Somme immer tragen wird. Gebückt, den Frontstock selbst hier in der Faust, mit weißem Bart geht er schnell vom Wagen zur Treppe. Vor dem Major mit den hohen Auszeichnungen verhält er kurz, blickt ihm in die Augen und reicht ihm die Hand.

Das ist George Clemenceau, der Retter des Vaterlandes, der unermüdlichste Hasser Deutschlands – der Richter und Rächer. Er hat nicht mehr viele Jahre zu leben. Was ihm aber von diesem Dasein noch bleibt, wird er verwenden, um «die Drohung Deutschland» – die seit Germanentagen über Gallien hängt – für immer zu brechen.

Clemenceau ist der Leiter der Friedenskonferenz.

*

In den folgenden Monaten setzt ein zähes Ringen der Alliierten um den künftigen Friedensvertrag ein. Seit dem Augenblick des Sieges sind die Mächte, die gemeinsame Gegnerschaft gegen Deutschland geeint hat, Rivalen von morgen. Frankreich verfolgt unnachgiebig die Politik der Aufteilung, Verkleinerung, Demütigung, Vernichtung Deutschlands. Jetzt oder nie muß sich der Traum erfüllen, den jeder Staatsmann Galliens von Cäsar bis Richelieu, von Ludwig XIV. bis Clemenceau geträumt hat: der Rhein als Grenze nach Osten! Die Saargruben werden okkupiert, Elsaß-Lothringen fällt an Frankreich zurück, die Pfalz ist Besatzungsgebiet, über Koblenz weht die Trikolore.

Armand Jean du Plessis, Herzog von Richelieu (1585–1642) wurde 1624 leitender Minister unter Ludwig XIV. und setzte in Frankreich endgültig den Absolutismus gegen den Hochadel und die Hugenotten durch.

Ein starkes Deutschland könnte sich später wieder holen, was ihm genommen wird. Darum muß Deutschland überall, wo es nur möglich ist, geschwächt werden. Frankreich wird zum Anwalt aller Nationen des Ostens, die Stücke deutschen Bodens begehren. Es denkt jetzt schon daran, sich in Polen, in der Tschecho-Slowakei, in Rumänien und Jugoslawien künftige Verbündete gegen die deutsche Mitte zu schaffen.

Überrascht und beinahe fassungslos steht Wilson vor diesem Übermaß des Hasses.

«In einer Situation, in der ein Drittel von Europa in Revolution und ein anderes Drittel am Rande des Abgrunds ist, in der ein Zehnfaches an Millionen nicht weiß, wo das tägliche Brot hernehmen – bei völliger Desorganisation des Handels, Zusammenbruch des Eisenbahnwesens, Rückgang der Flußschiffahrt, fortgesetzter Blockierung der Häfen und Millionen noch immer aus dem Produktionsprozeß ausgeschalteten Männern, von denen man nicht weiß, ob sie bei der Heimkehr revoltieren und sich gegenseitig zu erschießen beginnen – in dieser Situation hat der Mann, zu dem alles als Retter aufblickt, eine Schiffsladung voll Spezialisten für Geographie, Geschichte und Völkerrecht mitgebracht und nur eine Handvoll Männer, die sich im Finanz-, Produktions- und Handelswesen auskennen ...»

Aus Upton Sinclair, «Weltende» (Berlin 1942).

Präsident Wilson und sein Gefolge von Professoren, Schwärmern und puritanischen Sittenrichtern sind diesem Tiger Clemenceau und diesen ineinander verzahnten europäischen Problemen nicht gewachsen.

Auch die Engländer – der ewig freundlich lächelnde Walliser Lloyd George und der hochmütige, aristokratische Balfour – betreiben eine Politik, die Wilson nicht begreift.

Arthur James, Earl of Balfour (1848–1930) war 1916–19 Außenminister. Er war die treibende Kraft bei der Bildung der Entente.

Sie wünschen Deutschlands wirtschaftliche Schwächung und die Ausschaltung seiner industriellen Konkurrenz. Sie sind ganz dafür, den Polen Oberschlesien zu geben und die deutsche Flotte von den Weltmeeren zu verjagen. Über die Forderungen Frankreichs, meinen sie, könne man verhandeln. Wenn die Franzosen in kolonialen und überseeischen Fragen entgegenkommen, so wird England nichts dagegen haben, daß dem französischen Haß gegen Deutschland, selbstverständlich mit gewissen Vorbehalten, damit Frankreich sich nicht überschlägt, Raum gegeben wird.

Für die Weltbeglückungsideen Wilsons haben Lloyd George und Balfour nur ein aus Unglauben und Mitleid gemischtes Lächeln. Was soll dieses Zukunftsbild eines «Völkerbundes»? Bestenfalls ist es ein billiger Tauschwert in den Verhandlungen. Gut, daß man weiß, wo die schwache Stelle des Präsidenten sitzt. Man muß ihm sein Lieblingsspielzeug, den Völkerbund, lassen, dann kann man ihm Stück für Stück abringen, was man verlangt.

Sie ziehen aus solcher Einsicht die Nutzanwendung. Immer wieder bringt Clemenceau Einwände gegen den künftigen Völkerbund vor, die alles in Frage zu stellen scheinen, und läßt sich sein scheinbares Zurückweichen durch Zugeständnisse in der deutschen Frage abkaufen. Ähnlich verfährt Lloyd George.

So entstehen im Wechselspiel der Diplomaten Völkerbundssatzung und Entwurf des Friedensvertrages. Je idealer der Weltbundgedanke wird, um so schändlichere Forderungen und Bedingungen tauchen in den Verhandlungen um Deutschland auf. Woodrow Wilson aber zerbricht unter diesem unwürdigen Tauschgeschäft, er ist krank, verzweifelt, verliert alle Hoffnung.

Die übrige Welt sieht dem Handel von Versailles nicht kritiklos zu. Wilson erhält Protestbriefe.

Herbert Clark Hoover (1874–1964) war ursprünglich Bergwerksingenieur. Er wurde 1921 Handelsminister und 1929–31. Präsident der USA. In dem nach ihm benannten Moratorium verhinderte er 1931 den wirtschaftlichen Zusammenbruch Deutschlands.

Bereits wegen der Fortführung der Blockade hat Herbert Hoover, der Leiter des Lebensmittelamtes der USA, ein empörtes Schreiben an Wilson gerichtet.

Paris, 4. Februar 1919.

«Verehrter Herr Präsident!

....

1. Es gibt kein göttliches und menschliches Recht, auf Grund dessen wir weiter Neutrale verhungern lassen können, da wir jetzt einen Nahrungsmittelüberschuß besitzen ...

2. Die Franzosen haben durch Hintertreibung jeder von uns vorgeschlagenen Maßregel für die Versorgung Deutschlands mit Lebensmitteln bisher jeden Schritt zu der von uns seit drei Monaten versprochenen Nahrungsmittelversorgung vereitelt ...»

Aus Wilson, «Memoiren und Dokumente».

Wilson erreicht in dieser Frage nichts, die Franzosen bleiben hartnäckig, das Versprechen, dem Besiegten Brot zu geben, wird ebenso gebrochen, wie viele andere Versprechungen, die Wilson in seinen 14 Punkten dem deutschen Volk gemacht hat.

Jan Christian Smuts (1870–1950) war 1919–24 sowie 1939–48 südafrikanischer Ministerpräsident. Er war maßgeblich an der Gründung des Völkerbundes beteiligt und arbeitete 1945 an der Gründung der Vereinten Nationen mit.

In großer Sorge wendet sich der südafrikanische Ministerpräsident J. C. Smuts, der als Mitglied der britischen Delegation in Paris weilt, an Wilson.

«Es wird eine furchtbare Enttäuschung geben, wenn die Völker zu der Auffassung gelangen, daß wir keinen Wilsonfrieden schließen, daß wir der Welt unsere Versprechungen und der Öffentlichkeit die Treue nicht halten. Wenn wir das tun, wird es scheinen, als brächen wir ein förmliches Abkommen, das wir in vollem Bewußtsein ... geschlossen haben, und wir werden mit schwerster Schande

Die erfolgreiche Verteidigung Gallipolis wurde für die Türken zu einem Symbol ihres Nationalstolzes. (11)

Nächste Doppelseite:
Fast hunderttausend
russische Soldaten
wurden von den
Deutschen gefangen-
(12) genommen.

Uniformen der chinesischen Armee. Obwohl Japan in China einfiel, um die deutschen Kolonien zu erobern, beteiligte China sich erst 1917 am Krieg. (13)

Marschall Foch. (14)

überschüttet werden, und dieser Friede könnte sodann wohl noch ein größeres Unheil für die Welt bedeuten, als es der Krieg war ...»

Aus Wilson, «Memoiren etc.»

Der Präsident kämpft verzweifelt für seine Ideale, aber dieser Boden in Paris ist wie Treibsand – er findet keinen Stand, alles gleitet ihm fort. In jeder Frage – sei es die des deutschen Rheinlandes, des Vorderen Orients, der Behandlung Japans oder Italiens – überall erleidet Wilson Niederlagen. Immer wieder wird er von den geschickten Fechtern Clemenceau und Lloyd George in die Ecke gedrängt und muß weichen.

Von seinen 14 Punkten bleibt nichts. Der menschenfreundliche Aufruf, eine neue, gerechte und bessere Welt zu erbauen, ist wie ein Stück Papier im Kampf um Macht, Einfluß, Rache und Beute zerfetzt worden.

Der Entwurf des Friedensvertrages atmet den Geist des «Tigers».

*

Die deutsche Regierung hat sich angesichts der bevorstehenden Verhandlungen unter den Politikern des Kaiserreichs nach einem Diplomaten umgesehen, der diese schwere Aufgabe übernehmen könnte, und war dabei auf den ehemaligen deutschen Gesandten in Kopenhagen, den Grafen von Brockdorff-Rantzau, gestoßen, einen Mann von fünfzig Jahren, der durch seine ausgezeichneten Umgangsformen und seine versöhnliche Haltung für ein Zusammentreffen mit den alliierten Vertretern geeignet erschien.

Ulrich Graf von Brockdorff-Rantzau (1869–1929), seit 1912 Gesandter in Kopenhagen. Er wurde im Dezember 1918 Reichsaußenminister.

Als neuer Reichsaußenminister fährt der Graf an der Spitze der deutschen Delegation nach Paris: nicht um zu verhandeln, wie das etwa Talleyrand, dem Vertreter Frankreichs, vor hundert Jahren auf dem Wiener Kongreß vergönnt war, sondern nur, um Bedingungen entgegenzunehmen.

Charles Maurice, Herzog von Talleyrand (1754–1838), Außenminister unter Napoleon, den er aber seit 1807 bekämpfte. Im Wiener Kongreß wußte er die Stellung Frankreichs in Europa wieder zu festigen.

Am 25. April 1919 sind die Deutschen in der französischen Hauptstadt angekommen. Keine Ehrenabordnung holt sie ein, eine militärische Truppe führt sie wie Internierte in das zugewiesene Hotel.

Das ist ein wenig hoffnungsfroher Beginn ...

Durch die Pariser Zeitungen erfahren die deutschen

Am Wiener Kongreß 1814/15 entschieden die Staatsmänner und Fürsten Europas unter dem Vorsitz des österreichischen Staatskanzlers Metternich über die Neuordnung der unter Napoleon zerrütteten Alten Welt.

Delegierten, die ihr Hotel nicht verlassen dürfen, daß in der Vollsitzung der Friedenskonferenz vom 29. April endlich die Verfassung des «Völkerbundes» angenommen worden ist.

Der neue Bund der Nationen soll eine Organisation zur Erhaltung des Friedens und der Sicherheit für das neue, in den kommenden Verträgen zu schaffende System der Staaten sein. Man verpflichtet sich zu gegenseitiger Hilfeleistung gegen Friedensstörer, erkennt bei Streitfragen die Zuständigkeit des Haager Gerichtshofes an. «Sanktionen» oder Strafmaßnahmen kann eine Zweidrittelmehrheit der Völkerbundsvollversammlung oder auch der Rat verhängen. Bestimmungen über internationales Arbeitsrecht, Gesundheitswesen und über internationale Verwaltung deutscher Gebiete sind bereits entworfen. Dem ständigen Sekretariat steht Sir Erik Drummond vor, der künftige Sitz der Organisation soll Genf sein.

Gleichzeitig mit diesem Werk, das einen Teil der Wünsche Wilsons erfüllt, nimmt die Versammlung den Entwurf des Friedensvertrages an.

Am späten Vormittag des 7. Mai sollen die Deutschen die Vertragstexte im Trianon-Hotel in Empfang nehmen. Als Graf Brockdorff-Rantzau und Minister Landsberg mit den übrigen Herren der Abordnung eintreffen, empfängt sie eine eisige Atmosphäre. Offiziere geleiten sie zu dem großen Saal des Hotels.

Der Graf ist ein hochgewachsener Mann, der seine Umgebung um Haupteslänge überragt. Ohne Befangenheit, aber in tiefem Ernst schreitet er durch das Spalier der Offiziere aller Nationen, an den Sekretären und Ministerialbeamten vorüber und betritt den Saal, in dem trotz des hellen Tageslichts die elektrischen Lampen brennen. An den Wänden entlang sind Stühle aufgereiht, in der Mitte steht ein kurzer Tisch mit grüner Decke. Er ist wie eine Anklagebank vor den gewaltigen, hufeisenförmigen Konferenztisch gerückt, an dem die Vertreter von 27 Nationen sitzen.

Beim Erscheinen der Deutschen erheben sich zuerst die Herren des Präsidiums: in ihrer Mitte der kleine, geduckte, weißhaarige «Tiger», der wie stets wegen eines Ekzems an den Händen Seidenhandschuhe trägt; rechts neben ihm Wilson, dann Lloyd George, Orlando und all die anderen.

Graf Brockdorff-Rantzau verneigt sich knapp und nimmt zugleich mit der Versammlung Platz. Nur Clemenceau bleibt stehen, er eröffnet die Zusammenkunft.

«Die Stunde der Regelung ist gekommen, der Regelung einer Abrechnung nämlich, die ein uns grausam aufgezwungener Krieg notwendig gemacht hat ...»

Aus Clemenceaus Reden und Briefen.

Die grauen Augen des deutschen Grafen sind fest auf den alten Mann gerichtet. Brockdorff-Rantzau ist totenbleich geworden, doch hält er sich eisern in der Gewalt und verrät durch nichts die ungeheure Anspannung, die ihm diese Stunde auferlegt.

Hier geht es nicht nur um Deutschlands Schicksal, es geht auch darum, ob die Welt endlich einer friedlichen Zukunft entgegensehen wird – oder ob in dieser Stunde der Samen eines neuen Krieges gelegt wird.

«Deutschland darf und kann nicht vernichtet werden», denkt der Graf. «Seine Weltmission für die Menschheit steht fest, und es wird sie erfüllen. Ich denke nicht an Revanche – aber unsere Gegner sollen auf der Hut sein: Sie haben den Krieg gewonnen, aber sie könnten den Frieden verlieren ...»

Nach Brockdorff-Rantzau, «Dokumente».

Lauter tönt Clemenceaus Stimme, sie vibriert wie singender Stahl.

«Sie verlangen den Frieden, wir sind bereit, ihn zu gewähren. Das Buch, das Ihnen überreicht wird, enthält seine Bedingungen. Wir werden Ihnen die nötige Zeit lassen, die die internationale Höflichkeit gebietet, um sie zu prüfen. Wir werden aber für die nötigen Vorkehrungen und Sicherungen sorgen, damit auf diesen zweiten Versailler Frieden, der einen so schrecklichen Krieg abschließt, kein weiterer folgen kann.»

Aus einer Rede Clemenceaus anläßlich der Pariser Friedenskonferenz.

Geraune geht durch die Sitzreihen der alliierten und assoziierten Vertreter. Der Generalsekretär des Kongresses tritt vor und legt vor Graf Brockdorff-Rantzau ein stattliches Buch nieder, während die Dolmetscher die Erklärung Clemenceaus in Englisch und Deutsch wiederholen. Pressephotographen machen ihre Aufnahmen. Wilson starrt auf das Tischtuch, seine Rechte trommelt nervös mit dem Bleistift.

Da erhebt sich Brockdorff-Rantzau.

«Meine Herren! Wir sind tief durchdrungen von der erhabenen Aufgabe, die uns mit Ihnen zusammengeführt hat: der Welt rasch einen dauerhaften Frieden zu geben. Wir täuschen uns nicht über den Umfang unserer Niederlage, den Grad unserer Ohnmacht. Wir wissen, daß die Gewalt der deutschen Waffen gebrochen ist, und wir kennen die Wucht des Hasses, der uns hier entgegentritt. Wir haben die leidenschaftliche Forderung gehört, daß die Sieger uns zugleich als Überwundene zahlen lassen und als Schuldige bestrafen wollen ...

Die folgenden 7 Zitate nach Brockdorff-Rantzau, «Dokumente». (gekürzt).

Die Haltung der früheren Deutschen Regierung auf der Haager Friedenskonferenz, ihre Handlungen und Unterlassungen in den tragischen zwölf Julitagen 1914 mögen zum Unheil beigetragen haben, aber wir bestreiten nachdrücklich, daß Deutschland, dessen Volk überzeugt war, einen Verteidigungskrieg zu führen, allein mit Schuld belastet ist ...»

Empörte Zurufe von den Plätzen der französischen Delegation werden von dem Deutschen nicht beachtet. Ruhig fährt er fort:

«Das Maß der Schuld aller Beteiligten kann nur eine unparteiische Untersuchung feststellen, eine neutrale Kommission, vor der alle Hauptpersonen der Tragödie zu Worte kommen, der alle Archive geöffnet werden. Wir haben eine solche Untersuchung gefordert, und wir wiederholen diese Forderung.»

Mit leidenschaftlich mahnender Stimme spricht der Graf von dem unverlierbaren Recht der Völker. Er ruft – und seine Blicke sind auf Wilson gerichtet – die Erinnerung an Versprechungen wach, nach denen die 14 Punkte Grundlage des Friedens sein sollten.

«Das deutsche Volk», so schließt Graf Brockdorff-Rantzau, «ist innerlich bereit, sich mit seinem schweren Los abzufinden, wenn an den vereinbarten Grundlagen des Friedens nicht gerüttelt wird. Ein Friede, der nicht im Namen des Rechts vor der Welt verteidigt werden kann, würde immer neue Widerstände gegen sich aufrufen. Niemand wäre imstande, ihn guten Gewissens zu unterzeichnen, denn er wäre unerfüllbar. Niemand kann für seine Ausführung die Gewähr, die in der Unterschrift liegt, übernehmen ...»

*

Man hat der deutschen Abordnung eine Frist von knapp 14 Tagen zugestanden, um das Vertragswerk, ein Buch von 300 Seiten und 440 Artikeln, durchzuarbeiten und Gegenvorschläge schriftlich einzureichen. Die wichtigsten Bestimmungen des Vertrages sind:

1. Deutschland tritt das Gebiet Eupen und Malmedy an Belgien ab, vorbehaltlich der späteren schriftlichen Abstimmung der Bewohner.
2. Deutschland tritt Elsaß-Lothringen an Frankreich ab, zugleich besetzt Frankreich für 15 Jahre das Saargebiet, dann soll eine Volksabstimmung über das weitere Schicksal der Saar entscheiden.
3. Oberschlesien, Westpreußen und Posen fallen an Polen; Danzig wird Freistaat unter polnischer Aufsicht, im südlichen Teil Ostpreußens findet eine Abstimmung statt.
4. In Schleswig wird in drei Zonen bis zur Eider abgestimmt, ob dieses Land zu Dänemark oder zu Deutschland will.
5. Deutschland übergibt alle seine Kolonien der Verwaltung des zu gründenden Völkerbundes, weil es bewiesen hat, daß es nicht kolonisieren kann. Die deutschen Überseekabel verfallen den Alliierten.
6. Deutschland haftet mit seinem gesamten Vermögen für alle durch den Krieg angerichteten Personen- und Sachschäden ohne Begrenzung der Endsumme. Als vorläufige Abschlagszahlung hat Deutschland 60 Milliarden in Gold in den Jahren 1921-1926 aufzubringen.
7. Deutschland liefert sofort an Frankreich und Belgien 140 000 Milchkühe, 30 000 Pferde, 120 000 Schafe, 15 000 Mutterschweine, 4000 Stiere, 700 Zuchthengste, 10 000 Ziegen usw. Dazu werden abgeliefert alle fertigen oder in Bau befindlichen Handelsschiffe mit mehr als 1600 Tonnen und künftig jährlich 200 000 Tonnen Schiffsraum.
8. Die Ströme Elbe, Rhein, Oder werden internationalisiert, der Flußschiffpark, die Verladeeinrichtung usw. sind abzutreten.
9. Das deutsche Eigentum im Ausland verfällt den Alliierten.
10. Eine Interalliierte Kommission wird die deutsche Leistungsfähigkeit ständig unter Kontrolle halten.
11. Deutschland verzichtet auf die allgemeine Wehrpflicht und unterhält künftig nur eine Wehrmacht von 100 000 Berufssoldaten.

12. In 50 km Abstand rechts vom Rhein und an der ostpreußischen Grenze dürfen keine Befestigungen angelegt werden.
13. Unterseeboote und Luftfahrzeuge darf Deutschland nicht unterhalten.
14. Deutschland erklärt, daß es durch seine Schuld den Weltkrieg veranlaßt hat und erklärt sich bereit, eine Reihe näher bezeichneter Personen – Kaiser Wilhelm, Ludendorff und andere Generale – als Kriegsverbrecher an die Alliierten auszuliefern.
15. Als Bürgschaft für die Durchführung des Vertrages wird das linke Rheinufer für 15 Jahre besetzt bleiben. Die Kosten dieser Besatzung trägt Deutschland.

Als Graf Brockdorff-Rantzau die Bedingungen zum erstenmal überflogen hat, blickt er verständnislos auf.

Sind diese Leute vor Haß wahnsinnig geworden? Glauben sie wirklich daran, daß sie ihre eigenen Völker auf solche Weise zum Glück führen können?

«Darüber, daß ein Friede, der die moralische und wirtschaftliche Vernichtung bedeutet, nicht unterzeichnet werden kann, sind sich die Delegation und die Regierung in Berlin natürlich einig ...»

Die Diskussion um die Friedensverträge führte in der Nationalversammlung schließlich zum Rücktritt des Kabinetts Scheidemann am 20. Juni.

Vielleicht war der Friede, den Rom einst mit dem sterbenden Karthago schloß, ähnlich – sonst aber ist ein solcher Friede ohne Beispiel in der Geschichte. Der Graf nimmt einen Bleistift zur Hand und beginnt zu rechnen.

Dieser Vertrag würde also bedeuten, daß das Reich – ohne die Kolonien – 87 000 Quadratkilometer seines Gebietes mit 7 Millionen Einwohnern verliert: drei Viertel des Roheisens, ein Drittel der Kohle, ein Fünftel der landwirtschaftlichen Fläche, die gesamte Flotte – kurz, alles, was Bedeutung hat. Und dieses zu Hunger und Armut verdammte Restdeutschland, durch das die Polen einen Korridor zum Meer legen dürfen, solle in den nächsten Jahren – vom Kriege ausgelaugt, von Niederlage und Revolution zerrüttet – 60 Milliarden in Gold bezahlen!

Das also ist der Vertrag, der den leidgeprüften Völkern Frieden bringen soll! Die Zukunft der Welt ist auf mörderischer Fron für Gold gebaut, auf Rache, auf dem Wahnwitz einiger haßzerfressener Greise, die sich für Staatsmänner halten.

*

Die deutsche Regierung läßt durch die Pariser Delegation Gegenvorschläge zum Friedensvertrag überreichen.

Am 6. Juni gibt Graf Brockdorff-Rantzau dem Berliner Vertreter der Wiener «Neuen Freien Presse», Dr. Paul Goldmann, ein Interview. Er antwortet auf die Frage, was bei Nichtberücksichtigung der deutschen Vorschläge geschehen würde:

«Ich kann nur wiederholen», sagt Brockdorff-Rantzau, «was ich von Anfang an erklärt habe: Einen Friedensvertrag, wie er uns am 7. Mai überreicht worden ist, werde ich nicht unterzeichnen. Wenn also die Antwort der Entente nicht wesentliche Änderungen im Sinne unserer Gegenvorschläge enthält, wird der Friede nicht zustande kommen ...»

Dr. Goldmann legt seine zweite Frage vor:

«Die Pariser Presse berichtet, daß Eure Exzellenz mit den Mitgliedern der Berliner Regierung, die sich zu stark für die Nicht-Unterzeichnung des Friedens eingesetzt hätten, vielleicht zurücktreten, Deutschland aber den Frieden doch unterzeichnen werde.»

Der Graf winkt unwillig ab.

«Die Pariser Presse ist unrichtig informiert und führt das Publikum irre ... Wir unterzeichnen weder unser Todesurteil noch die Aberkennung unserer Ehrenrechte ... Der Entschluß Deutschlands wird von der Delegation und der Regierung einhellig gefaßt werden, und das deutsche Volk wird hinter ihm stehen.»

Aber der Graf ist schlecht unterrichtet, schlechter als die Pariser Presse. Die Entscheidung über Unterzeichnung oder Nichtunterzeichnung liegt nicht bei der Delegation, sondern bei der Weimarer Nationalversammlung und bei der Regierung. Mit Recht bezweifeln die Alliierten, daß das deutsche Volk in seiner Masse weiteren Widerstand leisten werde. Friedenssehnsucht und Erschöpfung sind so groß, daß Deutschland bereit scheint, jeden Frieden anzunehmen, wenn nur endlich Hungerblockade und Krieg aufhören. Außerdem ist mit dem Vormarsch feindlicher Truppen im Westen, mit Besetzung des Ruhrgebietes und der Mainlinie, im Osten aber mit dem Einfall der Tschechen und Polen zu rechnen.

In der Nationalversammlung gewinnen immer mehr die Vorsichtigen und Unterwerfungsbereiten die Überhand.

Sie plädieren dafür, daß man den Alliierten zunächst den guten Willen beweisen solle, später müßten sie von selbst die unerfüllbaren Bedingungen mildern.

Graf Brockdorff-Rantzau steht auf verlorenem Posten. Vergeblich ist es, wenn er mit der flammenden Ablehnung der einigen Nation droht, umsonst dementiert er die triumphierenden Meldungen der Pariser Presse. Die Entscheidung ist bereits hinter den Kulissen gefallen.

*

Der 16. Juni 1919 ist wieder ein großer Tag. Nun sollen der deutschen Abordnung die endgültigen Bestimmungen des Friedens überreicht werden. Man hat dazu, um die Revanche-Beziehung zur Vergangenheit deutlich zu machen, abermals den Spiegelsaal des Schlosses Versailles gewählt.

Helle Lichtbänder lassen die barocke Pracht – die Bilder von Frankreichs Triumph und Eroberungen, die Spiegel und kostbaren Möbel – bunt aufleuchten. Dort, wo vor 48 Jahren das Podium der deutschen Fürsten gestanden, wo der greise König Wilhelm die Krone des Reiches empfangen hat, sind die Konferenztische der alliierten Hauptmächte aufgestellt.

Am 18. Januar 1871 wurde Wilhelm I. in Versailles zum Deutschen Kaiser ausgerufen.

Wie damals im Trianon-Hotel hat man der deutschen Delegation einige Stühle zu Füßen des Tribunals bereitgestellt. Graf Brockdorff-Rantzau sitzt fahl und starr im vergilbten Polstersessel. Er weiß nun, daß die Unerbittlichen keine wesentliche Änderung der Bedingungen angenommen haben, er weiß, daß alles ausweglos geworden ist.

Ganz von ferne nur dringt die Stimme Clemenceaus, tönen die Worte Sühne, Gerechtigkeit, Freiheit an sein Ohr.

Er hat diesem Forum der Rache vorgeschlagen, eine wirtschaftliche Union der europäischen Staaten als Vorstufe eines Vereinten Europas im Rahmen des Völkerbundes zu begründen. Das hätte gleichzeitig das Ende aller gegenseitigen Bedrohung und den Anfang künftigen Zusammenlebens ohne Haß und Ressentiments bedeuten können. – Man hat ihm darauf gar nicht geantwortet.

Schwerfällig erhebt er sich, als Clemenceau schweigt; er bringt die Vorbehalte der deutschen Nationalversammlung

– vor allem die Zurückweisung des Schuldbekenntnisses Deutschlands – noch einmal zum Ausdruck. Präsident Wilson klopft auf den Tisch, alle Augen wenden sich ihm zu.

Die Anerkennung der Alleinschuld Deutschlands am I. Weltkrieg war als Artikel 231 in den Versailler Vertrag aufgenommen worden.

Wilson spricht harte, hämmernde Worte. Er befiehlt der deutschen Nationalversammlung, den Friedensvertrag als Ganzes anzunehmen oder abzulehnen. Für den Fall einer Ablehnung sei der Vormarsch auf Berlin und die Verschärfung der Blockade vorbereitet.

Während einer Propagandareise sollte Präsident Wilson am 26.9.1919 einen völligen körperlichen Zusammenbruch erleiden.

Graf Brockdorff schaut blicklos auf das kranke, von fiebrigen Flecken gerötete Antlitz des Präsidenten.

Dann bestätigt er den Empfang des Aktenstücks. Den Federhalter wirft er verächtlich auf den Tisch.

*

Vier Tage danach hält der Reichspräsident das Abschiedsgesuch des Ministers des Auswärtigen, des Grafen Brockdorff-Rantzau, in Händen. Im Kampf um die Unterzeichnung legt auch der Sozialdemokrat Scheidemann sein Amt als Kanzler nieder.

Am 22. Juni findet in der Nationalversammlung in Weimar die entscheidende Sitzung statt. Der neue Ministerpräsident Bauer erklärt am Schluß der Debatte:

Aus dem Protokoll der Weimarer Nationalversammlung vom 22. Juni 1919.

«Die auferlegten Bedingungen überschreiten das Maß dessen, was Deutschland tatsächlich leisten kann. Wir wollen uns daher zu der Erklärung verpflichten, daß wir alle Vorbehalte machen und jede Verantwortung ablehnen gegenüber den Folgen, die über Deutschland verhängt werden können, wenn die Undurchführbarkeit der Bedingungen auch bei größter Anspannung des deutschen Leistungsvermögens in Erscheinung treten muß. Die Regierung der deutschen Republik ist bereit, den Friedensvertrag zu unterzeichnen, ohne jedoch damit anzuerkennen, daß das deutsche Volk der Urheber des Krieges sei.»

Meldung der Agentur Reuter vom 23. Juni 1919.

Die Abstimmung ergibt 237 Stimmen für und 138 Stimmen gegen die Unterschrift. Zentrum und Sozialdemokraten, die in der neuen Regierung, geführt von Erzberger und Bauer, alle Ministersessel einnehmen, erklären, daß die Annahme der Bedingungen Deutschland die einzige Chance biete, weiter zu existieren und das Volk vor dem Verhungern zu bewahren.

Am 21. Juni hatte Gustav Bauer ein neues Kabinett mit Hermann Müller als Außenminister gebildet.

Am 23. Juni meldet die Weltpresse:

«Heute nachmittag hat der deutsche Gesandte von Haniel dem Vorsitzenden der Friedenskonferenz, Clemenceau, die Note zustellen lassen, in der die deutsche Regierung sich bereiterklärt, die Bedingungen der alliierten und assoziierten Regierungen bedingungslos anzunehmen.»

Nach den Bestimmungen des Versailler Vertrags wurde Deutschland bis auf ein Heer von 100 000 Mann und eine Marine von 15 000 Mann entwaffnet.

Am 28. Juni 1919 wird im Spiegelsaal zu Versailles das Vertragswerk feierlich unterzeichnet. Für Deutschland leisten Dr. Bell und Hermann Müller die Unterschriften.

Die Grundlagen der neuen Welt sind damit festgelegt. Die Ära des Hasses nimmt ihren Anfang.

*

Den Bestimmungen des Waffenstillstandes gehorchend, ist die deutsche Hochseeflotte zur Überwachung durch die Engländer nach Scapa Flow, einer großen Bucht südlich der Orkney-Insel Mainland, ausgelaufen. Hier liegen nun die gewaltigen grauen Schiffe vor Anker, unter der Kontrolle eines englischen Geschwaders.

Nur wenige, ausgesuchte Mannschaften und Offiziere sind an Bord, das Kommando führt Admiral v. Reuter.

Es ist der 21. Juni – Sonnwendzeit, ein warmer, windstiller Tag mit spiegelblanker See und wolkenlosem Himmel. Die Klippen der Inseln und die Riffe sind beinahe schwarz, die Luft ist von großer Durchsichtigkeit.

Englische Zeitungen, die an Bord gelangt sind, berichten, daß der Vertrag von Versailles die bedingungslose Auslieferung der deutschen Schlachtflotte festsetzt, daß die Schiffe vom Skagerrak durch ein paar Federstriche in die Hände des Gegners fallen sollen.

Längst sind die Abmachungen zwischen den Flotteneinheiten getroffen.

Als am Vormittag des 21. Juni Fregattenkapitän Oldekop dem Admiral meldet, das englische Geschwader sei mit Linienschiffen und Zerstörern seewärts ausgelaufen, läßt der Admiral Signal setzen: «Schiffe sofort versenken!»

Noch liegen längsseits des Flaggschiffes «Emden» zwei englische Dampfer, die Wasser und Proviant ausladen. So bleibt der Befehl den Mannschaften dieses Schlachtschiffes zunächst verborgen. Auf den übrigen Einheiten hat man das Signal erkannt und bestätigt. Kurz vor Mittag neigt sich plötzlich das Schlachtschiff «Friedrich der Große» zur Seite, es sinkt rasch tiefer. Die Schiffsglocke schlägt Alarm: «Alle Mann von Bord!»

Überall beginnt nun das Sterben der Flotte. Ringsum neigen sich die eisernen Riesen, Rettungsboote gehen zu Wasser, die silbergraue Fläche der Bucht bedeckt sich mit Booten. «Friedrich der Große» schwankt, seine Schlagseite wird stärker, man sieht, wie die Fluten schon durch die geöffneten Seitenfenster hineinstürzen. Der gewaltige Rumpf wendet sich unter dumpfem Getöse, eine Flutwelle rauscht durch die Bai, die Schornsteine fassen Wasser, gurgelnd fährt das Schlachtschiff zur Tiefe.

In der Nähe der sinkenden Linienschiffe kreist ein englisches Wachtboot.

«Seine Besatzung wird, als plötzlich das Riesenschiff dicht vor ihren Augen umschlägt und versinkt, so vom Schrecken gepackt, daß sie, bar jeder Überlegung, ein wildes Feuer auf die unbewaffneten, wehrlosen Insassen der Boote eröffnet.»

Aus einem Bericht des Admirals von Reuter (1921).

Gleichzeitig läßt das Wachtschiff seine Dampfsirene heulen, jetzt schrecken auch die anderen Wachtboote auf und bedienen ihre Gewehre und Kanonen. Doch es ist alles vergeblich. Die Mannschaften haben die Ventile und Unterwasserbreitseitrohre geöffnet, die Flotte geht mit wehender Flagge ins nasse Grab.

In das Knattern der MGs schallen die Hurras der Matrosen.

*

Um diese Zeit ist der Gefreite Adolf Hitler als geheilt aus dem Lazarett Pasewalk entlassen und wieder an den Ausgangspunkt seiner Soldatenlaufbahn, nach München, zurückgekehrt. Er hat hier die rote Schreckensherrschaft miterlebt und ist – als Gegner der Roten – am 27. April 1919 nur durch viel Glück der Verhaftung und einem ungewissen Schicksal entgangen.

Als die Truppen des Freikorps Epp und die Oberländer in München einrücken und den Spuk der Räteregierung beseitigen, findet Hitler rasch wieder Anschluß bei der einzigen Gemeinschaft, die ihm bisher das Gefühl des Dazugehörens gegeben hat: bei den Soldaten. Durch Zu-

Die Räterepublik war in München am 7. April 1919 ausgerufen worden.

fall trifft er in der Neuhauserstraße seinen ehemaligen Kompaniefeldwebel Amann, der ihn seinerseits als einstigen «Meldegänger» schätzt. Da Adolf Hitler arbeitslos ist, verschafft ihm Amann einen Posten, der mit dem eines Meldegängers verwandt ist. Adolf Hitler wird eine Art «Spitzel» der «Schwarzen Reichswehr». Er wird einer Organisation zugewiesen, die sich mit der Umschulung der Heimkehrer auf das bürgerliche Leben und mit der Überwachung der politischen Umtriebe befaßt.

In diesen Tagen gibt es in Deutschland viele Menschen, denen die bisherige Welt der Autorität eingestürzt und eine neue noch nicht erstanden ist. Generale und Offiziere, aber auch einfache Frontsoldaten, die viereinhalb Jahre die Unüberwindlichkeit der deutschen Heere miterlebt haben, vermögen den jähen Zusammenbruch nicht zu begreifen. Niemals werden sie zugeben, militärisch überwunden zu sein. Andere, geheime Gründe, Verrat und Hinterlist müssen die Niederlage verschuldet haben – keineswegs war es die geballte Übermacht von fünf Kontinenten! Die Sage vom «Dolchstoß von hinten», den angeblich marxistische und klerikale Kreise, Freimaurer und Juden geführt haben, geht wie ein Mythus um und wird rasch zum politischen Schlagwort. Die demütigenden Umstände des Versailler Friedensschlusses, der ausweglose Haß ringsum, die Rechtsbrüche der Alliierten und die Einfälle in Ost und West erhitzen die nationalistischen Leidenschaften aufs höchste. Taten wie die Selbstversenkung der Flotte vor Scapa Flow erscheinen diesen Männern als die erste Verheißung eines wiedererwachenden Deutschlands.

München ist günstiger Boden für einen Mann, der sich entschlossen hat, Politiker zu werden. Adolf Hitler, der selbst empfindet, wieviel ihm an methodisch und organisch erworbenen Bildungsgrundlagen fehlt, beginnt nach langer Zeit wieder zu lesen und zu lernen. Er geht aber nicht als Suchender und Lernender an die Dinge heran, sondern als einer, der immer findet, was er will.

Aus Hitler, «Mein Kampf».

«Was der Mensch will, das hofft und glaubt er ...»

Dieser Satz wird sein Leben beherrschen.

Ernst Röhm (1887–1934) trat 1919 dem Freikorps Epp bei und hatte später als Mitglied der NSDAP (seit 1925) maßgeblichen Anteil am Aufbau der SA.

Unter seinen Vorgesetzten hat er Freunde gefunden, die ihn schätzen; zu ihnen gehört der Reichswehrhauptmann Ernst Röhm. Oft sitzen sie beisammen und debattieren sich die Köpfe heiß, wie diesem daniederliegenden Deutschland geholfen werden könne.

Hitler will sich nicht damit begnügen, eine alte Welt zu verteidigen. Er will «die Parole einer schwächlichen und feigen Verteidigung mit dem Schlachtruf mutigen und brutalen Angriffs vertauschen». Wie und wo aber soll der unbekannte kleine Gefreite mit diesem Angriff beginnen?

Der Zufall reicht ihm die Hand. Seine Vorgesetzten ordnen ihn eines Tages ab, eine neugegründete Splittergruppe zu beobachten, die im Sterneckerbräu ihre Zusammenkunft hat. Sie nennt sich «Deutsche Arbeiterpartei»; der Bahnsekretär Anton Drexler ist der Vorsitzende des Münchner Ortsvereins.

Am Abend trifft Adolf Hitler nur ein Häuflein von zwanzig Zuhörern, die Kundgebung findet nicht im Saal, sondern im «Leiberzimmer», einem kleinen Nebenraum der Wirtschaft statt.

Zuerst spricht Gottfried Feder, ein Sektierer, der die Lösung aller Schwierigkeiten in dem Schlagwort von der «Brechung der Zinsknechtschaft» gefunden zu haben glaubt. Man ist also in diesem Kreise antikapitalistisch, mit antisemitischer Betonung. Die Vorträge sind ohne Reiz und schwunglos.

Gottfried Feder (1883–1941), der Gründer des «Deutschen Kampfbunds zur Brechung der Zinsknechtschaft» und seit 1924 Mitglied des Reichstags.

Adolf Hitler will bereits gehen, als zur Diskussion aufgerufen wird. Nun kommt seine Stunde. Er entgegnet einem Professor, der für die Lostrennung Bayerns vom Reich eintritt, so beredt, daß sich der Separatist geschlagen geben muß.

Dann wendet er sich an das Häuflein der gebannt Lauschenden. Sein Fanatismus macht Eindruck und überzeugt.

«Haß ist dauerhafter als Abneigung», ruft er, «und die Triebkraft zu den gewaltigsten Umwälzungen auf dieser Erde lag zu allen Zeiten weniger in einer die Masse beherrschenden wissenschaftlichen Erkenntnis als in einem sie beseelenden Fanatismus und manchmal in einer sie vorwärtsjagenden Hysterie.»

Aus Hitler, «Mein Kampf».

Die Männer sind aufgerührt durch die Rede des Fremden in ihrer Mitte. Als er geht, eilt ihm der Vorsitzende Anton Drexler nach und drückt ihm eine selbstverfaßte Flugschrift in die Hand.

Hitlers Behausung ist eine kahle, schmutzige Militärstube in der Kaserne des 2. Infanterieregiments. Früh um 5 Uhr wacht er gewöhnlich auf. Da hat er Zeit, die kleine Schrift zu lesen, und erstaunt findet er, daß hier viele seiner Ansichten bereits gedruckt sind.

Bald darauf bekommt er eine Postkarte, auf der ihm, ohne daß er je darum ersucht hätte, seine Aufnahme in die «Deutsche Arbeiterpartei» mitgeteilt wird. Er soll an einem der nächsten Tage zu einer «Vorstandssitzung» kommen. Eine Weile überlegt er, dann sagt er sein Erscheinen zu.

«Im Hinterzimmer eines schäbigen Cafés – des ‹Alten Rosenbads› –, das nur schwach durch eine zerbrochene Gaslaterne erleuchtet ist, findet er sechs junge Leute vor, die eine Partei ohne Programm, ohne Literatur, sogar ohne Mitgliedskarten oder auch nur einen Gummistempel darstellen, deren finanzielle Hilfsquellen sich auf ganze 7.50 M belaufen.»

Aus Ward Price, «Führer und Duce».

Trotzdem nimmt er die angebotene Mitgliedschaft an und reiht sich der neuen Partei als Nummer Sieben ein.

*

Von nun an geht es aufwärts mit der «Deutschen Arbeiterpartei». Adolf Hitler fegt Furcht und Vorsicht fort, er übernimmt die Propaganda und beginnt zu organisieren.

Hat er nicht als Soldat die Gewalt der britischen Flugblatt- und Zeitungspropaganda erlebt? Lehrt ihn nicht jeder Tag auf der Straße, an dem es Kampfschriften, Plakate und Handzettel regnet, wie man so etwas anfassen muß?

«Wenn wir also, um eine Weltanschauung zum Siege zu führen, sie zu einer Kampfbewegung umzustellen haben, so muß logischerweise das Programm der Bewegung auf das Menschenmaterial Rücksicht nehmen, das ihr zur Verfügung steht. So unverrückbar die Schlußziele und die leitenden Ideen sein müssen, so genial und psychologisch richtig muß das Werbeprogramm auf die Seelen derjenigen eingestellt sein, ohne deren Hilfe die schönsten Ideen nur Ideen bleiben würden …»

Nach Hitler, «Mein Kampf».

Die «Deutsche Arbeiter-Partei» Anton Drexlers war 1919 gegründet worden und nannte sich ab 1920 «Nationalsozialistische Deutsche Arbeiter-Partei».

Der Name der Partei wird in «Nationalsozialistische Deutsche Arbeiterpartei» umgeändert – das gibt Spielraum von der äußersten Rechten bis zur Linken. Dann arbeitet Hitler ein Programm aus, in dem er seine Vorstellungen von einer erneuerten Nation niederlegt.

Er ist ein Meister der Vereinfachung, er versteht sich darauf, schwierige Probleme auf allgemein verständliche Schlagworte zusammenzudrängen.

«Aufgabe der Propaganda ist die Zersetzung des bestehenden Zustandes und die Durchsetzung dieses Zustandes mit der neuen Lehre ...»

Aus Hitler, «Mein Kampf».

Von nun an werden die Regierenden nur noch «Systempolitiker» oder «Erfüllungspolitiker», die Republik aber das «schwarz-rote System» heißen; man spricht von der «Judenrepublik», vom «Dolchstoß», vom «Verrat am deutschen Feldheer», man verheißt den Massen «Freiheit und Brot», ein «Leben in Schönheit und Würde», ohne sich auf das Wie und Wann klar festzulegen.

Erfüllungspolitik war das Schlagwort der Rechtsparteien zur Brandmarkung der Politik der Weimarer Republik seit 1921, welche die Erfüllung der im Versailler Vertrag eingegangenen Verpflichtungen anstrebte.

Zu den Schlagworten treten die Symbole. Aus seiner Wiener Zeit sind Hitler zwei Erlebnisse in Erinnerung geblieben, die ihn tief ergriffen haben: eine Massendemonstration sozialdemokratischer Arbeiter und eine besonders glanzvolle Fronleichnamsprozession. Dort prägte sich ihm die mitreißende Kraft marschierender Kolonnen, hier die suggestive Anziehungskraft mystischer Symbole auf die Masse ein. In den nationalsozialistischen Kundgebungen wird Hitler beide Wirkungen kombinieren. Zuerst braucht die in Marsch zu setzende Bewegung eine Fahne. Er selbst entwirft sie. Das Kampflied des abenteuerlichsten und bekanntesten Freikorps jener Zeit liefert ihm das Muster:

> «Hakenkreuz am Stahlhelm,
> Schwarz-weiß-rotes Band –.
> Die ‹Brigade Erhardt›
> Werden wir genannt!»

Die Farben des Kaiserreichs betonen den konservativnationalen, das vorherrschende Rot den revolutionär-sozialistischen Gedanken und das Hakenkreuz – das Sonnenrad der Indogermanen, aber auch manches asiatischen Volkes – das Idol der Rasse.

Nun kann man mit Fahnen und Musik auf die Straße gehen. Hitler ist der erste Nationalist, der begriffen hat, daß die Marxisten nur dort, in ihrer eigensten Domäne, zu schlagen sind. Sein Freund Dietrich Eckart – ein pa-

Dietrich Eckart (1868–1923), Chefredakteur beim «Völkischen Beobachter» und Schriftsteller.

triotischer Bohemien – schreibt die ersten Kampflieder der Bewegung. Die NSDAP ruft zur ersten Massenversammlung in den großen Saal des Münchner Hofbräuhauses. Der Beginn wird auf halb acht Uhr abends festgesetzt; die einzige Sorge Adolf Hitlers ist: «Wieviel Leute werden kommen?»

Es ist ein überwältigender Anfangserfolg: Fast zweitausend Menschen drängen sich in Gängen und Saal. Zuerst spricht ein Dr. Dingfelder, dann betritt Hitler das Podium. Nach seinen ersten Worten bereits werden die Zuhörer unruhig, eine Viertelstunde später ist eine Saalschlacht im Gange, die durch Kriegskameraden Hitlers schnell beendet wird. Er kann weitersprechen, sein Programm der 25 Punkte verkünden.

Die wichtigsten Forderungen sind die alten Herzenswünsche des enttäuschten und geknechteten Volkes: Selbstbestimmungsrecht auch für die Deutschen, Gleichberechtigung mit den anderen Völkern, Rückgabe der Kolonien, Konfiszierung der Kriegsgewinne, Nationalisierung der Konzerne, Bodenreform und das diffuse Schlagwort: «Gemeinnutz geht vor Eigennutz!»

Doch wer zu hören versteht, findet auch schon andere, gefährlichere Zukunftsträume: deutsche Staatsbürgerschaft nur für Deutsche – wobei die Juden ausgeschlossen sein sollen –, Kontrolle der Presse im nationalen Interesse, Religionsfreiheit nur dann, wenn keine Gefahr für den Staat besteht, Zentralisierung der Gewalt im Reich und ein neues Heer.

Dieser Mann auf dem Podium, der mit seinem flachen und wenig imponierenden Gesicht, mit der in die Stirne fallenden Haarsträhne und dem kleinen Bärtchen auf der Oberlippe so gar nicht wie ein künftiger Richelieu oder Bismarck aussieht, verwandelt sich, wenn er spricht: Er verfügt über eine suggestive Sprach- und Überzeugungsgewalt. Und er glaubt nicht nur an die Propaganda, an die Macht des ständig wiederholten und eingehämmerten Wortes, sondern auch an die Kraft der persönlichen Führerschaft.

Otto von Bismarck (1815–1898), der Gründer des Deutschen Reichs von 1871 war unter Wilhelm I. 19 Jahre lang Reichskanzler.

Massen sind Treibsand, Männer allein verändern die Welt.

Als er endet, umbrandet ihn frenetischer Jubel. Die Menge tobt vor Begeisterung, er hat für jedermann ein

Sehnsuchtsbild hervorgezaubert. Hitler selbst steht aufgewühlt am rotbehangenen Rednerpult: Er hat sich selbst entdeckt.

Am laufenden Band

Der Kreuzer «Washington» trägt den Präsidenten Wilson und seine Mitarbeiter von dem europäischen Kontinent in die USA zurück. Dem Gefolge des Präsidenten gehören auch einige angesehene Journalisten – Korrespondenten der großen Blätter – an.

Sie haben mit kritischer Anteilnahme dieses zerrissene und verwirrte Europa selbst erlebt, die Vielzahl der unlösbaren Probleme auf den Konferenztischen liegen gesehen, und auch sie gehen erleichtert nach dem jungen Kontinent zurück, der nicht in derart unübersichtliche, jahrhundertealte Streitfälle, Ressentiments und Vorurteile verstrickt ist.

Stundenlang sitzt der junge Ward Price, Redakteur der Hearst Press, auf dem Achterdeck, macht es sich im Liegestuhl bequem und blättert in Stößen alter Zeitschriften. Aber das alle beunruhigende Gefühl, daß die Menschheit mit dem Weltkrieg in eine neue Epoche ihrer Geschichte eingetreten sei, verfolgt ihn auch bis in diese Stunden des Alleinseins.

Etwas Neues steigt herauf, nicht nur etwas politisch Neues – etwas Umfassendes und Allgemeines, das alle Lebensgebiete verändert. Technik und Naturwissenschaft beeinflussen immer entscheidender die Völker und das Weltbild der Menschheit.

Das lenkbare Luftschiff des Grafen Zeppelin war 1900 erfunden worden, der Motorflug 1903 (Gebr. Wright), die Bildtelegraphie 1904 (Korn), das Bakelit-Kunstharz 1906 (Baekeland), das Duraluminium 1908 (Wilm) usw.

Was war in den letzten zwei Jahrzehnten alles entdeckt und erfunden worden: das Zeppelinluftschiff, die Bildtelegraphie, der Motorflug, die Herstellung der ersten Kunstharze, das Duraluminium, das Ammoniak aus der Luft, die Kunstseide, Benzin aus Kohle, die Psychoanalyse, das neue Weltbild der Physik aus Quanten- und Relativitätstheorie, Radioaktivität und Atomzertrümmerung. Kein Wunder, wenn alles in Bewegung geraten ist und auch die Menschen nicht mehr nach den überkommenen Regeln zusammenleben wollen.

Die Proletariermassen der modernen Industrie dringen

Die Karikatur zeigt Italien beim Bändigen des österreichischen Adlers. Die Aufgabe wurde weder so tapfer noch so erfolgreich bewältigt. (15)

Nächste Doppelseite:
Belgische
Dorfbewohner sehen
englischen Truppen auf
(16) dem Weg zur Front zu.

Die russischen Uniformen waren elegant und geschmackvoll. (17)

mit Macht auf die Durchsetzung ihrer politischen und wirtschaftlichen Forderungen. Sie wollen höhere Löhne, größeren Anteil am Sozialprodukt. Aber die Konkurrenz auf dem Weltmarkt zwingt zur Senkung der Preise und damit auch der Herstellungskosten. Wie soll sich beides vereinen lassen?

Ward Price blättert in seinem Stenogrammheft. Er hat sich vor wenigen Wochen einmal mit einem der großen deutschen Industriekapitäne aus dem AEG-Konzern unterhalten. Dieser Walther Rathenau hat ihm gesagt:

Rathenau war 1899 in den Vorstand der AEG eingetreten und wurde 1915 deren Präsident.

«Die Arbeit eines Menschen hat nicht nur ausgereicht, ihn zu erhalten, sondern in jedem der drei letzten Menschenalter den Wohlstand der Erde ... mindestens jeweils zu verdoppeln. Aber bei rationeller Wirtschaft hätte sie ihn vervielfacht ...»

Aus einem Brief Rathenaus von 1919.

Rationalisierung also, fortschreitende Mechanisierung der Produktion, das wäre ein Ausweg; er könnte vielleicht das wirtschaftliche Problem der Arbeitermassen lösen. Aber da sind noch die menschlichen Probleme. Auch darüber hat der Deutsche ganz klare Ansichten geäußert:

«Es handelt sich nicht darum, aus den Proletariermassen die ‹ungezählten Talente› herauszufischen, auch nicht darum, aus Gewerkschaftssekretären Minister zu machen, alles das ist nebensächlich und unschädlich. Aber aus dem, was manche Mob nennen, sollen Menschen und Gotteskinder werden, trotz aller Schwächen und Laster, die in ihnen stecken mögen, freie Menschen – nicht braves Gesinde und ehrbare Untertanen ...»

«Schön und gut», denkt Ward Price, «aber wie soll das gemacht werden? Die russische Methode scheint zu gewalttätig, in Europa hat man überhaupt noch keine Methode, sondern nur politische Parteien, die sich bekämpfen, und – was geschieht in USA?»

Aus Ward Price, «Führer und Duce».

Am Abend unterhält er sich darüber mit einem Kollegen einer Washingtoner Zeitung. Der Ältere trinkt nachdenklich seinen Whisky aus.

«Sie sollten sich früher oder später mit Henry Ford und seinen Ideen auseinandersetzen, Price. Es gibt schon so etwas wie einen amerikanischen Sozialismus», sagt er nach einer Weile.

Henry Ford (1863–1947), der Gründer der «Ford Motor Company». Er befürwortete kürzere Arbeitszeiten und höhere Löhne, lehnte aber die Gewerkschaften ab.

«Sie waren lange fort aus USA, Price», meint er dann,

«inzwischen hat sich da drüben viel getan. Henry Ford stellte es kürzlich in einem Interview fest:

‹Wenn nicht alle Vorzeichen täuschen, sind wir in einer Umwandlung begriffen. Sie geht überall vor sich, zwar langsam und unauffällig, aber desto sicherer.›

Nach Henry Ford, «Mein Leben und Werk».

Vielleicht besuchen Sie den König von Detroit einmal! Er ist leicht zu finden, jedes Kind in USA kennt seine Adresse.»

Ward Price lacht. «Ich habe ein paarmal mit Ford gesprochen und fand nichts Besonderes an ihm. Er macht billige Autos, das ist alles.»

«Ich werde Ihnen morgen früh einen Artikel von Henry Ford aus dem ‹New-York-Herald› in die Kabine schikken, Price. Es lohnt sich, ein Zeitungsausschnitt-Archiv stets bei sich im Gepäck zu haben.»

Und wirklich liegt am Morgen auf dem Kabinentisch von Ward Price ein rot angestrichener Zeitungsausschnitt aus dem Jahre 1914. Er liest ihn mit Interesse.

«Es ist unser fester Glaube, daß die Teilung des Verdienstes zwischen Kapital und Arbeitnehmerschaft nicht gerecht ist und daß der Arbeitnehmer das Recht hat, einen größeren Anteil zu verlangen. Wir haben deshalb einen Plan beschlossen, nach dem in Zukunft kein Mann über 22 Jahren bei uns weniger als 5 Dollar für einen Achtstundentag erhalten soll.

Wir haben unsere Einnahmen für das kommende Jahr geschätzt und werden sie gerecht verteilen. Zunächst 10 Millionen Dollar. In der halbmonatlichen Abrechnung werden wir jedem seinen Anteil in die Lohntüte legen.»

Aus dem «New York Herald» vom 5. Januar 1914.

Das war zu einer Zeit geschehen, in der Amerika die Sozialisten mit allen Mitteln der Propaganda, der Polizeigewalt und der staatlichen Übermacht verfolgte, in einer Zeit, in der der Tagesverdienst eines Arbeiters 3 Dollar im Durchschnitt betrug.

*

An diesen Zeitungsartikel erinnert sich Ward Price, als am 31. Mai 1921 die Meldung durch die Presse geht, die Ford-Gesellschaft feiere die Fertigstellung des fünfmillionsten Wagens. Das wäre eigentlich der Zeitpunkt für ein interessantes Interview mit Henry Ford.

Ward Price fährt nach Detroit und läßt sich melden.

Henry Ford ist achtundfünfzig Jahre alt, ein «Selfmademan» wie viele der großen Wirtschaftsführer der USA. Groß gewachsen, sehr schlank und elegant, sitzt er hinter seinem Schreibtisch, das schmale, offene Gesicht mit den grauen Augen spricht von Energie und verrät einen lebhaften Geist. Wären nicht die vollen, grauen Haare, so hielte ihn kein Mensch für einen angehenden Sechziger.

Die Wände des Chefbüros – sachlich mit Stahlmöbeln und großen Glasfenstern ausgestattet – sind von farbigen Diagrammen und graphischen Darstellungen bedeckt. Ford schiebt dem Reporter die Zigarrenkiste über den Tisch.

«Sie möchten also wissen, was der Kern meines Systems ist, Mister Price? Gut, Sie sollen es gleich zu hören bekommen, ich bin in Form über das Thema, denn ich schreibe eben ein Buch darüber.»

«Leichte Arbeit», denkt Price, und legt sich den Block zurecht. Ford beginnt:

«Die Quintessenz meiner Idee besagt, daß Verschwendung und Habgier die wahre Dienstleistung hemmen ... Mein Ziel ist also, mit einem Minimum von Verschwendung sowohl an Material wie auch an Menschenkraft zu produzieren und mit einem Minimum an Gewinn zu verkaufen ...

1. Du sollst die Zukunft nicht fürchten und die Vergangenheit nicht anbeten. Wer in der Zukunft den Mißerfolg fürchtet, zieht seinem Wirkungskreis Grenzen. Ein ehrlicher Mißerfolg ist keine Schande; Furcht vor Mißerfolgen dagegen ist Schande. Die Vergangenheit aber ist nur insoweit nützlich, als sie uns Mittel und Wege zur Entwicklung weist.

2. Du sollst die Konkurrenz nicht beachten. Wer eine Sache am besten macht, soll sie verrichten. Der Versuch aber, jemandem seine Geschäfte abzujagen, ist kriminell ...

3. Du sollst die Dienstleistung über den Gewinn stellen ... Der Gewinn muß jedoch nicht die Basis, sondern das Resultat der Dienstleistung sein.

4. Produzieren heißt nicht, billig einkaufen und teuer verkaufen. Es heißt vielmehr, die Rohstoffe zu angemes-

senen Preisen einkaufen und sie mit möglichst geringen Mehrkosten in ein gebrauchsfähiges Produkt umwandeln und an die Konsumenten verteilen.

Aus Henry Ford, «Mein Leben und Werk».

Damit, Mister Price, habe ich Ihnen gesagt, was ich will. Doch Sie wünschen sicher zu wissen, wie dieses Wollen sich verwirklicht. Darüber läßt sich am besten im Werk sprechen; ich schlage Ihnen vor, Sie folgen mir auf einem Rundgang.»

In der ganz aus Marmor, Glas und Stahl gebauten Halle des Direktionsgebäudes ist ein kleines Museum eingerichtet. Auf Podesten sind die verschiedenen Modelle der Firma aufgebaut. Ford führt seinen Besucher zu dem kleinen, hochbeinigen Gasolinwagen aus dem Jahre 1893, mit dem er angefangen hat.

Seinen ersten Kraftwagen hatte Henry Ford 1892 selber konstruiert, elf Jahre später wurde die «Ford Motor Company» gegründet.

«Sehen Sie, Mister Price: Die alte Kiste läuft heute noch ihre zwanzig Meilen die Stunde. Wenn auch unser ‹Modell T› moderner und praktischer ist und nicht mehr wie eine Kutsche ohne Pferde aussieht, so hat sich doch in den Konstruktionsprinzipien nicht allzuviel geändert. Es ist immer besser, eine gute Idee zu vervollkommnen, als einer neuen Idee nachzujagen.»

Sie treten auf den Hof hinaus und überqueren einen großen Platz. An einem mehrstöckigen Lagergebäude läuft eine Rampe entlang, eben werden Güterwaggons entladen, Verwalter kontrollieren die Fracht nach Listen. Henry Ford erklärt, daß er eigene «Ford-Züge» mit eigenem Begleitpersonal laufen lasse.

Das Rohmaterial kommt aus Bergwerken, Hütten, Walzwerken und Glasfabriken, aus Polstereien und Tischlereien, die zum Komplex der Gesellschaft gehören und die alle nach dem Plan produzieren, den ihnen Henry Ford diktiert. Die fertigen Wagen, die Ersatzteile und Motoren gehen, in Spezialkisten verpackt, an die hunderttausend Verkaufsstellen in aller Welt.

Eine Werkeisenbahn rattert aus der lärmerfüllten Halle, an riesigen Eisengerüsten rollen Laufkatzen und transportieren schwere Maschinenteile.

«Kommen Sie hier herein, Price!» sagt Ford.

Sie schweben ein paar Stockwerke im Fahrstuhl empor, lautlos öffnet sich die Eisentür, vor ihnen liegt ein Maschinensaal.

Der erste Eindruck, den der Journalist hat, ist der der

Enge und des sinnverwirrenden Durcheinanders. Ein anhaltendes Getöse erfüllt die Halle, man muß jedes Wort schreien.

«In langen Reihen stehen nebeneinander Maschinen, Drehbank neben Drehbank, Fräsmaschine neben Fräsmaschine, und an jeder Maschine ein Arbeiter, mit der Herstellung desselben Produktes in dem Tempo, das die Maschine ihm angibt, beschäftigt. Handelt es sich um kleinere Produkte, die aus vielen Teilen zusammengesetzt werden müssen, dann sitzen an Lauftischen eine Reihe von Männern und Frauen, die meist ohne Hast die Werkstücke aufnehmen, die sich an ihnen vorbeischieben, und sie ergänzt oder bearbeitet wieder auf das Band legen.»

Aus «Deutsche Berufskunde» (Leipzig 1930).

«Nun, was sagen Sie?» lächelt Ford.

«Ehrlich, Mister Ford – ich halte es für furchtbar, diese Enge, dieses Getöse. Wie soll das einer auf die Dauer aushalten?»

Henry Ford runzelt die Stirn.

«Persönliche Gefühle unserer Arbeiter interessieren nur am Rande – schließlich ist eine Fabrik kein Salon. Aber das ist etwas anderes: Hohe Leistungsfähigkeit kann nur durch ein humanes Produktionsverfahren erreicht werden, also saubere, gut gelüftete Fabrikräume. Gewiß, unsere Maschinen stehen sehr eng beieinander, jeder Quadratfuß Raum bedeutet ja Erhöhung der Produktionskosten, die in Verbindung mit den Extratransportkosten, welche entstehen, wenn die Maschinen sechs Zoll weiter als nötig voneinander gerückt sind, dem Käufer aufgebürdet werden müßten. Deshalb stehen bei uns die Maschinen enger als in irgendeiner anderen Fabrik der Welt.»

Die beiden nächsten Zitate aus Henry Ford, «Mein Leben und Werk».

Ward Price sieht das Gewirr von Treibriemen, Rädern, Werkzeugmaschinen, er hört das Stampfen, Rattern, Surren und Dröhnen. Dazwischen stehen verloren, wie in einer eisernen Gigantenwelt, die Menschen in blauen Kitteln.

«Arme Kerle!» murmelt der Journalist.

Henry Ford winkt unwillig ab.

«Hören Sie: Ein Riesenunternehmen ist eigentlich zu groß, um menschlich zu sein. Es wächst derart, daß es die Persönlichkeit des einzelnen erdrückt. In einem großen Unternehmen verschwinden die Gestalten des Arbeitnehmers, wie die des Arbeitgebers in der Menge. Zusammen bilden sie eine große, produktive Organisation. Das Unternehmen selbst ist die Hauptsache.»

Sie durchschreiten die Maschinenhalle und gelangen durch eine Art Tor in eine zweite Halle, in der Großwerkstücke über das Laufband rollen.

An einem riesenlangen Schienenweg, auf dem sich kleine Laufwagen mit Motorengehäusen bewegen, stehen Hunderte von Monteuren. Von den Seiten kommen Bänder mit Teilwerkstücken heran: Kolben, Pleuelstangen, Ventilköpfe, Federn, Zündkerzen, Dichtungen; die Arbeiter gleichen nur Zwischengliedern innerhalb der zusammenlaufenden Montagebänder. Sie heben mit genau abgezirkelter Bewegung den nächst greifbaren Teil, eine Dichtung, ab, montieren sie mit ein paar flinken Griffen an die richtige Stelle des langsam vorübertreibenden Motorblocks und greifen schon nach der nächsten Dichtung. Das alles geht wie automatisch, ein unerhörtes Tempo beherrscht das Band.

«Kommen Sie in das Glashaus des Werkmeisters», sagt Ford, «der Lärm ist hier zu groß, das Sprechen strengt mich an.»

In einer Ecke der Halle ist ein Glaskasten, wo zwischen Aktenordnern und Handwerkszeug der Meister mit einem Werkstattschreiber sitzt, wenn er nicht eben anweisend, antreibend oder helfend in der Halle steht.

Aus «Deutsche Berufskunde».

«Lassen Sie sich erklären», sagt der Gebieter über die Menschen und Maschinen, indem er auf einem Hocker Platz nimmt: «Die Rationalisierung hat zwei Voraussetzungen, die wir restlos durchgeführt haben: Normung und Montagebahn.

«Normung ist ein umfassender Begriff für die Regelung einer Vielzahl von Erscheinungen, um eine möglichst eindeutige und sinnvolle abgestimmte Ordnung zu erreichen ... Eine Norm ist die gleiche Lösung einer sich wiederholenden Aufgabe ...»

Aus einer Veröffentlichung des Präsidiums des Deutschen Normenausschusses.

«Normungen begannen schon lange vor dem Kriege», erläutert Ford, «die Deutschen haben sie 1917 in ihre Kriegsproduktion eingeführt, die Russen normen ihre neue Industrie, und die übrigen Länder beginnen ebenfalls zu begreifen, daß Massenproduktion ohne Normung der Einzelteile nicht mehr wirtschaftlich ist. Ich will Ihnen ein Beispiel geben: Sie stoßen mit ihrem Ford T zurück, rammen mit dem Auspuff den Bordstein und sprengen durch den Stoß die Ansatzschale am Zylinderblock. Was tun Sie, Mister Price?»

«Ich lasse mir in der nächsten Werkstatt eine neue Schale aufmontieren und fahre weiter.»

«Das können Sie tun, weil der Mechaniker genau dieselbe Schale, dieselben Schrauben, die gleichen Laschen, Muttern, Dichtungen auf Lager hat. Sie sind wie alle Konstruktionsteile meiner Wagen genormt, das heißt, sie haben dieselben Abmessungen.

‹Die Teile jedes Wagens sind nicht nur mit unseren sämtlichen Wagen gleichen Typs, sondern auch mit sämtlichen Wagen früherer oder späterer Modelle auswechselbar.›

Aus einer Veröffentlichung des Präsidiums des Deutschen Normenausschusses.

Das ist ein unbestreitbarer Vorteil für den Besitzer eines Fords, aber es ist ein noch größerer Vorteil für die Fabrik, weil die Massenherstellung den Preis herabsetzt.»

«Sie fertigen demnach die in der Konstruktion enthaltenen Einzelteile nach möglichst wenigen Normen an: Schrauben, Bolzen, Muttern, Laschen, Zylinder, Türen und Kotflügel?»

«Genau so, Mister Price. Das ist das eine – das zweite ist das Montageband, ohne Band gäbe es keine billigen Ford-Automobile.»

Henry Ford deutet auf die Halle, in der sich unablässig die Motorenblöcke fortbewegen.

«Unsere ersten Versuche mit dem Laufband machten wir am 1. April 1913 bei der Zusammensetzung des Schwungradmagneten. Vordem war es in jeder Fabrik so gewesen: Jeder Spezialist feilte, bohrte, fräste sein bestimmtes Einzelteil, später kam ein Laufbursche mit dem Handwagen und schob die fertigen Teile in eine Montagehalle. Die Meister verteilten die Werkstücke, und an jedem Motor saßen die Schlosser und bastelten das fertige Stück zusammen. Sie können sich denken, was da an Zeit und auch an Werkstücken verlorenging. Ich habe mich damals an das Prinzip der Fleischhacker in Chikago erinnert, die das geschlachtete Rind auf eine bewegliche Bahn legen, jeder schneidet nur ein ganz bestimmtes Teil heraus, bis die Knochen vom Tisch kollern.»

Das Laufband (heute Fließband) war um 1870 in den Schlachthäusern von Chikago eingeführt worden. Seit 1915 waren beinahe sämtliche amerikanischen Großbetriebe zu diesem Arbeitsverfahren übergegangen.

«Sie übertrugen die Montage also auf ein einziges Band, wobei jeder Arbeiter nur ein ganz bestimmtes Teilstück am Block anbringt?»

«So ungefähr. Es war nur nicht ganz so einfach, Mister Price. Wir gingen mit wissenschaftlichen Methoden vor: stellten die günstigste Höhe des Bandes fest – denn es summiert sich, wenn der Arbeiter sich zu tief bücken oder zu weit wenden muß; wir brachten mit der Stoppuhr das zumutbare Zeittempo der Arbeit heraus und stimmten es auf den Vorschub des Bandes ab. Beim Schwungradmagneten ist das Tempo zum Beispiel 44 Zoll in der Minute. In dieser Zeit muß jeder am Band sein Werk getan haben, dann rollt das nächste Werkstück an.»

«Und der praktische Erfolg?»

«‹Mit Hilfe unserer wissenschaftlichen Experimente ist der Arbeiter heute imstande, das Vierfache von dem zu leisten, was er noch vor wenigen Jahren geleistet hat.›

Wir haben zum Beispiel beim Motorenbau die Montage in 48 Einzelverrichtungen zerlegt, dasselbe versuchten wir bei der Chassismontage. Jeder Mann hatte immer weniger Handgriffe zu machen, die Arbeitszeit verringerte sich von Jahr zu Jahr.»

Henry Ford ist wieder aufgestanden und hat die Tür des Glasverschlages geöffnet; sofort dringt der Lärm wie eine Brandung herein.

Der Aufzug bringt sie in die Großmontagehalle. Hier wird eine neue Riesenpresse montiert, die in einem einzigen Arbeitsgang das Chassis des neuen Modells aus dem Rohblech pressen wird.

Ford beugt sich an das Ohr des Journalisten, um sich in dem Lärm verständlich zu machen.

Die neun folgenden Zitate aus Henry Ford, «Mein Leben und Werk».

«‹Unsere Taktik zielt auf Preisabbau, Produktionserhöhung und Vervollkommnung der Ware. Bemerken Sie, daß der Preisabbau an erster Stelle steht?›»

«Ich höre es, Mister Ford – aber ich begreife nicht ganz, wie Sie bei diesem Aufwand an neuen Maschinen und an Ausrüstung die Preise senken wollen?»

Der Industriegewaltige lächelt.

«Die Rationalisierung ermöglicht es uns, billig zu produzieren, die Masse des Umsatzes macht den Gewinn. Wir wollen vor allem das Vertrauen der Käufer.

‹Aktionäre dürfen nach meiner Meinung nur Leute sein,

die im Unternehmen zuerst ein Instrument der Dienstleistung, nicht aber eine Geldheckmaschine sehen. In einem Jahr waren unsere Gewinne höher, als wir erwartet hatten. Wir bezahlten jedem Käufer des ‚Ford R' 50 Dollar zurück. Wir fühlten, daß wir den Käufer unfreiwillig um diesen Betrag überteuert hatten!›»

Price macht eine übertrieben tiefe Verbeugung.

«Ich muß sagen, Mister Ford, Sie sind ein Kapitalist, mit dem sogar die Bolschewiken zufrieden sein müßten.»

Ford bleibt ernst. Er bekennt mit Überzeugung:

«‹Kapitalisten, die durch die Beschaffung besserer Produktionsmittel zu Kapitalisten geworden sind, gehören zu den Grundlagen der Gesellschaft. In Wahrheit nennen sie gar keinen Besitz ihr eigen. Sie verwalten nur den Besitz zum Wohle der anderen, Kapitalisten, die nur durch den Handel mit Geld zu Kapitalisten geworden sind, sind ein zeitbedingtes, notwendiges Übel.›»

«Bravo, Mister Ford! Solche Auffassungen eines fairen Spiels können sich hören lassen. Aber reich im Sinne eines Rockefeller oder Morgan werden Sie auf diese Weise nicht werden – obschon ich annehme», – Price lächelt – «daß Sie ganz gut auskommen.»

John Davison Rockefeller (1839–1937), der Gründer der Standard Oil Company (1872 gegründet).

John Pierpont Morgan (1837–1913) gründete 1871 das nach ihm benannte Bankhaus.

Henry Ford schlägt den Weg zum riesigen Hallentor ein und führt seinen Besucher zum Bürohaus. «Lieber Freund», sagt er,

‹wir sind dabei, über die Abgötterei des Besitzes hinauszuwachsen. Reichtum hat aufgehört, eine Auszeichnung zu sein. Tatsächlich ist es nicht mehr der Ehrgeiz aller, ein großes Vermögen zu erwerben ...

Vermehrt etwa der glückliche Kartenspieler den Weltreichtum? Ich sage Ihnen: Die Grundlage aller Volkswirtschaft und auch des persönlichen Strebens sollte die Arbeitsleistung sein.›

Arbeit ist das Wesentliche, nicht Geld ...»

Der Weg führt nun in ruhigere Teile des Riesenwerks. Die endlosen Gänge der Bürohäuser sind mit roten Läufern bedeckt. In großen Glasverschlägen sitzen reihenweise die Ingenieure, Zeichner und Techniker vor grell beleuchteten Reißbrettern, in den Konstruktionssälen gehen die Storchschnäbel über die weißen Bögen. Projektions- und Lichtpausapparate werden von Mädchen in weißen Mänteln bedient. Ein Blick ins Kalkulationsbüro zeigt Diagramme, graphische Tabellen und Wälzer mit Zahlen. Abteilungsleiter gehen auf und ab und geben Anweisungen.

In der Telephonzentrale sitzen Mädchen mit Kopfhörern vor den gewaltigen Schalttafeln, ständig fallen die Klappen und summen die Netzanschlüsse, flink flitzen die Stecker hin und her.

«Sie bezahlen die besten Löhne Amerikas», sagt Ward Price, als sie das Lohnbüro durchqueren. «Seit Kriegsende haben Sie den Mindestlohn auf 5 Dollar pro Tag festgesetzt. Das ist ein schöner Beitrag zum praktischen Sozialismus.»

Ford winkt ärgerlich ab.

«Hören Sie mir mit Sozialismus auf, Mister Price, davon halte ich nichts.

‹Es ist kompletter Unsinn, wenn Kapital und Arbeit sich als getrennte Parteien betrachten – sie sind Gesellschafter. Was soll der Arbeiter Lohn bekommen? Was der Unternehmer gewinnen? – das sind alles sekundäre Fragen. Die Kernfrage lautet: Was kann das Geschäft leisten?›»

Ford bleibt bei den eifrig tippenden und an den Rechenmaschinen hantierenden Mädchen stehen.

«Keine Frage ist so wichtig, wie die Lohnfrage – die Mehrzahl der Bevölkerung lebt von Löhnen. Ihr Lebens- und Lohnstandard ist maßgebend für den Wohlstand des Landes.»

«Wir bauen alles auf dem Leistungsprinzip auf», fährt er fort, «wer tüchtig ist, hat es selbst in der Hand, hochzukommen. Ich beteilige Arbeiter oder Angestellte am Gewinn meiner Unternehmungen, wer zum Beispiel vernünftige Vorschläge zur Betriebsverbesserung macht oder wer durch besondere Leistungen hervorsticht, erhält Gratifikationen, Anteilscheine am Ertrágnis seiner Werksabteilung. Jede Abteilung teilt ihre Belegschaft in Klasse C, B und A ein, je nach der Tüchtigkeit. Danach richtet sich der Lohn, nicht nach der Mitgliedschaft bei irgendeiner Gewerkschaft. Ich kann Ihnen sagen, Mister Price, hier in Detroit weht ein scharfer Wind – geschenkt wird dem Arbeiter nichts. Es ist ein Kampf – aber sagen Sie mir, seit wann wäre das Leben kein Kampf gewesen? Sollen wir die Untauglichen und Lahmen, die Faulen und Taugenichtse aus lauter Wohlfahrt mitschleppen und den Verdienst der Könner schmälern?»

«Das ist sehr amerikanisch gedacht, Mister Ford.»

«Gut, daß Sie das feststellen, Price! Dieses Land ist durch Arbeit aufgebaut worden, nicht durch Streiks. Woher kommt diese so modern gewordene Hetze der Arbeiter-Union und der Gewerkschaften? Von den Funktionären, die ihre Gehälter von den Gewerkschaften beziehen! Man kann aber dem Arbeiter sein fehlendes Tagewerk nicht durch Phrasen ersetzen. Wir müssen arbeiten, Price, nichts als arbeiten.»

Der Rundgang führt zum Direktionsgebäude zurück. Wieder nehmen Industrieführer und Journalist im Chefbüro Platz. Indessen haben sich Posteingänge und Akten auf dem Schreibtisch gehäuft.

«Sie dürfen mir glauben, Mister», sagt Ford, «ich weiß wohl, daß auch mein System voller Fehler und Schwächen stecken kann. Man wirft der Laufbandarbeit vor, sie stumpfe den Menschen ab, man hat behauptet, die Rationalisierung mache den Menschen zur Maschine und entwürdige ihn. Es mag etwas Wahres daran sein, obschon unsere Erfahrungen gezeigt haben, daß die Masse der Arbeiter nichts lieber hat als eine Tätigkeit, bei der sie nicht zu denken braucht. Zudem ermöglicht die Arbeitsteilung die Verwendung ungelernter Hilfsarbeiter. Bei der ‹General-Electric› hat man es mit psychologischen Methoden versucht. Ich halte das für Unsinn. Das hat nichts mit dem Geist der Rationalisierung zu tun. Wir sind in einem freien Land, jeder kann tun und lassen, was er will – nun soll er es auch so halten.»

Die General Electric Company war 1892 durch Fusion der Edison General Electric Company und der Thomson-Houston Company entstanden.

«Noch eine letzte Frage, Mister Ford.» Ward Price möchte sie gerade von diesem ungewöhnlichen Kapitalisten beantwortet wissen. «Was halten Sie von dem heutigen Rußland?»

Ford denkt einen Augenblick nach, bevor er antwortet.

«In den USA arbeitet der Arbeiter acht Stunden den Tag; in Rußland zwölf oder vierzehn Stunden. Will ein Arbeiter in den USA sich einen freien Tag machen, und kann er es sich leisten, so hindert ihn niemand daran. In Rußland, unter dem Sowjetregime, muß er arbeiten, ob er will oder nicht. Die bürgerliche Freiheit ist von der Disziplin einer gefängnisgleichen Monotonie erstickt, die keinerlei Unterschied kennt. Das ist Sklaverei.»

Der Journalist steckt den Notizblock ein.

«Mister Ford» sagt er zögernd, «glauben Sie nicht, daß sich mancher der Männer, die an Ihr schrecklich rationelles Laufband gefesselt sind – zwar nicht durch die Peitsche, aber durch die ebenso quälende Notwendigkeit des Hungers, der ohne Arbeit käme –, angetrieben fühlt und daß er nur sehr wenig von dieser amerikanischen Freiheit zu spüren bekommt?»

Ford schiebt den Akt, in dem er gedankenlos geblättert hat, beiseite.

«Was ist denn eigentlich ‹Freiheit›?

‹Freiheit ist das Recht, eine angemessene Zeit zu arbeiten, dafür einen angemessenen Lebensunterhalt zu erhalten und sich die persönlichen Kleinigkeiten des Lebens nach Belieben einrichten zu können.›

Und das kann und darf jeder Arbeiter der Fordwerke.»

Unvermittelt erhebt sich Henry Ford, groß und schlank, ein wenig gebeugt, aber immer noch jugendlich. Er reicht dem Reporter verabschiedend die Hand.

«Hoffen Sie nur auf die Zukunft», sagt er lächelnd, «Sie sind noch sehr jung. Die Menschheit wird auch das Problem des Zusammenlebens mit der Maschine eines Tages lösen.

‹Alles ist möglich – der Glaube ist die Substanz der Dinge, die wir erhoffen, der Beweis des Unsichtbaren.›»

Nach Henry Ford, «Mein Leben und Werk».

Zwischen Gestern und Morgen

Die Geschichte wächst den Völkern wie eine Aussaat zu, die im Verborgenen geschieht.

Da hat ein unbekannter Gefreiter im Lazarett zu Pasewalk beschlossen, Politiker zu werden. Ein kleiner Rechtsanwalt aus dem Wolgagau namens Lenin baut sich aus Gedanken des Westens – aus Hegel, Marx, Engels, Darwin, Haeckel, und hundert anderen, die vor ihm über das Los der Menschen nachgedacht haben – das Bild einer neuen Gesellschaft, einer neuen Ordnung aller menschlichen Beziehungen und Werte. Seine Ideen werden Gestalt, der Osten hebt an, einen neuen Abschnitt seiner Geschichte zu beginnen.

Charles Darwin (1809–1882), der Begründer der modernen Abstammungslehre bezw. Selektionstheorie.

Ernst Haeckel (1834–1919), Professor der Zoologie in Jena. Er kämpfte entschieden für Darwins Abstammungslehre und baute sie aus.

Zu gleicher Zeit berät man in London, in Paris, in Washington und im Kaiserpalast von Tokio darüber, wie man dieses Neue im Keim ersticken, aus dem Osten eine ungeheure Beute machen und der Welt das eigene Wunschbild aufzwingen könne. Pläne stoßen auf Pläne, Gedanken auf Gedanken, Mächte auf Mächte.

Als im Oktober 1917 die Revolution Lenins den Sturz der sozialdemokratischen Regierung herbeigeführt und den Sieg der Sowjets entschieden hatte, erhoben sich im Innern Rußlands – von Amerika, England, Japan und Frankreich unterstützt – die Gegner des Neuen: Adel, Großgrundbesitz, Offiziere, Bürgertum und alle jene Bevölkerungsschichten, die unter den Sowjets weder eine geistige Heimat noch eine materielle Existenz zu finden glaubten.

«Die Konterrevolution in Rußland besaß gewisse militärische Kader wie auch eine gewisse Menge Menschenmaterial – hauptsächlich die kosakischen Oberschichten und das Kulakentum –, die notwendig waren, um einen Aufstand gegen die Sowjetmacht in

Gang zu bringen ... Die ausländischen Imperialisten hingegen hatten Geld und Waffen ...»

Die folgenden drei Zitate aus «Geschichte der bolschewistischen Partei».

Der Kampf hat bereits 1918 begonnen.

Engländer und Franzosen landen Truppen in Nordrußland, besetzen Archangelsk und Murmansk und richten die weißgardistische Regierung Nordrußlands auf.

Zugleich landen die Japaner in Wladiwostok, schüren die bürgerliche Gegenaktion und dringen langsam nach Sibirien vor. Im Nordkaukasus drohen, von England und Frankreich unterstützt, die konterrevolutionären Verbände der Generale Kornilow und Denikin, am Don erheben sich die Kosaken unter den Generalen Krasnow und Mamontow. Das aus kriegsgefangenen Tschechen gegen die Mittelmächte aufgestellte Korps erklärt sich gegen die Revolution und tritt der Front der Sowjetgegner bei, schließlich dehnt sich die Bewegung – von den Zehntausenden geflüchteter Bürgerlicher, Offiziere und Grundbesitzer unterstützt – auf das mittlere Wolgagebiet und auf den Großteil Sibiriens aus. Admiral Koltschak wird zum «Obersten Regenten» des asiatischen Rußlands ernannt und beginnt den Angriff auf den jungen Sowjetstaat.

General Kornilow hatte sich schon im Sommer 1917 an die Spitze der Konterrevolution gestellt. Er fiel 1918 im Kampf.

Über den Häuptern der Bolschewiken zieht sich eine tödliche Gefahr zusammen.

«... alle prominenten Schriftsteller, alle Militärfachleute und Historiker der Revolution aller Länder und Völker ... alle schrien wie aus einem Munde, daß die Tage der Sowjetmacht gezählt seien, daß die Niederlage der Sowjetmacht unabwendbar sei ...»

Und wirklich: Es gibt wenig Hoffnung für die Sowjets. Da der Aufstand fast alle bedeutenden landwirtschaftlichen Gebiete ergriffen und nur die industrialisierten Großstädte ausgespart hat, verschärft sich die Hungersnot ins Ungemessene. Die Arbeiter Petrograds und Moskaus erhalten nur noch ein achtel Pfund Brot für zwei Tage.

«Noch schlechter ist die Lage der Industrie, die sich in einem Zustand der Zerrüttung befindet. Die Produktion der Großindustrie beträgt nur ein wenig mehr als ein Siebentel der Vorkriegsproduktion. Die meisten Fabriken und Werke liegen still. Bergwerke und Schächte sind zerstört, ersoffen. In einem besonders schlimmen Zustand befindet sich das Hüttenwesen. Die Erzeugung von Roheisen beträgt ... insgesamt nur 116300 Tonnen, das heißt ungefähr 3 Prozent der Roheisenproduktion der Vorkriegszeit. Es fehlt an Brennstoffen, das Verkehrswesen ist zerstört ...»

Lenin ruft seine Anhänger zum Kampf bis zum Äußersten auf, er hält den revolutionären Massen vor, was eine Rückkehr der Herren von gestern nach all den geschehenen Veränderungen, den Greueln und Enteignungen bedeuten würde. «Das sozialistische Vaterland ist in Gefahr!» erklärt Lenin und stellt die Losung auf: «Alles für die Front!» Nach dem Vorbild des deutschen Generalstabschefs Ludendorff, der schon 1917 den «totalen Krieg» gefordert hat, organisiert die Bolschewistische Partei den «vaterländischen Krieg».

«Entweder bringen wir es fertig», sagt der Genosse Josif Wissarionowitsch Dschugaschwili-Stalin, «eine streng disziplinierte, wirkliche Arbeiter- und Bauernarmee, vorwiegend aus Bauern bestehend, zu schaffen, und behaupten die Republik – oder wir gehen zugrunde.»

Rede Stalins vom September 1919.

Das Werben um die große Volksmasse, die in Rußland immer noch aus Landbewohnern besteht, wird mit Hast vorangetrieben. Schon die erste Verordnung der Sowjetregierung hat die Enteignung des Großgrundbesitzes zugunsten der Bauern gebracht. Aber dieser Schritt hat zugleich die Kulaken – freie Großbauern – mißtrauisch gemacht: Alle Anzeichen deuten darauf hin, daß auch ihr Besitz an die Reihe kommen wird, wenn erst die Adelsgüter verdaut sind. Sogar die Mittelbauern stehen abwartend beiseite, auch sie trauen dem neuen Kurs nicht.

Lenin erklärt den Parteifunktionären:

«Man muß unter allen Umständen verstehen, eine Verständigung mit den Mittelbauern zu erzielen, dabei keine Minute lang auf den Kampf gegen die Kulaken verzichten und sich nur auf die Dorfarmut fest und sicher stützen.»

Aus Lenin, «Sämtliche Werke» (Band 23).

Auch in der Industrie zieht die Sowjetmacht nur die Masse – die Arbeiter, Hilfsarbeiter, die Gehilfen und Handlanger – an sich, indem sie nun nach der Großindustrie auch die mittlere und kleine unter Staatskontrolle stellt, die Produktion beschlagnahmt und mit den Gütern nur die Kreise der Arbeiterschaft, der Dorfarmut, des Proletariats versorgt. Der Getreidehandel wird Staatsmonopol, alle Bevölkerungsschichten unterliegen der Arbeitsdienstpflicht, auch das Bürgertum sieht sich – zur Freude der Proletarier – gezwungen, um der Lebensmittelzuteilung willen körperliche Arbeit anzunehmen.

Die unter Trotzkis Leitung rasch entstehende «Rote Armee» erhält ein festes, politisches Gerüst durch die Einführung der «kommunistischen Kommissare». Solange die Truppe nicht kämpft, wird sie politisch geschult.

«Endlich faßt der Parteitag angesichts des gewaltigen Zustroms neuer Parteimitglieder einen Beschluß über die Verbesserung der sozialen Zusammensetzung der Partei und über die Durchführung einer Umregistrierung ...»

Aus «Geschichte der bolschewistischen Partei».

Man will nur Proletarier und Söhne von Proletariern in den Reihen einer Partei, die nach der Diktatur des Proletariats strebt. Ehemaligen Bürgern, Beamten, Besitzern, Intellektuellen aus den Kreisen der altrussischen Tradition und des Liberalismus glaubt man die Bekehrung zum Bolschewismus nicht. Man gebraucht sie vielleicht – aber man beseitigt sie auch, sobald sie überflüssig sind.

Mitten im Existenzkampf der Sowjets führen die Bolschewiken die erste Säuberungsaktion ihrer Partei durch. So gerüstet, nehmen sie das Ringen mit der Intervention auf.

*

Im Sommer 1919 beginnt der konzentrische Angriff. Von englischen Kriegsschiffen unterstützt, rücken deutsche Freikorps im Baltikum bis Riga vor. General Judenitsch stößt vom Weißen Meer herab gegen Petrograd, den Herd der bolschewistischen Revolu-

Nikolai Judenitsch (1862–1933), im Ersten Weltkrieg an der kaukasischen Front eingesetzt, kämpfte er nach der Revolution auf der Seite der weißen Truppen gegen die Bolschewisten. Er wurde 1919 bei Petrograd entscheidend geschlagen.

tion. Aufstände unterstützen ihn, er erreicht im Juli die Vorstädte der Millionenstadt. Zugleich formiert sich Denikin im Süden, in Odessa stehen französische Truppen.

Doch der Hauptangriff erfolgt aus der Tiefe Sibiriens, die Koltschak-Armee marschiert und wird bald den Ural überschreiten.

Das Volk in Sibirien sagt über die Koltschak-Truppen:

«Englische Montur
Französisch Posament,
Japanisch Tabak,
Sibirischer Regent ...»

Nach einem sibirischen Lied aus dem Jahre 1919.

Es sind phantastisch zusammengewürfelte Scharen: Kosakenregimenter aus dem Wolga-Don-Gebiet, Tataren und Kalmücken, Bataillone, die sich aus ehemaligen Offizieren zusammensetzen, Bürgerwehr dazwischen: schnell ausgebildete Rechtsanwälte, Ärzte, Professoren, Lehrer, Gutsherren und Kaufleute. Fest gefügt und eigenwillig sind die tschechischen Kader; verloren treiben im Strom dieser «Befreiungsarmee» die Trümmer alter Traditionsregimenter – Soldaten, die der Zufall in die Reihen der «Weißen» geführt hat. Und hinter Koltschaks angreifender Front warten die Reste des russischen Bürgertums, des Mittelstandes und des Adels, um nach dem Sieg wieder ihre alten Positionen einzunehmen. Die Städte längs der Transsibirischen Bahn sind überfüllt von Angehörigen der Familien, die irgendwo zwischen Kiew und Petrograd Schlösser, Paläste und Villen besitzen, die in kleinen Köfferchen Juwelen, Gold, Wertpapiere mitführen. Manche tragen noch die Kleider, in denen sie geflüchtet sind, andere hüllen sich in schwere, kostbare Pelze, führen noch immer Dienerschaft und Reitpferde mit. Und alle kämpfen um Brot, um ein Stück Fleisch, um Essen, Unterkunft und Wärme.

Von furchtbarer Tragik umwittert ist das Schicksal der deutschen und österreichisch-ungarischen Kriegsgefangenen, die vom Untergang des russischen Reiches in den Lagern überrascht wurden.

In der ungeheuren Weite dieses Erdteils verloren, liegen die Erdhütten und Barackenstädte. 158 000

Deutsche, 2,1 Millionen aus Österreich-Ungarn warten auf die erlösende Stunde des Kriegsendes. Sie haben schreckliche Jahre hinter sich: die trockenen, heißen Sommer der Steppen, die schneidenden, eisigen Winter Sibiriens. Es gibt keine Medikamente, keine ärztliche Betreuung, die Nahrung ist unzureichend. Ausgeliefert der Willkür barbarischer Kommandanten und primitiver Bewachungsmannschaften, müssen die Gefangenen schwerste Arbeit leisten.

Elsa Brandström (1888–1948) war als Abgeordnete des schwedischen Roten Kreuzes 1914–20 in Sibirien, um das Los der deutschen Kriegsgefangenen zu lindern.

«Unter jeder Schwelle der Murmansk-Bahn», hat Elsa Brandström, der «Engel von Sibirien», gesagt, «liegt ein deutscher Soldat begraben.» Flecktyphus wütet in den Höhlen, in denen die Gefangenen verkommen.

«Ich klage an!» schreibt in jenen Tagen ein neunzehnjähriger, kriegsgefangener Fähnrich in sein Notizheft. «Aber ich klage nicht für mich, nein, nicht einmal für meine 14000 Kameraden, die bisher unter meinen Augen in diesen Erdlöchern verendeten, ich klage um der Schmach und Schande willen, die man hier am Menschen beging ... Man schändet nicht uns, dafür waren unsere Leiden nicht klein genug, man schändet über uns hinaus Gott!»

Die folgenden drei Zitate nach Dwinger, «Armee hinter Stacheldraht».

Selbst der Umsturz hat für die Gefangenen den Krieg nicht beendet, sondern sie nur tiefer ins Herz des Riesenlandes verschlagen. Die Hungersnot verschlimmert sich, breitet sich aus, nach jenseits des Stacheldrahts. Schon morden sich Menschen um einer Konservendose willen.

«An wem spart man zuerst? Am Kriegsgefangenen ... Ein Tier ist wertvoll, ein Tier kann arbeiten, zur Not kann man es schlachten, ein Tier muß man, so gut es geht, ernähren. Ein Kriegsgefangener ist weniger als ein Tier ...»

Emissäre der kämpfenden Parteien erscheinen in den Elendslagern, Söldner für Weiß oder Rot zu werben. Tausende von Gefangenen geraten in die Krallen der tödlich ringenden Russenheere. Es gibt keinen anderen Ausweg. Nur heraus aus dem Lager!

«Fünfzig bis sechzig Holzkisten stehen vor der Baracke, und müde, stoische Soldaten holen einen nach dem anderen von dem hohen Winterstapel herunter,

Kronprinz Wilhelm (18)

Nächste Doppelseite:
Italienische Einbrüche auf
österreichisches Gebiet
wurden praktisch überall
abgeriegelt. (19)

Die englischen Schützengräben wurden zu einer stinkenden Hölle des Leidens. (20)

Die Deutschen haben sich eingegraben. Sie halten trotz schwerer Beschießung aus. (21)

Die Angriffe wurden auch nachts fortgesetzt. (22)

der aus zwei- bis dreitausend aufeinandergeschichteten, nackten Leichen besteht, und legen sie mit gleichgültigen Händen in die rohen Kisten ...»

Das ist das tote, das unbrauchbare «Menschenmaterial». Jene anderen aber, die noch ein Gewehr zu schleppen vermögen, treten mit stumpfen Gesichtern vor der Kommandantur an, hören, daß sie nun der Armee Koltschak angehören und sich für Menschlichkeit, Christentum und den Zaren zu schlagen haben.

Sie bekommen weiße Armbinden. Tausend Meilen entfernt werden in anderen Lagern rote Binden ausgegeben, und hier erklärt ein Kommissar, daß es die Pflicht der Gefangenen sei, für Gerechtigkeit, Menschlichkeit und die Neuordnung der alten Welt zu kämpfen.

Hüben und drüben wird marschiert und gestorben.

*

Gleich nach der Rückeroberung Rigas durch deutsche Truppen entsinnen sich die Engländer des Friedensvertrages von Versailles und lassen ihre Schiffsgeschütze in die Flanke der deutschen Freikorps und der baltischen Landeswehr feuern. Man will zwar den Bolschewismus niederwerfen, aber eine deutsche Ostseeherrschaft wäre noch unbeliebter als eine russische.

Die Entente nahm während des Bürgerkriegs eine schwankende Haltung ein. Während Foch und Churchill auf ein rasches militärisches Handeln drängten, zogen Wilson und Lloyd George eine Politik der Kompromisse vor.

Gleichzeitig bricht General Judenitschs Vorstoß aus dem Baltikum in den Arbeitervorstädten von Petrograd zusammen. Von den Agenten Lenins aufgerührt, erhebt sich eine wahre Sturmwelle der Volkswut und fegt die Reaktionäre fort. Als Symbol dieses Triumphes wird die Stadt an der Newa künftig «Leningrad» heißen.

Die Stadt Leningrad hieß bis 1914 St. Petersburg und bis 1924 Petrograd.

An der Südfront des russischen Bürgerkrieges ist es zu keinen entscheidenden Ereignissen gekommen. Die französische Interventionsarmee ist gelähmt, da sich auf den französischen Flotteneinheiten im Hafen von Odessa unter Führung des Kommunisten André Marty die Matrosen erhoben haben und bei den Landungseinheiten ebenfalls Zeichen von Meuterei aufgetreten sind.

General Koltschak drang vom Osten her gegen Moskau vor. Er mußte sich im Sommer 1919 zurückziehen.

Die Alliierten unterstützen auch Admiral Koltschaks

Vordringen nur mangelhaft. Trotzki lähmt die Initiative Amerikas und Englands, indem er auf Umwegen Handelsbesprechungen einleitet, die den Gebietern der Börse Aussichten auf Ausbeutung der Erdölschätze, der Schürfrechte und Märkte eröffnen. Dieser Umstand wirkt sich deutlich auf die Lieferungen aus, die bei der weißgardistischen Armee eintreffen. Es beginnt an Munition zu mangeln, die tschechische Legion meutert und erkämpft sich rücksichtslos den Fluchtweg über die sibirische Bahn nach Japan. Koltschaks Angriff bricht zusammen, der Sowjetstaat scheint gerettet.

Was sich nun, von der westlichen Welt beinahe unbeachtet, vollzieht, ist die tödliche Tragödie des russischen Mittelstandes und der Oberschicht. Etwa eineinhalb Millionen Menschen, die aus dem europäischen Rußland hinter den Ural geflüchtet sind, um dort die Wiederkehr normaler Zustände abzuwarten – Frauen, Kinder, alte Leute und die bei ihren Truppenverbänden stehenden Männer –, werden von der Niederlage Koltschaks in einen furchtbaren Wirbel der Vernichtung gerissen. Die wenigen Züge der sibirischen Bahn werden von der fliehenden Soldateska mit Waffengewalt gestürmt, alle Bande von Liebe, Familie, Kameradschaft und Autorität sind zerrissen. Die Hunderttausende werden zur verzweifelten Masse, die nur noch die Rettung des physischen Lebens sucht.

In Sibirien wachsen Partisanenverbände aus dem Boden, asiatische und halbasiatische Stämme umschwärmen den Fluchtweg der 5000 Kilometer wie Wölfe und Geier, rauben, schänden, plündern und morden. Die Bahnlinie zwischen Ural und Baikalsee bedeckt sich mit Leichen. Der Winter bricht mit Schneesturm und Eis herein, hemmt den Eisenbahnbetrieb, macht Ströme unüberschreitbar. Tausende ersticken in den Schneewächten, versinken im Eisgang der Seen, enden vor Erschöpfung in einsamen Steppen oder fallen unter den Schüssen der verfolgenden Roten.

Am Baikalsee stehen die Japaner und nehmen die wenigen auf, die den Untergang des russischen Bürgertums überleben. Admiral Koltschak ist kurz vorher in die Hände der Partisanen gefallen, er wird in Irkutsk erschossen, seine Leiche in ein Eisloch geworfen.

Die Sibiriaken singen an den Lagerfeuern:

«In Fetzen die Montur,
Im Staub das Posament,
Von Tabak keine Spur,
Erschlagen der Regent ...»

Noch steht die Südarmee der «Weißen». General Denikin und nach ihm General Wrangel suchen mit aller Kraft die Entscheidung durch einen Stoß ins Donezbecken und zu den Hauptindustriezentren der Sowjets zu erzwingen. Der Süden wird zur Hauptfront, und das Zentralkomitee der Partei sendet die Genossen Dschugaschwili, Woroschilow und Budjenny, den Sieg zu gewinnen.

Anton Iwanowitsch Denikin (1872–1947) war 1917 Oberbefehlshaber an der russischen Westfront. Er führte die Freiwilligenarmee in Südrußland.

Peter Nikolajewitsch Baron von Wrangel (1878–1928). Ab 1920 führte er als Nachfolger Denikins die letzten Kämpfe der weißrussischen Armee in Südrußland.

*

Im Spätherbst ist eine rote Brigade im Archipowski-Vorwerk eingezogen, einem Dörfchen der Donlandschaft, das vordem zum Besitz eines Riesengutes gehört hat. Wie überall sind die Kosakenbauern mißtrauisch gegen das Neue, man hat ihnen gesagt, daß die Bolschewisten alles umbringen, daß sie gottlos sind, die Kirchen in Ställe und Garagen verwandeln und den Leuten die letzte Habe fortnehmen. Selbst in den Reihen des roten Regiments sind genug Elemente – Bauernsöhne, Handwerker und Arbeiter –, die den Absichten der Sowjets ohne Verständnis oder sogar mit Furcht gegenüberstehen. Kriegskommissar N. Kirjuchin, ein alter Bolschewist, hat alle Hände voll zu tun, die Masse zu schulen und zu einem zuverlässigen Parteikader zu machen.

Im ehemaligen Verwalterhaus ist ein großer Raum, in dem sich die Kosaken und die wachfreien Soldaten des Regiments versammeln. Sie lehnen am gewaltigen Ofen, kauern auf den Holzbänken, stehen an den Wänden, so daß die winzigen Fenster fast kein Licht mehr eindringen lassen. Andere haben sich auf die Bretterdielen niedergehockt und rauchen Machorka. Dichter Qualm füllt das Zimmer.

Machorka (von «Machor», Quaste), eine russische Tabaksorte.

«Hört mich an, Brüderchen», sagt der Kommissar, «wir haben jetzt Krieg, wir müssen erst mal die Fremden und die Herren aus dem Lande jagen, müssen Mütterchen Rußland frei machen. Dann aber soll es eine neue Welt geben, ein Paradies für Arbeiter und Bauern.»

«Schönes Paradies», wirft der Bauer Stepan Astachow ein, «ein Paradies, in dem ihr den Leuten alles fortnehmt!»

«Hat man dir etwas genommen, Genosse? Die Sowjetmacht nimmt nur den großen Gutsherren das Land, das sie nicht bebauen, von dem sie Zins ziehen und das seit Generationen von euch, Genossen, bestellt wird. Ist das Unrecht? Ihr werdet freie Bauern sein, ihr bekommt noch Äcker dazu.»

Zustimmend murmeln die Kosaken. Das läßt sich hören, wenn sie künftig selber Herren auf den Feldern des Gutes sein sollen. Der Kommissar fährt fort, die Zukunft auszumalen. Er verliest Auszüge aus den Beschlüssen des IX. Parteitags. Ein großes Volk in einem unendlich reichen Land geht daran, sich selber zu helfen; man muß das nur modern und ohne kapitalistische Profitsucht organisieren: zum Nutzen aller.

«Besondere Aufmerksamkeit wurde auf dem Parteitag der Frage eines einheitlichen Wirtschaftsplanes gewidmet, der in erster Linie die Hebung des Verkehrswesens, der Brennstoffbeförderung und des Hüttenwesens vorsah. Das Kernstück des Planes bildet die Elektrifizierung der gesamten Volkswirtschaft, die Lenin als großes Programm der nächsten 10–20 Jahre hervorhob.»

Beschluß des IX. Parteitages vom März 1920.

Die Kosaken, von denen kaum einer lesen und schreiben kann, hören verständnislos zu. Der Kommissar erklärt das Gesagte: «Ihr werdet, meine Genossen, durch Verbesserung des Verkehrs eure Feldfrüchte günstiger verkaufen können, ihr werdet durch die Verbesserung der Industrie billige Maschinen und Werkzeuge erhalten, und die Elektrizität soll bis aufs Dorf vordringen. Wir haben die Absicht, aus Rußland einen modernen, fortschrittlichen Staat zu machen ...»

Da nicken die Bauern befriedigt.

Am Abend schreibt der Kommissar in sein Tagebuch:

«Täglich kommen Dutzende von Einwohnern zu mir, die hier geblieben sind, mit der Bitte um einen Passierschein für die Front; sie wollen hinüber zu den ‹Weißen›, um ihre geflüchteten Angehörigen, ihre Männer, Brüder, Söhne ... zurückzubringen.

‹Hätten die gewußt, was die Rote Armee wirklich ist, wie sie sich hier benimmt, so›, sagen sie, ‹wären sie niemals den weißen Offizieren nachgelaufen.› Sie bekommen die Passierscheine und ziehen davon. Viele sind schon zurückgekommen und haben ihre Verwandten mitgebracht. Die haben wir registriert und nach Hause entlassen ... Heute schickten wir sechs Überläufer über die Front zurück zu den Weißen, wir versahen sie mit Flugblättern und erlaubten ihnen, Briefe der hiesigen Einwohner an die weißen Kosaken mitzunehmen ...»

Nach dem Tagebuch des N. Kirjuchin (aus «Geschichte des Bürgerkrieges in Rußland», SMA-Verlag, Berlin 1946).

*

Auf der anderen Seite der Front – bei den «Weißen» – herrschen ebenso zwiespältige Gefühle wie bei den «Roten». Die Offiziere und alle Angehörigen jener Herrenschicht, für die es kein Paktieren, kein Zurück und auch kein Sichabfinden mit dem Bolschewismus gibt, sind bis zum letzten entschlossen, zu kämpfen. Sie müssen siegen oder sterben, das dritte, die Emigration, ist beinahe ebenso furchtbar wie der Tod. Man hört von Tausenden des russischen Adels und der Bürgerschaft, die in Ostasien – in Charbin, Mukden, Tsingtau und Schanghai – wie Strandgut herumtreiben: Freiwild für Spekulanten und Abenteurer, Entwurzelte und Rechtlose auf fremder Erde.

Aber es gibt einfache Soldaten – Kosaken, Bauern und Arbeiter –, die dem Neuen aufgeschlossen gegenüberstehen und die begonnen haben, zwischen Weiß und Rot abzuwägen und nach Möglichkeiten zu suchen, sich das Vaterland zu erhalten.

An diese Suchenden machen sich die Agenten des Kommissars heran, und manchen gewinnen sie, der nachts die eigenen Linien verläßt und zur Roten Armee überläuft.

*

Unter den aus Leningrad eingetroffenen Funktionären, die die Führung der Südfront übernommen haben, tut sich besonders Josif Wissarionowitsch Dschugaschwili Stalin hervor. Er arbeitet im Stabe der Roten Armee den Plan aus, die Entscheidungsschlacht gegen den vor Zarizyn am Wolga-Don-Knie stehenden Denikin zu schlagen.

Zarizyn wurde 1925 in Stalingrad umgetauft, 1961 bekam die Stadt im Zuge der Entstalinisierung den Namen Wolgograd.

Nach furchtbarem Ringen siegen die Bolschewiki. Zur Erinnerung an diese Schlacht wird Zarizyn in «Stalingrad» umgetauft. Die geschlagenen «Weißen» strömen auf Noworossijsk zurück. Wieder erfüllt sich das erbarmungslose Schicksal der untergehenden bürgerlichen Gesellschaft. Zu Pferd und Wagen suchen Männer, Frauen, Kinder die rettenden Häfen zu erreichen. Aber auch dort gibt es keine Rettung mehr: Die alliierten Schiffe laden zuerst wertvolle Güter – ganze Pferdegestüte, Maschinen, Tabakballen, prachtvolle Einrichtungen –; von den Geschlagenen dürfen nur die an Bord, die mit Gold und Juwelen bezahlen.

Weitere Gefechte bei Orel und Woronesch besiegeln das Schicksal der Armee Denikin. Gegen Ende des Jahres 1920 sind die Ukraine und Nordkaukasien von den Interventionstruppen befreit. Die Rückeroberung der Krim steht bevor. England, Frankreich und Italien heben die Blockade gegen die Sowjets auf und beginnen, sich die russischen Märkte streitig zu machen.

Zehntausende von russischen Emigranten gehen in die Heimatlosigkeit, Konstantinopel und Paris werden Sammelpunkte der Weißgardisten und ihrer Familien.

Bis Ende 1920 bricht auch der von den Alliierten gestützte Angriff Polens auf Weißrußland zusammen. Erst knapp vor den Toren Warschaus können der polnische Marschall Pilsudski und der französische General Weygand die Rote Armee zum Stehen bringen. Im Frieden von Riga behält Polen Teile Bjelorußlands und Galizien.

Im Frieden von Riga vom 18. März 1921 wurde die polnische Ostgrenze etwas weiter östlich als nach der 2. polnischen Teilung gelegt, d.h. etwa 150 km ostwärts der sogenannten Curzon-Linie.

Lenin, der sein Werk zunächst gerettet sieht, hält in Moskau eine Rede über die Ursachen des Sieges.

«Nur weil die Partei auf der Hut war, weil in der Partei

die strengste Disziplin herrschte, weil die Autorität der Partei alle Institutionen und Ämter zusammenfaßte, und weil auf die vom Zentralkomitee ausgegebene Losung hin Dutzende, Hunderte, Tausende und schließlich Millionen sich wie ein Mann in Bewegung setzten, und nur, weil unerhörte Opfer gebracht wurden – nur deshalb konnte das Wunder geschehen, das vollbracht wurde.»

Ja, das Wunder ist Wirklichkeit geworden, der neue Staat des Sozialismus hat sich mitten in den Revolutionswirren unter den bürgerlichen und imperialistischen Mächten behauptet. Künftig wird die Welt mit der UdSSR, der «Union der Sozialistischen Sowjet-Republiken», zu rechnen haben.

*

Die Erschütterung des Weltgefüges wirkt sich weit über die Grenzen Europas aus. Der Wille zu Umsturz und Neuformung bestehender Verhältnisse ergreift auch die Länder des Nahen und Fernen Ostens.

Der Friede von Sèvres, einer der Pariser «Vorortsverträge», hat die Türkei als Bundesgenossen der Mittelmächte auf Anatolien beschränkt; die Sonderrechte der Ausländer werden wie in alten Kolonialzeiten wiederhergestellt, das Land soll sich fremder Militär- und Finanzkontrolle ausliefern. Griechenland besetzt Smyrna und Teile Kleinasiens, die Franzosen Syrien und Kilikien, die Italiener den Dodekanes, den Engländern fallen Cypern, Ägypten – das sie schon 1882 besetzt hatten – und die irakischen Einflußgebiete zu.

Der Frieden von Sèvres wurde am 10. August 1920 geschlossen.

Doch die türkische Volksvertretung ratifiziert diesen von der Regierung des Sultans unterzeichneten Friedensvertrag nicht. Unter General Gazi Mustafa Kemal Pascha hat sich eine Partei der nationalen Erhebung gebildet. Sie erstrebt Modernisierung, republikanische Staatsform und nationale Freiheit. Die Türken nehmen den Kampf gegen die griechische, französische und italienische Besatzung auf.

Mustafa Kemal Pascha, später Kemal Atatürk (1880–1938) gründete seine Partei im April 1920

Die Forderung nach nationaler Selbständigkeit flammt in allen Kolonialgebieten empor. In Syrien, das französisches Mandat geworden ist, gärt es, die drusischen Stämme bewaffnen sich gegen die Besatzung. In Marokko, Algerien und selbst in Tunis müssen die Garnisonen verstärkt werden. Die Rifkabylen unter Abd el Krim rüsten zum Aufstand wider Frankreich, Marschall Lyautey übernimmt das Kommando in Nordafrika.

Selbst das ferne China befindet sich inmitten gewaltiger Umschichtungen. Seit im Jahre 1912 die Republik ausgerufen und die dekadente Mandschu-Dynastie vertrieben worden ist, hat es nur wenig Ruhe im Reich der Mitte gegeben. Als Japan während des Weltkrieges die deutschen Stützpunkte bei Kiautschau in Besitz nahm und durch seine militärische Übermacht tiefe Eingriffe in die chinesische Souveränität erzwang, ging eine neue Welle der Erregung durch den riesigen Körper dieses Reiches. Sie pflanzte sich von Norden nach Süden fort und schlug verstärkt zurück: Die chaotische Epoche der Bürgerkriege begann.

In Nordchina befehden sich zahlreiche Generale, die vielfach kaum mehr als Banditenhäuptlinge sind. Im Süden tritt Sun-Yat-Sen, der Führer und Theoretiker der Kuomintang – der chinesischen Nationalpartei – der Regierung entgegen, sein Schwager Tschiang-Kai-Schek, in der von Sowjetinstrukteuren aufgebauten Militärakademie von Whampoa geschult, übernimmt den Oberbefehl der Kanton-Armee und bereitet den Marsch nach Norden zur Einigung Chinas vor.

Sun Yat-sen, eigentlich Sun Wen (1866–1925) wurde 1921 Präsident einer südchinesischen Gegenregierung in Kanton.

Kuomintang, die 1912 aus der von Sun Yat-sen gegründeten «Schwurbrüderschaft» (Tungmenghui) hervorgegangene «Staatsvolkspartei».

Tschiang Kai-schek (1887–1975), nach dem Tod Sun Yat-sens der militärische sowie politische Führer der Kuomintang-Regierung.

Japan selbst hat mit seinen gegen die Sowjets gerichteten gewaltigen Vorstößen durch Sibirien bis zum Baikalsee wenig Glück. Die auf den China- und Rußlandhandel eifersüchtigen USA erzwingen den Rückzug.

Auf der Flottenkonferenz zu Washington wird die Flottenparität zwischen USA, England und Japan mit 5:5:3 festgesetzt, außerdem muß Japan auf seine Vorrechte in China verzichten und dort die Politik der «offenen Tür» für alle Mächte anerkennen. Als Antwort kündigt Tokio das Bündnis mit England. Auf seine enge Inselwelt verwiesen, wartet Japan auf den Augenblick, um zu neuem Raub gegen das zerfallene China vorzubrechen.

Durch Indien wandert in diesen Jahren der Heilige und Staatsmann Mahatma Gandhi – die Große Seele. Er ruft die Millionen seiner Landsleute zum Kampf um die politische Selbständigkeit auf. Seit Ende 1919 ist er Präsident des Allindischen Nationalkongresses, das Haupt der Bruderschaft von 225 Millionen Hindus, eng verbunden mit der Mohammedanerpartei Mohammed Ali Jinnahs, die 92 Millionen Anhänger des Islams umfaßt.

Wenn der Mahatma die Städte und Dörfer Indiens besucht, im selbstgewebten Wolltuch, barfuß oder in Sandalen, bedürfnislos und unantastbar, dann strömen die armen Bauern, die «Unberührbaren» der untersten Kasten, die Leute aus den Gebirgen und Sümpfen herbei, werfen sich nieder oder grüßen ihn mit lautem Ruf: «Mahatma Gandhi – ki – ja!»

Auf dem Kongreß zu Bombay erklärt er, daß das Ziel – die politische Selbständigkeit Indiens, die Befreiung aus englischer Kolonialherrschaft ohne Gewalt – nur durch passiven Widerstand, durch den Feldzug des zivilen Ungehorsams, erreicht werden könne.

Selbst kriegerische Stämme und Sekten beugen sich Gandhis Gebot, das vom Christentum die Ethik der Bergpredigt «ohne jede Einschränkung» übernimmt. Die Sikhs, baumstarke Kerle, gewohnt, sich mit Todesmut zu schlagen, reihen sich waffenlos in die Demonstrationszüge ein, lassen sich von englischer Polizei mit Gummiknüppeln und Gewehrkolben bearbeiten, ohne eine Hand gegen die Angreifer zu erheben. Sie nehmen Schmerzen und Wunden hin, schreiten weiter, blutend, aber erhobenen Hauptes, unerschütterlich, unaufhaltsam. Die Welt erlebt mit Staunen, wie es sich auswirkt, wenn mit der christlichen Regel bis zum Äußersten, bis zur Verleugnung des Rechtes auf Notwehr, Ernst gemacht wird. Es zeigt sich, daß solche Kraft der Selbstüberwindung im gewaltlosen Widerstand zwar Seelenstärke erfordert, daß sie aber auch in der Wirkung stärker, überzeugender, nachhaltiger bleibt als die Kraft, die sich im offenen Kampf beweisen will. Etwas Unheimliches liegt in diesem Verzicht auf Gegenwehr, in dieser schweigsamen Entschlossenheit zur Passivität. Es ist ein Kampf, in dem es keine Siege gibt, in dem jeder Angriff ins Leere stoßen muß.

Um sein Volk von der Wirtschaft der Europäer frei zu machen, rät Gandhi, Salz aus dem Meer zu gewinnen und die Kleider selbst zu weben. Die Tscharka – das Spinnrad – wird zum Symbol seines Kampfes, auch er webt seine Kleider selbst.

Rasch greift die Bewegung um sich, die Stellung Englands im wertvollsten Teil seines Imperiums beginnt

Mahatma Gandhi (1869–1948) rief seit 1920 zum waffenlosen Kampf gegen die britische Herrschaft in Indien auf. Darüber hinaus strebte er die Versöhnung zwischen Hindus und Mohammedanern an.

Jawaharlal Nehru (1889–1964) wurde nach 1930 mehrmals Präsident des Indischen Nationalkongresses. 1947 wurde er erster Ministerpräsident und Außenminister des unabhängigen Indien.

schwierig zu werden. Aber noch sind die Engländer im vollen Besitz der staatlichen Machtmittel. Zu Beginn des Jahres 1921 hat sich Ali Jinnat mit seinen Mohammedanern von der Allindischen Kongreßpartei getrennt, England glaubt, auf die alte Kluft zwischen den verschiedenen Religionsgemeinschaften Indiens vertrauen zu dürfen. Mahatma Gandhi und sein treuester Jünger, Jawaharlal Nehru, werden wie schon Tausende ihrer Anhänger verhaftet und ins Gefängnis gesteckt.

Ein Grollen wie vor einem Sturm geht durch Indien.

Wir suchen die Zukunft

André Juin ist ein einfacher Arbeiter bei Renault, er hat vier Jahre lang im Schützengraben gelegen. André war früher Bergmann im Bezirk von Roubaix, jetzt ist er Kriegsbeschädigter; manchmal, wenn er hustet, kommt Blut. Das ist alles, was er im Krieg gewonnen hat, sofern man von der «Médaille militaire» absieht. Monsieur Renault hat seine Anlagen verdoppelt und ist um einige Millionen Francs reicher geworden, der Besitzer der Kohlengrube in Roubaix hat sich für die Besatzungszeit schadlos gehalten. Er sitzt im Aufsichtsrat, der die Saargruben verwaltet. Frankreich entschädigt sich für die während der deutschen Invasion erlittenen Verluste, das ist nicht mehr als billig.

Nach den Bestimmungen des Versailler Vertrages (Saarstatut) ging das Eigentum an den Kohlengruben des Saarlandes an Frankreich über.

Nach dem Krieg ist André Juin Kommunist geworden der Ruf aus Rußland: «Proletarier aller Länder vereinigt euch!», die Mahnung zum Frieden aller Werktätigen, scheint ihm die einzige brauchbare Zukunftsgarantie zu sein. Auch hätte er nichts dagegen, wenn die Kriegsgewinne ein wenig gerechter verteilt würden. Aber zufrieden ist er auch als Kommunist nicht.

André Juin denkt oft, wenn er schlaflos in seiner kleinen Kammer liegt, über den Sinn dieses Lebens nach, und er findet vieles verbesserungsbedürftig, er sucht vergeblich nach Gerechtigkeit, nach Vernunft, nach Lösung aus all den Verstrickungen, die Jahrtausende der Geschichte über die Menschheit geworfen haben. Und viele denken wie er, viele suchen gleich ihm – in Rußland, in Deutschland, in Italien, in Frankreich.

Er glaubt nicht mehr, wie sein alter Vater, der noch in der Normandie Bauer gewesen und sonntags zur Kirche gegangen ist, daß der Ausgleich im Jenseits erfolgt. In Roubaix hat man nicht auf die Religion, sondern auf Karl Marx geschworen. Und Marx sagt: Ihr Arbeiter, Bauern, Proleten der Welt müßt etwas tun, den Zustand der Gesellschaft zu ändern, von selber gestaltet sich keine bessere Zukunft.

Jetzt sind eineinhalb Jahre nach Beendigung des Krieges vergangen, die Arbeiterschaft hat sich neu organisiert. Viele sind Kommunisten und hoffen auf Lenin, oft ziehen die Demonstrationszüge über die Boulevards. Rote Banner wehen, grelle Spruchbänder schreien die Forderungen der Massen in die Straßen von Paris.

Die Regierung sieht diesem Treiben mit Mißtrauen zu, obschon genug Sozialisten im Innenministerium sitzen. Der Einfluß der Großbürger, der Industriellen, der siegreichen Generale – all jener Kreise, die am Kriege verdient oder die ihn wirklich gewonnen haben – ist im Wachsen begriffen.

Es gibt für Frankreich eine so große Beute zu verdauen, so zahlreiche Märkte zu erschließen, so viel Macht auszuüben und zu festigen: Die Politiker ringen mit den Engländern um die Einflußsphären in der Türkei, im Ölgebiet von Mossul, französische Truppen stehen in Oberschlesien, am Rhein und als Invasionsarmee im Raum von Odessa. Wenn man so weitreichende Aufgaben zu bewältigen hat, so braucht man eine reibungslos gehorchende Armee, ein gutwilliges Proletariat, sozialen Frieden.

Nördlich von Mossul, einer Stadt im Irak, am Tigris gelegen, waren Erdölfelder gefunden worden. 1918 wurde das Gebiet von den Engländern besetzt und 1925 vom Völkerbund dem Irak zugesprochen.

Frankreichs Sicherheit nach außen verlangt, daß das französische Heer das größte, bestausgerüstete und diszipliniertestes des Kontinents sei; Frankreichs Sicherheit nach innen erfordert gut bezahlte Polizei, einen tadellos funktionierenden Sicherheitsdienst und nationale Verbände, um den Kampfgeist wachzuhalten.

Über den Boulevards aber wehen die roten Fahnen, hallt der Kampfruf der Kommunisten ...

*

Von der Place de l'Étoile herab strömen schwarze Massen. Sie heben die geballten Fäuste zum Gruß, schwenken die bemalten Tafeln. Da steht es in Riesenbuchstaben: «Hände weg von Rußland!» oder «Schluß mit dem imperialistischen Interventionskrieg!» – «Keine Waffen für die Weißgardisten!»

André Juin marschiert ganz am Rande, wo die dünne

Kette der «Flics» den brausenden Strom zu dämmen versucht. Die Masse schiebt sich warm und dampfend über den regennassen Asphalt der Avenue de Jéna, die Bäume in den Anlagen des Trocadéro zeigen das erste zarte Grün. Man fühlt sich geborgen und stark im Kreis der großen Zahl. Es kann nicht vergeblich und sinnlos sein, was so viele wollen.

Unter den Bürgern, die den Demonstrationszug mit Neugierde und Beklemmung betrachten, sieht man auch viele Uniformierte. «Wogegen protestieren diese Leute eigentlich?» fragt ein älterer Herr seinen Begleiter, den Major de Bassompierre. «Was geht sie es an, wenn wir in Rußland Ordnung schaffen?»

Bassompierre lächelt. «Es sind eben Kommunisten, Monsieur Meunier. Für sie ist Rußland das künftige Paradies.»

«Eh bien!» sagt Monsieur Meunier, ein pensionierter Angestellter der Pariser Kommunalverwaltung, «sie marschieren also aus Sympathie für Rußland ein wenig auf den Boulevards auf und ab, aber – verzeihen Sie mir meine sicher etwas törichte Frage – was haben wir Franzosen im Grunde für einen Vorteil, wenn unsere Divisionen in diesem so weit von uns entfernten Land den Steuerzahler monatlich Millionen kosten?»

Bassompierre winkt einen der Zeitungsjungen heran, die laut die Schlagzeilen ausschreien, und kauft den «Temps». Dann wendet er sich wieder zu seinem Begleiter.

«Wenn in Rußland keine für uns tragbare Ordnung hergestellt wird, so ist unser alter Bundesgenosse von 1914/18 künftig gleichsam ein Vakuum – eine unberechenbare Größe. Stellen Sie sich zum Beispiel vor, Deutschland würfe sich in seiner Verzweiflung den Bolschewisten in die Arme! Weit davon entfernt scheint man jenseits des Rheins nach den letzten Berichten sowieso nicht mehr zu sein.»

«Ja, das wäre allerdings bedenklich ...»

«Nicht nur bedenklich, das wäre tödlich! Die Deutschen sind immer noch um 20 Millionen stärker als wir, das Unglück von 1914 würde sich in kurzer Zeit wiederholen. Wir können die Katastrophe verhindern, indem wir unseren Einfluß auf die russische Regierung ausüben. Hat unsere Intervention Erfolg, so wird die von uns eingesetzte Regierung natürlich ganz von uns abhängig sein und sich mit uns gegen Deutschland verbünden. Man muß zudem alles tun, zwischen die Deutschen und die Russen eine Anzahl von Pufferstaaten zu legen, die durch die doppelte Bedrohung, der sie ausgesetzt sein werden, wiederum als Verbündete für uns in Frage kommen.»

«Aber, Herr Major, das heißt ja, die Zukunft auf Furcht aufbauen, das bedeutet ein ganzes Spinnengewebe von Verträgen, die alle von der Angst diktiert sein werden.»

«Sicherheit zuerst, mein Freund!»

Ja, es scheint notwendiger denn je, daß Frankreich um seine Sicherheit besorgt ist. Drohend und unberechenbar verändert Deutschland sein Antlitz.

Clemenceau hat einmal gesagt, daß die Deutschen den Tod liebten. Sie lieben zumindest die Aura des Heldischen, was manchmal dasselbe ist. Sie lieben aber auch ihr nationales Unglück – wie man eine tragische Rolle liebt.

Für viele ist Deutschland «im Felde unbesiegt», und so kämpfen sie weiter an allen Fronten, wo sich verlorener Idealismus und heroischer Opfersinn beweisen können: im Baltikum gegen den Bolschewismus, in Oberschlesien gegen Korfantys Banden und innerhalb der eigenen Grenzen gegen jene Männer, die von den Führern der nationalen Opposition als die Urheber des deutschen Unglücks bezeichnet werden. Sie nennen sie «Novemberverbrecher», «Erfüllungspolitiker» und «Statthalter des Feindes».

Stefan George (1868–1939), Träger des Goethepreises 1927. Gründete den Kreis der «Blätter für die Kunst» und gewann damit auf Dichtung und Buchkunst großen Einfluß.

Oswald Spengler (1880–1936) schrieb, von Goethe und Nietzsche beeinflußt, das kultur- und geschichtsphilosophische Werk «Der Untergang des Abendlandes» (2 Bände, 1918–22).

Die Studenten in Heidelberg trampeln begeistert zu den Versen Stefan Georges: «Wenn dieses Geschlecht sich gereinigt von Schande ...»; sie laufen in Scharen in die Vorträge Oswald Spenglers, der über Preußentum und Sozialismus spricht und einem Deutschland der Selbstbesinnung den Ausweg aus dem allgemeinen Untergang des Abendlandes weisen will; sie lesen Zeitschriften wie «Das Gewissen» von Moeller van den Bruck und diskutieren über sein Buch vom kommenden «Dritten Reich».

Nach dem Schock des Zusammenbruchs beginnen sich rechts und links die Heerlager künftiger Auseinandersetzungen zu sammeln: Die sozialistisch denkende Arbeiterschaft ist geeint im «Allgemeinen Deutschen Gewerkschaftsbund», der 7,9 Millionen Mitglieder zählt, dazu kommen noch die 1,1 Millionen der «Christlichen Gewerkschaften». Nachdem 1919 der Anlauf zur Sozialisierung in der Weimarer Nationalversammlung abgebremst worden ist, bildet sich nun zum Schutze der Besitzenden der «Reichsverband der deutschen Industrie» und der «Reichslandbund», die Organisation des von der Bodenreform bedrohten Großgrundbesitzes.

Wie sehr sich seit Versailles alles verschärft hat, wie radikal sich Nationalismus und Sozialismus gegenüberstehen, erweist sich im März 1920. In diesen stürmischen Tagen unternimmt der ostpreußische Landschaftsdirektor Kapp, unterstützt durch General von Lüttwitz von der «Brigade Ehrhardt» und einigen kleineren Freikorps, den Versuch, die Reichsregierung zu stürzen und in Berlin ein nationales Regime aufzurichten.

Wolfgang Kapp (1858–1922), der Gründer der «Deutschen Vaterlandspartei», und Urheber des rechtsradikalen Umsturzversuchs vom März 1920.

Dieses Signal ruft sofort die Führer aller Gruppen und Grüppchen herbei, denen ähnliche Ziele vorschweben. Der Haß vereint sie. Aus München fliegen mit ihrem neugeworbenen Parteigenossen Hermann Göring, dem Pour-le-mérite-Träger und letzten Kommandeur des berühmten Richthofengeschwaders, Adolf Hitler und Dietrich Eckart in die Reichshauptstadt, um ein Bündnis mit den Putschisten zu schließen.

Hermann Göring (1893–1946) wurde 1922 Mitglied der NSDAP und SA-Führer.

Nach wenigen Tagen bricht das Unternehmen zusammen. Die Reichsregierung, die über Dresden nach Stuttgart geflüchtet ist, stützt sich auf die Masse der sozialistischen Arbeiter. Ein Generalstreik legt Bahnen, Versorgung, Verwaltung und öffentliches Leben still. Verlassen wie auf einer Insel stehen die Freikorpsmänner hinter ihren Barrikaden.

Der Kapp-Putsch dauerte vom 13. bis zum 17. März 1920.

*

Auf den Regierungsgebäuden Berlins wehen die schwarzweiß-roten Fahnen.

Unter den vielen kleinen Freikorps, die sich dem Aufstand angeschlossen haben, ist auch das «Bayernbataillon» – eine alte Baltikum-Truppe, die weiße Hakenkreuze auf den Stahlhelmen trägt. Ihr Kommandeur ist Hauptmann Berthold, Pour-le-mérite-Flieger mit 55 abgeschossenen Gegnern, der seinen zerschossenen Körper nur noch mit Bandagen und Scharnieren aufrechterhält.

Die Soldaten werden auf dem Wege nach Berlin in Hamburg ausgeladen und beziehen bei Dunkelheit Quartier in der Heimfelder Mittelschule, einem großen Block, der, umgeben von Mietskasernen und Lauben, auf freiem Platze steht.

Müde werfen sich die Landsknechte in die Schulzimmer, breiten die Mäntel aus und schlafen, die Gewehre griffbereit. Grau steigt der Märzmorgen über das Laubengelände herauf, tief zieht Gewölk zur Elbe hinüber.

Draußen schreit es «Alarm!»

Die Baltikumer laufen an die Fenster; der Schulhof ist schwarz von Menschen, die Straße wimmelt von roter Arbeiterwehr.

Der von den Gewerkschaften ausgerufene Generalstreik dauerte bis zum 23. März und führte schließlich zum Rücktritt des Reichswehrministers Noske.

Ihr Quartier ist umstellt. «Generalstreik» grollt es. «Abziehen!» – «Waffen abliefern!» Langsam schiebt sich die Masse näher.

«Plötzlich steht vor der Postenkette eine dichte Mauer von Weibern und Kindern, weit dahinter erst die Männer. Hinter dem Schutzschild der Kittel tragen sie Patronenkisten und Maschinengewehre herbei und bauen sie in Stellung. In den Fenstern der Nachbarhäuser rollen die Gardinen empor und geben die Läufe gerichteter Gewehre frei ...»

Nach Bodenreuth, «Das Ende der eisernen Schar».

Deutsche stehen wider Deutsche, Brüder gegen Brüder.

Die Baltikumleute sind nur ein paar hundert Mann, die sich «Eiserne Schar» nennen, drunten aber hat sich das Heer der Werktätigen erhoben. Sie träumen vom Sozialismus, von der kommenden Gerechtigkeit. Für sie sind diese letzten Soldaten des Großen Krieges nur Büttel der Reaktion, nur Söldner einer Clique von Kapitalisten, Junkern und Generalen – Söldner, die mithelfen wollen, den Lauf der Geschichte zur Umkehr zu zwingen.

Es rattern die MGs gegeneinander, es peitschen Schüsse in Fenster und Mauern, es pfeifen Kugeln in die flüchtende Menge auf dem Platz, es rieselt Mörtel von den Fensterstöcken der Schulzimmer. Stundenlang wehren sich die Eingeschlossenen – bis die Munition zur Neige geht. Man hat ihnen das Wasser abgesperrt, es gibt keine Hoffnung mehr; die Reichswehrtruppen in Hamburg sind rot, sie geben Waffen und Munition nur an die Arbeiter aus.

Hauptmann Berthold bittet um Verhandlungen. Das Feuer schweigt, das Geschrei der Masse hat sich in ein fernes Grollen und Murren zurückgezogen. Aus den Fenstern der Schule spähen vorsichtig die Überlebenden der «Eisernen Schar».

Unten aber, im trüben Licht des sinkenden Tages geht Hauptmann Berthold mit einigen seiner Offiziere durch die Gasse der Roten. Drüben, auf der anderen Seite des Platzes, im Gasthaus «Zur Rennbahn», sollen die Führer der Roten Arbeiterwehr warten. Man wird über freien Abzug der Truppe verhandeln.

«Plötzlich sehen die Soldaten an den Fenstern den Hauptmann nicht mehr. Wo er eben ging, schwingen Kolben hoch, sausen nieder. Dolche blitzen, Schüsse knallen. Dann liegt eine graue Masse auf dem Pflaster. ‹Hauptmann›, schreien die Soldaten. Sie reißen ihm die Orden ab. Den Rock vom Leibe. Weiber zerren ihm den wunden Arm aus dem Gelenk ...»

Aus Bodenreuth, «Das Ende der eisernen Schar».

Die begleitenden Offiziere fallen unter Tritten und Schüssen, an einer Laterne baumelt Leutnant Samuelsen.

Da peitschen die letzten Schüsse aus den Rohren der «Eisernen Schar». Der Kampf geht weiter.

Eine Stunde später müssen sie kapitulieren, die Gewehre abgeben, mit erhobenen Händen aus dem zerschossenen Schulhaus treten.

Inmitten einer Woge von Geschrei und Triumphgeheul werden die Gefangenen abgeführt, geschlagen, getreten, mißhandelt.

Es ist die Masse, die verantwortungslose Masse, die den Menschen verschlingt. Kein einzelner rechtfertigt sich in diesem Gewühl, er ist Teil des handelnden «Volkes». Volkswille aber ist heilig, der Volkszorn wird als gerecht empfunden, es gibt viele, die dem «gesunden Volksempfinden» Einsicht und Moral zusprechen. Es scheint, als habe dieses 20. Jahrhundert ein Wesen namens «Masse» geschaffen, das anfängt, primitiv, von Instinkten geführt und ganz labil in seinen Neigungen, mit tausend Armen und Beinen zu handeln.

«Charakteristisch für die Gegenwart ist es, daß die gewöhnliche Seele über ihre Gewöhnlichkeit zwar im klaren ist, zugleich aber die Unverfrorenheit besitzt, für das Recht der Gewöhnlichkeit einzutreten und es überall durchzusetzen.»

Aus Ortega y Gasset, «Aufstand der Massen».

*

Mit dem Zusammenbruch des nationalistischen Kapp-Putsches schlägt das Pendel der Leidenschaft nach der sozia-

Der Terror in Mitteldeutschland begann etwa im Mai 1920.

listischen Seite aus. Nun hebt der Bolschewismus sein Haupt. Rote Regimenter unter Max Hölz terrorisieren Mitteldeutschland, brennen im Vogtland die Villen der Fabrikanten und die Gutshäuser nieder. Im Ruhrgebiet formiert sich eine Rote Armee von 80 000 Mann, die mit schweren Waffen ausgerüstet und zum Teil von russischen Instrukteuren geleitet wird. Überall geschehen unvorstellbare Greuel.

In Berlin zieht die alte Reichsregierung wieder ein, die Hauptstadt vergißt rasch, was geschehen ist. Niemals ist der Wunsch nach dem Lebensgenuß stärker als im Schatten des Todes und der Gefahr.

*

Der entlassene Leutnant Moritz Hirsch lebt jetzt in Berlin; er hat sich bei der Juristischen Fakultät der Universität immatrikulieren lassen. In den Tagen nach dem Ende des Kapp-Putsches trifft er zufällig Unter den Linden seinen alten Kriegskameraden Leutnant v. Balow. Balow ist Freikorpsmann und will wieder nach dem Osten zurück, wo der polnische Terror wütet, während das deutsche Volkstum die kommende Abstimmung vorbereitet. Balow hat eine ganze Menge Geld in der Tasche, und er lädt den Freund für den Abend zum Besuch eines der zahlreichen, teuren Nachtlokale ein, die neuerdings am Kurfürstendamm aus dem Boden schießen.

Die Bogenlampen spiegeln sich in heller Kette im regennassen Asphalt. Vor einem lichtstrahlenden Portal treffen sich die beiden jungen Männer. Ein goldbetreßter Portier setzt die Drehtür in Bewegung, eine warme Welle Luft wie aus einem Wintergarten tropischer Gewächse schlägt ihnen entgegen. Aus dem Lokal dringen quäkende Saxophontöne, unterbrochen von einem sich überschlagenden Geklimper des Klaviers, dem Rasseln von Negerinstrumenten und den synkopischen Rhythmen des Schlagzeugs.

Während Moritz Hirsch noch an der Garderobe steht, besieht sich Balow die im Foyer ausgehängten Zeichnungen und Bilder.

George Grosz (1893–1959) gehörte zu den Mitbegründern der Berliner Dada-Bewegung. 1932 wanderte er nach den USA aus, wo er seine klassenkämpferische Haltung aufgab.

«Sieh dir das an», ruft Balow ungeniert, «Christus mit der Gasmaske und mit Kommißstiefeln am Kreuz. George Grosz heißt der ehrenwerte Künstler.»

Sperrfeuer an der Somme, Gemälde von Hamlyn Reid. (23)

«U-Boote heraus!» Deutsche Propaganda zugunsten einer energischen U-Boot-Kriegführung. (24)

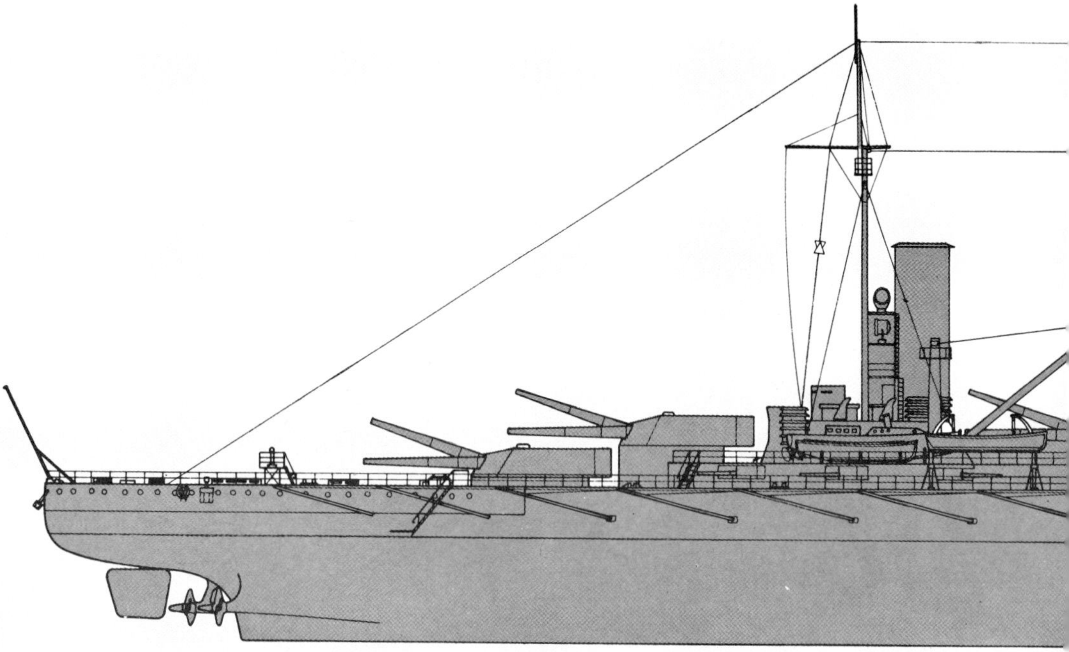

Großer Kurfürst, 25 kn, 28.148 t, Länge 177 m, Breite 59 m, Tiefgang 17 m, 35.000-PS-3-Schrauben-Turbinenantrieb, Kohle und Öl, 23 kn Marschfahrt, 10 x 30-cm-Geschütze, 14 x 15-cm-Geschütze, 8 x 8,6-

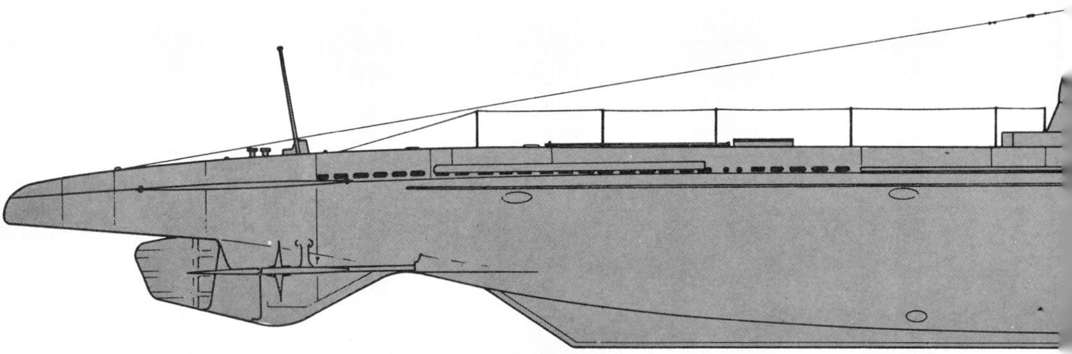

UC-16-Unterseeboot, Länge 105 m, Breite 10,4 m, Verdrängung 434/ 511 t, Antrieb 600 PS, Diesel, Fahrt: 12 kn an der Oberfläche, 7 kn

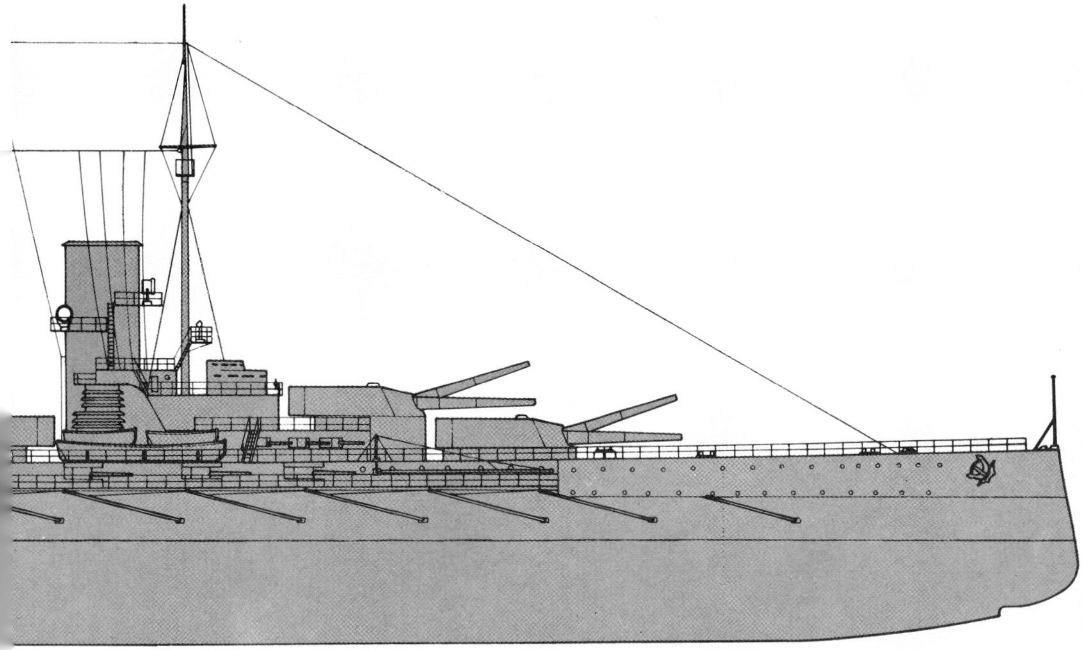

cm-Flak, 5 x 50-cm-Torpedorohre (1 im Bug, 4 seitlich). Besatzung 1084 Mann, Panzerung: Seite 40 cm, Deck 10 cm, Türme und Leitstand 40 cm. (25)

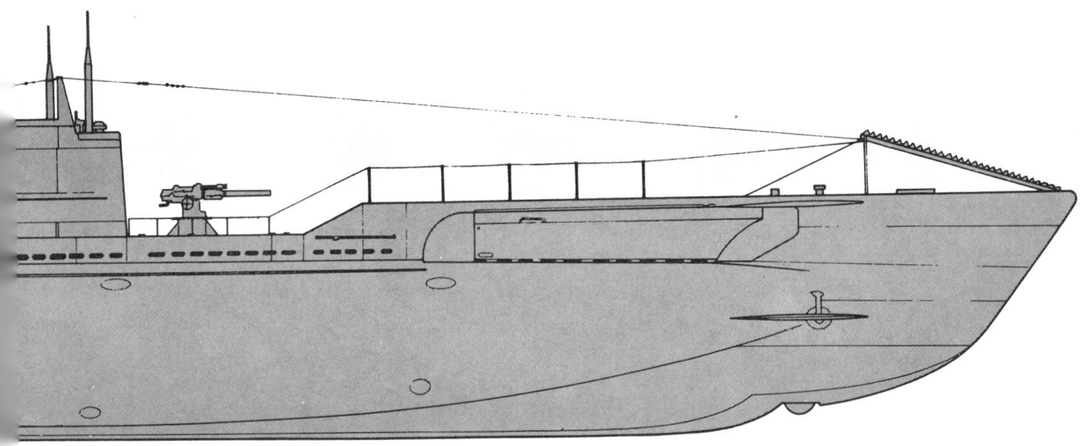

unter Wasser, Bewaffnung: 1 x 34-cm-Geschütz, 3 x 50-cm-Torpedorohre, 18 Seeminen. (26)

General Alexej Brussilow wurde der russische Held an der Ostfront. (27)

Der alliierte Vormarsch an die griechische Grenze war entsetzlich langsam. (28)

«Ich kenne seine Blätter», sagt Moritz Hirsch, «er zeichnet und malt aus Widerspruch, er will zeigen, daß die Welt häßlich, krank und verloren ist. Er liebt das Bürgertum nicht, er liebt auch den Krieg nicht, und ich glaube, sein Blatt hier soll zur Anschauung bringen, wie es unsere Heuchelei verstanden hat, Christentum und Gaskrieg skrupellos miteinander zu vereinen.»

Mit den Händen in den Hosentaschen schlendern die beiden Männer in den Saal.

Vom rot beleuchteten Podium lärmt die «Jazz-Band». Wie flitterbestickte Tücher an den Notenpulten verkünden, handelt es sich um eine amerikanische Kapelle, sogar ein Neger ist dabei und bläst mit geblähten Backen und verzückten Augen das Saxophon, während ein anderer wie ein Derwisch am Schlagzeug herumwirbelt. Auf einer angestrahlten Tanzfläche bewegen sich engumschlungene Paare, in Selbstvergessenheit versunken wie Schlafwandelnde.

«Erst durch die Jazz-Band wird in Deutschland der eigentliche Charakter der neuen Schrittänze in ihrer verhaltenen Vehemenz bekannt. Sie ist das orgiastische Tanzorchester, wie es in Europa noch niemals bestanden hat. Es ist der instrumentale und rhythmische Ausdruck für den die Ur-Instinkte nackt offenbarenden Bewegungsantrieb ...»

Aus der «Frankfurter Zeitung» vom 6.6.1926.

Die beiden Kameraden suchen nach Platz. Ein einziger Tisch – in einer Nische – ist noch frei. Es ist erstaunlich, wieviele Leute Geld zu haben scheinen, während ein paar Straßenzüge weiter – dem Bülowbogen zu – zerlumpte, verhungerte, verbitterte Gestalten um die Ecken streichen. In den Logen sitzen wohlbeleibte Herren, die hier ihre Geschäfte machen, sich beim Sekt über die Verschleuderung von Heeresbeständen oder über Transite für Rußland einig werden. Auffallend sind die vielen Ausländer mit ihrem gebrochenen Deutsch. Man sagt, es werde in den Berliner Lokalen alles gehandelt, Mädchen, Rauschgift und Waffen.

Die «Band» setzt mit einem Schlager ein, ein Teil des Publikums singt den Refrain mit: «Wir versaufen unser Oma ihr klein Häuschen ...»

«Na, denn prosit, Moritz!», sagt Balow, «spülen wir den Dreck runter!»

Die Jazz-Band tobt wie eine ganze Maschinenhalle, der Tanz der Paare im Saale wird zur Ekstase.

Nach der letzten, wimmernden Dissonanz der Kapelle betritt eine Kabarettistin – Senta Söneland – das Podium und singt ein Lied, dessen Text die ganze Veränderung im Lebensgefühl einer durch Kriegsnot frühreifen Jugend widerspiegelt.

«Mit fünfzehn Jahren wurde ick konfirmiert,
da kam ick in die Fabrike,
Die Haare gekräuselt und geschmiert,
da sah ick aus recht schnieke,
Da tanzt ick denn ooch im Lunapark
mit Justav, den Hut im Jenicke,
Ick fühlte mir glücklich und gesund
und stark. Na – ja: icke!»

Das Publikum tobt Beifall.

In diesem Augenblick entsteht Unruhe an den hinteren Tischen. Durch den Eingang des Lokals schieben sich rücksichtslos ein paar junge Leute in Windjacken, einer hat an seine Soldatenmütze ein großes Hakenkreuz aus Blech gesteckt.

«Jetzt gibt es Scherben!» sagt Balow ruhig, «das sind Baltikumer, die schätzen nämlich solche Lokale nicht.»

Schon grölt der Chor: «Schieber raus! Juden raus!», die Paare flüchten von der Tanzfläche, es entsteht Tumult.

Der Tschako war eine, wahrscheinlich aus Ungarn stammende, militärische Kopfbedeckung aus Filz oder Leder. Nach dem Ersten Weltkrieg nur noch von Polizeiverbänden getragen.

Draußen tauchen die Tschakos der Schupos auf, ein Handgemenge entwickelt sich, verzieht sich in den Vorraum, die Kapelle setzt wieder ein.

Moritz Hirsch ist blaß geworden.

«Wußtest du übrigens, Hans Joachim, daß ich Jude bin?»

Der Leutnant greift verlegen zu seinem Glas.

«Wir sprachen einmal davon, Moritz, im Kameradenkreis. Aber es spielte nie eine Rolle, glaube mir. Du warst stets einer der Unseren. Freiwilliger von 1914, dann trugst du das EK I. Zwischen uns wird sich nichts ändern.»

«Danke», sagt der Student, «ich verstehe nur nicht, warum plötzlich nach dem Kriege dieser Antisemitismus um sich greift? Was hat man gegen uns? Sicher hat diesen Radaubrüdern kein Jude etwas zuleide getan.»

«Vielleicht nicht», entgegnet Balow, dann wendet er seinen Blick zu den Seitenlogen des Lokals, zu den Männern mit den hypereleganten Abendanzügen, den sprechenden Gesten und beringten Händen. Es sind östliche Typen, fremd und auffallend großspurig. «Der Antisemitismus wurde von diesen Herren dort drüben zu gefährlicher Aktualität erweckt», fährt er fort, «sie kamen im Kaftan aus Galizien, jetzt fahren sie im Auto und tragen Brillanten. Das alles schafften sie für den Geschmack des hungernden Volkes allzu rasch. Sie kamen wie die Raben über ein gefallenes Stück Vieh.»

«Das hat doch aber mit dem Glauben oder der Rasse nichts zu tun», wendet Hirsch ein, «es gibt auch deutsche und christliche Schieber.»

«Freilich – aber sie sind nicht so leicht zu erkennen, und für gewisse Demagogen vereinfacht das die Sache. Vereinfachung und Primitivität scheinen überhaupt die Regeln der modernen Massenführung zu werden. Sieh' dir doch die Boulevardpresse an, wie sie mit Schlagworten hetzt und mit billigen Phrasen die einfachen Gemüter verhext!»

«Kein Tierbändiger hat seine Meute besser in der Gewalt. Man läßt das Volk als Lesermasse los, und es stürmt durch die Straßen, wirft sich auf das bezeichnete Ziel, droht, schlägt Fenster ein. Ein Wink an den Pressestab, und es wird still und geht nach Hause. Die Presse ist heute eine Armee mit sorgfältig organisierten Waffengattungen, mit Journalisten als Offizieren, Lesern als Soldaten ...»

Nach Spengler, «Untergang des Abendlandes» (Band 1 und 2).

*

Seit Mitte März 1920 ist im Ruhrgebiet die Hölle los.

Was sich in grimmigen Kriegsjahren an Haß, Leid und Not wie in einem überhitzten Dampfkessel aufgespeichert hat, kommt nun zur elementaren Entladung. Das unklare Sehnsuchtsbild eines klassenlosen, gerechten und freien Staates gespenstert durch die Köpfe, Heimkehrer aus Rußland berichten von dem Aufbruch der Arbeiter, Soldaten und Bauern im Osten. Agenten hetzen, Fanatiker predigen, Funktionäre organisieren, und plötzlich geschieht es, daß die Massen wie Lava in Bewegung geraten.

Der Aufstand dehnte sich zwischen Hamm im Osten und dem Rhein im Westen, der Lippe im Norden und der Wupper im Süden aus.

Der rote Aufstand fegt durch die Gruben und Fabriken. Das Ruhrgebiet ist in den Händen der Kommunisten.

Es kommt zu unvorstellbaren Exzessen der Grausamkeit. Die Polizeibeamten, als sichtbare Vertreter der gehaßten Staatsgewalt, werden zu gehetztem Freiwild.

Keine Gnade für die Männer der Ordnung!

Eine Lastwagenkolonne mit 70 Beamten, die Waffen vom Rotthauser Flugplatz holen soll, gerät in ein aufgewühltes Meer roter Arbeiter. Die Flut schlägt über den Uniformierten zusammen, sie werden zerstampft, erschlagen, und der Rest, dem die Flucht in das Haus eines Arztes in Stoppenberg gelingt, wird belagert und samt den Verwundeten massakriert.

Die Essener Stadtpolizei verteidigt sich stundenlang im Schlachthof, wird mit Minenwerfern und Feldgeschützen angegriffen, überwältigt und bis zum letzten Mann zertrampelt. Eine Gruppe bürgerlicher Einwohnerwehr und Grüne Polizei, die den Essener Wasserturm schützt, fällt nach vergeblicher Gegenwehr in die Hände der Aufständischen. Unter unmenschlichen Greueln müssen die Männer ihr Leben lassen. Als Abwehr entsendet die soeben der Bedrohung des Kapp-Putsches entronnene Regierung lose Verbände der Reichswehr. Doch geraten die ersten Batrien – wie die des Hauptmanns Hasenclever in Wetter bei Hagen – in den Mahlstrom entfesselter Massen, werden niedergemacht und ihrer Waffen beraubt. In Dortmund geht das Freikorps Lichtschlag unter, der Aufstand schlägt bis an die Mauern der Festung Wesel, in der sich die Reste der Reichswehrtruppe unter General Watter halten.

Mitten in Deutschland tobt der Bürgerkrieg zwischen Weiß und Rot.

In Wesel steigen mitten aus den Häuserreihen die braunen Ballen der Explosionen auf. Rote Artillerie steht rings um die Stadt, bewaffnete Zivilistenscharen, durchsetzt mit Matrosen und Feldgrauen, sammeln sich zum Sturm. Nur eine dünne Linie von Regierungstruppen hält den Ring um die Festung.

In den großen Industriestädten wird überall geplündert, die Warenhäuser sind Tummelplätze wilder Horden, die Banken müssen den Rädelsführern der Roten Wehr ungeheure «Anleihen» auszahlen. Oberbürgermeister übergeben die Schlüsselgewalt ihrer Städte an Menschen, die kaum richtig lesen und schreiben können. Wer einen Stehkragen trägt, ist Volksfeind, der Mob beherrscht die Straße.

Inzwischen ist der angefeindete Schöpfer der Reichswehr, Minister Noske, zurückgetreten und durch den Demokraten Geßler ersetzt worden. General v. Seeckt steht an der Spitze des neuen Armeestabes. Obschon sich in der neuen Regierung ein leichter Ruck nach rechts abzeichnet, ist für die Reichswehr dennoch alles ungeheuer schwierig.

Frankreich besteht unnachsichtig auf der völligen Entwaffnung der letzten deutschen Truppenverbände. Die Sozialdemokratie – noch immer die stärkste Partei des Reiches – fürchtet das Entstehen einer neuen Militärkamarilla und hemmt durch ihr Mißtrauen und ihre Zweifel das energische Durchgreifen der Truppen.

Die nach dem Ruhrgebiet abgehenden Regimenter stehen zwischen zwei Feuern. Sie haben Befehl, gegen die Kameraden und Brüder mit Waffengewalt vorzugehen, stehen aber selbst unter dem Verdacht des Hochverrates.

Als erstes Ziel ist der Reichswehr die Besetzung der Gruben zwischen Hamm und Wesel zugewiesen worden. Es darf keine Artillerie eingesetzt werden, um die lebenswichtigen Werke nicht zu zerstören.

Dabei drohen die roten Führer, im Falle eines Einmarsches der Reichswehr die Gruben unter Wasser zu setzen und die Werkanlagen zu sprengen. Das ist die Situation, vor die sich die Offiziere gestellt sehen – Offiziere, die seit dem Kapp-Putsch als Reaktionäre, Arbeitermörder, «Noske-Schweine» oder Söldner der Junkerkaste verschrieen sind.

*

Ende April beginnen die Truppen konzentrisch vorzugehen. Disziplin und erfahrene Führung gewinnen bald die Überhand gegenüber der rohen, ungebändigten Masse.

Feldgraue Kolonnen ziehen durch die phantastische Landschaft des Industriegebietes. Sie sehen die Pyramiden der Kühltürme zum Himmel ragen, die ihre Spitzen in weiße Dampfwolken hüllen, das Fachwerk der Fördertürme, das Gestänge der Riesenräder, an denen die Aufzüge hängen. Drüben über der schwarzen Hügellandschaft der Kohlenhalden zerschneiden Fabrikschlote in Reihen den grauen, diesigen Himmel, über dem stets violette Schwa-

Otto Geßler (1875–1955) war 1914–19 Oberbürgermeister von Nürnberg. Als Reichswehrminister leitete er zusammen mit Seeckt den Aufbau einer schlagkräftigen Reichswehr.

Hans von Seeckt (1866–1936) hatte während des Krieges verschiedene Kommandos inne. 1920–26 war er Chef der Heeresleitung der Reichswehr.

Kamarilla (aus dem Spanischen), Partei am Hofe eines Fürsten, die durch Intrigen politischen Einfluß gewinnt, ohne jedoch eine Verantwortung zu übernehmen.

Die Gewerkschaften und Mehrheitssozialdemokraten entschlossen sich nach dem Abkommen von Bielefeld (24. März) zur Beendigung des Aufstandes und zur Ablieferung der Waffen. Ein Teil der Aufständischen widersetzte sich jedoch, so daß die Regierung nun neu herangeführte Truppen ins Revier einmarschieren ließ.

den brüten. Am Horizont aber blitzen und qualmen die Säulen der Hochöfen; im Schatten dieser aufgereckten Giganten dämmern die endlosen Hallen mit erblindeten Fenstern, die Baracken, die grauen Häusermassen. Den Soldaten gibt es zu denken, daß in dieser von Menschenhand geschaffenen Landschaft der Öfen, Bergwerke, Walzstraßen, in dieser Welt von Kohle, Eisen und Stahl Kinder heranwachsen, Jünglinge und Mädchen von erster Liebe träumen, Mütter und Väter ihre Familien ernähren, daß Millionen menschlicher Wesen dazu verdammt sind, ewig die Sonne hinter Rauch- und Rußschleiern zu suchen.

Wenn die Männer der ehemaligen Freikorps, die aus der Weite östlicher Ebenen, aus den locker hingestreuten Birkenwaldungen und der endlosen Schwermut der Sümpfe und Wiesenflächen des Baltikums kommen, in diese Großstädte einmarschieren, dann weht es sie an wie der heiße Atem eines Fluchs, der die Menschheit auf dem Weg ins technische Zeitalter getroffen hat.

Die Technik hat in diesem massiertesten Industriegebiet Millionen auf engstem Raum zusammengedrängt, sie hat in der Gleichartigkeit der Schicksale, das sie zuteilt, die Individuen ausgelöscht und die Masse erschaffen. Hier werden ungeheure Werte in Stoff und Form erzeugt und ungeheure Werte in Seele und Geist zerstört.

«Solange der häusliche Herd dem frommen Sinne der wirkliche bedeutsame Mittelpunkt einer Familie ist, solange ist die letzte Beziehung zum Lande nicht geschwunden. Erst wenn auch das verlorengeht und die Masse der Mieter und Schlafgäste in diesem Häusermeer ein irrendes Dasein von Obdach zu Obdach führt, wie die Jäger und Hirten der Vorzeit, ist der intellektuelle Nomade voll ausgebildet. Die Stadt ist eine Welt, ist die Welt. Sie hat nur als Ganzes die Bedeutung einer menschlichen Wohnung. Die Häuser sind nur die Atome, welche sie zusammensetzen.»

Nach Spengler, «Untergang des Abendlandes» (Band 1 und 2).

Die Soldaten – seit beinahe sechs Jahren im Krieg und durch die grausamen Kämpfe im Baltikum nicht zu menschlicher Milde geneigt – machen mit Gefangenen, die sie im Besitze von Waffen antreffen, kurzen Prozeß. Hinter einer Hauswand, in einem verfallenen Hinterhof, findet das Standgericht statt.

Ein Leutnant mit weißem Hakenkreuz am Stahlhelm fungiert als Vorsitzender; ohne Mitgefühl schaut er auf das

Häuflein der «Roten», die man mit umgehängten Gewehren aufgegriffen hat. Noch sieht man an den schäbigen Ziviljacken der Arbeiter die brandroten Binden, ein Matrose trägt das Abzeichen der Bolschewiken: den fünfzackigen Stern mit Hammer und Sichel.

Der Wachtmeister leert die Taschen der Männer. Bei einem findet er ein halbes Dutzend Uhren, ein Bündel Papiergeld, goldene Ringe, Zahnplomben aus Gold. Nun ja, die Roten haben in ihrem ersten Siegestaumel wahllos auch die befreiten Zuchthausinsassen in die «Rote Armee» aufgenommen.

Der Leutnant winkt ab, mit diesem Plünderer braucht er kein Verhör anzustellen. Bleich, unter haßvollen Flüchen, läßt sich der Mann an die Wand schieben. Knatternd fallen die Schüsse.

Dann steht Hein Kröger, der ehemalige Obermaat auf SMS-Pommern, vor dem Leutnant. Er hat die Meuterei der Flotte mitgemacht, ist heimgekommen und hat gefunden, daß es Mutter und Braut, dem alten Vater und den kleinen Geschwistern noch ebenso schlecht ging wie in den Tagen, als auf dem Rathaus die Fahne des Kaiserreichs wehte. Er sah auch, daß das noch immer selbstzufriedene Bürgertum nur ein Bestreben kannte: weiterzuleben wie bisher, jeder wirklichen Veränderung zu widerstreben, nichts herzugeben und noch eine Menge dazuzugewinnen.

Alles schien so ausweglos, so unlösbar. Vielleicht war das Freiheit, was sie drüben in Rußland begonnen hatten? Der große Sozialismus, die Brüderschaft der Werktätigen, der Neubau durch die Arbeiter – ohne das Parasitengeschmeiß der Händler und Spekulanten.

Er hatte den Aufstand mitgemacht – wozu war er Soldat gewesen! Jetzt stand er vor dem Standgericht der «Weißen» – sicher würde ihn der Leutnant mit derselben Handbewegung auf die Seite schieben, wie eben den Genossen. Es gab keine Hoffnung mehr für ihn.

Was war die erlösende Erhebung der Massen gewesen? Sie hatten die Gefängnisse geöffnet, Mörder und Räuber herausgeholt und sich wie Bestien aufgeführt, sie hatten sich die Rucksäcke gefüllt, den Toten die Goldzähne herausgeschlagen und in den Villen des Bürgertums wie die Vandalen gehaust. Konnte aus solchem Regime eine bessere Zukunft erwachsen?

«Sie sind Kommunist?» fragt die gelangweilte Stimme des Leutnants.

Hein Kröger macht nur eine müde, abweisende Bewegung mit den Schultern.

«Wie kommt das EK auf Ihre Jacke?»

«Ich war am Skagerrak dabei ...»

Der Leutnant blickt nachdenklich auf den Mann in der Matrosenbluse, schüttelt den Kopf. Etwas wie Mitgefühl rührt ihn an.

«Warum hast du auf deine Kameraden geschossen?»

Hein Kröger nimmt sich zusammen, er sucht nach Worten für all das, was in ihm drängt.

«Ich habe zuviel Dreck gesehen, Herr Leutnant, zuviel Elend und Ungerechtigkeit bei Ihren Leuten. Wer hat denn den Krieg gewonnen? Ich will es Ihnen sagen: die Reichen, denn sie sind noch reicher geworden. Und wer hat ihn verloren? Die Armen, denn sie sind noch ärmer geworden! Es muß etwas geschehen, Herr Leutnant, heute oder morgen, und es muß jemanden geben, der seine Knochen hinhält, auch wenn er dabei verreckt!»

«Treten Sie hinter mich, Mann», sagt der Leutnant, dann wendet er sich dem nächsten Gefangenen zu.

Von der Straße her tönt das Lied der Brigade Ehrhardt, der Sang der Landsknechte, die nicht mehr heimfinden können.

«Kamerad, reich mir die Hände,
Fest laßt zusamm' uns stehn.
Mag man uns auch bekämpfen,
Dieser Geist soll nicht verwehn!

Hakenkreuz am Stahlhelm,
Schwarz-weiß-rot das Band,
Die Brigade Ehrhardt
Werden wir genannt!

Einst werden sie erkennen
Was sie an uns verlor'n.
Kamerad, reich mir die Hände,
Wir bleiben – was wir beschwor'n!»

Lied der Brigade Ehrhardt im Jahre 1920.

*

Mitte Mai sind die Kämpfe an der Ruhr beendet, der kommunistische Aufstand ist niedergeworfen. Clemenceau erklärt den Friedensvertrag von Versailles wegen der Verwendung von Militär in der entmilitarisierten Rheinzone für gebrochen und verhängt als Strafmaßnahme die Besetzung des Maingaus und Frankfurts durch französische Truppen.

Der alte Riß zwischen Nord- und Süddeutschland soll vertieft werden, der Zerfall des Reichs, den die Regierung Kahr in Bayern vorzubereiten scheint, soll vorangetrieben werden.

Gustav Ritter von Kahr (1862–1934) war 1920/21 Ministerpräsident, wobei seine Macht auf den zur Abwehr der Räteherrschaft gebildeten «Ordnungsblock» gründete.

Die Wahlen im Juni spiegeln die Entwicklung wider: Die demokratischen Parteien der Mitte werden geschwächt, die Flügel – extreme Nationalisten und radikale Sozialisten – verstärken ihren Einfluß.

Außenpolitisch erscheint die Lage für Deutschland hoffnungslos. Schon auf der Tagung der Entente in San Remo hat der französische Außenminister Millerand erklärt: «Jeder Gedanke an eine Revision des Friedensvertrages ist ausgeschlossen ...»; auf den Konferenzen von Gythe und Boulogne stimmt England, gegen Zugeständnisse Frankreichs im Vorderen Orient, der französischen Deutschlandpolitik zu; die Konferenz zu Spa, im Juli, fordert die sofortige Entwaffnung Deutschlands. Bei dieser Zusammenkunft, der zum ersten Male auch deutsche Vertreter beiwohnen dürfen, «beginnt man mit einem Verhör der angeklagten deutschen Regierung und endet mit einer einseitigen Entscheidung». Am 14. August bereitet ein Bündnisvertrag zwischen Jugoslawien und der Tschechoslowakei die «Kleine Entente» vor, Frankreich verhandelt wegen eines Bündnisses mit Polen; Polen und Rumänien rücken enger zusammen, das Bündnis Frankreich-Tschechoslowakei reift heran – der Ring der Drohungen schließt sich eng um das zerstückelte Reich.

Die Tagung von San Remo fand im Juni 1920 statt.

Konferenz von Boulogne, am 20./22. Juni 1920.

Konferenz von Spa, vom 5. – 16. Juli 1920.

Im Spätherbst dieses stürmischen Jahres tritt zum erstenmal die Völkerbundsversammlung in Genf zusammen. Doch dieser Bund der Nationen ist nichts als eine Vereinigung der Sieger, die beiden Weltmächte USA und Sowjetrußland gehören nicht zu seinen Mitgliedern. Die Vereinigten Staaten haben Präsident Wilson die Gefolgschaft versagt und ziehen sich in die Isolierung zurück.

Die erste Versammlung des Völkerbundes tagte vom 15. November bis 18. Dezember 1921.

Rußland aber verschließt sich vor einer Welt, die sich

feindselig und gefährlich gezeigt hat; es wendet sein Gesicht nach Asien.

*

In derselben Zeit, die in Kunst, Literatur, Politik und sozialer Organisation den Weg in die Zukunft sucht, stoßen die Wissenschaftler kühner in die innersten Bezirke der Natur vor.

In Cambridge arbeitet Chadwick über dem Problem der Atomkerne, in Paris ist Louis de Broglie dabei, die Elektronen und ihre Bahnen, die er «Elektronenhülle der Atome» nennt, zu erforschen. Die Deutschen Werner Heisenberg in Leipzig und Emil Schrödinger in Breslau und später Berlin sind demselben Problem auf der Spur.

Selbst in den Naturwissenschaften wankt, was bisher unerschüttert feststand. Die Forscher entdecken die Doppelnatur der Materie. Wellenstrahlen und Korpuskelstrahlen – Energie und Stoff – können ineinander übergehen. Die bisherigen Trennlinien verwischen sich. Im Raum der Physik ist eine Umwälzung von kopernikanischem Ausmaß in Gang.

Schon 1900 hatte Max Planck die «Quantentheorie» aufgestellt, nach der es keine gleichmäßig dahinfließende Strahlung gibt, Energie vielmehr stets in einzelnen kleinsten Mengen – Teelöffelweise in «Quanten» – abgegeben wird. 1905 hatte Einstein nachgewiesen, daß Wellenstrahlen des Lichts ebenfalls Eigenschaften haben, die auf Korpuskeln – also feinste Materieteilchen – schließen lassen. Der menschliche Geist betritt Bereiche, in denen die Wahrnehmungskraft der Sinne und die Anschauungsformen des Geistes versagen. Eine nur noch in abstrakten Formeln existierende Welt baut sich auf, deren Erscheinungen allein für die reine Mathematik greifbar sind.

Am Horizont einer heillos verwirrten Zeit dämmert der Schein einer neuen Schau vom Gefüge des Universums ...

Männer und Massen

Im Februar 1920 haben die im Versailler Vertrag vorgesehenen Abstimmungen in den umstrittenen Grenzgebieten Schleswig-Holsteins stattgefunden, die Städte Hadersleben, Apenrade, Tondern und die Insel Alsen fallen an Dänemark. Ost- und Westpreußen stimmen im Juli desselben Jahres in den Bezirken Allenstein und Marienwerder mit 460 000 Stimmen für Deutschland und 16 000 für Polen ab; gleichwohl wird durch die Abtrennung des Korridors das Land Ostpreußen vom Leibe des Reichs geschnitten.

In Oberschlesien, wo trotz der mit Polen sympathisierenden französischen Kommission unter Le Rond die polnischen Aufständischen von deutschen Freikorps geschlagen worden sind, kann die entscheidende Abstimmung erst im März 1921 stattfinden. 709 000 votieren für Deutschland, 497 000 für Polen. Selbst nach internationalen Gutachten stellt das engverflochtene Industrieland eine unlösbare Einheit dar. Nach dem Abstimmungsergebnis müßte Oberschlesien ganz beim Reich verbleiben.

Die Abstimmung fand am 20. März 1921 statt.

Dagegen erhebt sich abermals – nun auf die vorwiegend polnischen Landesteile beschränkt – der Aufruhr. Der Oberste Rat der Alliierten überträgt die Entscheidung dem Völkerbund, der am 20. Oktober 1921 beschließt, daß die Kreise Pleß, Rybnik, Kattowitz und Königshütte an Polen fallen sollen. Damit zerschneiden abermals willkürliche Grenzziehungen Eisenbahnen, Versorgungsnetze, Überlandleitungen, Bergwerke und Städte. Deutschland, dem gleichzeitig die Pariser Außenministerkonferenz eine Reparationszahlung in Höhe von 263 Milliarden Goldmark auferlegt, wird dadurch weiter wirtschaftlich geschwächt. Der Vorschlag des Reichsaußenministers Simon, eine Gesamtzahlung von 50 Milliarden festzusetzen, Oberschlesien aber deutsch zu lassen, wird mit Hohn und Entrüstung zurückgewiesen. Lloyd George erklärt dieses Anerbieten als Herausforderung.

Die Außenminister der Entente trafen im Januar 1921 in Paris zusammen.

Um das Unmögliche zu erzwingen, lassen die Alliierten ihre Truppen in Düsseldorf, Duisburg und Ruhrort einrükken und trennen das Ruhrgebiet durch Zollschranken vom Mutterlande. Tausende von unliebsamen Einwohnern werden ausgewiesen und müssen mit schnell gepacktem Koffer ihre Heimat verlassen.

Ein Ultimatum der Alliierten verlangt die Auslieferung der deutschen Goldbestände und die Unterschrift auf der Zahlungsverpflichtung für 132 Milliarden Goldmark. Der Reichstag nimmt die Forderungen nach heftigen Debatten an.

Die Festsetzung dieses Betrages erfolgte am 27. April durch die alliierte Reparationskommission ohne deutsche Beteiligung. Sodann überreichten die Alliierten am 5. Mai ein schriftliches, auf sechs Tage befristetes Ultimatum.

Die Abtretung Oberschlesiens und der Verlust der Kontrolle über die Gebiete des linken Rheinufers, die Kosten der Besatzung und die ungeheuren sozialen Lasten im Innern erschöpfen die finanzielle Kraft Deutschlands rasch. Bereits um die Jahreswende 1922 muß die Reichsregierung abermals um Zahlungsaufschub bitten. Zur Regelung der internationalen Wirtschafts- und Reparationsfragen wird eine Konferenz nach Genua einberufen, zu der erstmalig auch Vertreter Sowjetrußlands, Japans und der englischen Dominien Einladungen erhalten.

Die Konferenz von Genua dauerte von April bis Mai 1922.

Die Russen bringen sogleich ein ganz neues Problem zur Debatte, indem sie an Stelle der Finanzfragen die Frage der allgemeinen Abrüstung aufwerfen und unter Hinweis auf die Völkerbundsakte und die Versprechungen des Friedensschlusses auch von den Alliierten den Abbau ihrer Riesenarmeen verlangen. Da sie sich gleichzeitig weigern, die Schulen des zaristischen Rußland anzuerkennen, verlieren die Alliierten jedes Interesse an diesen unbequemen Gästen. Der französische Außenminister Barthou weist die Sowjets schroff zurück; die Arbeit der Konferenz verlagert sich in die Ausschüsse, Deutschland und Rußland werden in die Rolle von Zaungästen abgedrängt.

*

Nervi ist ein kleiner Ort an der Côte d'Azur, nahe Genua. Die weißen Felsabstürze der Ligurischen Küste liegen im milden Licht eines blauen Aprilabends, Palmen fächern über graugrünen Kakteen und blühenden Oleanderbüschen. Die Villa Theodor Wolffs, des Chefredakteurs des «Berliner Tageblatts», liegt mit Terrassen, Galerien und Pergolen am Hang und bietet einen weiten Blick auf die tiefblaue Bucht von Genua. In den Hibiskusbüschen und im Oleander hängen bunte Lampions, Schwärme von Faltern und Mücken tanzen um die Leuchtkörper, auf der Terrasse spielt eine amerikanische «Band» moderne Tanzmusik: ein wenig atonal und zerhackt, wie es diese ganze Zeit ist. Herren und Damen in Abendkleidern promenieren oder lehnen an den Balustraden. Theodor Wolff hat eine Reihe der in Genua weilenden Politiker und Journalisten aller Nationen zur Garden-Party geladen.

Theodor Wolff (1861–1943) wurde 1906 Chefredakteur des «Berliner Tagblatts», welches unter seiner Leitung zur bedeutendsten deutschen Tageszeitung neben der «Vossischen Zeitung» wurde.

Der bekannte englische Weltwirtschaftler Keynes steht mit dem Herausgeber des «Observer», Mister Garvin, an einem der Buffets und läßt sich vom weißbefrackten Kellner ein Glas Sekt reichen, als Isidor Witkowski von der «Frankfurter Zeitung» hinzutritt.

John Maynard Keynes (1883–1946) war 1919 bei der Pariser Friedenskonferenz als Sachverständiger zurückgetreten, weil er die übertriebenen Reparationsforderungen für wirtschaftlich nicht vertretbar hielt.

«Sie sagten doch, meine Herren», erinnert er, «daß Ihnen daran läge, den Minister ungestört zu sprechen. Ich glaube, jetzt wäre der Augenblick günstig – sehen Sie selbst!»

Der deutsche Außenminister Walther Rathenau ist ein hochgewachsener, imponierender Mann, dessen hoher Schädel mit den grauen Schläfen von Intelligenz und Energie zeugt. Lange, bevor er in die Politik eintrat, war er der international bekannte Vorsitzende des AEG-Konzerns – eines Unternehmens von 1,1 Milliarden Kapital –; 1914/15 leitete er die Kriegsrohstoffabteilung, seit 1921 wirkte er als Wiederaufbauminister, immer bestrebt, im zerrissenen Europa Brücken und Wege der Versöhnung zu bauen. Mit der Wende des neuen Jahres hat er das Außenministerium der Regierung Wirth übernommen und im Januar bereits in Cannes eine kurzfristige Zahlungserleichterung erreicht. Nun ist er gekommen, Deutschland in Genua zu vertreten.

Joseph Wirth (1879–1956), vom Mai 1921 bis November 1922 Reichskanzler und entschiedener Anhänger der «Erfüllungspolitik».

Der Minister hat sich eben – ein wenig ermüdet von den Debatten – in ein Rondell von Lorbeerbüschen zurückgezogen und auf einer weißen Bank Platz genommen. Eine Marmorstatue des Merkur schimmert im Dämmer der Nacht.

Da Rathenau die Engländer von früheren Konferenzen

her kennt, ist die Begrüßung herzlich. Er bittet die Herren freundlich, Platz zu nehmen; das Gespräch kommt sofort in Gang.

«Was sagen Sie, Exzellenz», fragt Keynes, «zu der leidigen Tatsache, daß die Konferenz – wie alle ihre Vorgängerinnen – wieder in ein endloses Feilschen um uneinbringbare Milliardenbeträge auszuarten droht? Wie stellt sich Deutschland grundsätzlich zu den Reparationen?»

Ein Schatten verdunkelt das durchgeistigte Antlitz Rathenaus.

«Es ist die stärkste Zahlungsleistung von Deutschland ausgegangen», sagt er, «die jemals von einem Volk der Erde an andere Völker geleistet worden ist ... Es wird gleichsam die Arbeit von drei Millionen Menschen jährlich ohne Gegengabe verzehrt ... Ohne die Werte unserer Kolonien und die abgetretenen Wirtschaftswerte Oberschlesiens und Westpreußens haben wir bereits 45,6 Milliarden Mark bezahlt ... Wir sind am Ende unserer Fähigkeit; die Reparationen sind in der heute verlangten Form ein Fluch für ganz Europa ...»

Rathenau vor dem Reichstag am 29. März 1922.

Mister Keynes, der stets ein Gegner überspannter Forderungen gewesen ist und 1919 aus diesem Grunde sein Amt als Vertreter des britischen Schatzkanzlers bei der Versailler Kommission niedergelegt hat, stimmt ihm zu.

«‹Es ist eine bemerkenswerte Tatsache schon in Versailles gewesen, daß das wirtschaftliche Grundproblem eines vor ihren Augen verfallenden Europa die einzige Frage war, für die es nicht möglich war, eine Teilnahme der «Großen Vier» zu erwecken. Wiedergutmachung war ihr Hauptinteresse auf wirtschaftlichem Gebiet, und sie behandelten es als eine Frage der Theologie, der Politik, der Wahltaktik, kurz, von jedem anderen Gesichtspunkt aus als dem der wirtschaftlichen Zukunft der Staaten, deren Schicksal in ihrer Hand lag.›

Aus Keyenes, «Pariser Erfahrungen».

Und leider ist dieser Wahnsinn der gegenseitigen Abwürgung auch heute noch nicht überwunden.»

«Sie wissen, Mister Keynes», erwidert der deutsche Minister, «daß ich auch unter dem kaiserlichen Regime für ‹einen Frieden der Versöhnung, Abkehr von Gewaltpolitik und Annexionismus› eingetreten bin. Ich wende mich auch nicht gegen die Erfüllung berechtigter Forderungen der Sieger. Doch ich frage mich, wie tief man ein Volk in Not geraten lassen darf. Wenn die Aliierten weiterhin unbarmherzig auf ihrem Schein von Versailles bestehen bleiben, von Deutschland die Erfüllung des Unmöglichen verlangen und die Mitte Europas zu einem Heerlager fronender Sklaven machen, so werden sie nicht nur das Reich, sondern auch sich selbst in den Abgrund stürzen.»

«Schade, daß die Einsicht immer nur bei den Staatsmännern der Besiegten zu finden ist», bemerkt Mister Garver mit kühlem Spott.

Rathenaus Stirn umwölkt sich.

«Am Haß wird Europa sterben, wenn es sich nicht besinnt ...

‹Die deutschen Städte werden stehen ... als halberstorbene, steinerne Blöcke, noch zum Teil bewohnt von kümmerlichen Menschen ... Ringsumher erblühen erstarkt alte und neue Länder und Glanz und Leben neuer Technik und Kraft, ernährt vom Blute des erstorbenen Landes, bedient von seinen vertriebenen Söhnen ...›»

Rathenau in der «Zukunft» (Nr. 16, 1922).

Er hebt seine Stimme in resignierter Anklage.

«Es sind dreihundert Männer, die die Welt regieren. Diese Dreihundert kennen sich untereinander. Sie sind meist alt, reich und verbohrt in ihre Pläne; ihnen geht es nicht um Völker oder Menschen, sondern um Gold und Macht. Wir sind ihnen ausgeliefert.»

Walther Rathenau erhebt sich. Er richtet seinen Blick auf die weite Fläche des Meeres, das dunkel und geheimnisvoll an den Strand rauscht.

«Und trotzdem, meine Freunde: Fest muß der Glaube an die ewigen Kräfte des Landes und des Volkes sich bewähren: In den leichten Tagen des Glanzes war er ein billiges Verdienst. Ist dieser Glaube wahrhaftig, so ist er ... stark genug, um mit unvollkommenen Mitteln, mit Mißachtung der Fehler und Vergehen des Überganges, der Nöte, der Läuterung das Endgültige zu wagen. Wagnis ist es, denn die alten Mächte grollen in der Stille, das selbstzufriedene Spießertum herrscht, und an jede neue Bewegung heftet sich blinde Gier ...»

Aus Rathenau, «Gedanken».

*

Über die offiziellen Verhandlungen und Verlautbarungen der Konferenz von Genua deckt sich das unsichtbare Gewebe der Geheimpolitik.

«Die Hauptsorge Walther Rathenaus ist der Artikel 116 des Versailler Vertrages, in dem von den westlichen Alliierten Reparationsrechte für die Russen reserviert sind, so daß diese sich jederzeit in die Front der Reparationsgläubiger einreihen können. In Genua zeigen sich die Franzosen nicht nur unversöhnlich, die Deutschen haben auch Nachricht erhalten, daß die Ententemächte mit den Russen verhandeln, um sie in ihr Lager hinüberzuziehen ...»

Wenn die Franzosen mit diesen geheimen Besprechungen Erfolg haben sollten, wäre die Isolierung des Reichs vollständig, der atemabschnürende Ring lückenlos geschlossen.

In der Nacht vom 16. auf den 17. April durchwandert Rathenau schlaflos sein Zimmer, um einen Ausweg ringend. Gegen drei Uhr klopft es an seine Tür, Baron von Maltzan, der Leiter der Ostabteilung im Außenministerium, tritt ein.

«Bringen Sie mir mein Todesurteil?» fragt Rathenau erregt.

Herr von Maltzan, der das Ostreferat selbständig leitet, den manche im Außenamt den «roten Baron» nennen, hat schon lange vor Genua versucht, mit den Sowjets ins Gespräch zu kommen. Jetzt, da Deutschland nur noch auf diese Karte setzen kann, hat der Minister ihn zum russischen Außenminister Tschitscherin geschickt.

Georgij Wassiljewitsch Tschitscherin (1872–1936) war 1918–1930 Volkskommissar des Äußeren.

«Die Russen sind bereit», sagt Herr von Maltzan, «morgen vormittag in dem kleinen Vorort Rapallo mit Ihnen zusammenzutreffen.»

Nach M. Boveri, «Rapallo» (in «Merkur», September 1952).

Das könnte die Rettung sein. Rathenau atmet auf, aber dann überfallen ihn wieder die Sorgen.

«Mir ist nicht ganz wohl bei unserer zweigleisigen Politik, Maltzan», sagt der Minister. «Denken Sie an die Baltikumkämpfe, die Unterstützung des finnischen Befreiungskampfes, an unsere Lieferungen an die Weißrussen in der Ukraine – anderseits saßen wir in geheimen Zirkeln mit Radek, Tschitscherin, Krassin zusammen: Sie, Seeckt, die SPD mit Breitscheid und Wels, Theodor Wolff und ich selbst. Es ist eine unglückliche Liebe zwischen uns und den Russen, wir können schwer zusammenkommen: Wir lieben sie als Russen und – lehnen sie als Bolschewisten ab.»

Karl Radek, eigentlich Sobelsohn (1885 geb., wahrscheinlich in Sibirien umgekommen), arbeitete am Aufbau der KPD mit und wurde 1919 ausgewiesen. Er wurde in Rußland wegen Opposition gegen Stalin 1937 zu zehn Jahren Zwangsarbeit verurteilt.

Maltzan ist viel an einer Anlehnung an Rußland gelegen.

«Exzellenz erinnern sich wohl», sagt er dringend, «daß General von Seeckt einmal das Zitat Balzacs angeführt hat: ‹Es gibt keine Überzeugungen, es gibt nur Umstände›. Die Bolschewisten müssen uns vor dem Bolschewismus retten – indem sie unserer Wirtschaft wieder auf die Beine helfen!»

«Kann man denn mit den Russen haltbare und verläßliche Verträge schließen? Wir waren doch schon einmal – im August 1920 – beinah so weit, mit den Russen und den Türken gemeinsame Sache gegen den Westen zu machen. Damals war Enver-Pascha der Treibende. Wo ist er heute? Er ist den bolschewistischen Plänen in Zentralasien und in Turkestan wohl etwas zu gefährlich geworden. Man hat nichts mehr von ihm gehört. Werden nicht auch uns die Sowjets nur als Vorspann ihrer Weltrevolution benützen wollen?»

«Exzellenz», erwidert Maltzan, «Deutschland bleibt angesichts der Unnachgiebigkeit und Verbohrtheit der westlichen Alliierten nichts anderes übrig, als sich nach Osten zu wenden.

‹Der größte Teil von uns hat bisher dem Westen mehr Sympathien entgegengebracht als dem Osten. Jetzt aber erscheint der Westen als der viel gefährlichere Feind ... Das ... muß naturgemäß zu einer Hinneigung zum Osten führen, so unsympathisch uns auch die Bolschewisten und der Bolschewismus sind›.»

Zitiert nach Blücher, «Deutschlands Weg nach Rapallo» (erschienen 1951).

«Sie haben Recht, Maltzan, die Notwendigkeiten entscheiden. Herr von Schleicher vom Reichswehrministerium hat auf diesem Sektor wohl stark vorgearbeitet? Wie weit man dabei auch militärische Bindungen ins Auge fassen muß, wird sich zeigen.

Wir werden sehen, was Tschitscherin morgen zu sagen hat ...»

*

Die Verhandlungen in Rapallo führen am 17. April zu einem politischen Zusammengehen Deutschlands und Rußlands. In dem Memorandum, das bekanntgegeben wird, heißt es, daß die beiden Staaten die diplomatischen Beziehungen auf der Basis völliger Gleichberechtigung wieder aufnehmen. Alle Ansprüche aus der Zeit des deutschen Kaiserreichs und des russischen Zarenstaates gelten

Der Abschluß des Vertrags von Rapallo bedeutete allerdings auch das Schwinden der deutschen Hoffnungen auf eine Herabsetzung der Reparationszahlungen und auf eine internationale Anleihe, so daß die deutsche Währung wieder ins Stürzen geriet.

als erledigt, Sowjetrußland verzichtet darauf, sich unter Hinweis auf Art. 116 des Versailler Vertrages an der Ausplünderung Deutschlands zu beteiligen.

Das Aufsehen, das der Vertrag von Rapallo im westlichen Lager hervorruft, ist ungeheuer. Barthou erhebt vergeblich Einspruch, Lloyd George wettert umsonst in der Presse. Der erste selbständige Schritt Deutschlands in der Außenpolitik ist getan.

Wichtiger noch sind die Geheimabmachungen, die Rathenau und Tschitscherin getroffen haben. Unter dem Namen «Gesellschaft zur Förderung gewerblicher Unternehmungen» wird eine Firma unter einem Offizier des Reichswehrministeriums und mit staatlichem Geheimkredit gegründet. Junkers errichtet eine Fabrik für Metallflugzeuge in Fili bei Moskau; eine deutsche Anlage für Giftgaserzeugung wird bei Samara an der Wolga geschaffen; eine andere deutsche Firma baut in Kasan Panzer; in Charkow liegt ein deutscher Militärflugplatz, andere «Stationen» sind über das weite Land verstreut. Russische und deutsche Heeresdienststellen arbeiten künftig zusammen. General von Seeckt entwirft die Grundlage der taktischen Ausbildung für die Rote Armee.

Die Junkers-Flugzeugwerk AG war 1919 gegründet worden, 1924 folgte die Gründung der Junkers-Motorenbau GmbH.

Deutschland und Rußland – beide von der imperialistischen Politik des Westens bedroht – geben sich gegenseitig Sicherheit.

*

Als der Minister mit dem ersten außenpolitischen Erfolg der jungen Weimarer Republik heimfährt, empfängt ihn ein widerspruchsvoller Chor, gemischt aus Beifall und heftiger Ablehnung. Die Nationalisten gießen die ganze Schale ihres Hasses über den Mann aus, der mit den Bolschewisten, mit dem «roten Gesindel», den «jüdischen Terroristen» paktiert hat.

«Das russische Privateigentum ist durch die Gewaltanwendung irregeleiteter Massen hinübergespielt worden in die Hände eines Haufens von jüdischen Terroristen und ihrer fanatischen Freunde ... Nun soll auch Deutschland in dieselben Hände gespielt werden. Der Jude Rathenau hat das Seine getan ...»

Aus Kolshorn, «Rußland und Deutschland».

Man nennt Rathenau den «Agenten des Auslands», «Er-

Der amerikanische Präsident Woodrow Wilson hoffte 1916, es könne einen Frieden geben, ohne daß eine Seite gesiegt hatte. (29)

Nächste Doppelseite:
Einberufene Reservisten und Freiwillige in New York. (30)

Präsident Wilson bei seiner Ansprache vor dem amerikanischen Kongreß, in der er den Abbruch der diplomatischen Beziehungen zu Deutschland vorschlägt, April 1917. (31)

füllungspolitiker», und macht ihm sein Judentum zum Vorwurf. Das gefährliche Schlagwort von der «jüdischen Weltverschwörung», die für alles Unglück der Welt verantwortlich sei, verwirrt die Gemüter.

Oft in diesen Tagen sitzt Rathenau am Schreibtisch seiner Villa im Grunewald und liest kopfschüttelnd die Berichte und Artikel einer heillos verwirrten Zeit. Ist man nicht hilflos gegen soviel Unverstand, Starrheit, Kleingeist und Spießertum? Wie soll man einem Volke helfen, das nur im Kämpfen, Erdulden und Opfern groß und bewundernswert ist, das zwar arbeiten und erfinden, nicht aber sein Leben gestalten kann? Warum hassen ihn diese Unbekannten?

Wegen seiner jüdischen Rasse? Er ist längst Christ und vielleicht ein besserer als mancher seiner Hasser. Hat er falsch gehandelt? Rapallo ist doch der Beginn einer neuen Ära – zum erstenmal hat Deutschland wieder Politik gemacht, es ist der Anfang der kommenden Revision von Versailles.

In ernster Nachdenklichkeit schreibt Walther Rathenau seine Gedanken in ein Tagebuch.

«Vergessen wir nicht: Kaum fünf Jahre sind es her, da nannten die Philister aufgeblasene Brutalität deutsches Wesen, daran die Welt genesen sollte, da pochten die Lobredner auf ein Gottesbündnis des Volkes der Dichter und Denker, da sandte man jubelnd die todgeweihten Millionen in den Krieg, ohne zu fragen warum und wofür, da warf man sich der strotzenden Gewalt zu Füßen und jauchzte über jeden Massenmord, da verteilte man die Welt und bespie jeden, der zu Mäßigung riet ...»

Aus Rathenau, «Gedanken».

Das Telefon schrillt. Vom Ministerium wird angefragt, ob Seine Exzellenz ins Amt käme. Der Minister erhebt sich, vor der Villa wartet der offene, schwere Mercedes.

*

Langsam rollt der Wagen durch eine wenig belebte Vorstadtstraße, als sich von hinten ein alter Militärwagen nähert, in dem drei junge Männer sitzen. Sie tragen Autobrillen und Lederkleidung, tief herabgezogene Kappen machen sie fast unkenntlich.

Als sie in gleicher Höhe mit dem Auto des Ministers

sind, steht einer der Fremden im Fond auf, hält eine Maschinenpistole in Händen. Ratternd fallen die Schüsse. Walther Rathenau sinkt getroffen vornüber. Scharf bremst der Wagen, da wirft – schon im Wegbrausen – ein anderer eine Handgranate in den Ministerwagen.

Rathenau wurde am 24. Juni 1922 ermordet.

Passanten rennen zusammen, der Chauffeur und eine junge Dame heben den Zusammengesunkenen auf, Blut sickert ihm aus den Mundwinkeln. Er ist tot.

*

Wie einst vom Wiener Kongreß vor mehr als hundert Jahren Deutschland und Italien, obgleich sie auf der Seite der Sieger standen, als die Ungeeinten, Nichtbefriedigten und eigentlich Besiegten nach Hause gehen mußten, so hat auch Versailles dem Lande Italien den erhofften Lohn für seinen Kriegseinsatz gegen die Mittelmächte vorenthalten.

Italien hatte im Friedensvertrag von Saint-Germain (10.9.1919) nur einen Teil seiner Forderungen durchsetzen können. Es hatte insbesondere keinen Anteil an der Verteilung der Völkerbundsmandate über die deutschen Kolonien.

Fiume wird zum Fanal, die Stadt ist unter dem Druck der Alliierten von der bürgerlichen italienischen Regierung preisgegeben worden. Dazu kommen verworrene und katastrophale wirtschaftliche Verhältnisse im Innern des Staates; die Liberalen scheinen die Macht nur zur Erlangung von Vorteilen ihrer eigenen Kaste zu nützen, das Bürgertum scharrt kleinliche, persönliche Gewinne zusammen, während die Massen verelenden und immer mehr dem radikalen Sozialismus in die Arme getrieben werden.

Die Behörden sind im Kampf gegen den um sich greifenden Kommunismus zögernd und lahm, wollen sich beliebt machen, indem sie der Polizei und dem Militär, das noch die einzige Stütze des Staates ist, bei jeder Gelegenheit in den Rücken fallen, kommunistische Gewalttaten unbestraft lassen und riesige Unterstützungen an sozialistische Vereine bezahlen.

Auf dem Lande haben sich Knechte, Landarbeiter und Kleinbauern der Güter bemächtigt; dort, wo die Bauern ihren Bodenzins in Feldfrüchten bezahlen, bleiben die Anteile der Gutsherrschaften ungeerntet auf den Feldern stehen. In den Städten werden Industriewerke von roten Kampftrupps besetzt. Da die Regierung untätig zusieht, wächst die Abwehr aus den Reihen des Kleinbürgertums.

Benito Mussolini (1883–1945), ursprünglich Volksschullehrer, gründete nach seinem Wechsel ins nationalistische Lager vorerst eine eigene Kampfzeitung, den «Popolo d'Italia».

Benito Mussolini, der 1912 bis 1914 den sozialistischen «Avanti» geleitet, sich dann aber von den Sozialisten getrennt und 1919 aus Kriegsteilnehmern die ersten Gruppen des «Fascio di Combattimento» mit dem Bekenntnis «Revolution und Vaterland» ins Leben gerufen hatte, wird in diesen unruhigen Jahren zum Führer des nationalen Widerstandes. Noch im November 1919 hatte er bei den allgemeinen Wahlen nur 5000 Stimmen bekommen, zwei Jahre später zog er mit 178000 Stimmen an der Spitze von 35 faschistischen Abgeordneten ins Parlament ein. Seine Partei gliedert sich nach altrömischem Vorbild in Skader, Manipel, Zenturien, Kohorten und Legionen. Dem kommunistischen Ideal der Internationale setzt er die neu erweckte Tradition des römischen Imperiums entgegen. Die Soldaten laufen ihm aus Neigung zu Ordnung, Disziplin und nationalem Selbstbewußtsein zu, das Bürgertum aber steht an seiner Seite, weil es sich vor den Roten fürchtet. Es ist wie die Herde, die vor dem Ausbruch des Gewitters Schutz bei dem Stärksten sucht.

Um die Mitte des Jahres 1922 scheint das Ringen der Roten und der «Schwarzhemden» dem Höhepunkt zuzustreben.

«In einem letzten Versuch, ihre zerstörerische Kraft zu zeigen, organisieren die Kommunisten am 31. Juli 1922 einen Generalstreik. Sie hoffen, das würde so viele Aufstände hervorrufen, daß die Regierung gezwungen würde, die Faschisten mit Gewalt zu unterdrücken. Jeder Arbeiter muß seinen Arbeitsplatz sofort verlassen. Keine Züge sollen gefahren, keine Lebensmittel befördert, die ganze Nation soll lahmgelegt werden.»

Aus Ward Price, «Führer und Duce».

Dagegen erklärt Mussolini, daß seine Faschisten der Regierung 48 Stunden Zeit geben würden, den Streik zu unterdrücken. Sollte das nicht geschehen, so würden er und seine Anhänger es selbst tun.

Die Machtprobe beginnt. Italien steht vor weitreichenden Entscheidungen.

*

Mit einem der letzten Eisenbahnzüge, die im Hauptbahnhof Turin einlaufen, ist der amerikanische Journalist Ward Price angekommen. Er hat die Reihe der Konferenzen von Cannes bis Haag mitgemacht und will nun – bevor er zur neuen, in London anberaumten Konferenz weiterreist – die

Diese Konferenzen fanden in der Zeit vom Juni bis August 1922 statt.

italienischen Ereignisse aus der Nähe kennenlernen. Für die USA ist Italien eine kleine Halbinsel, bevölkert mit Postkartenverkäufern, Fremdenführern und Eseltreibern, ein hübsches Reiseziel – mehr nicht. Da Italien keine bedeutende Industrie, keine wesentlichen Rohstoffgebiete und keine aufnahmefähigen Märkte hat, ist das Land für die Amerikaner geschäftlich ohne Interesse. Ward Price kennt Italien besser als der Durchschnitt seiner Landsleute, er weiß um die leidenschaftlichen Kräfte, die im Herzen dieser Nation schlummern, und er fürchtet um dieses Volk, das der Welt Erfinder, Künstler, Denker und Dichter geschenkt hat. Ein Land wie Italien, das durch seine geographische Lage und Gestalt eine ausbaufähige Position im Mittelmeer besitzt, darf nicht kommunistisch werden, wenn Europa weiterhin zur bürgerlichen Welt gehören will.

*

Es ist spät am Abend, eine ferne Uhr schlägt die zehnte Stunde. Auf dem Bahnhofsplatz von Turin brennen nur wenige, trübe Bogenlampen. Kein Taxi, kein Träger ist zu sehen. Als Price die Piazza Vittorio Emanuele erreicht, wo man sonst die Perlenreihe der Lampen über die Po-Brükken glitzern sah, erlischt das letzte Licht, und völlige Finsternis fällt auf die Stadt.

Das ist der Generalstreik. Irgendwo aus der Dunkelheit des Borgo San Salvatore werden die Tritte vieler marschierender Füße hörbar, ein Fetzen der Internationale weht herüber.

Der Amerikaner drückt sich in die Schatten der Mauern, wenn ihm aufgeregte Trupps entgegenkommen. Aus einer Seitengasse schrillen Hilferufe, laufende Menschen stürmen aus der Nacht, Schläge fallen und Revolverschüsse peitschen.

«A noi!» ruft eine Kommandostimme herrisch, «Her zu uns!»

Das ist der Kampfruf der Faschisten. An den Mauern eines großen Fabrikkomplexes, an dem der späte Wanderer vorbeikommt, stehen mannshohe Buchstaben in weißer Farbe: «Viva Lenin» – «Viva Moskau».

Bei den Kammerwahlen 1919 erhielt die faschistische Liste lediglich 4000 Stimmen. Erst durch die Umsturzbemühungen der Kommunisten erhielt die faschistische Gegenbewegung einen starken Zuwachs.

Kurz bevor Price die Villa seines Bekannten, eines Abteilungsleiters in einem der Großbetriebe, erreicht, wird er Zeuge, wie eine Schar junger Schwarzhemden einen älteren Arbeiter verprügelt.

«Und nun die Rizinusflasche, Giosé!» hört er eine Stimme befehlen. «Dann wollen wir ihn fest genug an eine Laterne der Via di Roma binden, damit die Leute morgen etwas zu lachen haben.»

Das also waren die berühmten «Rizinuskuren» der Faschisten. Auf diese Weise führten sie den Kampf gegen den Marxismus.

*

Eine halbe Stunde später sitzt Ward Price seinem Freund, Signor Bonino, gegenüber. Aber wie sieht es in der hübschen, kleinen Villa aus: Jalousien sind herabgelassen, Lebensmittelvorräte sind aufgestapelt, Gefäße mit Trinkwasser im Korridor aufgereiht – wie in einer belagerten Festung. Das Bürgertum hat sich auf den Generalstreik eingerichtet.

Beim Schein der flackernden Kerze erkennt der Amerikaner auf Boninos Rockaufschlag das altrömische Rutenbündel – de «Faces» – mit dem Beil.

«Sind Sie Mussolini-Anhänger geworden?» fragt Price erstaunt. «Als wir uns zuletzt sahen, gehörten Sie doch der christlich-demokratischen Partei an.»

Signor Bonino zuckt ergeben die Achseln.

«Was soll man machen, Mister Price? Zwischen zwei Übeln muß man das kleinere wählen, jetzt heißt das: Mussolini!»

«Wissen Sie noch», fährt er fort, «wie es war, als Sie uns das letztemal besuchten? Im September 1920? Damals hielten 13000 rote Arbeiter unsere Werke besetzt, 2000 von ihnen waren bewaffnet. Zwei unbeliebte Werkmeister waren von den Kommunisten auf Schaufeln gebunden und in die glühenden Schmelzöfen geworfen worden. Die Polizei tat nichts, sie fürchtete sich, gegen die Mörder vorzugehen, mußte sie doch im Falle einer Interpellation der kommunistischen Kammerabgeordneten damit rechnen, bestraft zu werden. Unsere Regierung aber steckte den Kopf in den Sand, die großen Bankiers und Industriellen brachten ihr Geld ins Ausland, die bügerlichen Parteien

Das Folgende nach Ward Price, «Führer und Duce».

tätigten ihren üblichen Kuhhandel in der Kammer und spielten sich fette Posten zu. Was sollten wir kleinen Bürger tun? Etwa Kommunisten werden? Die wollen uns gar nicht, die erklären ja ganz offen, daß sie nur den Proletarier leben lassen wollen. Na – also ...» Signor Bonino faßt achselzuckend an sein Faschistenabzeichen.

*

Der Generalstreik bricht nach acht Tagen zusammen. Faschisten übernehmen die Versorgung der Bevölkerung, die Aufrechterhaltung des Verkehrs. Dieser Erfolg bringt dem Lager Mussolinis großen Zulauf. Da die Regierung des achtzigjährigen Giolitti sich als völlig ohnmächtig erweist, beschließt Mussolini zu handeln. Die Armee, die ebenso wie die Polizei der Prügelknabe einer unentschlossenen Regierung ist, gibt den Faschisten zu verstehen, daß sie nicht auf die Schwarzhemden schießen werde. Hohe Generale, wie der Herzog von Aosta, fordern Mussolini auf, zur Aktion zu schreiten.

Giovanni Giolitti (1842–1928) war bis 1914 mehrmals Ministerpräsident.

Im Herbst 1922 ruft der «Duce» seine Anhänger zu zwei großen Parteizusammenkünften auf. In Neapel spricht Mussolini vor 40 000 bewaffneten Faschisten.

Er erklärt:

«Entweder gibt man uns die Regierung, oder wir nehmen sie uns mit Gewalt. Die elende regierende Klasse muß an der Gurgel gepackt werden ...»

Aus der Rede Mussolinis vom 24. Oktober 1922.

Er spricht von der verpflichtenden Geschichte Italiens, von Roms Größe und Macht und den im Volke ruhenden Kräften, die er wecken und einsetzen wolle.

Gleichzeitig finden sich mehr als 20 000 Faschisten in Perugia zusammen. Der Duce ist unterdessen wieder nach Mailand zurückgekehrt, um die Redaktion des «Popolo d'Italia» zu führen. Am 26. Oktober geht ein Ultimatum seiner Freunde an die Regierung ab. Endlich ermannt sich das Ministerium, man wird Truppen gegen die Aufrührer ausrücken lassen; aber da erweist es sich, daß die Armee völlig faschistisch durchsetzt ist. Der König weist das Dekret zur Erklärung des Belagerungszustandes zurück, er unterschreibt nicht.

Der «Popolo d'Italia» hat verkündet, eine faschistische Regierung werde sich auf die Monarchie und auf die Armee stützen. Das entscheidet. Am 30. Oktober erhält Mussolini einen Anruf vom Adjutanten des Königs, General Cittadini, er möge sogleich nach Rom kommen und an die Spitze der Regierung treten.

Im Schlafwagen reist der Duce seinen Kolonnen nach, die sich bereits zum Einmarsch in Rom anschicken. Er erreicht sie in Civitavecchia. Blumen, Fahnen und Eviva-Rufe empfangen ihn, steigern sich im Taumel der Begeisterung zum Orkan.

Nach Minuten erst kommt Mussolini zu Wort.

«Freunde, Seine Majestät der König hat mich nach Rom berufen, um eine Regierung zu bilden. Ich werde das tun. Aber ich fordere von euch vor allem Ruhe, Ordnung und Disziplin, nichts darf unseren Sieg schänden. Italien ist in unserer Hand, und wir schwören, es wieder zu seiner früheren Größe zu führen.»

Rede Mussolinis vom 30. Oktober 1922.

Am Mittag dieses Tages wird der Duce vom König begrüßt. In der Uniform der Schwarzhemden empfängt er seine Ernennung zum Premierminister. An der Seite des Königs nimmt er am Palazzo Quirinale die Parade der siegreichen Partei ab.

*

Während in Italien die Verhältnisse sich festigen, nimmt die Spannung und Wirrnis im übrigen Europa täglich zu. Ende 1922 hat Raymond Poincaré als Ministerpräsident und Außenminister das Steuer Frankreichs in die Hand genommen. Er hält noch unbeugsamer als Georges Clemenceau den Kurs von Versailles.

Mussolini wurde am 31.10.1922 an die Spitze der Regierung berufen.

Poincaré stammt aus Bar le Duc, einem kleinen Städtchen Lothringens, und vertritt das konservative Frankreich der Provinz …,

«das bleibende Frankreich, für das er einer der echtesten Repräsentanten ist, nicht das unruhige Talmi-Frankreich, wie man es teilweise in Paris zu sehen bekommt, – und das ist eine ungemein traditionsgebundene Volkgemeinschaft. Alles trägt dazu bei, das Vorherrschen des kleinen Grundbesitzes, die Ehrfurcht vor der Familie, die fast religiöse Auffassung vom Erbrecht, die wirtschaftliche Unabhängigkeit des Landes und sein eingewurzelter Nationalstolz.»

Aus Sforza, «Gestalten und Gestalter».

Raymond Poincaré (1860–1934) war schon im Januar 1912 erstmals zum Ministerpräsidenten gewählt worden (bis 1920). Er versah dieses Amt nochmals 1922–24 und 1926–29.

Das Frankreich der kleinen Städte und der Dörfer, in

dem man als Rentner und friedlicher Bürger oder Landwirt lebt, glaubt an die Heiligkeit von Verträgen, es glaubt an die Notwendigkeit, daß bezahlt werden müsse, was unterschrieben sei. Deutschland hat in Versailles unterschrieben, alle Kriegsschäden zu bezahlen – aber es behauptet mit stets neuen Ausreden, nicht bezahlen zu können. Das ist unreell und verwerflich. Frankreich will endlich seinen Sieg in praktischen Auswirkungen sehen, es will den Goldstrom der Reparationen in Empfang nehmen, seine zerstörten Provinzen aufbauen und politisch ebenso nach den Grundsätzen des Sparens und Erbens leben, wie es seine Bürger tun.

Poincaré wird zum Verfechter des guten Rechtes der Franzosen auf die deutschen Milliarden. Schon auf der zweiten Londoner Konferenz, auf der das Reich um Stundung und Schuldenermäßigung bittet, drängt er auf Verschärfung der Gegensätze, um einen Vorwand für seine «Politik der produktiven Pfänder» zu gewinnen – für eine militärische Pfändung Deutschlands im Rheinland. Gegen Amerika und England, die durchaus keine französische Übermacht in Kohle und Stahl wünschen, erstrebt Poincaré die Besetzung des Ruhrgebietes.

Aus Friedensburg, «Die Weimarer Republik».

«Am 26. Dezember 1922 stellt die Reparationskommission fest, daß Deutschland im Jahre 1922 seinen Verpflichtungen bei der Lieferung von Holz nicht vollständig nachgekommen sei, ebensowenig am 9. Januar 1923 hinsichtlich der Kohlenlieferungen. So begreiflich die geringen Fehlmengen in Anbetracht der wirtschaftlichen Zerrüttung Deutschlands waren, und obwohl die englischen Vertreter gegen die französische Auffassung stimmten und auch die anwesenden amerikanischen Sachverständigen dringend zur Mäßigung rieten, so waren die Fehlbeträge für die französische Regierung dennoch der Anlaß, um ihre Politik der produktiven Pfänder im Ruhrgebiet in die Tat umzusetzen ...»

Die fünf französischen Divisionen marschierten unter dem Vorwand des Schutzes einer Ingenieurkommission im Ruhrgebiet ein.

Die diplomatischen Proteste der deutschen Regierung gipfelten in der Abberufung der Botschafter aus Brüssel und Paris.

Am 11. Februar gibt Ministerpräsident Poincaré einer Armeegruppe von 5 Divisionen mit 2 Generalkommandos Befehl, in das Ruhrgebiet einzurücken. Zwei Tage später erklärt die Reichsregierung Cuno – nachdem ihre diplomatischen Proteste nutzlos geblieben sind – den «passiven Widerstand». Die Bevölkerung, die noch vor zwanzig Monaten unter dem internationalen Banner der Verbrüderung aller Schaffenden marschiert ist, wird von tiefem nationalem Zorn erfaßt. Kein Geschäft verkauft den Eindringlingen Waren, keine Grube fördert mehr Kohlen, die Eisenbahnen liegen still. Eine Straßenbahn, in die ein Angehöriger der Besatzung einsteigt, bleibt verlassen auf der Strekke stehen, die Gebäude, in die Franzosen einziehen, haben in der folgenden Nacht weder Wasser noch Gas oder Licht. Selbst die Zeitungen, denen die Besatzung Veröffentlichungen auferlegt, stellen ihr Erscheinen ein, die Post läßt alle Sendungen mit französischen Absendern oder Empfängern liegen, verbissen und stumm wehrt sich der «Kohlenpott» gegen die Gewalt.

Aber die wirtschaftliche Katastrophe ist für Deutschland trotzdem unaufhaltbar. Frankreich sperrt jede Ausfuhr von Kohle, Koks und Eisenwaren nach dem unbesetzten Reich; die streikenden Arbeitermassen an der Ruhr wollen essen und sind auf die in ganz Deutschland gesammelten Unterstützungen angewiesen, aber das Volk dort sieht sich selbst dem Hunger und der völligen Verarmung ausgeliefert. Die Papiermark beginnt ins Bodenlose zu fallen, die Inflation wird zum verschlingenden Abgrund.

Bei Beginn der Besetzung steht der Dollar auf 10 450 Mark. Ende Januar notiert er schon 49 000, bis zum Juni hat er 100 000 und im Juli 1 Million Mark erreicht.

Das politische und wirtschaftliche Chaos ist Wasser auf die Mühlen der ewigen Landsknechte, sie finden nun neue Aufgaben. Geheime Bünde, Reste der Freikorps, Freiwilligenverbände arbeiten nach den bewährten Methoden der Stoßtrupptaktik im Kriege. Sie halten nichts vom stillen, passiven Widerstand, sie greifen an, werden aktiv und verwenden Pulver und Blei. In den Nächten entgleisen die in französischer Staatsregie fahrenden Eisenbahnzüge, die beladen mit geraubter Ruhrkohle westwärts fahren; Brükken und Weichen gehen in die Luft; Gefangene werden aus den französischen Kasernen befreit, mißliebige Besatzungsoffiziere fallen unter den Kugeln der Widerstandskämpfer.

Der Verrat schleicht durch die eigenen Reihen. Überall finden sich käufliche Subjekte, die gegen die Gemeinschaft eines ganzen Volkes stehen. Auch einer der tatkräftigsten Führer der Widerstandsaktion – Albert Leo Schlageter, Kriegsoffizier, Freikorpsmann und Anhänger Hitlers – fällt in die Hände der Franzosen. Das Kriegsgericht verurteilt ihn zum Tode. Am 22. April 1923 schreibt er an seine Eltern und Geschwister:

Aus Schlageters Abschiedsbrief.

«Es waren seit meiner Verhaftung am 7. April bis heute entsetzliche Tage. An mich konnte ich gar nicht mehr denken, mein Schicksal war auch Nebensache, ich habe gehandelt aus Liebe zu meinem Vaterlande, ich weiß dafür zu büßen ...»

Alle nationalen Leidenschaften sind aufgepeitscht, und jede Tat, die geschieht, treibt sie noch höher hinauf.

Nun sind die Zeitungen, die noch vor kurzem von Europa und der Menschheitsaufgabe Deutschlands schrieben, voll von Gesängen nationalen Zornes.

Am 26. Mai wird Schlageter, den sein Schicksal zum Idol aller Nationalisten macht, auf der Golzheimer Heide bei Düsseldorf erschossen. Sein Name wird zum Signal für die Propaganda der Rechtsradikalen.

Am 10. Juni veranstaltet die erstarkte NSDAP unter Adolf Hitler auf dem Königsplatz in München eine Massenkundgebung, an der sich auch der mit den Kampfscharen Hitlers vereinte Bund «Bayern und Reich» beteiligt. Abt Schachleitner hält die Gedächtnisrede.

Alles drängt zur Explosion und gewaltsamen Änderung des Bestehenden. Die Papiermark ist völlig wertlos geworden, im August steht ihr Kurs bei 2452000 Mark für den Dollar, im September bereits bei 38 Millionen, Waren werden nur noch gegen Goldmarkrechnung, gegen Tauschwerte oder Schmuck abgegeben. Arbeiter und Angestellte tragen die Löhne im Rucksack oder Koffer heim, auf den Feldern in der Umgebung der Großstädte müssen Wachtürme mit Scheinwerfern aufgerichtet werden, um die zunehmenden Diebstähle und Plünderungen einzudämmen.

Goldmark, die nach dem Ersten Weltkrieg eingeführte Rechnungseinheit entsprach 0,358423 g Feingold.

Der Wahnwitz einer zerrütteten menschlichen Gesellschaftsordnung scheint den Höhepunkt erreicht zu haben.

*

Hein Kröger fährt in der Rheinuferbahn in Richtung Ruhrort. Seine Mutter hat von einer Bekannten erfahren, daß es dort ein Geschäft gebe, in dem man Kartoffeln gegen Papiergeld – ganz ohne Gegengabe – kaufen könne. Sie hat Hein gebeten, rasch hinzufahren, bevor das Millionengeld wieder wertlos geworden sei. Die Arbeiter werden zwar täglich ausbezahlt, aber oft ist es so, daß sie anderntags nur noch ein paar Brötchen bekommen, weil der Kurs über Nacht gefallen ist.

Als der Schaffner kommt, zieht Hein ein Bündel Scheine hervor. Die Fahrt kostet 1 Milliarde 200 Millionen Mark.

In Ruhrort findet Hein das Geschäft leichter, als er gedacht hat. Vor der Tür stehen 300 bis 400 Menschen – ausgemergelte Frauen, kleine Kinder mit grauen Hungergesichtern und Männer in alten Militärjacken. Der Mutter zuliebe reiht sich Hein in die Kette, es wird Stunden dauern, bis er zur Ladentür vorgerückt sein wird. Ob es dann noch Kartoffeln gibt, ist fraglich.

Mit dem neben ihm stehenden Invaliden unterhält sich Hein über die neuen Anweisungen der Besatzung.

«Die Poilus pochen auf ihre Maschinengewehre», sagt der Invalide, «ich war am 31. März dabei, wie sie bei Krupp in Essen in die dichtgeballten Arbeitermassen feuerten. Aus Angst soll es passiert sein, weil ein Leutnant die Nerven verlor.»

Der Zwischenfall vom 31. März in Essen war der schwerste dieser Art. Die Schießereien forderten insgesamt 13 Todesopfer.

«Wir sind doch verkauft und verraten», erwidert Hein resigniert, «jetzt hat uns auch das Reich aufgegeben. Der neue Reichskanzler Stresemann sucht die Verständigung mit Frankreich, der passive Widerstand ist vorbei.»

Der passive Widerstand wurde am 26. September 1923 aufgegeben.

«Richtig, Kumpel!» ruft einer hinter ihnen, «vom Reich ist nichts mehr zu erwarten. Die sind fertig. Aber es gibt noch anderswo Brot.»

«Hast du Arbeit?» fragt der Invalide.

«Und was für eine. Ganz leicht. Nichts zu tun, als spazierenzugehen, ein paar Villen von vollgefressenen Bürgern durchzusuchen und die guten französischen Francs dafür einzukassieren.»

«Wo gibt's denn sowas?» zweifelt der Invalide.

«Nichts für dich, Kumpel, dazu hast du ein Bein zu wenig. Aber der Kamerad hier», der Mann wendet sich mit öliger Freundlichkeit an Hein, «dem würde ich schon ein Pöstchen besorgen.»

«Na, denn spiel mal deine Karten aus!» sagt Hein mit verdächtiger Freundlichkeit.

Der Fremde dämpft seine Stimme. «Du weißt doch», sagt er, «am 21. Oktober haben die Separatisten in Aachen unter dem Schutz der Franzmänner die ‹Rheinische Republik› ausgerufen und am 24. Oktober in Speyer; dort hat man die ‹Autonome Pfalz› verkündet. Nun brauchen sie dort drüben eine Leibgarde, und die holen sie sich lieber von anderswo. Das Bürgerpack muß unter dem Knüppel gehalten werden.»

Kaum hat der Werber ausgeredet, als ihn Hein Kröger am Kragen packt und auf ihn einschlägt. Und als die andern hören, um was es sich handelt, regnet es Schläge und faule Kartoffeln auf den Abgesandten der Separatisten.

Als sich die Schlange vor dem Laden wieder geordnet hat, sagt der Invalide wohlwollend zu Hein: «Dich hab' ich doch schon mal gesehen, warst du nicht bei der roten Volkswehr, damals, im zwanziger Jahr?»

Hein blickt verlegen zu Boden und meint, der andere müsse sich wohl getäuscht haben. Nein, mit den Kommunisten habe er nichts zu tun, er habe etwas Besseres gefunden: ‹Gemeinnutz geht vor Eigennutz› und ‹Brechung der Zinsknechtschaft›. Ein gewisser Dr. Goebbels in Düsseldorf könne darüber reden, daß ein jeder gepackt werde.

Joseph Paul Goebbels (1897–1945) hatte sich 1922 der NSDAP angeschlossen.

«Solltest mal hinfahren, Kumpel, es lohnt sich! Denn darüber sind wir uns ja wohl einig, daß es nicht so bleiben kann, wie es jetzt ist?»

Langsam rückt die Schlange gegen den Laden vor. Durch die Hauptstraße rasselt ein französischer Tank.

*

In diesen wirren Jahren vollzieht sich der Aufstieg des Gefreiten Adolf Hitler, der in einer Stunde des verzweifelten Hasses geschworen hatte, Politiker zu werden. Ein geniales Fingerspitzengefühl für die Schwingungen der Masse läßt ihn auf der Seele der rat- und führungslosen Menge wie auf einem Instrument spielen. Er hat die entwurzelten, politisierenden Landsknechte durch seinen betonten Nationalismus an sich gezogen und hat gleichzeitig die Arbeiterschaft und das verarmte Kleinbürgertum mit Plänen sozialen Ausgleichs und mit Hetze gegen die «Novemberverbrecher», die Kriegsgewinnler, die Juden und mit Beschuldigungen mysteriöser Mächte, wie der Freimaurer, der Weisen von Zion oder der Jesuiten, gewonnen.

Seine militaristischen Parteigänger, an ihrer Spitze der ehemalige Reichswehrhauptmann Ernst Röhm, der Pour-le-mérite-Flieger Hermann Göring, der Kampfflieger Rudolf Hess und der Oberleutnant Brückner, haben ihm aus den Stoßtrupps, die den Saalschutz der Versammlungen ausüben, eine Wehrorganisation – die Sturm-Abteilung – geschaffen.

Rudolf Hess (geb. 1894) war Hitlers Privatsekretär und wurde 1933 «Stellvertreter des Führers».

Kleine, ähnlich gerichtete Gruppen stoßen zu Hitler. Im September 1922 führt ihm Julius Streicher, ein fanatischer Volksschullehrer aus Nürnberg, die «Deutsche sozialistische Partei» zu. Der Kreis weitet sich aus.

In Nürnberg findet am 1. und 2. September 1923 in Anwesenheit des Generals Ludendorff der «Deutsche Tag» statt. Bei diesem großen nationalsozialistischen Treffen erfolgt die Gründung des «Deutschen Kampfbundes», in dem die NSDAP, die «Reichskriegsflagge» und der «Bund Oberland» zusammengefaßt sind ...

Zitiert nach Sammlung Rehse, «Dokumente der Zeitgeschichte» (Band 1).

Unermüdlich widmet sich Adolf Hitler seiner Berufung als Trommler eines kommenden «Dritten Reiches». Am 16. September 1923 läßt er in Hof 4000 bewaffnete SA-Männer an sich vorbeidefilieren. Da General Ludendorff Verhandlungen mit ihm aufgenommen hat, wird er nun auch salonfähig. In Bayreuth ist er in der Villa Wahnfried gern gesehener Gast von Siegfried und Winifred Wagner, er trifft dort auch den englischen Kulturhistoriker Houston Stewart Chamberlain, mit dem ihn Antisemitismus und mystischer Glauben an die übernationale, verderbliche Wirksamkeit der «geheimen Mächte» verbinden.

Houston Stewart Chamberlain (1855–1927) vermählte sich 1908 mit Richard Wagners Tochter Eva und wurde 1916 deutscher Staatsangehöriger. Er wirkte mit seinem Werk «Die Grundlagen des 19. Jahrhunderts» stark auf die Rassenlehre des Nationalsozialismus ein.

Am 26. September 1923 hat die Regierung den passiven Widerstand im Ruhrgebiet eingestellt, die Franzosen sind als Sieger aus dem zähen Kampf hervorgegangen. Im Oktober beginnen die Separatisten-Unruhen im Rheinland. Anfang November steht die Goldmark auf 1 Billion. Eine Semmel kostet 100 Milliarden Mark, eine Straßenbahnfahrt 660 Milliarden.

Aus dieser Atmosphäre – das ist die Meinung der Männer um Hitler – muß die Flamme schlagen, die alles in Brand setzt.

«Nach langen Verhandlungen und Intrigen haben es Hitler und die hinter ihm stehenden Kreise des politisierenden Landsknechtstums mit Röhm und Göring an der Spitze endlich erreicht, daß sowohl die bayrische Staatsregierung mit Herrn von Kahr an der Spitze als auch die Münchener Reichswehrkreise unter der Leitung des Generals v. Lossow, den Putsch der SA und der Hitler ergebenen, sonstigen Wehrverbände als eine Erhebung Bayerns gegen Berlin billigen ...»

Aus Alexander, «Mythus Hitler».

Der ehemalige Generalquartiermeister Erich Ludendorff steht der Verschwörung nahe und gibt seine Zustimmung, im Falle des Gelingens als «Reichsdiktator» die Führung zu übernehmen. Die Militärs, die die Qualitäten Hitlers als Trommler für die Masse schätzen, sind sich durchaus nicht einig, was man später mit ihm machen soll. Göring meint, «man müsse Hitler irgendwie in die neue Regierung mit hineinnehmen».

*

Es ist der Abend des 8. November 1923. Die Bogenlampen der Münchener Isarbrücke spiegeln sich im nassen Asphalt. Ständig rieselt Regen aus nachtschwarzem Himmel; doch trotz dieser schlechten Witterung und der empfindlichen Kälte strömen immer neue Massen den Rosenheimer Berg hinauf.

Bei dieser Kundgebung zum 5. Jahrestag der Revolution traf sich im Bürgerbräukeller alles, was in München Rang und Namen hatte, zu einer Demonstration gegen den Marxismus.

Die Regierung Kahr veranstaltet im «Bürgerbräukeller» eine Kundgebung. Man spricht davon, daß eine bayrische Erhebung gegen Berlin vorbereitet werden soll.

Der gewaltige Bräusaal ist bis zum letzten Stehplatz mit Menschen gefüllt, sogar unter den kahlen Kastanien des Gartens wogt es Kopf an Kopf. Generalstaatskommissar von Kahr steht seit 20 Uhr auf dem Podium und spricht. In den ersten Reihen sitzen Reichswehr-Generalleutnant von Lossow, der Chef der Landpolizei Oberst Seißer, die Regierungsmitglieder und die Führer nationaler Verbände.

Gegen 20.45 Uhr entsteht Unruhe am Saaleingang, Herr von Kahr blickt mißbilligend von seinem Manuskript auf, alle Köpfe wenden sich zum Tor. Ein Dutzend bewaffnete Männer in Windjacken schieben sich durch den Mittelgang, in ihrer Mitte geht Adolf Hitler.

Plötzlich springt er auf einen Stuhl, steht einen Augenblick, allen sichtbar, über den Köpfen.

In dem allgemeinen Lärm versteht man kein Wort. Doch der «Führer» – wie ihn seine Anhänger nennen –

zieht eine Armeepistole, feuert mit großer Geste einen Schuß in die Saaldecke und schafft sich Gehör.

«Die nationale Revolution ist ausgebrochen. Der Saal ist von Bewaffneten besetzt. Niemand darf den Saal verlassen ...»

Aus «Dokumente zur Zeitgeschichte».

Dann gibt er eine Erklärung ab, daß die Regierungen des Reichs und Bayerns hiermit abgesetzt seien und eine neue provisorische Nationalregierung gebildet werde, in der er – Adolf Hitler – das Amt des Reichskanzlers übernehme. General Ludendorff sei zum Führer der neuen Nationalarmee und zum Reichsverweser bestimmt.

Ohne zu zögern, tritt Hitler, von Bewaffneten begleitet, vor Kahr, Lossow und Seißer und fordert sie auf, ihm ins Nebenzimmer zu folgen. Er setzt ihnen die Beweggründe seines Handelns auseinander und fordert sie auf, sich auf seine Seite zu stellen.

Angesichts der unmißverständlichen Drohung mit den Waffen erklären sich die Vertreter der Staatsgewalt einverstanden. Eine Minute später steht der Vielgewandte auf dem Rednerpodium, setzt sich theatralisch die Pistole an die Schläfe und hebt die Linke zum Schwur:

«Wenn ich morgen nachmittag nicht Sieger bin, so bin ich ein toter Mann!»

Ludendorff – sichtlich beeindruckt von dieser Geste eines Todesentschlossenen – tritt zu Hitler und reicht ihm die Hand. Die Minister geben nun auch vor der Versammlung die Versicherung ab, mit den Verschwörern zu marschieren. Sie werden auf ihr Ehrenwort entlassen.

Hitler spricht, er überflutet die Masse mit berauschenden Worten und versetzt sie in Raserei. Spät abends quillt der Strom auf die Straßen. Männer in Feldgrau, mit Windjacken oder in der Tracht der Oberländer mit umgehängten Gewehren marschieren durch das nächtliche München. Die schlafenden Bürger schrecken hoch, denn brausend schlägt ein neues Kampflied an die Fenster.

«Wir sind das Heer vom Hakenkreuz,
hebt hoch die roten Fahnen.
Der deutschen Arbeit wollen wir
den Weg zur Freiheit bahnen ...»

Kampflied der NSDAP von 1923.

*

Die Mitglieder der Regierung Kahr sagten sich noch in der gleichen Nacht vom ganzen Unternehmen los und widerriefen ihre Zustimmungserklärungen als erpreßt.

In der Nacht spielen die Drähte. Die Regierung von Kahr denkt in Wahrheit nicht daran, mit diesem Aufstand der Straße und des Landsknechtstums gemeinsame Sache zu machen. General von Lossow hat sich zudem durch einige Telephongespräche davon überzeugt, daß er noch nicht einmal auf die Mitwirkung aller bayrischen Reichswehrteile rechnen kann. Der Chef des Heeres aber, General von Seeckt, erklärt:

«Eingriffe Unberufener in die Ordnung des Reichs und der Länder wird die Reichswehr unter meiner Führung mit Nachdruck zurückweisen, von welcher Seite sie auch kommen mögen. Alle staatserhaltenden und reichstreuen Kräfte sollen zur Reichswehr stehen ...»

Erklärung Seeckts vom 9.11.1923.

Die Nacht ist unruhig. Auf dem Oberwiesenfeld und anderen Sammelplätzen warten Freikorps, Oberländer, SA-Trupps. Es fällt niemandem auf, daß die Münchener Abteilung der Grünen Landpolizei abmarschiert und daß, von Augsburg und anderen Orten, telegraphisch gerufen, Lastwagen mit Polizei eintreffen, die durchaus nicht nationalsozialistisch gesinnt ist.

Der Morgen des 9. November bricht grau und regnerisch an.

An den Hauswänden kleben Plakate in schreiendem Rot.

«Proklamation an das deutsche Volk! Die Regierung der Novemberverbrecher in Berlin ist heute für abgesetzt erklärt worden. Eine provisorische deutsche National-Regierung ist gebildet worden. Diese besteht aus: General Ludendorff, Adolf Hitler, General von Lossow, Oberst Seißer.»

Nach einem Plakat vom 9.11.1923.

In den Außenbezirken der Stadt werden aber bereits auf weißes Papier gedruckte Plakate darübergeklebt. Der Text lautet anders.

«Trug und Wortbruch ehrgeiziger Gesellen haben aus einer Versammlung für nationales Wiedererwachen eine Szene widerwärtiger Vergewaltigung gemacht. Die mir, General von Lossow und Oberst Seißer mit vorgehaltenem Revolver abgepreßten Erklärungen sind null und nichtig. Die nationalsozialistische deutsche Arbeiterpartei, sowie die Kampfverbände ‹Oberland› und ‹Reichskriegsflagge› sind aufgelöst. gez. v. Kahr, Generalstaatskommissar.»

Aus einem Plakat der Regierung vom 9.11.1923.

Trotz dieser warnenden Anzeichen bleibt Hitler bei seiner Absicht, die Revolution in Gang zu setzen. Er handelt nach dem Motto, dem er immer wieder verfällt: «Was der Mensch will, das hofft und glaubt er.»

Ein Demonstrationszug aus SA-Verbänden, Oberländern und anderen Freikorps formiert sich vor dem Bürgerbräu, Fahnen werden entrollt: Kriegsflaggen, Hakenkreuzbanner, Spruchbänder. Die Massen setzen sich unter Liedern und Trommeln in Bewegung.

Die SA-Sturmtrupps bildeten die politische Kampfeinheit der NSDAP.

In den ersten Reihen marschiert in der Uniform eines Generals der Infantrie Erich Ludendorff, der Feldherr des Weltkrieges. Zu seiner Linken geht Adolf Hitler, umgeben von seinen Getreuen.

An der Ludwigsbrücke steht Landpolizei und fordert die Auflösung des Zuges. Während die Führergruppe verhandelt, wird die Polizeitruppe umschlossen, der Waffen beraubt und in den wirbelnden Strom der Demonstranten gezogen, die immer mehr Zuwachs erhalten. Der Marsch geht zum Marienplatz, dort biegt die Spitze rechts ein zum Max-Joseph-Platz.

Beim Erscheinen der ersten Reihen an der Residenz wird vorn bei der Feldherrnhalle, dort wo sich Ludwigstraße und Odeonsplatz öffnen, eine dichte Absperrkette der Grünen Polizei sichtbar. Der Demonstrationszug marschiert auf sie zu. Da fordert der befehligende Offizier der Grünen mit scharfem Anruf die sofortige Auflösung der Verbände. Geschrei, Drohungen, Nachdrängen machen die Situation gefährlich.

Plötzlich ein Kommando: Die Karabiner der Polizei fahren hoch, eine Salve peitscht in die Straße. Ein SA-Mann hat sich vor Hitler geworfen, der sich sogleich unter den Gefallenen verbirgt und nach hinten kriecht, wo ihn Freunde in ein Auto bringen und mit ihm davonjagen.

Hat dieser «Führer» nicht gestern abend, die Pistole an der Schläfe, geschworen: zu siegen – oder zu sterben?

Auf dem Pflaster liegen Tote, Schwerverwundete wälzen sich im Blut, die Banner sind in den Staub getreten. Nur einer steht zu den großen Worten des Abends im Bürgerbräukeller – einer, der gar keine großen Worte gemacht hat: General Erich Ludendorff.

Er geht einsam und todgeweiht auf die Reihe der Polizisten zu. Vor sich die rauchenden Gewehrläufe, hinter sich den Zusammenbruch des letzten Versuchs der politisierenden Frontsoldaten des großen Krieges. Ludendorff – nun zum zweiten Male besiegt – sucht den Tod.

Doch die Gewehre senken sich vor den Rangabzeichen des Weltkriegsgenerals. Er gelangt unversehrt auf die andere Seite des Platzes.

*

Ernst Röhm (1887–1934) hatte seit 1925 den Aufbau der SA geleitet. Er übernahm im Januar 1931 als «Stabschef» die Führung dieser Verbände.

Die Gruppe der Verschwörer stiebt auseinander. Hermann Göring flüchtet nach Tirol, Ernst Röhm wird bis Südamerika verschlagen; ein paar Dutzend andere werden in die Gefängnisse eingeliefert. Der «Führer» selbst hat sich vergeblich in einer Villa am Staffelsee versteckt. Anderntags holt ihn die Polizei aus dem Bett.

Am 26. Februar 1924 beginnt der Prozeß gegen die Anführer des Putsches. Es werden große Propagandareden vor den Gerichtsschranken gehalten, das Urteil ist unbegreiflich milde. Hitler und seine engsten Mitarbeiter erhalten fünf Jahre ehrenvolle Festungshaft, Ludendorff wird freigesprochen. Doch nicht einmal diese Strafe wird von Hitler verbüßt. Die Demokratie ist schwach genug, ihn nach sechs Monaten zu begnadigen.

Hoffnung und Gefahr

Der Putsch Hitlers und der politisierenden Soldaten im Jahre 1923 ist das letzte Aufbäumen jener Generation der Schlachtfelder gewesen, die nicht zu begreifen vermochte, daß der Krieg verloren und der Friede nicht durch Mittel der Gewalt zu gewinnen war.

Mit der Jahreswende 1923/24 gelingt die Bändigung der Inflation: Reichswährungskommissar und Reichsbankpräsident Dr. Hjalmar Schacht schafft die neue Rentenmark, die mit Kurs 1 RM = 1 Billion Mark die Rückkehr zu einer festen Finanzgrundlage der Wirtschaft möglich macht.

An der Stabilisierung der deutschen Währung hatten verschiedene Politiker Anteil, so z.B. Helfferich, Luther, Hilferding, Schacht und nicht zuletzt auch Stresemann.

Hjalmar Schacht (1877–1970) wurde 1923 Reichswährungskommissar und später Reichsbankpräsident.

Die grimmigen Jahre haben das soziale Gelände tiefgreifend umgepflügt. Die Sparsamen, Vertrauenden, die bürgerlich Denkenden, alle Kreise, die sich nicht in Sachwerte zu retten vermochten, sind praktisch enteignet worden. Der Mittelstand und ein Teil des Rentnertums sind ruiniert, Vermögen sind unter dem zerstörenden Sog der Inflation ins Nichts zerstoben oder in die Hände gerissener Spekulanten übergegangen. Zu den Kriegsgewinnlern haben sich die Inflationsgewinnler gesellt. Zurückgeblieben ist eine Masse aufgestörter, an Staat, Recht und Sicherheit zweifelnder Kleinbürger, die künftig für politische Abenteuer sehr viel mehr geneigt sein werden als das konservative, wohlsituierte Bürgertum der Zeit vor 1914.

Die demokratische Mitte ist erschüttert, mit den Schwierigkeiten des täglichen Lebens nimmt die Radikalisierung zu. Die Flügel der Nationalisten und Kommunisten erstarken.

Da die Reichswehr – vorerst das einzige Element der Staatssicherheit – von Generalen der kaiserlichen Ära geführt wird, Großbanken, Handel und Industrie aber aus Furcht vor Sozialisierungsneigungen der Linken den Nationalismus stützen, gewinnen die Rechtskreise zunächst an Einfluß. Als 1925 Friedrich Ebert stirbt, wird der greise

Hindenburg wurde am 26. April 1925 zum Reichspräsidenten gewählt. Seine Wiederwahl erfolgte am 10. April 1932.

Feldmarschall von Hindenburg als Kandidat für das Amt des Reichspräsidenten aufgestellt.

Die Wahl zeigt die Verteilung der Kräfte zwischen Nationalisten, Demokraten und Kommunisten. Hindenburg erhält 14655000, sein Gegenkandidat, der Zentrumsmann Marx, 13751615 und der Kommunist Thälmann 1 931151 Stimmen.

Bald beweist sich der Rechtsruck in praktischen Folgerungen: Das Verbot des Uniformtragens wird aufgehoben, die deutschen Auslandsvertretungen zeigen neben der schwarz-rot-goldenen Weimarer Flagge wieder die alten kaiserlichen Farben Schwarz-Weiß-Rot. Als aber der Chef der Reichswehr – General von Seeckt – einen Schritt zu weit geht und einen Hohenzollernprinzen zu Manövern einlädt, ihn wie einen Angehörigen der regierenden Dynastie empfangend, wird er zum Rücktritt genötigt.

General Seeckt erhielt 1926 seinen Abschied, sein Nachfolger als Chef der Heeresleitung wurde General Heye.

Mit der Stabilisierung der deutschen Währung und der Beendigung des Ruhrkampfes beginnt auch ein neuer Abschnitt in der Behandlung des Reparationsproblems. Das Reich hat während der Geldentwertung seine inneren Schulden «mit der Druckerpresse beglichen» und erscheint den Alliierten nun zahlungskräftiger als zuvor. Doch ist man zu der Einsicht gekommen, daß man zunächst die deutsche Industrie durch Kredite kräftigen müsse, bevor man wesentliche Zahlungen von ihr erwarten könne. Von hohem Zinsfuß angelockt, strömt nun ausländisches Kapital, vor allem Dollars aus USA, nach Deutschland. Doch diese amerikanischen Gelder werden erst freigegeben, nachdem die Rückzahlung nicht nur der deutschen, sondern der europäischen Schulden überhaupt, durch wirtschaftliche Vereinbarungen sichergestellt ist.

Zum erstenmal seit 1919 verlassen die USA wieder ihre Isolationspolitik. Sie haben eingesehen, daß auch ihre Volkswirtschaft auf die Dauer nicht blühen kann, wenn Europa erkrankt ist.

Ein internationaler Sachverständigenausschuß unter der Leitung des amerikanischen Finanzmannes Charles Dawes hat einen neuen Plan nach dem Grundsatz «Business, not politics» ausgearbeitet. Die politischen Schulden – die immer unsicher und zweifelhaft bleiben – werden in wirt-

Charles Gates Dawes (1865–1951) erhielt 1925 für den nach ihm benannten Wirtschaftsplan den Friedensnobelpreis.

schaftliche Verpflichtungen umgewandelt und nach rein wirtschaftlichen Gesichtspunkten geregelt.

Es ist das gleiche Verfahren, das dereinst die siegreichen Römer gegenüber den kleinasiatischen Städten anwandten: Zuerst legten ihre harten Prokonsuln den Städten riesige Tribute auf, dann schossen Senatoren gegen respektablen Zinsfuß die unaufbringbaren Summen vor und verwandelten damit militärisch Besiegte in wirtschaftlich Abhängige für alle künftigen Zeiten.

Der Dawesplan bestimmt für Deutschland:
1. Die Industrie übernimmt 5 Milliarden Goldmark Obligationen als 1. Hypothek mit 5% Verzinsung und 1% jährlicher Tilgung.
2. Die deutsche Reichsbahn wird in eine AG. umgewandelt mit einem Kapital von 15 Milliarden, wovon sogleich 11 Milliarden auf Reparationskonto gebucht und ähnlich verzinst werden wie die Industrieobligationen.
3. Die Einnahmen des Reiches aus Zöllen und indirekten Steuern gelten als Sicherheiten für die Reparationszahlungen.
4. Die Reichsbank wird in eine von der Regierung unabhängige Notenbank umgestaltet.

Das bedeutet, daß Deutschland bis 1928 jährlich 1750 Millionen, von 1928 ab sogar 2500 Millionen Goldmark pro Jahr an Entschädigungen bezahlen soll.

Der Reichstag nimmt den Plan am 16. April 1924 an. Daraufhin wird Ende Juli das Ruhrgebiet, im August 1925 auch Düsseldorf, Duisburg, Mühlheim und Oberhausen von der Besatzung geräumt. Die Separatistenbewegung, die bereits vorher durch die Bevölkerung des Rheinlandes niedergeworfen worden war, verliert nun jede Chance und gerät in Vergessenheit.

Trotz allen Schwierigkeiten und der bleibenden Belastung Deutschlands zeichnet sich allmählich eine gewisse Beruhigung der Lage ab.

Diese Hoffnung wird bestärkt durch den Sieg der Linksparteien im Westen. In Frankreich bildet der Radikalsozialist Herriot die Regierung, im traditionsgebundenen England aber nimmt zum erstenmal mit Ramsay MacDonald eine Arbeiterregierung das Staatsruder in die Hände. Nun

Edouard Herriot (1872–1957) war 1924/25 und 1932 Ministerpräsident.

Ramsay MacDonald (1866–1937) war 1893 einer der Gründer der Labour Party. Er wurde als Gegner des Versailler Vertrags 1924 vorübergehend Ministerpräsident der ersten englischen Labour-Regierung.

ist zu hoffen, daß man von den Vertretern des Sozialismus mehr gesunden Menschenverstand erwarten darf als von den Revanchepolitikern der Rechten.

*

Die UdSSR scheint die erste Gefahrenzone ihrer jungen Existenz durchschifft zu haben. Nach dem Niederringen der Intervention und dem Sicherungsvertrag von Rapallo tritt sie in eine neue Phase ihrer Politik. Schon auf dem X. Parteitag im März 1921 hat Lenin die NEP – Nowaja Ekonomitscheskaja Politika, die Neue Ökonomische Politik – verkündet. Damit ist der Kriegskommunismus überwunden, eine Atempause im Tempo der Sozialisierung tritt ein, und man wirbt um das Zutrauen des Auslandes zum neuen Rußland.

Lenin ersetzt die Ablieferungspflicht der Bauern und der Industrie durch die Naturalsteuer, wobei Überschüsse zur Verfügung des freien Handels bleiben.

«Die Freiheit des Handelns», erklärt Lenin, «wird zwar am Beginn zu einem Aufleben des Kapitalismus im Lande führen. Man wird den Privathandel zulassen und dem privaten Unternehmer erlauben, kleine Betriebe zu eröffnen, aber man braucht sich nicht um die Generallinie zu sorgen ...»

Aus den Akten des X. Parteitags vom 10. März 1921.

Die Absicht ist klar: Die Landwirtschaft eines unter Kriegsfolgen und Hungersnöten leidenden Landes soll den Anreiz erhalten, die Produktion aus eigener Initiative zu steigern. Das persönliche Gewinnstreben der Menschen ist immer noch der beste Antrieb. Auch der Industrie wird man gestatten, rasch groß, mächtig und reich zu werden – um eine Basis zu gewinnen, auf der man dann später den endgültigen Sozialismus aufbauen kann.

«Die Partei stärkt damit das Bündnis der Arbeiter und Bauern auf der neuen ökonomischen Grundlage. Die Union der Sozialistischen Sowjetrepubliken wird geschaffen.»

Aus «Geschichte der kommunistischen Partei der UdSSR».

Gemeinsam haben die Männer der Kommunistischen Partei über Zarismus, Kapital und Grundbesitz, über Generale, Adel und Bürgertum, schließlich auch über die ausländische Intervention gesiegt. Nun aber hebt der Streit der Meinungen über die Methode an, mit der man das erträumte Paradies am sichersten und schnellsten errei-reichen wird.

Alles wird zur Frage des Dogmas, Gläubige stehen wider Gläubige. Und wie unter echten Glaubensfanatikern gilt auch ihnen jeder Irrtum als Verbrechen, jede Abweichung als todeswürdiger Verrat.

Die einen nennen die NEP ein Aufgeben der Errungenschaften der Oktoberrevolution; die andern – unter ihnen Trotzki, Bucharin, Kamenew und Sinowjew – verlangen noch mehr: die Übergabe der wirtschaftlichen Schlüsselpositionen an das Privatkapital, die Gründung von Aktiengesellschaften und privaten Kapitalgesellschaften. Eine große Säuberung der Partei setzt ein, ein Viertel der Mitglieder verfällt dem Ausschluß. Klar zeichnet Lenins treuer Gefolgsmann Stalin die Generallinie:

Die beiden folgenden Zitate aus Stalin, «Über die Grundlagen des Leninismus».

«Unser Land aus einem Agrarland in ein Industrieland zu verwandeln, das imstande ist, aus eigener Kraft die notwendige Produktionsausrüstung zu erzeugen, darin besteht das Wesen, die Grundlage unserer Generallinie.»

Am 21. Januar 1924 stirbt in Gorki bei Moskau der Führer der Revolution. Wladimir Iljitsch Lenin. Im Zentralkomitee der Partei setzen sogleich unterirdische Machtkämpfe um die Führung ein. Leo Trotzki gerät in scharfen Gegensatz zu dem radikalen Flügel. In seiner 1924 erscheinenden Schrift über den «Leninismus» greift Stalin den alten Revolutionär und Mitstreiter Lenins heftig an.

«Ohne den Trotzkismus zu zerschlagen, kann man unter den Bedingungen der NEP nicht den Sieg erringen, kann man nicht die Verwandlung des heutigen Rußland in ein sozialistisches Rußland erreichen ...»

Bald ist die gemäßigte Richtung ausgeschaltet: Mit Radek und anderen alten Funktionären wird Trotzki Ende 1927 aus der Partei ausgeschlossen, nach dem Fernen Osten verbannt und 1929 aus der Sowjetunion ausgewiesen – während Sinowjew und Kamenew den Parteiausschluß nur durch völlige Unterwerfung rückgängig machen können. Stalin und seine Gruppe haben gesiegt. Mit aller Kraft wird die Kollektivierung der landwirtschaftlichen Produktion und die Industrialisierung des Landes in Angriff genommen. Unter Kämpfen, Qualen, Opfern, Hungersnöten wächst im Osten das Neue. Rußland nützt die Atempause, die ihm die Weltgeschichte geschenkt hat.

*

Die Beruhigung der politischen Atmosphäre macht langsam weitere Fortschritte. Im Oktober 1924 gelingt endlich auch dem Völkerbund, nachdem er bis dahin ergebnislos getagt hatte, ein Erfolg. Ein Protokoll über allgemeine Abrüstung und die Regelung internationaler Streitfälle wird bekanntgegeben. Eine tiefe Enttäuschung bemächtigt sich der europäischen Völker, als die britischen Dominions ihre Mitarbeit an dem Weltfriedensplan verweigern. Kanada, Südafrika und Australien liegen geographisch so günstig, daß sie wenig zu fürchten haben – außer den Verpflichtungen, die sie um europäischer Mächte willen eingehen sollen. Die neue konservative Regierung Englands unter Führung Baldwins verweigert die Unterschrift unter das Völkerbundsprotokoll und bringt damit das Friedenswerk zum Scheitern.

Stanley Baldwin (1867–1947) wurde 1923 Ministerpräsident. Seine konservative Regierung wurde allerdings vom Januar bis November 1924 vorübergehend durch die Labour-Regierung MacDonalds abgelöst.

Doch ein erster Schritt ist getan. Deutsch-französische Wirtschaftsverhandlungen machen neue Wege der Annäherung frei. Im Februar 1925 reicht die Reichsregierung einen Vorschlag ein, Frankreichs verständliches, aber ganz Europa überschattendes Sicherheitsbedürfnis durch einen Pakt über die Garantie der Westgrenzen zu befriedigen.

Diese Wirtschaftsverhandlungen fanden im Oktober 1924 statt.

Herriot antwortet zunächst nicht, wird aber im Sommer gestürzt und durch Aristide Briand ersetzt, der neben der Ministerpräsidentschaft auch das Außenministerium übernimmt. Und Briand – ein wohlmeinender, von humanitären Ideen erfüllter Staatsmann – greift den Plan wieder auf. Für Oktober wird eine allgemeine europäische Konferenz nach dem kleinen Kurort Locarno am Lago Maggiore anberaumt.

Die Konferenz von Locarno dauerte vom 5. bis 16. Oktober 1925.

Kurz vor der Abfahrt der deutschen Delegation nach der Schweiz findet sich in Berlin überraschend der sowjetrussische Kommissar des Auswärtigen – Tschitscherin – ein und meldet sich beim deutschen Außenminister Gustav Stresemann. Rußland ist in Sorge, Deutschland, das sich ihm in Rapallo genähert hat, werde nun ganz ins Fahrwasser der Westalliierten gezogen. Doch Stresemann erklärt: «Für uns gibt es keine Option zwischen Ost- und Westpolitik, wir

Stresemann am 4. Oktober 1925.

wollen nach beiden Seiten gute Beziehungen unterhalten ...»

In den ersten Oktobertagen rollen die Sonderzüge der europäischen Abordnungen nach der Schweiz. Die Augen der Welt richten sich auf Locarno.

*

Am Lago Maggiore strahlt noch die Sommersonne, azurblau spiegelt sich der südliche Himmel in der Tiefe des Sees. Die bunten Häuschen stehen friedlich zwischen Zypressen und Olivenhainen.

Von Minusio her, einem Vorort Locarnos, nähert sich die Wagenkolonne der deutschen Delegation, die draußen im Hotel Esplanade untergebracht ist. Als die schweren Mercedeswagen auf den malerischen Stadtplatz einbiegen, säumen Bauern, Fischer und Bürger mit ihren Frauen und Kindern die Straße, schüchterne Beifallsrufe flattern auf, Blumen werden geworfen.

Schon parken die Citroën-Limousinen der Franzosen und die Rolls-Royces der Engländer, ein schwarzer Ford biegt auf den Platz ein, es ist der Wagen des belgischen Außenministers Vandervelde. Minister Stresemann und Reichskanzler Luther, gefolgt von ihren Staatssekretären und Dolmetschern, steigen aus, schreiten die altertümliche Rathaustreppe hinauf und betreten den Saal.

Emile Vandervelde (1866–1938), von Beruf Rechtsanwalt, war in den Jahren 1916–37 mehrmals Minister.

Der Raum ist schmucklos und schlicht, durch die geöffneten, hohen Fenster fallen goldene Lichtbänder und treffen sich auf dem viereckigen Tisch in der Mitte des Saales. Er bietet kaum Platz für die Abordnungen, die Dolmetscher müssen sich im Hintergrund auf Hockern niederlassen.

«Links neben der deutschen Delegation sitzen die Italiener; die Engländer nehmen unter Führung von Austen Chamberlain die noch an der linken Breitseite freien Stühle ein. Den Deutschen gegenüber sitzen die Franzosen Briand, Berthelot und Fromageot. An der rechten Seite des Tisches haben die Belgier Platz genommen.»

Die beiden folgenden Zitate aus Schmidt, «Statist auf diplomatischer Bühne».

Der ganze Rahmen dieser Konferenz ist dem weltstädtischen Getriebe entrückt. Hier herrscht von Anfang an eine menschlichere Atmosphäre als in Paris, London oder Genf.

Es rührt selbst ans Herz dieser kühlen Staatsmänner, wie sich die einfachen Leute hier gleichsam am Rande des Weltereignisses aufgestellt haben und auf dem Rathausplatz warten, was die großen Politiker für die Zukunft der Völker beschließen.

«Rührend in seiner Einfachheit, aber vielleicht deshalb um so überzeugender, wirkt inmitten dieser Versammlung der Großen Europas auch der Bürgermeister des kleinen Städtchens, der in wohlgesetzten Worten auf Französisch die Versammlungsteilnehmer begrüßt und sich dann unter vielem Lächeln und Händedrücken, sichtlich voll Stolz über seine Teilnahme an dem historischen Augenblick zurückzieht ...»

Die Verhandlungen nehmen ihren Anfang.

*

Tag für Tag trifft man sich an dem viereckigen Tisch.

Stiernackig und kahlköpfig sitzt dort Gustav Stresemann, raucht seine Zigarre und macht Notizen, wenn der deutsche Dolmetscher übersetzt; manchmal lächelt er aus seinen kleinen, unter schmalen Lidern verborgenen Augen zu dem löwenmähnigen, grauen Aristide Briand hinüber, der, immer wohlgelaunt, beweglich, überlegen, sich mitunter schmunzelnd den dunklen Schnauzbart streicht.

Dr. Luther ist der steife, korrekte, humorlose Preuße – der hohe Beamte, der seine Würde keinen Augenblick preisgibt. Er spricht abgehackt, belehrend, ohne Elan – so daß der immer witzige Briand einmal einwirft: «Gleich werden wir alle zu weinen anfangen!» Aber solche Hürden – vor denen Dr. Luther, aus dem Konzept gebracht, stirnrunzelnd stockt – nimmt dann Stresemann mit seinem behaglichen, breiten Lachen, das sogar den trockenen Austen Chamberlain hinter seinem Monokel zum Lächeln zwingt. Allmählich entwickelt sich eine fast familiäre, inoffizielle Stimmung, man fühlt, daß alle bereit sind, einen Weg zueinander zu finden.

Hans Luther (1879–1962) war 1923–25 als Reichsfinanzminister maßgeblich an der Stabilisierung der deutschen Währung beteiligt und wurde 1925/26 Reichskanzler.

Austen Chamberlain (1863–1937), war 1924–29 englischer Außenminister. Er erhielt 1925 zusammen mit Dawes den Friedensnobelpreis.

Schwierigkeiten und Gefahren gibt es allerdings genug. Vandervelde wirft ungeschickt die leidige «Kriegsschuldfrage» in die Debatte – einen Punkt, den kein deutscher Politiker im Sinne der Gegner bejahen kann. Doch rechtzeitig lenkt Briand mit einer elegant formulierten Redensart daran vorbei; Chamberlain unterbricht Vandervelde, der immer noch nicht begriffen hat, daß man hier sitzt, um zu vergessen, was war, und zu schaffen, was endlich kommen muß: den Frieden.

Ein anderer Verhandlungspunkt, der Kopfzerbrechen macht, ist die mit Deutschlands geplantem Eintritt in den Völkerbund verknüpfte Zustimmung zu gemeinsamen Sanktionen im Streitfalle. Was soll geschehen, wenn etwa Sanktionen gegen Rußland verhängt werden und die westlichen Alliierten das Durchmarschrecht durch Deutschland fordern?

Noch bedrohlicher für das Schicksal der Konferenz ist die Hereinziehung der Ostprobleme. Frankreich hat sich in den letzten Jahren durch gegenseitige Verträge weitgehend an Polen und die Tschechoslowakei gebunden. Heute verlangen die Vertreter dieser Länder – der Tscheche Benesch und der Pole Graf Skrzynski –, in das geplante Sicherheitssystem einbezogen zu werden. Das ist für Deutschland untragbar, da es durchaus nicht mit seinen Ostgrenzen einverstanden ist.

Eduard Benesch (1884–1948) war seit 1918 Außenminister und wurde 1921/22 zugleich Ministerpräsident.

Und doch kommt man Schritt für Schritt voran. Fragen, die nicht übers Knie gebrochen werden können, überweist man einem Untersuchungsausschuß der Juristen. Eines Tages erscheint auch – im Schutz seiner Leibgarde – der neue italienische Diktator, Benito Mussolini, hält eine knappe Ansprache und verschwindet wieder.

*

Die Tage sind klar wie der Wein des Tessin, mild weht die Luft von Süden und trägt den Duft der Gärten über die Berge: eine unwiderstehliche Einladung der Natur. Die Außenminister verabreden sich mit ihren engsten Mitarbeitern zu einer Bootsfahrt auf der «Orangenblüte» und setzen, während das kleine Motorschiff die blauen Fluten des Lago Maggiore durchpflügt, ihre Unterredungen fort.

Ist es nun die Gelöstheit der Stunde oder die Atmosphäre des Friedens, die die hohen Berge, die zauberhaften Gartenterrassen der Ufer und die bunten Dörfchen atmen – jedenfalls kommt auf dieser Seerundfahrt der Kompromiß zustande, der die Wege zum Abkommen ebnet. Man wird das Kriegsschuldproblem künftig totschweigen, und in der Frage der Sanktionen wird man Deutschlands besondere geographische Lage ausdrücklich berücksichtigen.

Gustav Stresemann, der die Verhandlungen mit großem Takt und auch mit Zähigkeit geführt hat, tut sofort den nächsten Schritt zur deutschen Gleichberechtigung.

«... Er bringt zum Ausdruck, daß nach Abschluß des Locarno-Vertrages die Besetzung des Rheinlands durch alliierte Truppen völlig überflüssig sei ...

Noch eine ganze Reihe anderer deutscher Forderungen und Wünsche werden auf dieser Fahrt erörtert. Es handelt sich um die Räumung der Kölner Zone, um Erleichterungen im Besatzungsregime und die Rückwirkung all dieser Abmachungen auf die Verhältnisse im Saargebiet, wo die Abstimmung natürlich ein wenig vorverlegt werden muß ... auch die Wiederzulassung Deutschlands zur Zivilluftfahrt wird vorsichtig zur Sprache gebracht ...»

Stresemann war vom August 1923 bis zu seinem Tode 1929 Außenminister. Als wichtigster außenpolitischer Partner Stresemanns gilt der in Locarno ebenfalls anwesende Briand.

Der Franzose Briand blickt Stresemann mit leicht ironischem Lächeln, aber nicht abweisend an. Er meint lediglich ausweichend, daß dies eine sehr kühne Wunschliste sei. Man müsse auf späteren Konferenzen darüber reden.

*

Am 16. Oktober 1925 wird in dem kleinen Rathaussaal das Abkommen paraphiert. Es enthält eine gegenseitige Garantie zwischen Deutschland, Frankreich und Belgien für die künftige Unantastbarkeit ihrer gemeinsamen Grenzen. England und Italien zeichnen als Garantiemächte. Ferner verpflichten sich alle, niemals mehr Krieg gegeneinander zu führen und alle Streitfälle friedlich zu regeln.

Das ist endlich der Friede im Westen, der Geburtstag eines Europas, das gemeinsam zu leben bereit ist.

Schon am Abend vorher ist in Locarno bekannt geworden, daß sich die Mächte geeinigt hätten. Die Freude der Schweizer Bevölkerung übersteigt alle Grenzen. Die Minister erleben in kleinem Rahmen, wie das gequälte Europa aufatmet, nachdem seine Staatsmänner zum ersten Male eine Vernunft bewiesen haben, wie sie dem Mann auf der Straße längst geläufig ist. Als die Delegationen zur feierlichen Schlußsitzung fahren, finden sie Locarno im Festtrubel. Girlanden schlingen sich um die Häuser, Transparente verkünden: «Pace – Pace! – Friede!»

«Die Fahnen der beteiligten Länder prangen an vielen Häusern ... Gegen Abend schon war die Stadt auf eine primitive, aber eben darum überzeugende Weise illuminiert worden, jetzt erscheint auf den Hotels, aus elektrischen Glühbirnen gebildet, ... das Wort «Pace» ... Selbst an den kleinsten Häusern sind zur Feier dieses Tages ein paar Kerzen entzündet, die das Gefühl der Bewohner in rührender Weise zum Ausdruck bringen ...»

Nach Schmidt, «Statist auf diplomatischer Bühne».

In der Sitzung zeigt sogar der steife Chamberlain Spuren von Ergriffenheit, er putzt verdächtig lange sein Monokel. Seine Rede enthält eine große Versprechung:

«Es gibt von jetzt ab weder Besiegte noch Sieger ...»

Aus der Rede Chamberlains.

Aristide Briand hat sich nie mit echterem Pathos seinem rhetorischen Temperament überlassen: «Mit Locarno muß eine neue Epoche anfangen, sonst wäre es eine leere Geste gewesen ...» Und Stresemann, dem die Töne der Gefühlsbewegung fehlen, sagt sehr ernst:

«Wir glauben, daß nur auf dem Wege des friedlichen Nebeneinanderlebens der Völker jene Entwicklung gesichert werden kann, die für keinen Erdteil so wichtig ist, wie für das europäische Kulturland ...»

Aus der Rede Stresemanns.

Draußen vor den Fenstern beginnen die Glocken von Madonna del Sasso zu läuten, und am See steigen die Raketen des Feuerwerks zum Sternenhimmel. Mit froher Beharrlichkeit verlangt die Menge, daß die Delegationen sich zeigen. Die Minister treten an die Fenster, sie sehen den Platz bis in die Seitenstraßen gefüllt, Welle auf Welle brandet ihnen der Jubel entgegen.

«Als die deutsche Abordnung mit Stresemann und Luther die Stufen der kleinen Freitreppe hinabsteigt, braust der Beifall der Menge erneut auf. Dann wird es plötzlich ganz still. Alle Männer nehmen den Hut ab und bilden ein schweigendes, ergreifendes Spalier, durch das die Deutschen tief beeindruckt zu den Wagen gehen, um ins Esplanade zurückzufahren ...»

Aus Schmidt, «Statist auf diplomatischer Bühne».

Die Botschaft von Locarno aber wird noch in der Nacht in alle Welt hinausgefunkt, die Presse verkündet den Völkern Europas den Frieden.

*

Eine klare Nacht im Spätherbst spannt ihr Gefunkel über die alte Stadt Nürnberg, nur der wuchtig hingelagerte Schatten der Burg löscht einen Teil des Sternenhimmels aus. Rötlich-golden schimmert der Lichthelm der Stadt in der weiten Dunkelheit; zwischen den Häuserzeilen flackert der Schein der Bogenlampen und Lichtreklamen, Automobile und Straßenbahnen gleiten mit großen, feurigen Augen über den Asphalt der Königinstraße.

Dr. Moritz Hirsch, der seit einem Jahr als Rechtsanwalt in der Kanzlei seines Vaters tätig ist, hat sich zusammen mit seinem Jugendfreund Dr. Levin, einem praktischen Arzt, den Film «Metropolis» im Apollo-Filmtheater angesehen. In nachdenklichem Gespräch bummeln sie durch die Straßen. Als sie einen Platz überqueren, kommen ihnen Trupps von SA-Männern entgegen, Kolonnen in Dreierreihen, die in dumpfem Ernst dahinstampfen. Sie haben die Sturmriemen der runden Schirmkappen unters Kinn gezogen, als gelte es, eine gefährliche Schlacht zu schlagen.

«Metropolis», einer der bekanntesten Filme des Regisseurs Fritz Lang (1890–1976).

«Heute abend», sagt Dr. Levin, «hat dieser Julius Streicher wieder eine Versammlung abgehalten. Mir scheint, der Zulauf wird stärker.»

Julius Streicher (1885–1946), der Gründer des antisemitischen Hetzblattes «Der Stürmer» (1923), gilt als Initiator der Judenverfolgungen. Er wurde 1946 vom Internationalen Militärtribunal in Nürnberg zum Tode verurteilt.

Plötzlich hat die marschierende Masse eine Stimme. Ein einziger, gedrillter Chor brüllt auf: «Deutschland – erwache!»

Und eine zweite Kolonne gibt dröhnend Antwort: «Juda – verrecke! »

«Die Sklaven aus den Kellern von Metropolis erheben sich», sagt Dr. Levin, «der Haß ist politische Partei geworden.»

*

Die beiden Freunde sitzen am Kamin im Haus Dr. Levins, in den Schalen dampft Tee. Die Gedanken und Erlebnisse des Abends gehen ihnen nach.

Dr. Hirsch drückt seine Zigarette aus und blickt sinnend über den Lichtkreis der Stehlampe hinaus ins Dunkel. Er spricht leise, wie zu sich selbst.

«Die Gefahr dieser Zeit sehe ich im Zusammentreffen sozialer, politischer, technischer und organisatorischer Schwierigkeiten. Massen hat es immer gegeben, aber das Neue ist, daß sie sich dessen bewußt geworden sind, daß man sie als Massen anspricht, organisiert, zur lenkbaren

Maschine macht. Denke an diesen Film von heute abend. So platt er war, er traf doch den Kern: Diese Metropolis der neuen Zeit ist eine durch die Technik hochgezüchtete Maschine, kein Organismus, sondern eine Organisation – und daher ohne Seele. Alle Macht läuft an einem Kommandostand, an einem einzigen Hebel zusammen. Wehe, wenn dieser Hebel in die Hände eines Fanatikers oder eines Narren gerät. Die Maschine Metropolis – wenn du sie anders nennen willst, dann sage ‹Staat› – funktioniert immer. Ob ein Gott oder ein Dämon den Hebel drückt, die Macht setzt sich in Bewegung.»

Dr. Levin trinkt in kleinen Schlucken den heißen Tee. «Ich sehe keine Gefahr für uns», sagt er. «Die Demokratie verfügt über ein System von Sicherungen gegen den Moloch Masse. Sie läßt Freiheit, sie gewährt das rivalisierende Spiel der Kräfte – sogar diesem Hitler und seinen Paladinen.»

Paladin, heute im Sinne eines treuen Gefolgsmanns, Beschützers gebraucht, einer der zwölf Helden des Rolandsliedes.

«Und wie ist es in Italien? In Rußland? Was dann, wenn überall aus dem Chaos der Massen die Riesenmaschine ‹Metropolis› erwächst, wenn diese technischen Ungetüme sich gegeneinander oder auch gegen die freie Welt in Bewegung setzen? Die Organisation, die Zahl, die Technisierung werden wie gewaltige Tanks den Menschen überrollen. Was geht diese Sichtbaren oder Unsichtbaren, die an dem Auslösehebel sitzen, der menschliche Wille und die göttliche Freiheit des Denkens und Handelns an? Man versucht es ja bereits, zu behaupten und durch das Experiment zu beweisen, daß Tier wie Mensch überhaupt keinen Willen haben, daß Wünsche und Ideen nichts weiter sind als die Reaktion mechanischer oder chemischer Vorgänge in den Organen des Körpers. Ein amerikanischer Forscher hat Blattläuse in ihrem Verhalten untersucht und glaubt, daß die höher organisierten Wesen sich nicht viel anders verhalten.

‹Die Tiere müssen in völliger Zwangsläufigkeit immer die Richtung nach der Lichtquelle einschlagen, man kann durch gewisse Säuren auch andere Tiergattungen heliotropisch machen ...›

‹... der Wille des Tieres ist also nichts anderes als das Licht, wie es beim Fallen des Steines oder bei der Bewegung der Planeten die Schwerkraft ist ... Große Bedeutung dürften diese Experimente für die Ethik gewinnen.

Die höchste Entfaltung der Sittenlehre, nämlich der Umstand, daß ein Mensch bereit sein könnte, sein Leben einer Idee zu opfern, ist weder ... durch die Nützlichkeitslehre noch durch den kategorischen Imperativ zu verstehen. Auch hier dürfte es sich möglicherweise darum handeln, daß unter dem Einfluß gewisser Ideen chemische Veränderungen, zum Beispiel innere Sekretionen, im Körper hervorgerufen werden, welche die Empfindlichkeit gegenüber gewissen Reizen erhöhen.›

Zitate nach Jacques Loeb und nach Johannes Lindworsky, «Willensschule».

Der Mensch wird zum Laboratorium, zum Elektrizitätswerk, zum Mechanismus, der chemisch, magnetisch, elektrisch gesteuert werden kann.

Die Russen wandeln auf ähnlichen Wegen. Der berühmte Professor I. P. Pawlow hat jahrelang die Zusammenhänge der Speichelsekretion bei Hunden mit deren Lust- und Unlustgefühlen erforscht und aus solchen und ähnlichen Versuchen geschlossen, Eigenschaften, Gefühle, Willensregungen, kurz alles Seelische sei nichts anderes als die Folge von Reflexen. Man sagt, er sei jetzt zu Menschenversuchen übergegangen, er glaubt, durch pneumatische Kammern, Magnetfelder und chemische Stoffe Gehirn und damit Gefühls- und Willensleben der Objekte beeinflussen zu können. Wir sind auf dem Wege zum technisch gesteuerten Menschen.»

Iwan Petrowitsch Pawlow (1849–1936) begründete die Lehre von den bedingten Reflexen und erhielt 1904 den Nobelpreis für Medizin.

Draußen schlägt eine Turmuhr die Mitternacht.

*

Der Weg zu Verständigung und dauerhaftem Frieden ist mit Hindernissen gepflastert. Die Weltpresse hat den Locarno-Vertrag überwiegend mit erleichtertem Aufatmen begrüßt, aber es hat weder in Frankreich noch in Deutschland an Stimmen eines überhitzten Nationalismus gefehlt, die den «Geist von Locarno» mit Argwohn kritisierten.

Als im März 1926 der Völkerbundsrat in Genf zusammentritt, ergeben sich neue Schwierigkeiten: Die französische Delegation zögert die Entscheidungen hinaus. Rangstreitigkeiten beschäftigen die Abordnungen, denn Brasilien erhebt den Anspruch, vor Deutschland einen ständigen Ratssitz zu erhalten.

Brasilien trat daraufhin 1928 aus dem Völkerbund aus.

Die Tagungsteilnehmer gehen ohne Ergebnis auseinander. Das bedeutet aber nicht das Begräbnis der Abmachungen von Locarno; Briand und Stresemann arbeiten unverzagt weiter an dem Werk der Versöhnung. Am 8. September 1926 beschließt die Völkerbundsversammlung einstimmig die Aufnahme Deutschlands in den Völkerbund und teilt dem Reich einen ständigen Ratssitz zu.

*

Am Morgen des 9. September trifft die deutsche Delegation in Genf ein. Außenminister Gustav Stresemann wird von den Dolmetschern und Mitarbeitern und von Vertretern der wichtigsten deutschen Parteien begleitet: Breitscheid von der SPD, Prälat Kaas vom Zentrum, Freiherr von Rheinbaben von der Deutschen Volkspartei und Professor Hoetzsch von den Deutschnationalen.

Die Ankunft der Deutschen ist für Genf eine Sensation. In der Bahnhofshalle und auf dem Platz wartet eine riesige Menschenmenge, Journalisten mit Notizblock und Füllhalter stürzen sich auf die Delegation. Blitzlichter flammen auf. Kameras surren, der Wochenschau-Operateur steht auf dem Verdeck eines Kraftwagens.

Dr. Stresemann ist strahlender Laune, er entdeckt Bekannte unter den Wartenden, begrüßt sie mit Zuruf und Handschlag und bringt so persönliche Wärme in die anfänglich kühle Atmosphäre. Plötzlich werden die freundlichen Gesten erwidert, man hört Hochrufe, Hände strecken sich aus. Die Menschen folgen den deutschen Delegierten unter Beifallskundgebungen zu den wartenden Autos und begleiten sie noch, während sich ihre Wagenkolonne im Schrittempo den Weg über die Montblanc-Brücke zum Hotel «Metropol» bahnt. Sonne liegt über Genf, der Wind von Locarno streicht mild durch die Stadt.

Für Freitag, den 10. September, vormittags ½11 Uhr, ist die feierliche Aufnahme Deutschlands in den Völkerbund angesetzt. Da es vom Hotel «Metropol» nur wenige Schritte bis zum provisorischen Tagungsort, dem sogenannten Reformationssaal, sind, begibt sich die deutsche Abordnung, Außenminister Dr. Stresemann, Staatssekretär von Schubert, Ministerialdirektor Gaus und der Chefdolmetscher, zu Fuß hinüber. Wieder steht die Menge wie eine Mauer am Bürgersteig, winkt und bittet um Autogramme. Die Photoverschlüsse klicken.

An der Tür des Reformationssaales, in dem die Vollver-

Eric Drummond, Earl of Perth (1876–1952), von 1919–32 Generalsekretär des Völkerbundes.

Über den ergreifenden Verlauf des Aufnahmeaktes siehe auch Schmidt, «Statist auf diplomatischer Bühne», Seite 114ff.

sammlung bereits vor einer halben Stunde zusammengetreten ist, steht Generalsekretär Sir Eric Drummond, begrüßt die deutschen Herren und begleitet sie durch ein paar enge, dunkle Räume, die voller Menschen sind, zur Wandelhalle. Stresemann und seine Begleiter verharren schweigend einige Minuten. Dann kommt aus dem Lautsprecher das erlösende Wort: «Der Präsident bittet die deutschen Delegierten, nunmehr ihre Plätze einzunehmen!»

Eine kleine Tür tut sich auf. Gustav Stresemann steht vor der Versammlung. Er atmet tief auf – welcher Berg von Mißverständnissen, Haß, Ressentiments und Mißtrauen ist aus dem Wege geräumt! Wie hart ist der Weg gewesen – von Versailles bis zu diesem Schritt eines deutschen Ministers über die Schwelle des Völkerbundes!

Die Eingangstür liegt etwas erhöht hinter dem Präsidentensitz und der Rednertribüne; mit einem Blick erfaßt Dr. Stresemann im Parterre die Reihen der Delegierten, sieht sie erwartungsvoll herüberschauen. Auch von den überfüllten Tribünen trifft ihn schweigende Aufmerksamkeit. Die Sommerkleider der Frauen und die weißen Turbane der Delegierten und Zuschauer aus dem Orient sind in der dunklen Menschenmasse wie lichte Flecken, die den Ernst des Augenblicks ein wenig aufhellen.

Die atemlose Spannung der ersten Sekunden dieser denkwürdigen Begegnung löst sich mit einem Schlag. Ein aufschwellender Sturm des Beifalls brandet den Deutschen entgegen. Die Nationen der Welt empfangen die Feinde und Besiegten von gestern mit Händeklatschen, Tücherschwenken und Zurufen in allen Mundarten.

«Bravo, Gustav! – Es lebe Deutschland!»

Kaum vermag sich Präsident Nintschitsch, der jugoslawische Außenminister, Gehör zu verschaffen. Erst als er Stresemann das Wort erteilt, tritt Stille ein.

Der deutsche Minister ist etwas verwirrt. Vor dem Rednerpult sind Mikrophone zahlreicher Rundfunkstationen aus aller Welt aufgebaut, die Tagung zu übertragen, Kabel führen zu den Lautsprechern im Saal. Die Apparate der Pressephotographen sind auf das Rednerpult ausgerichtet, Blitzlichter blenden, eine schwere Wochenschau-Kamera steht aufnahmebereit in nächster Nähe.

Jetzt erhebt Stresemann seine Stimme, Deutschland hat wieder das Ohr der Welt.

«Es kann nicht der Sinn der göttlichen Weltordnung sein, daß die Menschen ihre nationalen Höchstleistungen gegeneinander kehren und damit die allgemeine Kulturentwicklung immer wieder zurückwerfen ...»

Überzeugend weist der Minister nach, wie der Krieg alles nur schlechter und unlösbarer mache, wie die Wirtschaft der Schlüsselpunkt alles Zusammenlebens sei, daß das Tor zu künftiger Zusammenarbeit zunächst auf dem Gebiete der Wirtschaft geöffnet werden müsse. Er schließt mit einem Wunsch, der ihm und den Delegierten der Welt aus dem Herzen gesprochen ist:

«Möge die Arbeit des Völkerbundes sich auf der Grundlage der großen Begriffe Freiheit, Friede und Einigkeit vollziehen!»

Der Beifall steigert sich, als der deutsche Chefdolmetscher die Rede in französischer Sprache wiederholt.

Stresemann und Briand benutzten die Gelegenheit ihres Zusammentreffens in Genf zu einem berühmt gewordenen persönlichen Gespräch am 17. September 1926 in Thoiry.

Dann betritt Briand die Tribüne, leicht gebeugt, mit etwas struppigem Haar und herabhängendem Schnurrbart. Ein kleiner, unscheinbarer Mann! Aber schon nach den ersten Worten wird er ein anderer, als Redner ist Briand ein vollendeter Meister. Ungekünstelt ist seine Sprache, er kennt keine Rednerpose, man hat das Gefühl, als ob sich der französische Außenminister mit jedem einzelnen hier im Saal persönlich auseinandersetze.

Der Sprecher Frankreichs spricht nach kurzer Einleitung sofort von dem Ereignis der Stunde:

«Was bedeutet nun dieser heutige Tag für Deutschland und für Frankreich? Ich will es Ihnen sagen: Es hat ein Ende mit jener langen Reihe schmerzlicher und blutiger Auseinandersetzungen, welche die Seiten unserer Geschichte beflecken, es ist Schluß mit der altererbten Feindschaft zwischen uns, Schluß mit der Trauer der Frauen, Mütter und Kinder. Von heute an darf es keine Kriege, keine brutalen Gewaltlösungen mehr geben.»

In die erneut ausbrechenden Rufe der Zustimmung macht Briand eine schweigengebietende Gebärde, seine Stimme nimmt den tiefen Klang eines Cellos an.

«Ich weiß, daß Meinungsverschiedenheiten zwischen unseren Ländern auch heute noch bestehen, aber in Zukunft werden wir sie wie Einzelpersonen vor dem Richterstuhl in Ordnung bringen. Deshalb sage ich: Fort mit den Gewehren, den Maschinengewehren, den Kanonen, die unsere Völker gemordet haben. Freie Bahn für die Schiedsgerichtsbarkeit, für die Versöhnung und den Frieden!»

Minutenlang vermag Briand nicht weiterzusprechen, man sieht Abgeordnete, die sich mühsam der Tränen erwehren; auch auf den Tribünen sind die Menschen aufgesprungen. Eine neue Epoche der Menschheitsgeschichte ist angebrochen! Mit beschwörend erhobenen Händen schafft Briand endlich Ruhe, er wendet sich zur deutschen Delegation.

«Ihnen aber, meine Herren Vertreter Deutschlands, möchte ich sagen: Für Heldentum und Waffenruhm brauchen sich unsere Völker keine Beweise mehr zu liefern. Auf den Schlachtfeldern der Geschichte haben beide eine reiche Ernte gehalten. Wir können uns von jetzt ab um bessere Erfolge auf anderen Gebieten bemühen ...»

Abermals Händeklatschen, begeisterte Rufe.

Briand, ergriffen von der Gewalt der Stunde, spricht nur noch wenige Worte:

«Sie sind als Deutsche, und wir sind als Franzosen hierhergekommen. Sie werden Deutsche, wir werden Franzosen bleiben. Aber zugleich werden wir Bürger einer höheren, völkerverbindenden Gemeinschaft sein. In dieser Atmosphäre eines Weltbundes lassen sich alle Schwierigkeiten überwinden – zwischen Ihnen und uns.»

Jetzt lösen sich alle Bande der Konvention, die Vollversammlung tobt, Delegierte springen auf die Stühle und klatschen Beifall. Ein Kanadier bringt mit überschlagender Stimme drei «Cheers» auf Briand und Stresemann aus. Es ist, als fühlten alle hier im Saal die Friedenssehnsucht von Jahrtausenden jetzt, in diesem Augenblick, erfüllt.

*

Nur wenige wissen um die tragische Tatsache, daß diese ergreifende Szenerie in Genf umbaut ist von den Interessen unsichtbarer Großmächte: Es geht um Geld und Macht, um Rohstoffe und Märkte, man kämpft mit Geheimdiensten, Wirtschaftsmanövern, Presse, Film und Bestechung. Auf die Stunde der Verbrüderung folgen die Wochen des Feilschens, Verhandelns und Mißtrauens.

Man hat die allgemeine Abrüstung immer wieder vertagt und vertagt sie weiter. Im Juni und Juli 1927 findet in Genf

Lenin ruft die Kolonialvölker auf, dem Weg der Sowjets im Kampf um die Befreiung von den Imperialisten zu folgen. (32)

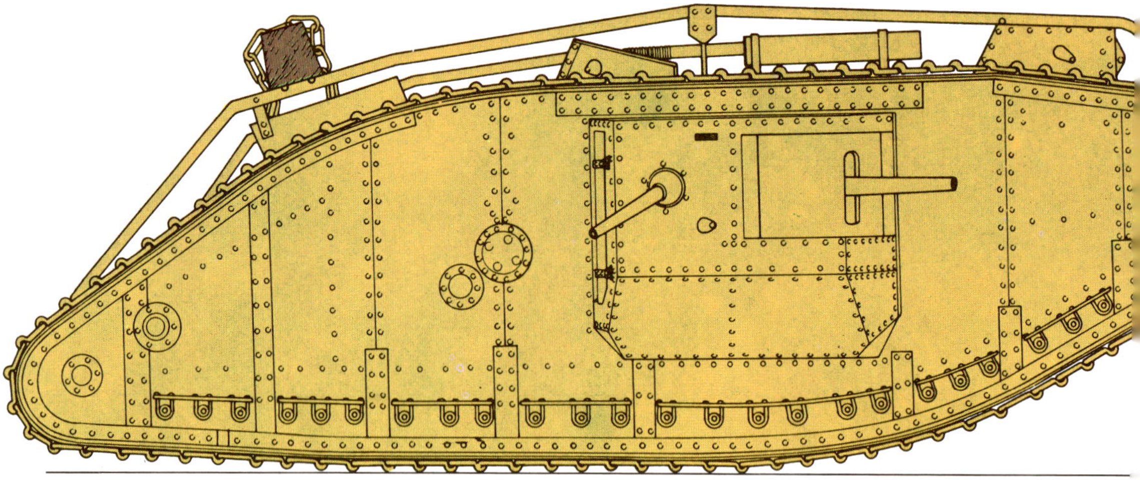

Ein Tank vom Typ Mark IV, Besatzung 8 Mann, Länge 8 m, Höhe 2,5 m, Breite 3,8 m, Bewaffnung zwei Sechspfünder und 4 MGs, größte Panzerstärke 12 mm, Antrieb Daimler 6 Zyl., 105 PS, Geschwindigkeit 5,5 km/h, Aktionsradius 50 km. (33)

Gotha GV.
Motor: 2 x 260 PS Mercedes.
Spannweite 23,7 m,
Länge 12,4 m.
Maximale Geschwindigkeit 131 km/h.
Bewaffnung 4 x 7,9-mm-MGs.
Bombenladung 590 kp. (34)

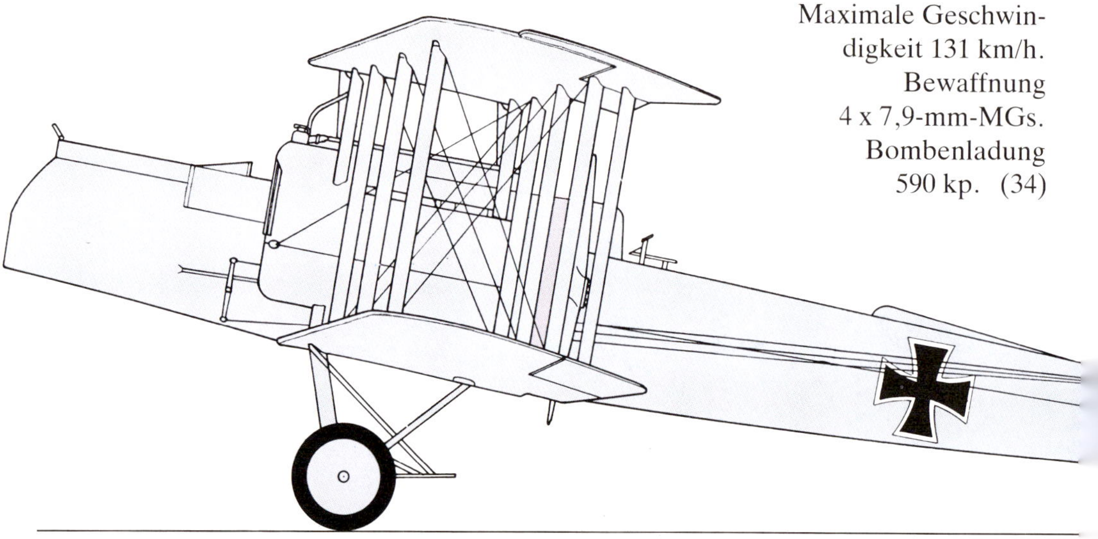

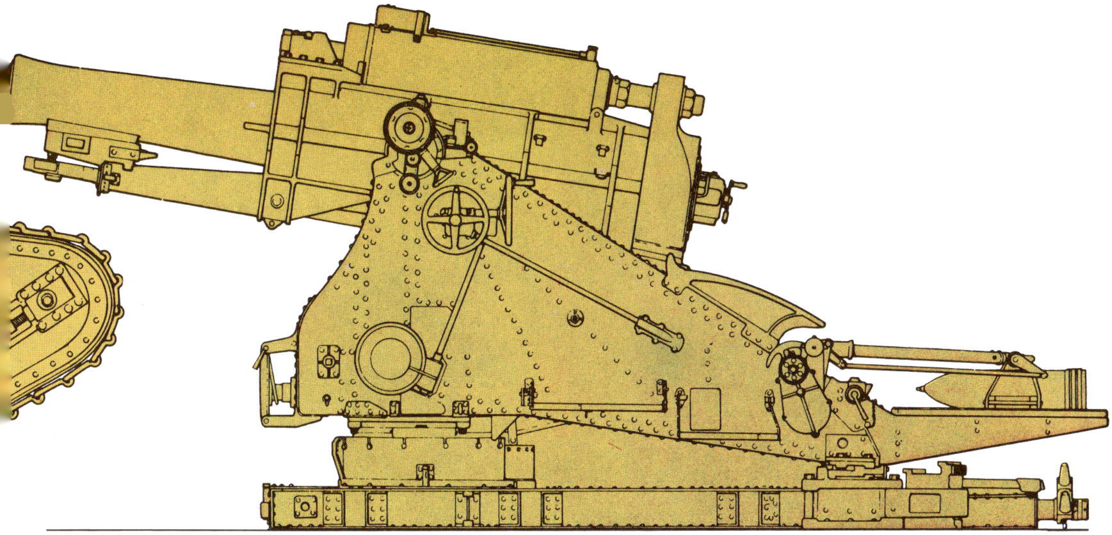

Schwere BL-912-Haubitze Mark II, Gesamtgewicht von Rohr und Lafette 16,4 t (nötig sind 11 t Erde), größte Elevation 50°, kleinste 15°, Höhe in Ladestellung 2,47 m, Länge 5,33 m, Bedienungsmannschaft 14, größte Reichweite 12,7 km. (35)

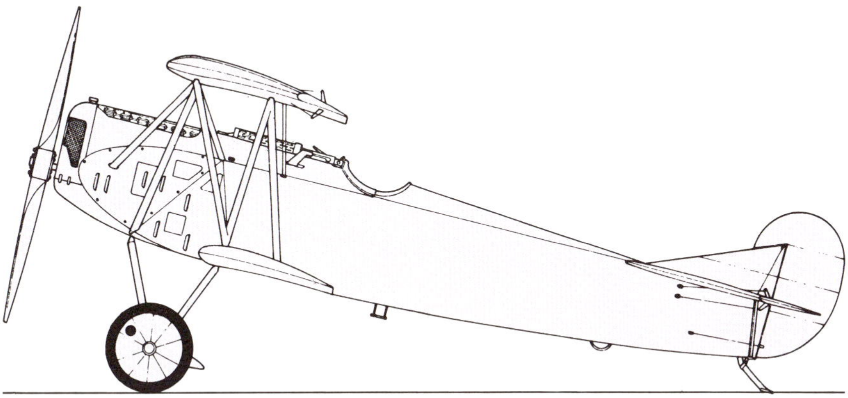

Fokker DVII. Motor 175 PS Mercedes D3, Spannweite 8,92 m, Länge 7 m, Bewaffnung zwei 7,92-mm-Spandau-MGs, maximale Geschwindigkeit 177 km/h in 2000 m. (36)

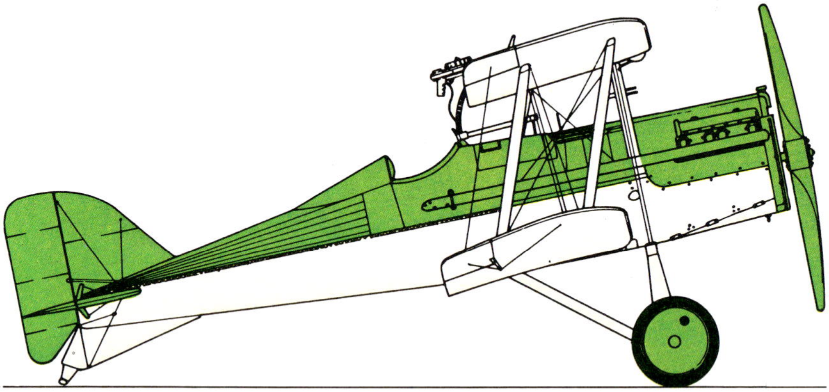

S. E. 5a. Motor 200 PS Wolseley W4a Viper, Spannweite 8 m, Länge 6,4 m, ein starres 7-mm-Vickers-MG und ein 7-mm-Lewis-MG in drehbarer Aufhängung, maximale Geschwindigkeit 195 km/h in 3000 m. (37)

Spad XIII. Motor 220 PS Hispano Suiza 8BA, Spannweite 8 m, Länge 6,2 m, Bewaffnung zwei starre Vickers-MGs, maximale Geschwindigkeit 200 km/h in 2000 m. (38)

eine Flotten-Abrüstungskonferenz zwischen den USA, England und Japan statt, doch bleibt auch sie ohne Ergebnis.

Frankreich baut fieberhaft am gigantischsten Befestigungswerk der Weltgeschichte – der Maginot-Linie. Milliardenbeträge werden der lebendigen Volkswirtschaft entzogen, um unterirdische Kasernen, Bahnen, Munitionslager, Panzertürme, Aufzüge, Betonbunker von der schweizer bis zur belgischen Grenze zu schaffen. Deutschland rüstet in kleinem Maßstab auf dem Boden Rußlands. Nein: Die Generale hüben und drüben glauben nicht an die Versöhnung.

In allen Ländern gibt es sensationsgierige Journalisten, die keine Gelegenheit vorbeigehen lassen, das Trennende, Verdächtige, Beängstigende zu betonen und das Gemeinsame zu unterschlagen. Zunehmend erscheinen nun Kriegsbücher. Nicht alle wenden sich wie Raynals «Grabmal des unbekannten Soldaten», Dorgelès «Hölzerne Kreuze», Jaroslaw Hašeks «Der brave Soldat Schwejk» und Remarques «Im Westen nichts Neues» gegen die Heroisierung des Massensterbens. Schon 1920 hat Ernst Jünger mit seinem Buch «In Stahlgewittern» das Kampferlebnis an der Front als männliches Abenteuer leidenschaftlich bejaht; der Franzose Antoine de Saint-Exupéry erhebt seine Stimme, die «elementaren Tugenden des Krieges zu retten»; Schauwecker und Beumelburg, mit ihnen andere in ganz Europa, bekennen sich zu den heldischen Zügen des Kriegserlebnisses, entflammen die Jugend zum soldatischen Ethos, zur Tapferkeit, zur opferbereiten Kameradschaft.

Erich Maria Remarque (1898–1970). Sein Kriegsroman «Im Westen nichts Neues» erschien 1929 und wurde später auch verfilmt.

Ernst Jünger (geb. 1895). Das Kriegstagebuch «In Stahlgewittern» ist das erste Werk des Schriftstellers. In seinen späteren Werken wandte er sich von der Verherrlichung des Krieges ab.

Gefährlicher als diese Theoretiker des Heroismus sind die Fanatiker, die sich nicht vom Haß der Revolution und des Versailler Vertrags zu lösen vermögen, deren Blicke starr auf die Ereignisse der Vergangenheit gerichtet bleiben. Am 18. Juli 1925 erscheint im Eher-Verlag, München, ein Buch Adolf Hitlers mit dem Titel «Mein Kampf». Innerhalb von zwei Jahren werden mehr als 50 000 Exemplare verkauft. Der Verfasser – nun wieder Führer einer Partei, die Ende 1925 fast 30 000, Ende 1926 50 000 und Ende 1927 bereits 72 000 Mitglieder zählt – macht die Apotheose der brutalen Gewalt zu seinem politischen Bekenntnis:

«Die Überzeugung vom Recht der Anwendung selbst brutaler Waffen ist stets gebunden an das Vorhandensein eines fanatischen Glaubens, an die Notwendigkeit des Sieges einer umwälzenden neuen Ordnung dieser Erde.

Der durchschlagende Erfolg einer weltanschaulichen Revolution wird immer dann erfochten werden, wenn die neue Weltanschauung möglichst allen Menschen gelehrt und, wenn notwendig, später aufgezwungen wird.»

Aus Hitler, «Mein Kampf».

*

Am 21. Mai 1927 ist ganz Paris auf den Beinen. Wie ein Lauffeuer hat sich die Kunde verbreitet, daß der amerikanische Flieger Charles Lindbergh als erster den Flug über den Atlantik gewagt habe und daß er bereits in Le Bourget gelandet sei. Extrablätter bringen die ersten Einzelheiten. Auf den Boulevards stehen Menschen um die Anschlagtafeln und lesen die Schlagzeilen.

Charles Lindbergh (1902–1974) schrieb später auch zwei Bücher über seinen Atlantikflug.

In 33 Stunden und 30 Minuten hat sich die einmotorige Maschine, mit einem 220 PS-Motor ausgerüstet, durch Nebel, Sturm und Einsamkeit ostwärts gekämpft. So schnell hatte der Start auf Grund der New Yorker Wettermeldung zu erfolgen, daß Lindbergh von der Straße weggeholt und im Sommeranzug, mit Strohhut und Halbschuhen in seine Maschine «Spirit of St. Louis» gesetzt werden mußte. Der blonde Amerikaner hat eine Bravourleistung der Navigation vollbracht, Kälte und mangelnde Sicht haben ihn nicht hindern können, wie ein planmäßiger Verkehrsflieger auf dem Pariser Flugplatz zu landen.

Das Folgende nach Zeitungsberichten vom 21. Mai 1927.

Nun stürmt die Masse nach Le Bourget, die Taxis der Journalisten und Filmleute kämpfen sich hupend durch ein wogendes Meer von Menschen. Die Begeisterung kennt keine Grenzen. Die Sperrkette der Polizei bricht immer wieder unter dem Druck der Zehntausende; in kurzer Zeit sind die Tragflächen der «Spirit of St. Louis» von Andenkensammlern zerfetzt. Charles Lindbergh, lang und schlaksig, hockt auf den Schultern der Polizei über den Köpfen der Menschen, immer wieder schwenkt er den Strohhut und schüttelt die Hände. Mit größter Mühe rettet man ihn ins Flughafengebäude.

Der US-Journalist Ward Price, der zufällig in Paris weilt, ist als einer der ersten zur Stelle gewesen. Er hat sein

Interview bereits hinter sich und einige Kabel an die großen Blätter in Übersee aufgegeben; jetzt wird ihm der Trubel zu wild, und er schlägt seinen Kollegen von den anderen Zeitungen vor, Charles Lindbergh den Umarmungen und der Gastfreundschaft der französischen Flieger zu überlassen.

Nach wenigen Minuten fahren die Reporter mit den Taxis nach Paris zurück. Vor dem berühmten Café de la Paix steigen sie aus und bestellen Erfrischungen.

Monsieur de Bassompierre, der vor einigen Jahren den Dienst quittiert und das Angebot einer rechtsgerichteten Zeitung, in ihre Redaktion einzutreten, angenommen hat, trinkt seinen Apéritif und steckt sich eine Zigarette an.

«Ich habe gehört, Monsieur Price, sie wollen nach Italien reisen und Mussolini aufsuchen?»

Der Amerikaner benützt den Siphon und verdünnt den Whisky, er nickt und schiebt den Sommerhut ins Genick.

«Yes, Mister Bassompierre, so ist es. Ich kenne den ‹Duce› seit der Konferenz von Genua, als er noch Kollege war und für den ‹Popolo d'Italia› schrieb. Habe ihm seither einige Male Guten Tag gesagt, das letztemal war es drei Wochen nach der Ermordung von Matteotti.»

Giacomo Matteotti (1885–1924), war Generalsekretär der Sozialistischen Partei und vehementer Gegner des Faschismus.

«Hören Sie, Mister Price», sagt ein Reporter des linksgerichteten «Figaro», «dieses Bubenstück – sich des Führers der sozialistischen Opposition durch gedungene Meuchelmörder zu entledigen – bleibt unvergessen. Vergeblich schickt Mussolini seine politischen Gegner auf die Liparischen Inseln in Verbannung, umsonst läßt er seine Kritiker ins Gefängnis werfen oder verprügeln. Die Völker dulden solche Kondottiere-Allüren und Mordmethoden nicht mehr.»

«Soviel ich unterrichtet bin», sagt Bassompierre, bevor Price etwas erwidern kann, «hat Mussolini von dem geplanten Überfall auf Matteotti nichts gewußt. Cesare Rossi, eine seiner übereifrigen Kreaturen, hat geglaubt, ihm zu dienen, wenn er den Sozialisten zum Schweigen brächte. Aus Chikago zurückgekehrte Gangster italienischer Abstammung haben das Verbrechen begangen ...»

«Ein Regierungssystem», empört sich der «Figaro»-Mann, «in dem der Augenwink eines Diktators genügt, einem anderen Menschen das Leben abzusprechen, ist des Untergangs wert. Die Welt will keine Tyrannen.»

«Und doch schießen die Diktatoren und Diktaturen aus dem Boden wie Unkraut, Monsieur», erwidert Bassompierre. «Nicht nur in Italien und in Rußland. Bitte, sehen sie sich um! In Spanien herrscht seit 1923 die Militärdiktatur General Primo de Riveras, vor einem Jahr haben sich Marschall Pilsudski in Polen und General Carmona in Portugal zu Diktatoren aufgeschwungen; in der Türkei hat Kemal Pascha die Macht ergriffen; in China hat Marschall Tschiang-Kai-Schek mit dem rechten Flügel der Kuomintang-Partei die diktatorische Nationalregierung von Nanking errichtet. Diktaturen liegen in der Luft, werden zur Zeit feilgeboten wie warme Semmel. Man müßte tiefgründige soziologische Studien treiben, um dieses Phänomen zu begreifen.»

Primo de Rivera (1870–1930) errichtete 1923 seine Militärdiktatur im Einverständnis mit König Alfons XIII.

Josef Pilsudski (1867–1935). Als Oberbefehlshaber der polnischen Armee entschied er 1920 den Krieg gegen die Rote Armee. Im Mai 1926 stürzte er die Regierung und errichtete als Kriegsminister eine Militärdiktatur.

General Carmona (1869–1951) übernahm 1926 nach einem Militärputsch die Regierungsgewalt in Portugal und war 1928–51 Staatspräsident.

«Beruhigen sie sich, meine Herren», lächelt Ward Price, «Sie streiten über Grundsatzfragen, dabei kommt selten etwas heraus. Mein Beruf ist, zu berichten, was in der Welt los ist, wie sie's treiben, wie sie herrschen und wie sie untertänigst den Herrschenden zu Diensten sind. Ich sehe nur die Fakten, meine Herren! Sie werden jedenfalls nicht leugnen können, daß alle Welt voll des Lobes ist über das, was in Italien geleistet worden ist. Die gute alte Tante, die Londoner ‹Times›, überschlägt sich fast in Lobsprüchen auf die Segnungen, die Monsieur Mussolini über Italien ausgeschüttet hat. Bitte beachten Sie: Ich zähle nur Fakten, Tatsachen auf; Stellung zu beziehen, ist nicht meines Amtes.»

Aus der «Times» vom 31.10.1923.

«Und die überfüllten Gefängnisse, die Deportationen von Zehntausenden, der Terror gegen Andersdenkende?» sagt der Vertreter des «Figaro» erbittert, «vergessen Sie diese Tatsache nicht auch aufzuführen, wenn Sie demnächst über das faschistische Italien berichten. Monsieur Mussolini wird Ihnen gewiß gern die gewünschten Auskünfte geben.»

«Dank für die guten Ratschläge, Herr Kollege!» erwidert Ward Price, «Sie werden schon wieder grundsätzlich! Werde bemüht sein, den Duce wie eine Zitrone auszuquetschen – aber bedenken Sie, er ist Journalist wie Sie und ich. Bon soir, Messieurs!»

Zitiert nach Ward Price.

*

Im Herzen Roms, im Palazzo Venezia, regiert Benito Mussolini als Regierungschef des faschistischen Königreiches Italien.

Wie Napoleon I. – den er bewundert und dem er Arbeiten seiner Feder gewidmet hat – kennt er die erneuernde Kraft des Schlafes. Wenn er stark überlastet ist, kann es geschehen, daß er aus einer wichtigen Konferenz fortgeht, um sich in seinem Haus, der Villa Torlonia, zur Ruhe zu legen.

«Ich mache einfach die Schleusentore zu!» sagt er.

Auch gestern ist er gegen halb elf Uhr abends zu Bett gegangen. Jetzt, um halb sieben Uhr früh, erhebt er sich, tut einige tiefe Atemzüge am offenen Fenster und blickt in den halbtropischen Park hinaus. Villa Torlonia, ein schöner Besitz, den ihm Fürst Giovanni Torlonia zur Verfügung gestellt hat, liegt nahe der Porta Pia.

Nach einem lauwarmen Bad steht Benito Mussolini vor dem Spiegel und rasiert sich selbst. Er ist untersetzt, muskulös und gut trainiert, sein Kopf mit der hohen Stirn, dem eckigen Kinn und dem kühnen Schwung des Schädels erinnert an römische Cäsarenbüsten.

Als die Toilette beendet ist, zieht er den Reitanzug an und begibt sich ins Frühstückszimmer. Alles ist modern möbliert, einfach, aber sehr geschmackvoll. Nur die Gobelins, die Bilder, Bronzestatuetten und die kleinen, antiken Kostbarkeiten verraten, daß man sich in Rom, dem Museum der Welt, befindet.

Donna Rachele, Mussolinis Gattin, bringt das Tablett mit einem Glas Milch, mehr nimmt er am Morgen nicht zu sich. Eine Viertelstunde später – gegen 7.30 Uhr – geht der Diktator mit elastischen Schritten die Treppe hinunter und begrüßt Signor d'Angelis, seinen Reitlehrer, der mit den gesattelten Pferden vor der Freitreppe wartet.

Im Schritt reiten sie zu den Gärten der Villa Borghese, nahe der Piazza del Popolo.

*

Benito Mussolini ist ein Mensch dieser Zeit. Er hat sich in die Technik und in die Geschwindigkeit verliebt. Manchmal macht er auf dem Motorrad die Via Ostia zur Rennbahn, dann wieder unternimmt er – selbst am Steuerknüppel – gefährliche Gewitterflüge, oder er rast mit den schnellsten Lancia- und Fiatwagen über die neugebauten Autostraßen.

Der Sport – die Massenreligion dieses Jahrhunderts – hat auch ihn in Bann geschlagen. Er ist ein guter Reiter und Fechter.

Nach Ward Price, «Der Duce».

«Der Duce hat auch einen Boxlehrer. Im Sommer schwimmt er jeden Tag in Ostia, dem römischen Badeort, oder er steuert ein schnelles Motorboot, das an der Mündung des Tiber stationiert ist. Im Winter fährt er zum Skilaufen in den Apennin.»

Die Besucher des Parks an der Villa Borghese kennen die Passion des Regierungschefs. Jeden Morgen säumen viele Beobachter die Reitbahn, und manchmal klatschen sie Beifall, wenn dem «Duce» ein guter Sprung gelungen ist. Nach einer Stunde angestrengten Trainings begibt er sich zu dem schweren Wagen, der am Eingang bereitsteht.

«Hallo, Signor Price!» ruft er plötzlich; mit gestenreichem Pathos geht er auf den amerikanischen Journalisten zu, schüttelt ihm die Hand und lädt ihn ein, zu ihm in den Wagen zu steigen. «Sie wollen mich sprechen? Kommen Sie mit, gleich geht es ins Amt.»

Sie fahren rasch zur Villa Torlonia zurück, der Duce zieht sich um und steigt wieder ins Auto. Jetzt geht es zum Regierungsgebäude, dem Palazzo Venezia, der im Schatten des Kapitols liegt.

Es schlägt die neunte Stunde, die Wachen im Schwarzhemd salutieren, die Passanten grüßen mit römischem Gruß. Ward Price folgt dem Diktator, der ohne Anstrengung die Treppe hinaufeilt.

Die Räume sind von der Aura der Geschichte umwittert, alles spricht von verflossener Größe, von Kraft und einstiger Macht. Der Amerikaner wartet einige Minuten in einem der hohen, mit Gobelins behangenen Zimmer, dann wird er ins Arbeitszimmer des Duce gerufen.

Das ist ein Saal – geräumig genug für eine stattliche Versammlung und hoch wie ein Kirchenschiff; vor den gewaltigen Fenstern steht der Renaissance-Schreibtisch Mussolinis. Der Besucher muß eine Strecke von 16 Metern durchschreiten, bevor er vor dem Duce steht.

«Nehmen Sie Platz, Signor Price!» sagt Mussolini. «Sie wünschen mich also wieder einmal auszufragen?»

Ward Price ist – wie schon öfter – gefangengenommen von der Souveränität, mit der Mussolini die Lage beherrscht.

«Wenn man in den Dynamoraum eines Kraftwerks kommt, so prickelt die Kopfhaut von der Elektrizität in der Luft. Die Gegenwart Mussolinis ruft ähnliche Wirkung auf den Geist hervor. Er strahlt Willenskraft aus wie ein Ofen Hitze. Man fühlt die Stärke seines Charakters, bevor er zu sprechen beginnt ...»

Nach Ward Price, «Der Duce».

Das Gespräch berührt zunächst die Veränderungen, die der Duce am bisherigen demokratischen Regierungssystem vorgenommen hat. Das Gesetz «Capo del Governo» legt die Befugnisse des Regierungschefs fest: Der Duce ist dem Parlament nicht mehr verantwortlich, er beruft seine Minister, er verkörpert im Auftrag des Königs die Staatshoheit. Der Duce hat von dieser legislativen Gewalt bereits ausgiebig Gebrauch gemacht. Die Gewerkschaften wurden durch «Syndikate», die Berufsverbände durch «Korporationen» ersetzt – beide stehen unter der Herrschaft zuverlässiger Parteimitglieder. Dieser Umbau des Staates nach dem Führersystem hat auch das übliche Wahlrecht geändert.

Dieses Gesetz wurde am 24. Dezember 1925 erlassen.

Es gibt kein allgemeines, geheimes Wahlrecht mehr. Die Abgeordneten der Kammer, aber auch die der Provinzen und Kommunen, sind Funktionäre der «Syndikate» und «Korporationen»; die Präfekten der Provinzen und die «Podestas» der Gemeinden werden von der Partei ernannt.

Die Podestas waren die unter Mussolini von der Regierung ernannten Bürgermeister.

Ward Price fragt vorsichtig, ob diese schwerwiegenden Eingriffe, dazu die Kontrolle und das Verbot jeder Opposition, das Verbot der Freimaurerlogen und die zahlreichen Verhaftungen unter Sozialisten nicht zu Unruhen führen könnten.

«Meine Stellung ist unerschütterlich», sagt der Diktator hart, «die Armee, die Kriegsmarine, die Luftstreitkräfte und die faschistische Miliz halten zu mir. Ebenso der Senat und die Mehrheit der Kammer ...»

«Man hat», fährt der Journalist fort, «Euer Exzellenz wegen der Mißachtung von demokratischen Grundprinzipien in der Weltpresse angegriffen!»

Mussolini lächelt geringschätzig.

Ausspruch Mussolinis, zitiert nach dem «New-York-Herald».

«Ach die Presse! Ich weiß, wie da gekocht wird, die Auftraggeber entscheiden den Stil der Journaille. Was will die Weltöffentlichkeit denn noch an Wundern von mir sehen? Sie kennen Rom von früher, Mailand, Turin, Neapel – nicht wahr, Signor Price? Die Veränderungen sind nicht zu übersehen. Große Bezirke von verrufenen Vierteln sind verschwunden und durch billige, neue Wohnungen in den Vorstädten der großen Städte ersetzt. Warum klagen die Sozialisten über meine Politik? Ich erfülle doch alles, was sie versprochen haben: Der kleine Arbeiter, der Landarbeiter sogar, fährt heute mit dem Werk ‹Dopolavoro› in Urlaub und bezahlt nur ein Viertel der Kosten; niemals ist mehr für Italien getan worden seit den Tagen der Römer. Ich habe die ‹Getreideschlacht› angekündigt, wir werden die städtischen Parks und die Wüsteneien mit Weizen bebauen, um unserm Volk Brot zu schaffen; ich habe begonnen, ein riesiges Programm von Kraftwerkneubauten zu entwickeln, um Italiens Mangel an Kohle zu beheben. Ja, ich will Ihnen sogar von ungeheuren Anstrengungen erzählen, die in der Zukunft liegen. Wir werden die Pontinischen Sümpfe, die seit 2000 Jahren eine unbewohnbare Brutstätte der Malaria sind, trockenlegen und dort Städte errichten; wir werden den Kampf mit der Libyschen Wüste aufnehmen und Halm für Halm auf die Sanddünen pflanzen. Italien soll leben und wieder blühen wie einst, als es den Adlern Roms folgte.»

Die Pontinischen Sümpfe, früher eine malariaverseuchte, sumpfige Küstenebene südöstlich von Rom, in den 30er Jahren urbar gemacht.

«Ich bewundere Euer Exzellenz. Doch die Pläne setzen eine unabsehbare Arbeitsleistung voraus. Werden Euer Exzellenz bei der Durchführung dieser Absichten nicht zu sehr den Sachverständigen und den Mitarbeitern ausgeliefert sein?»

Der Duce lächelt.

«Sie meinen, ob ich nicht betrogen werde? Ob ich nicht der Gefangene meiner Partei und ihrer Funktionäre bin?» Er fegt mit einer Handbewegung diesen Einwand fort.

«Nein! Dagegen schützt mich mein phantastisch gutes Gedächtnis. Wann immer ich über einen Gegenstand diskutiert oder ein Aktenstück studiert habe – seine Einzelheiten haften jahrelang in meinem Gedächtnis! Wenn ich einen Untergebenen lange Zeit nicht mehr gesehen habe, so beginne ich immer damit, ihn daran zu erinnern, was ich bei der letzten Gelegenheit gesagt hatte und einige technische Einzelheiten des Gegenstandes anzuführen ... das macht großen Eindruck auf meine Mitarbeiter, keiner wagt, mir etwas zu verhehlen, was in seiner Abteilung vorgeht ...

Mussolini in einem Interview mit Ward Price (1927).

Vom Platze her werden Rufe laut: «Viva il Duce»! Die Brandung einer Menschenwoge rauscht an die Mauern des Palazzo.

Mussolini erhebt sich. Auf seinem Tisch liegen nur wenige Akten, er erledigt die meisten Dinge in direkten Unterredungen. Aber er spricht gerne und mit dem Temperament des Südländers.

«Ich werde auf den Balkon treten und ein paar Worte sagen», meint er verabschiedend. «Es sind Studenten, die mich heute besuchen. Wissen Sie, Signor, in Italien lebt immer noch das politische Forum. Schon Cäsar hat Politik öffentlich und auf dem Platze da draußen gemacht.»

Er nimmt ein Buch und ein an der Wand hängendes Gewehr, wahrscheinlich wird er diese beiden Gegenstände den Studenten als Symbole zeigen.

Ward Price verläßt den Saal.

*

Den Frieden fester zu verankern und die Völker zusammenzuführen ist noch immer das Ziel der Weltpolitik. 1928 unterbreitet der amerikanische Staatssekretär Kellogg den Signatarmächten des Locarnopaktes einen Vorschlag zur Ächtung des Krieges. Der Vertrag, der den Krieg als Mittel der internationalen Politik für immer ausschließen will, kommt zustande. 54 Nationen treten dem Pakte bei. Deutschland ist unter den ersten, die unterzeichnen. Im Osten kommt das Litwinow-Protokoll – ein Nichtangriffspakt zwischen Sowjetrußland, Rumänien, Polen, Lettland und Estland – zustande.

Der Pakt wurde am 27. August 1928 unterzeichnet.

Auch wirtschaftlich setzt sich die praktische Vernunft durch. Der Dawes-Plan hat seine Undurchführbarkeit erwiesen. Deutschland kann nur bezahlen, wenn es seine Exporte verzehnfacht. Das bedeutete eine untragbare Konkurrenz für die Siegerländer und die Vernichtung ihrer eigenen Wirtschaft. Unter dem Druck dieser Zwangslage tritt im Februar 1929 eine Pariser Sachverständigenkonferenz zusammen, an der Vertreter Deutschlands, Frankreichs, Englands, Belgiens, Italiens und Japans unter Vorsitz des Amerikaners Owen Young teilnehmen.

Young-Konferenz vom 11. Februar bis 7. Juni 1929.

Die Alliierten stoppen die erstickende Goldflut der deutschen Reparationen, in der ihre bodenständige Industrie unterzugehen droht. Man erweitert die Laufzeit der deutschen Zahlungen bis 1988 und vermindert die jährlichen Zahlungen auf 600 Millionen Mark. Eine «Bank für Internationale Zahlungen» in Basel soll künftig die schwierige Übertragung der Summen in fremde Währungen vornehmen.

Als Gegengabe für die Annahme dieses «Young-Planes» wird Deutschland die vorzeitige Räumung des gesamten Rheinlandes bis zum 30. Juni 1930 zugesagt.

Das alles erweckt Hoffnung auf eine bereinigte und von den Krankheitsherden der Vergangenheit befreite Zukunft. Es scheint, als fände sich Europa zu wirtschaftlicher Gemeinschaft zusammen. Auf der Völkerbundsversammlung im September 1929 legt Aristide Briand den Plan zur Schaffung der «Vereinigten Staaten von Europa» vor.

Nach der Haager Konferenz vom 6. bis 31. August 1928.

Schon während der Verhandlungen im Haag hatte Stresemann diese Möglichkeit gestreift, jetzt ist es der Franzose Briand, der von «dem föderativen Band» der europäischen Länder spricht.

Aus Schmidt, «Statist auf diplomatischer Bühne».

«Einige Tage nach Briands Rede, am 9. September, steht Stresemann auf der Tribüne des Völkerbundes. Es soll seine letzte Rede von dieser Stelle werden. Man sieht ihm seine schwere Krankheit deutlich an. Er ist bleich und abgemagert und ringt beim Sprechen oft nach Atem ...»

Aus der Stresemann-Rede vom 9. September 1929.

Sein letzter Gedanke, seine ganze Kraft gehören dem hohen Ziel, dem er sich gemeinsam mit Briand verpflichtet hat: der Versöhnung, der Einheit Europas.

«Warum soll der Gedanke, das zusammenzufassen, was die europäischen Staaten einigen kann, unmöglich sein? Wo bleibt die europäische Münze? Wo die europäische Briefmarke? ... Ich lehne es ab, die wirtschaftliche Vereinigung und Vereinfachung der europäischen Staaten als eine Utopie anzusehen, ich halte es vielmehr für meine unbedingte Pflicht, in dieser Richtung zu arbeiten ...»

Doch die Zeit ist nicht reif für diese hohen Ideale. England, das durch seine überseeischen Interessen mehr an die Welt als an den Kontinent gebunden ist, hintertreibt die Entstehung eines Machtblocks, dem es selbst nicht angehören kann.

Der Plan wird abgelehnt.

Die Delegationen fahren in ihre Hauptstädte zurück.

Wenige Tage nach seinem Wiedereintreffen in Berlin kommt die Krankheit Stresemanns zu akutem Ausbruch. Am Morgen des 3. Oktober 1929 – drei Wochen, nachdem er das Wunschbild eines geeinten Europa vor dem Forum des Völkerbundes ausgebreitet hat – stirbt er. Sein Vermächtnis wird einem in Finanz- und Wirtschaftskrisen taumelnden und von tiefen Gegensätzen zerrissenen Deutschland bald nichts mehr bedeuten. Die braunen Kolonnen der Nationalsozialisten und die grauen Massen des Rot-Frontkämpferbundes beginnen, sich die Straßen und Versammlungsplätze streitig zu machen. Der Entscheidungskampf um die Macht bereitet sich vor.

Die NSDAP hatte seit 1930 einen zahlenmäßig sehr starken Anstieg zu verzeichnen, so daß die Partei schon in einigen Länderregierungen vertreten war (Thüringen, Braunschweig).

Im Staate der Termiten

Der die Welt durcheilende Typus des Journalisten – wie Ward Price ihn vertritt – wird zum Auge und Ohr der Öffentlichkeit.

Es gibt keine wichtige Konferenz, kein Sport- oder Kulturereignis, bei dem nicht die Reporter als Zeugen zugegen sind; die Blitzlichter der Photoberichter flammen bei den Straßenkämpfen in Schanghai, bei den Expeditionen in die Urwälder des Amazonas oder ins Hochland von Tibet, Interviewer zücken ihre Federn in den Arbeitszimmern der Diktatoren und in den Garderoben der Filmstars.

Der Leser der Weltpresse hat für wenige Groschen das Bewußtsein der Allgegenwart, er verlangt von seiner Zeitung und von der Illustrierten, daß sie ihn über alles unterrichten, was von Bedeutung ist. Im Wettrennen um die Sensation und Aktualität spüren die Reporter immer neue Gebiete der Berichterstattung auf, wagen das Leben und scheuen keine Kosten, um das Neueste und Interessanteste zu erjagen.

Bis zu welchem Grade von Hemmungslosigkeit diese Jagd verführen kann, zeigt sich beim Tode Stresemanns. Um die ersten Bilder von dem Toten und seiner Aufbahrung zu haben, besticht ein junger Amerikaner bei der Anlieferung des Sarges die Träger, damit sie ihn mit seiner Photoausrüstung im Sarg verborgen in das Trauerhaus bringen. Ganz Berlin ist empört, aber bei seiner Agentur zählt der Reporter seitdem zu den Besten, die Konkurrenz ist geschlagen.

Eines der geheimnisvollsten und zugleich erregendsten Gebiete der Berichterstattung bleibt der Weltpresse jedoch fast verschlossen: die Sowjetunion. Widersprechend sind die wenigen Nachrichten, die bei den Korrespondenzbüros einlaufen. Kommunistische Schriften loben in überschwenglichen Worten die Leistungen der Bolschewisten bei der Schaffung des Arbeiter- und Bauernparadieses;

aber daneben tauchen auf dem Buchmarkt oder in den Spalten rechtsgerichteter Zeitungen immer wieder Erlebnisberichte über grauenhafte Zustände auf. Wie vor Jahrhunderten geht die Sage von der großen Tatarei um, ein «neuer Dschingis-Chan» scheint auferstanden – ein technisierter Groß-Chan, der bei der gewaltsamen Umformung eines Agrarlandes in eine Industriegroßmacht nicht die Hekatomben von Opfern zählt.

Khan (Chan), der türkisch-tatarische Herrschertitel, wurde jeweils dem Namen des Herrschers angefügt.

Im Westen verstärkt sich das Gefühl, daß dort drüben jenseits der Ostgrenzen Europas etwas grundlegend Neues geschieht, an dem man nicht mehr vorübergehen kann. Doch das Rätsel Rußland verschließt sich und verbirgt sein wahres Antlitz hinter tausend Schleiern. Es gibt keinen ungehinderten Reiseverkehr, keine freie Berichterstattung wie in anderen Teilen der Erde. Nur manchmal öffnen die neuen Machthaber im Moskauer Kreml, eine schmale, genau eingegrenzte Gasse für Besucher. In dieser Gasse sehen die Fremden nur die Dinge, die gesehen werden sollen.

Der Westen weiß es. Trotzdem herrscht Erwartung und Spannung, als anläßlich des XV. Parteikongresses in Moskau Anfang Dezember 1927 einer kleinen Gruppe ausländischer Journalisten – meist linksgerichteter Blätter – die Einreiseerlaubnis erteilt wird.

*

Der Parteikongreß stellt die entscheidenden Fortschritte fest, die durch die NEP auf dem Wege der Industrialisierung erreicht worden sind.

«Der Anteil der Industrie an der Volkswirtschaft ist auf 42% gestiegen und erreicht das Vorkriegsniveau. Der sozialistische Sektor der Industrie ist rasch auf Kosten des privatwirtschaftlichen Sektors gewachsen und erhöhte sich von 81% im Jahre 1924/25 auf 86% im Jahre 1926/27, während der privatwirtschaftliche Anteil in der gleichen Zeit von 19% auf 14% zurückging.»

Aus dem Bericht des XV. Parteitages der Kommunistischen Partei der UdSSR vom 5. Dezember 1927.

Zu dieser zusammenfassenden Statistik werden im einzelnen erstaunliche Ereignisse und Planungen bekanntgegeben.

«Im ganzen Lande vollzog sich ein neuer, gigantischer Aufbau der Industrie. Der Bau der Dnjepr-Wasserkraftwerke von Kramatorsk und Gorlowka, der Umbau der Lugansker Lokomotivfabrik wurden begonnen. Es sind neue Gruben und Hochöfen entstanden. Im Ural wurden die Uraler-Maschinenbauwerke, in Beresniki und Solikamsk chemische Kombinate gebaut. Der Bau der Magnitogorsker Hüttenwerke wurde begonnen. Der Bau der großen Automobilwerke in Moskau und Gorki kam zur vollen Entfaltung. Gigantische Traktorenwerke, Combinewerke, die Riesenwerke für den Bau landwirtschaftlicher Maschinen in Rostow am Don wurden gebaut. Die zweite Kohlenbasis der Sowjetunion, das Kusnezbecken erweitert sich immer mehr. Ein gewaltiges Traktorenwerk wuchs in elf Monaten aus der Steppe, in Stalingrad, empor. Beim Bau der Dnjepr-Kraftwerke und der Stalingrader Traktorenwerke schlugen die russischen Arbeiter alle Weltrekorde der Arbeitsproduktion ...»

Aus «Geschichte der bolschewistischen Partei».

Die ausländischen Journalisten stimmen begeistert in den rasenden Beifall ein, mit dem die Delegierten des Kongresses diesen Rechenschaftsbericht entgegennehmen. Aber viele der Beobachter aus dem Westen sind mit graphischen Darstellungen, Kurven, Zahlen und papierenen Unterlagen allein nicht zufrieden, auch ist ihnen manches an der Terminologie der Sowjets fremd. Sie erbitten daher nähere Auskünfte und erhalten die Zusage eines Interviews mit Jagoda.

Über Jagoda, den stellvertretenden Chef der berüchtigten GPU, gehen im Westen phantastische Gerüchte um. Er gilt für einen der großen Eingeweihten des inneren Kreises im Kreml, aber man sagt zugleich, daß er verantwortlich für Massenverschleppungen, Hinrichtungen, Terror und Zwangsarbeitslager sei.

Genrich Georgijewitsch Jagoda (1891–1938) war 1920–24 Chef der Geheimpolizei (Tscheka, GPU) und später als Volkskommissar des Innern (1934–36) verantwortlich für die Vernichtung der Opposition.

Die Journalisten, die im Intertourist-Hotel ausgezeichnet untergebracht und durch «Insnab» – die Verteilungsstelle für Ausländer – glänzend verpflegt sind, werden an einem der letzten Dezembertage abgeholt. Zwei schwere Wagen russischer Bauart fahren vor. Männer in schwarzen Ledermänteln nehmen die Sitze neben den Chauffeuren ein, sie tragen Naganpistolen am Halfter. Kaum haben die Automobile die Anfahrt des Hotels verlassen, als aus den verschneiten Seitenstraßen mehrere große Polizeiautos hervorschießen und die Fremden eskortieren.

«In ziemlich schneller Fahrt geht es zu dem Eingang des

Kremls, an der der Wassilij-Kathedrale entgegengesetzten Seite des Roten Platzes ... Als sich die Kraftwagen der Einfahrt auf ein- bis zweihundert Meter genähert haben, ertönt am Tor ein anhaltendes Klingelzeichen. Ob eine Alarmglocke automatisch durch die sich nähernden Kraftwagen oder durch die Torwache in Gang gesetzt wird, kann man nicht feststellen!»

Aus Dr. E. Kordt, «Nicht aus den Akten» (Stuttgart 1950).

Wie von unsichtbarer Hand geöffnet, tun sich die schweren Tore auf, die Wagen fahren in einen Innenhof und halten vor einem mehrstöckigen Gebäude. Die Begleitmannschaften springen mit geübter Schnelligkeit von den Autos, alle sind in schwarzes Leder gekleidet, sie tragen umgehängte Maschinenpistolen und bilden sofort Spalier vor einem Aufgang. Wie Gefangene betreten die Journalisten den Kreml.

Eine Viertelstunde später sitzen sie in einem düsteren, mit schweren, altrussischen Möbeln eingerichteten Raum, vor dessen von Pelzdecken umkleideten Fenstern der Schnee zu wirbeln beginnt. An der Wand über dem Schreibtisch hängen im einfachen Rahmen die Bilder von Lenin, Marx und Stalin. Die zweite Innenwand ist fast ganz bedeckt mit einer riesenhaften Karte Rußlands. Rote und blaue Kreise und andere Einzeichnungen sind über die Ebenen, Gebirge und Steppen verstreut.

Herschel Jagoda ist ein langer, schmaler Mann mit fahlem, überarbeitetem Gesicht, seine dunklen Augen liegen tief in den Höhlen, unruhig spielt seine Linke mit dem ausgerauchten Mundstück einer Papyrossi. Er streicht nervös über das schwarze Haar und gibt sich Mühe, ein Lächeln auf seine schmalen Lippen zu zaubern.

«Nun, bitte, meine Herren von der Presse; legen Sie also los mit Ihren Fragen.»

Der Vertreter der französischen «Humanité» – des Organs der KP in Paris – beginnt.

«Genosse Jagoda – Sie erlauben, daß ich Sie so nenne – es ist in den Referaten während des Parteitages immer wieder der Ausdruck ‹Kombinat› gebraucht worden. Ich nehme an, daß es Kollegen von der bürgerlichen Presse gibt, denen dieses Wort nichts besagt. Möchten sie vielleicht einige Erklärungen geben?»

Herschel Jagoda erhebt sich. Er tritt an die große Karte.

«Sehen Sie, meine Herren: Das alles ist Rußland, ist eine

Union von Staaten, die sich entschlossen haben, mit der Ordnung der Menschheit ganz neu anzufangen.»

Die Bleistifte der Journalisten fliegen über die Stenogrammblöcke. Jagoda fährt fort, er spricht leise, aber fließend – der Dolmetscher kann kaum folgen.

«Als wir dieses Reich – oder sagen wir: diesen Erdteil – in unsere Hände nahmen, vermochte er sich nicht selbst mit Maschinen, mit Kohle, Werkzeugen, Textilien oder mit Waren der Kleinindustrie zu versorgen. Wir waren vom Ausland abhängig. Nur etwa fünf Prozent der Bevölkerung arbeiteten in der Industrie, der größte Teil waren Bauern. Dabei ist dieses Land zwischen Ostsee und Pazifik, zwischen Schwarzem und Weißem Meer ein verschlossener Tresor aller Rohstoffe, die es überhaupt gibt. Unsere Aufgabe bestand darin, die natürlichen Reichtümer unseres Landes, die vorhandenen Menschenmassen und die richtigen Produktionsmethoden zusammenzubringen. Wie es Lenin einmal gesagt hat:

‹Die Verbindung der schaffenden russischen Massen mit der amerikanischen Rationalisierung – das ist der Bolschewismus ...›

Aus Lenin, «Sämtliche Werke» (Band 11).

Die Technik entscheidet. Genosse Stalin hat es auf einer Sitzung des Politbüros treffend formuliert:

‹Die Geschichte des alten Rußland bestand unter anderem darin, daß es wegen seiner Rückständigkeit fortwährend geschlagen wurde. Es wurde geschlagen von den mongolischen Chans; es wurde geschlagen von den türkischen Begs; es wurde geschlagen von den schwedischen Feudalen; es wurde geschlagen von den polnisch-litauischen Pans; es wurde geschlagen von den englisch-französischen Kapitalisten; es wurde geschlagen von den japanischen Samurais. Es wurde geschlagen vor allem wegen seiner Rückständigkeit.

Wir sind hinter den fortgeschrittenen Ländern um fünfzig bis hundert Jahre zurückgeblieben. Wir müssen die Distanz in zehn Jahren durchlaufen. Entweder bringen wir das zuwege, oder wir werden zermalmt.›

Aus einer Rede Stalins vor dem Politbüro vom November 1927.

Das, meine Herren, ist die Situation. Und nun beginnen wir.»

Der Vertreter eines englischen Labourblattes hebt seinen Bleistift.

«Wir müssen unseren Lesern erklären, warum Rußland

seine Industrialisierung nicht auf privatwirtschaftlicher Basis, sondern nach sozialistischen Grundsätzen vornimmt.»

Jagoda lächelt ironisch.

«Das werden Sie gleich begreifen, wenn ich Ihnen den Unterschied zwischen Privatindustrie und Kombinat aufzeige. Sprechen wir zunächst von dem System der Industrie, wie sie in Ihren westlichen Ländern zu finden ist. Da hat ein Mann oder eine Bankengruppe Geld, sie erwerben also Schürfrechte, mieten Arbeiter und kaufen Maschinen, sie bauen irgendwo ein Bergwerk und produzieren Kohle, Eisen oder Kupfer. Das Geschäft muß sich rentieren, es wird also sinnlos erzeugt und zu Höchstpreisen verkauft. Ein anderer Unternehmer läßt Werkzeugmaschinen aus dem geförderten Metall herstellen. Irgendwo, wo es ihm günstig erscheint, errichtet er eine Fabrik. Daneben baut die Konkurrenz, tausend kleine Schlosser, Mechaniker und Maschinenbauer eröffnen Werkstätten und hoffen auf Reichtum, Profit, Gewinn. Wenn Sie etwa ein Austin-Auto fahren, so können Sie kein Ersatzteil der Firma Rolls-Royce verwenden, keine Schraube paßt, kein Kolbenring, keine Mutter oder Dichtung – und warum, meine Herren? Weil der private Unternehmer aus Berechnung, daß der Käufer für immer bei ihm beziehen muß, für jedes Konstruktionsteil eine andere Normung gewählt hat. Alles, was im Westen Industrie heißt, ist wild und willkürlich gewachsen, wird bestimmt vom Gesichtspunkt der privaten Rentabilität und der Dividende. Es ist kein Organismus, keine Planung, keine Zielsetzung vom Gesichtspunkt des Allgemeinwohls. Am einen Ende der Stadt steht das Gußstahlwerk, am anderen der Verarbeitungsbetrieb, die Kohle kommt mit der Eisenbahn herzu, die Montage erfolgt in einem dritten oder vierten Werk in einer anderen Stadt: Das alles macht Unkosten und treibt die Preise hinauf. Die Wirtschaft ist unrationell und verwirrt, nicht zu übersehen. Nun ja, bei Ihnen im Westen hat sich die Technik eben in 150 Jahren entwickelt. Wir übernehmen sie sozusagen fertig, das heißt, wir können uns am Anfang überlegen, wie wir die Industrie organisch und nach modernen, rationellen Grundsätzen aufbauen. Das haben wir getan, als wir die Kombinatsindustrie schufen.»

«Wir sind sehr neugierig», sagt ein Schwede. «Wollen Sie uns nun sagen, was so ein Kombinat eigentlich darstellt?»

In der Gegend um Magnitogorsk waren riesige Magneteisenlager gefunden worden. Heute leben in der Stadt ca. 900 000 Menschen.

Jagoda tritt ganz nahe an die Karte heran, sein Finger zeigt in eine Gegend östlich des mittleren Ural.

«Hier», sagt er, «liegt die von uns neu gegründete Stadt Magnitogorsk. Sie war vor drei Jahren noch ein Fleck Urwald und Steppe, heute wohnen dort etwa 250 000 Menschen. Magnitogorsk ist ein Kohle-Stahl-Kombinat, das heißt: Die beiden Grundindustrien und ihre zugehörigen Verarbeitungsindustrien sind auf die denkbar rationellste Art kombiniert worden. Der Beginn war eine Expedition der Landmesser und Geologen, sie stellten den günstigsten Platz fest: Wo lagen ausgiebige Kohlenlager, waren Eisenerze in der Nähe? – das war die Grundlage. Nachdem wir den Platz Magnitogorsk auf der Karte festgestellt hatten, wurde die neue Großstadt im Planungsbüro Moskau auf dem Papier entworfen. Stellen Sie sich vor: Rechts über den Kohlenflözen wird das Bergwerk entstehen, links die Erzgruben: Von den Kohlenfördertürmen laufen die Zubringerbahnen sofort zu den Hochöfen, die mit Erz beschickt werden; selbstverständlich legt man unmittelbar vor die Abstichlöcher der Öfen die Gießerei, daneben das Walzwerk und die Schmiede. Alles natürlich so, daß das Material auf kürzestem Wege durch die Werkhallen wandert und sozusagen am Ende des Prozesses, der im Bergwerk begann, als fertiges Blech, als Profileisen, Schraube, Bolzen oder Gußstück herauskommt. Das Laufband führt nun über die Straße zu den Montagebetrieben. Nach ausgerechnetem Plan bringen die verschiedenen Abteilungen des Kombinats die Konstruktionsteile heran, so daß sie nur noch zusammengesetzt werden müssen. Aus der letzten Halle rollt die fertige Lokomotive, der einsatzfähige Traktor.»

«Und die Arbeiter? Wie leben sie in diesem Riesenwerk?»

«Da wir von Beginn an organisch bauen, legen wir auch die Siedlungen nach Grundsätzen der Vernunft und Zweckmäßigkeit an. Die Wohnblocks kommen in die Außenstadt, jenseits eines Parkstreifens; Schnellbahnen und Straßen führen konzentrisch in die Werke. Jeder kollektive Block hat sein Gemeinschaftshaus mit Parteibüros, Kinos, Waschräumen, Sporthallen und Bibliotheken. So erhält man eine Stadt, die nicht wie ein Krebsgeschwür gewuchert ist, sondern die zuerst erdacht und dann gebaut wurde.»

«Großartig, diese Idee!» sagt der Reporter der «Humanité» begeistert. «Und wenn man bedenkt, daß in diesen Kombinaten nach wenigen gültigen Normen produziert wird, daß es in Rußland nicht Tausende von Schraubenarten gibt, daß die Waren verbilligt und der Allgemeinheit zugänglicher werden ...»

Jagoda unterbricht ihn.

«Das beste haben Sie vergessen – mein Herr!» Er nennt den Kommunisten aus dem Westen nicht «Genosse».

«Wir werden diesen Erdteil verwandeln. Wir werden Berge versetzen, Flüsse umleiten, Kanäle von Meer zu Meer bauen, Steppen besiedeln und neue Waldgürtel pflanzen. Doch das Größte wird sein: Wir schaffen den neuen, sozialistischen Menschen.»

*

Ein nicht so günstiges Bild wie die Industrialisierung bietet die landwirtschaftliche Entwicklung. Die Bodenreform von 1917/18 hat das Land der Großgüter den Bauern in die Hände gegeben, aber zugleich auch die Zersplitterung der bebauten Fläche in unzählige, nach altmodischem Verfahren bearbeitete Kleinwirtschaften gebracht. Die Ablieferung von Getreide beträgt kaum mehr ein Drittel von dem, was vor dem Kriege aus den Gütern herausgewirtschaftet wurde.

Darum hat der XV. Parteitag beschlossen, zur Großproduktion überzugehen und die Sozialisierung stärker auf die Landwirtschaft auszudehnen. Bereits Lenin schrieb über diese Frage:

«Nur in dem Falle, daß es gelingt, den Bauern die Vorzüge der gesellschaftlichen, kollektiven, gemeinschaftlichen, anteilmäßigen Bodenbestellung in der Praxis vor Augen zu führen, nur wenn es gelingt, dem Bauern mit Hilfe der gemeinschaftlichen, der Anteilwirtschaft, zu helfen, nur dann wird die Arbeiterklasse, die die Staatsmacht in der Hand hat, den Bauern wirklich den Beweis erbringen, daß sie im Rechte sei ...»

Aus Lenin, «Ausgewählte Werke» (Band 8).

Die Kollektivierung soll als zweite Säule des Sowjetsystems neben die Kombinate der sozialistischen Schwerindustrie treten.

Jagoda fährt fort:

«Der Ausweg liegt darin, die bäuerlichen Klein- und Zwergwirtschaften allmählich, aber unentwegt, nicht durch Zwang, sondern durch Beispiel und Überzeugung zu Großwirtschaften zusammenzuschließen – auf der Grundlage der gesellschaftlichen, gemeinschaftlichen, kollektiven Bodenbestellung, unter Anwendung von landwirtschaftlichen Maschinen und Traktoren, unter Anwendung von wissenschaftlichen Methoden zur Intensivierung der Landwirtschaft.»

Aus einer Rede Stalins auf dem XV. Parteikongreß vom 14. Dezember 1927.

Das klingt in der Theorie überzeugend, wer aber soll die Hunderttausende von Klein- und Mittelbauern gewinnen? Um die Großbauern, denen an einem Zusammengehen mit einem Kollektiv nichts gelegen sein kann, wirbt die Partei nicht — das Kulakentum ist dem Untergang, das heißt der physischen Vernichtung geweiht.

Alle Fragen, die dieses Thema berühren, beantwortet Jagoda nicht. Nach einigen höflichen Phrasen beendet er das Interview.

Der Parteitag beschließt, auf diesem Sektor des Ersten Fünfjahresplanes seine treuesten Anhänger einzusetzen: die bolschewistischen Arbeiter der großen Werke. Tausende von Industriearbeitern, die bisher nichts mit landwirtschaftlichen Fragen zu tun hatten, werden mit den Problemen vertraut gemacht und durch Schulungskurse in die Generallinie eingeweiht. Sie sollen hinausgehen und die Kollektivierung der Dörfer in die Hände nehmen. Das städtische Proletariat gründet die Kolchose – die Industrie schafft die «Getreidefabrik»!

Der Fünfjahresplan war für die Zeit von 1928–32 berechnet.

*

Einer der eingeladenen Journalisten ist auch nach dem Parteitag in Sowjetrußland zurückgeblieben – ein Deutscher, früher Mitarbeiter eines großen Pressehauses in Berlin, den seine reine Begeisterung für das Neue und Fortschrittliche in die Reihen der KP geführt hat. Empfehlungen an das «Exekutivkomitee der Kommunistischen Internationale» haben ihm einen sogenannten «starken Brief» verschafft, der ihm Freizügigkeit innerhalb der UdSSR garantiert.

«Wer sich mit ihm in Restaurants und Eisenbahnabteilen

auf ein Gespräch einläßt, bedient sich des stereotypen Klischees aus den Leitartikeln der ‹Prawda›; man könnte meinen, die fertigen Sätze aus einer Konversationsgrammatik zu hören. Doch er verzeichnet das beifällig: Es ist ein gesundes Zeichen revolutionärer Disziplin und bolschewistischer Wachsamkeit. Er sieht auch die Verheerungen, welche die Hungersnot ... in der Ukraine angerichtet hat. Scharen von zerlumpten Familien betteln auf den Bahnhöfen: Frauen halten Kinder, die mit ihren abgemagerten Gliedern, ihren riesigen Leichenschädeln und aufgedunsenen Bäuchen wie Schaupräparate ... aussehen, zum Fenster der Abteile empor, den alten Männern sehen die erfrorenen Zehen aus den zerrissenen Bastschuhen. Aber man erklärt ihm, das seien Kulaken, die sich der Kollektivierung widersetzt haben ...»

Nach A. Koestler, «Verlorene Illusionen».

Im Hotel Regina zu Charkow fällt das halbverhungerte Stubenmädchen im Zimmer um, als der Gast eben vom Frühstück kommt. Er glaubt auch hier, daß es sich um einen Zufall handele. Er ist entzückt von der Gastfreundschaft der Sowjets. Die Zeitungen – angewiesen durch die Parteidienststellen – nehmen unbesehen die Novellen und Feuilletons aus seiner Feder und bezahlen phantastische Honorare; ein Buch, das er erst schreiben soll, wird von einem Parteiverlag für 15 000 Rubel erworben – in einer Zeit, da der durchschnittliche Monatslohn des Arbeiters 130 Rubel beträgt.

Nach dem Norden zurückgekehrt, erfährt er, daß er der Zellenversammlung der KP in den Putilow-Werken, die man jetzt Kirow-Werke nennt, beiwohnen könne. Die Putilow-Werke von Leningrad gelten als das Mekka der Revolution.

«Der Typ des Idealproleten waren die russischen Fabrikarbeiter, und die Elite waren die Arbeiter der Leningrader Putilow-Werke und der Ölfelder von Baku. In allen Büchern (aus dem Kreise der KP) war der ideale Proletarier stets breitschultrig, mit einem offenen Gesicht und einfachen Zügen dargestellt; er hatte ein vollentwickeltes Klassenbewußtsein und einen wohlbeherrschten Sexualtrieb; er war stark und schweigsam, warmherzig, aber, wenn nötig auch hart; er hatte große Füße, schwielige Hände und eine tiefe Stimme, mit der er revolutionäre Lieder sang. Proletarier, die nicht Kommunisten waren, waren kein echtes

Die beiden folgenden Zitate nach A. Koestler, «Verlorene Illusionen».

Proletariat – sie gehörten entweder zum Lumpenproletariat oder zur Arbeiteraristokratie.»

Auch in Rußland hat der Deutsche jenes immer wache Mißtrauen und die innere Wachsamkeit verspürt, die das Proletariat dem Intellektuellen entgegenbringt. Aber es war hier, gegenüber dem von der Partei protegierten Pressemann, gedämpft und ohne sichtbaren Ausdruck geblieben. In der Berliner Zelle war er der Salonkommunist, den man zwar brauchte, dem man aber nie ganz vertraute.

«Ein Angehöriger der Intelligenz kann nie ein richtiger Proletarier werden, aber es ist seine Pflicht, sich so weit als möglich darum zu bemühen. Einige versuchen es, indem sie auf die Krawatte verzichten, Rollkragenpullover und schwarze Ränder an den Fingernägeln tragen. Das wird jedoch verurteilt, das ist Snobismus und Hochstapelei ...»

Und nun dieser Zellenabend, bei dem die neuernannten Aktivisten der Kollektivierung über die Aufgabe referieren sollen!

Der Versammlungsraum mit der «Führerecke», in der rotumflort die Bildnisse Lenins und Stalins hängen, ist bis zum letzten Platz gefüllt. Schäbig gekleidete Arbeiter, schwerfällige und klobige Männer, dazwischen aber auch gestraffte Gestalten von Jungkommunisten, sitzen neben den schwarzen Lederuniformen der Leute von der 3. Abteilung. Rauch von zahllosen Zigaretten zieht um die grellen elektrischen Birnen.

Die Partei der konstitutionellen Demokraten (kurz «Kadetten») existierte in Rußland von 1905–17.

Man hat den ausländischen Gast in die vorderste Reihe gesetzt. Neben ihm hat ein dreißigjähriger Arbeiter Platz genommen, der das Parteiabzeichen – den roten Stern – trägt, ein kräftiger, gut gekleideter Mann, der dem Bilde des Idealproletariers entspricht. Er heißt Andrej Tschuilew und war – wie er lachend eingesteht – mit neunzehn unter den weißgardistischen Kadetten, hat sich dann aber mit Überzeugung dem sozialistischen Vaterland verschrieben. Im Putilow-Werk ist er Vorarbeiter, nun soll er an den Don gehen, um die Kollektivierung in Gang bringen zu helfen.

Der erste Redner tritt vor das Pult. Da der deutsche Journalist ziemlich gut russisch spricht, versteht er fast jedes Wort. Die Art der Ausführungen unterscheidet sich ein wenig von dem, was man in Berlin oder in Paris in einer Parteiversammlung zu hören bekommt. Die revolutionäre Massenbewegung ist bemüht, eine vereinfachte Schlagwortsprache zu schaffen; es gibt stereotype Ausdrücke, die immer wiederkehren. Den Ton Lenins und Stalins nachahmend, bemühen sich die Sprecher, möglichst viele Fremdwörter zu gebrauchen.

«... der verbrecherische, herostratische Wahnsinn der konterrevolutionären Saboteure an den heroischen Anstrengungen der werktätigen Massen im Vaterland des Proletariats, den Fünfjahresplan in vier Jahren zu erfüllen, muß die gebührende Antwort empfangen. Die Expropriation der Expropriateure hat zu beginnen ...»

Zitiert nach Reden kommunistischer Parteifunktionäre.

Im Grunde sagen alle Redner nur immer dasselbe, was Stalin schon einmal gesagt hat. Nach einiger Zeit tritt man in die Diskussion ein. Andrej Tschuilew fordert seine Kollegen auf, sich zur Frage der Kulaken-Liquidierung zu äußern.

Zunächst herrscht tiefes, ängstliches Schweigen. Endlich wird ein jüngerer, nicht sehr intelligent aussehender Arbeiter nach vorne geschoben. Er ist der Sohn eines Kulaken und hat verständlicherweise einiges gegen die Vernichtung seiner Familie zu sagen.

«Gut also, Genossen; ich protestiere gegen die Entkulakisierung – andere tun es auch, die nicht der Zelle angehören.

‹Mein Vater hat mir aus Archangelsk geschrieben, daß dort die verbannten Kulakenfamilien in drei Etagen übereinander in den Baracken wohnen. Es brach eine Epidemie aus, so daß zuweilen 10-25 Kinder täglich starben ...›

Nach den Protokollen der Studienstelle deutscher Rückkehrer aus der Sowjetunion.

Dagegen möchte ich Einspruch erheben.»

«Du nimmst eine rechts-sektiererische Haltung ein, Genosse», mahnt Andrej Tschuilew, «du mußt dich noch eingehend in die leninistische Theorie vertiefen.»

Ein Schwarzuniformierter notiert den Namen des Arbeiters, er heißt Iwan Pantelieff. Die Versammelten senken die Köpfe. Niemand will das Wort ergreifen; als der Versammlungsleiter einige Namen aufruft, erheben sich die Männer wie Automaten und wiederholen die Treuekundgebung, die man schon einmal gehört hat.

Zum Schluß bittet Andrej Tschuilew den ausländischen Gast, einige Fragen zu beantworten.

«Wurden Ihnen, Genosse, nachdem Sie Ihren Posten bei der bürgerlichen Presse aufgaben, die Lebensmittelkarten entzogen und mußten Sie sofort aus Ihrem Zimmer ausziehen?»

Die folgenden beiden Zitate aus A. Köstler, «Verlorene Illusionen».

Als der Journalist erklärt, er besitze noch immer seine Dreizimmerwohnung und seinen deutschen Reisepaß, Lebensmittelkarten gebe es im Westen nicht, starrt man ihn ungläubig an und schüttelt den Kopf. Eine zweite Frage ist noch schwieriger zu beantworten:

«Wieviel deutsche Arbeiterfamilien sterben durchschnittlich jeden Tag den Hungertod a) in ländlichen Gebieten, b) in den Städten?»

Schließlich will Andrej Tschuilew wissen, mit welchen Mitteln es die westlichen Genossen der KP verstanden hätten, den Interventionskrieg der sozialfaschistischen Finanzkapitalisten abzuwenden.

Verwirrt verläßt der Journalist den Zellenabend.

*

Im nächsten Frühjahr, noch rechtzeitig vor dem Beginn der Aussaat, tritt Andrej Tschuilew die Reise an den Don an. Er hat sich die Gegend aussuchen können, in der er den Aufbau eines Kolchos betreiben wird. Da auch der Name des Archipowski-Vorwerks auf der Liste stand, hat er dieses Dorf gewählt: Hier war es vor rund zehn Jahren geschehen, daß ihn ein Genosse – Grigorij Koslow – vor dem Schicksal der Emigration bewahrt und ins bolschewistische Lager geführt hatte. Seitdem ist er ein guter Kommunist geworden, er war noch jung und konnte sich umstellen.

Der Empfang in Archipowski ist nicht ermutigend. Der Sekretär des Bezirksausschusses und ein Vertreter des Ortskomitees der Dorfarmen, ein halbbetrunkener Kosak, holen ihn mit dem Wagen von der Bahn ab. Trostlos ist der ausgefahrene, verschlammte Weg durch die regenfeuchte Steppe.

Während sie mit den beiden Panjepferden dahinzotteln, unterrichtet der Sekretär – ein düsterer, fanatischer Mann, der den Orden des «roten Partisans» auf der Brust trägt – Andrej über die Verhältnisse auf dem Lande und besonders in den Kosakendörfern.

«Weißt du, Genosse», sagt er, «das was du vorhast, wird schwerhalten am Don. Hier haben die Leute dicke Köpfe. Sie trennen sich nur ungern von ihren alten Gewohnheiten. Immer noch schleicht die Reaktion durchs Land: frühere

Hetmans, Offiziere und Popen, die Teufelsbrut. Der Kosake aber ist der Sowjetmacht nicht mehr so wohlgesinnt wie in der Zeit des Bürgerkrieges.»

Hetman (von dt. «Hauptmann»), der gewählte Heerführer der Kosaken.

Pope, die volkstümliche Bezeichnung für Priester und niedere Geistliche.

«Das wird sich finden, ich habe Vollmachten», erwidert Andrej, «aber nach den Weisungen des Genossen Stalin wollen wir die Kollektive zunächst auf der Basis der Freiwilligkeit aufbauen. Nur die Kulaken dürfen auf keine Gnade rechnen.»

«Am Don gibt es viele Kulaken, Genosse. Als Genosse Lenin damals die Neue Ökonomische Politik verkündete und die Privatwirtschaft im Handel und Landbau zuließ, haben viele angefangen, mehr Getreide zu bauen, besseres Vieh zu züchten und zu schachern. Die Burschen sind reich geworden, die Höfe fett und die Scheunen voll. Sie geben nichts freiwillig an die Sowjetmacht ab, sie wollen Geld wie die Burshuis, sie haben sogar angefangen, Knechte und Landarbeiter aus den Reihen der armen Schicht zu mieten, um wie die Gutsbesitzer vom Ertrag fremder Arbeit zu leben.»

«Wer mit der Arbeit seines Mitmenschen spekuliert, Genosse Sekretär, der ist Kulak und wird beseitigt. Aber wie steht es mit den Mittel-, Klein- und Zwergbauern?»

«Auch sie stehen voll Mißtrauen dem Kolchos gegenüber. Den einen reut sein Acker, den anderen sein Ochse, den dritten der schöne Eisenpflug. Jeder meint, er würde betrogen, wenn er an den Kolchos abgibt. Zudem hat man vor zwei Jahren versucht, einen freiwilligen Kolchos zu bilden, eine Art Genossenschaft – doch der Vorstand vertrank das Geld der Genossenschaftskasse. Nutzen hatten nur ein paar Habenichtse, die beigetreten waren, um in den Genuß der Anteile zu kommen. Jetzt hat sich dieses Kollektiv aufgelöst, jeder werkt wieder auf die alte und gewohnte Weise.»

Die ersten Kolchosen entstanden 1929 als Zwangseinrichtungen unter staatlichem Druck. Ihre Einführung war zunächst vor allem ein politisches Mittel zur Vernichtung der Großbauern.

Der Gesandte der Partei spuckt zornig die zerkauten Sonnenblumenkerne in eine Pfütze.

«Das ist ja das Wesen unserer Aktion: Die mittelalterliche Wirtschaftsform, wobei jedes Bäuerlein mit dem Holzpflug und dem Grabscheit für sich Landbau betreibt, muß aufhören. Unsere Zeit verlangt die Bestellung nach wissenschaftlichen Grundsätzen, den Traktor, die Landmaschine. Doch das alles wird nur in der größeren Gemeinschaft – im Kolchos – möglich. Wir werden übrigens nicht bei den

Besitzenden beginnen, sondern bei der Dorfarmut. Du, Genosse Sekretär, rufst sie für morgen abend zusammen, dann will ich sehen, ob in Archipowski nicht bald ein Kollektiv entsteht.»

Das Wägelchen schaukelt durch tiefe Wasserlöcher in die trostlose Dorfstraße. Breite Höfe, aus Holz und Lehmgeflecht gebaut, mit Stroh und Schilf bedeckt, säumen den Schlamm der Straße. Schnatternd flüchtet eine Schar Gänse, hinter den winzigen Fenstern spähen verdrossene Gesichter nach dem ungebetenen Gast aus Leningrad.

*

Am nächsten Abend sind kaum 30 Mann in dem kleinen Saal versammelt, es sind einige kommunistische Aktivisten und die Dorfarmen. Andrej entzündet selber die altertümliche Öllampe, steigt auf einen Stuhl und erklärt seine Sendung.

«Genossen, ich bin ein Arbeiter der großen Kirow-Werke. Die Kommunistische Partei und die Arbeiterklasse haben mich zu euch geschickt, um euch zu helfen, eine Kollektivwirtschaft zu organisieren und die Kulaken, unsere gemeinsamen Blutsauger, zu vernichten. Ich will mich kurz fassen: Ihr müßt euch alle in Kolchosen zusammenschließen, den Boden, alle Geräte und das Vieh vergesellschaften ...

Warum ihr in den Kolchos sollt? Nun, weil man einfach so nicht weiterleben kann! Die Schwierigkeiten mit der Brotversorgung kommen daher, weil die Kulaken das Getreide vergraben oder es verfaulen lassen. Wir müssen ihnen jeden Sack mit Gewalt abnehmen ...

Das, was der Mittel- und Kleinbauer allein dem Sowjetstaat zur Verfügung stellen kann, macht das Land nicht satt. Die Saatfläche muß vergrößert werden. Wie wollt ihr das aber machen, die ihr nur über einen einscharigen Pflug verfügt? Nur der Traktor kann uns helfen ...»

Aus Scholochow, «Neuland unterm Pflug», SMA, Berlin 1946.

Die meisten der Versammelten wissen nichts vom Traktor, sie haben so ein Teufelsding noch nie gesehen. Bei dem schweren, fetten Boden am Don kann ein Mann mit dem Pflug am Ochsengespann nicht mehr als 10–12 Hektar Land während einer Pflügeperiode bewältigen. Andrej erklärt Ihnen, daß der Motor diese Fläche in zwei Tagen schafft.

Staunend hören die Bauern von den Leistungen des Wunderriesen «Technik».

Andrej nützt die günstige Stimmung und fährt fort:

«Hört mich an, Genossen! Wenn jeder von euch auf seinem Äckerchen sitzt, hier ein Feld mit Hafer, dort eine Handbreit Weizen und jenseits des Hügels vielleicht noch ein wenig Fläche aussät, so kommt bei viel Arbeit wenig heraus. Was versteht ihr schon von moderner Agrikultur, von Veredelung der Obstbäume, von Saatgutbehandlung und Fruchtwechselplan? Mit den neuen wissenschaftlichen Methoden der Ertragssteigerung braucht ihr nur halb so viel zu arbeiten und könnt das Doppelte und Dreifache ernten.»

«Das ist wahr, Väterchen, das ist wahr!» nickt der grauhaarige Kosak Stepan Astachow, der als einziger Mittelbauer erschienen ist. «Wir machen alles, wie es schon der Urgroßvater getan hat.»

«Nun stellt euch vor». sagt Andrej triumphierend, «ihr werft all euren Dorfbesitz in eine Kolchose zusammen, laßt auf gemeinsame Kosten einen Diplomlandwirt kommen, vielleicht auch noch einen Maschinisten, und ihr kauft zusammen Traktoren, Dresch- und Saatmaschinen, kurz: ihr nehmt die landwirtschaftliche Erzeugung gemeinsam in Angriff: ein Feld, ein Bebauungsplan, ein Maschinenpark. Da kommt schon mehr heraus.»

«Freilich kommt mehr heraus, Genosse», wirft Stepan Astachow ein, «fragt sich nur, für wen? Ich arbeite, und Boris dort, der versoffene Faulpelz, dem nichts als zwei magere Ziegen gehören, der freut sich, daß er zu einer so feinen Genossenschaft gehört.»

Die Männer lachen, erschreckt flattern die Hühner auf dem großen Ofen. Andrej läßt sich nicht aus dem Konzept bringen, er gebietet Ruhe.

«Mach' keine Witze, Genosse! Die Kolchose gibt allen gleiche Rechte und gleiche Pflichten, es gibt dort keinen Platz für Faulpelze und Schädlinge. Wir bilden Arbeitsbrigaden unter Führung von Männern, die auf einem Gebiet – Obstbaumpflege, Viehzucht, Getreidebau oder Aussaat – als besonders erfahren gelten. Für die planmäßig festgesetzte tägliche Arbeitsleistung errechnen wir eine Leistungsnorm, das heißt: So und soviel Hektar sollen gepflügt oder besät, so und soviel Bäume beschnitten werden. Auf einer Liste werden jedem Arbeiter der Kolchose die Prozentzahlen der Norm gutgeschrieben. Danach wird sich die Verteilung der Ernteerträge richten.»

Es werden noch viele Fragen gestellt, da aber die Mehrzahl der Anwesenden aus Aktivisten oder Dorfarmen besteht, erheben sie von Anfang an keine Widerstände gegen die Errichtung der Kolchose. Einstimmig wird die Vergesellschaftung von Stepan Astachows schönem Hof, der beiden Ziegen des Kosaken Boris, sowie alles anderen Grund und Bodens, Viehs und Werkzeugs beschlossen.

Das wäre freilich eine zu schmale Grundlage für die neue Kollektivwirtschaft. Man muß sich also umsehen, noch etwas dazu zu bekommen. Wer aber könnte mehr geben, als die verhaßten Großbauern?

Die beiden folgenden Zitate aus Iwan Solonewitsch, «Die Verlorenen».

«Der Aktivist Jermak platzt damit heraus, daß der Kulak Iwanoff eine Anti-Kolchosen-Agitation betreibt ...»

Überall gibt es solche Aktivisten, die sich durch besonderen Eifer langsam auf der Leiter der Partei hinaufarbeiten. Andrej Tschuilew denkt an ähnliche Vorfälle in den Kirow-Werken.

«Den Ingenieur kann der Aktivist im Werk kaum ernstlich beißen, weil man den Ingenieur zu notwendig braucht ... aber seine Arbeitsgenossen schwärzt der Aktivist oft fühlbar an. Er gibt an, daß Petroff bewußt und böswillig Schundware produziert, daß Sidoroff ein falscher Arbeitsstürmer ist und deshalb keinen Anspruch auf das Sturmessen in der Werkskantine hat, und daß Iwanoff VII bewußt die proletarischen Demonstrationen in der Werkskantine nicht besucht ...»

Nach zwei Monaten haben es die Aktivisten im Dörfchen Archipowski immer noch nicht geschafft. Hartnäckig leisten die Besitzbauern Widerstand gegen die gleichmachende Kolchosenwirtschaft.

*

Kulak (russisch für «Faust», «Geizhals»), in der bolschewistischen Terminologie der «Dorfkapitalist», der sich als Großbauer nicht der Kollektivierung anschließt.

Der Kampf gegen das Kulakentum tritt in sein entscheidendes Stadium. Schon auf dem XV. Parteitag hatte Genosse Stalin erklärt:

«Die Kulakenbauern weigern sich in Massen, dem Sowjetstaat ihre Getreideüberschüsse zu verkaufen ... Sie beginnen gegen Kollektivbauern, gegen Partei- und Sowjetarbeiter im Dorfe Terror auszuüben und Kollektivwirtschaften sowie Sowjetspeicher in Brand zu setzen ...»

Stalin im Dezember 1927

Das waren gefährliche Anzeichen. Jetzt aber, da man begonnen hat, die Kolchosen mit allen Mitteln durchzusetzen, wird

«Artikel 107 des Strafgesetzbuches gegen sie angewandt, wonach die Getreideüberschüsse der Kulaken und Spekulanten gerichtlich beschlagnahmt werden ... es werden der Dorfarmut eine Reihe von Vergünstigungen gewährt, durch die der armen Bauernschaft 25% des beschlagnahmten Getreides der Kulaken übergeben wird ...»

Aus «Kurzer Lehrgang ...» (SMA, Berlin 1946).

Mit dem Revolver in der offenen Hüfttasche betritt Andrej das Gehöft des Kulaken Iwanoff. Ohne Gruß betritt er die Stube – eine reiche und sauber gehaltene altrussische Bauernstube. Mit einem Blick sieht er in einer Ecke die Ikone der Mutter Gottes, von Papierblumen umrankt und die rote Ölflamme davor.

«Du hast zweiundvierzig Pud Saatgut auf dem Speicher?» fragt er den Bauern, einen hochgewachsenen Kosaken. Iwanoff nickt mit mißtrauischem Blick!

«Gut, schaff' es morgen zum Gemeindespeicher. Du kannst es in den Säcken lassen, es wird versiegelt. Im Frühjahr bekommst du es heil und ganz zurück. Wir machen es so, damit niemand behaupten kann, wir hätten sein Eigentumsrecht nicht geachtet und das Getreide aufgegessen. Im Getreidespeicher ist dein Saatgut tadellos aufgehoben.»

«Laß nur Genosse ... diesen Trick kennen wir. Ich werde mein Getreide nicht abliefern ...»

«Und warum nicht, wenn ich fragen darf?»

«Weil es bei mir besser aufgehoben ist. Ich würde im Frühjahr nicht einmal mehr einen leeren Sack vorfinden ...»

Aus Scholochow, «Neuland unterm Pflug».

Andrej greift nach der Pistole.

«Du zweifelst also am Wort der Sowjetmacht?»

Der Bauer erwidert hart:

«Wir haben genug Schwindel von euch Brüdern erlebt ...»

Der Streit artet zum Handgemenge aus. Andrej schlägt den Bauern mit dem Griff der Waffe zu Boden. Dann zwingt er ihn, ein vorbereitetes Geständnis zu unterschrei-

Die GPU war als politische Polizei aus der Tscheka hervorgegangen (1922) und wurde später verschiedenen Ministerien unterstellt. 1954 wurde die GPU in KGB umbenannt.

ben, nach dem er gegen die Sowjetmacht konspiriert habe. Alles andere ist Sache der GPU.

Eines Nachts wird der Bezirk von Archipowski von GPU-Truppen umstellt, schwarzuniformierte Polizeisoldaten dringen in die Kulakengehöfte und treiben die Menschen, wie sie sie vorfinden, in Scharen aus den Häusern. Frauen, Kinder und Männer werden rücksichtslos auseinandergerissen, zu den nächsten Verladestationen geführt und mit unbekanntem Ziel verschickt.

Die Kulakengüter sind frei für die Kolchose, der sozialistische Aufbau kann beginnen.

*

Die Verwaltung der Kolchose ist nun in den schönsten Hof der Gegend, in das Haus des deportierten Iwanoff, eingezogen. In der guten Stube werden die Versammlungen abgehalten.

Aus Scholochow, «Neuland unterm Pflug».

«Auf der Tagesordnung steht: Schaffung des Saatgutfonds. Bestimmung der Arbeitsnormen bei den Feldarbeiten, Reparatur der Geräte und Maschinen für die Saatzeit, Bildung eines eisernen Futtervorrats für die Zeit der Frühjahrsarbeiten.»

Jeder hat seine eigenen Ideen, jeder seine altgewohnten Methoden. Lange wird gestritten, bis man sich auf die Menge der Aussaat pro Hektar einigt, bis die Verteilung der Äcker für die einzelnen Fruchtsorten festliegt.

Bald darauf hellt sich der Himmel auf, die Zeit der Aussaat ist gekommen; zum ersten Male tritt die Hälfte der Einwohnerschaft von Archipowski geschlossen, nicht mehr als Kleinbauern und Besitzer, sondern als Arbeitskolonne an. Die Brigaden sind verteilt, jeder ist eingewiesen und an seinen Platz gestellt. Da gibt es eine Brigade, die in der östlichen Steppe Neuland umbricht, eine andere, die im Tal von Uststhenski die Äcker der verbannten Kulaken bestellt und eine dritte, die in den Gärten arbeitet. Der Schmied hämmert für den Kolchos, die Frauen der Bäkkerbrigade backen Brot, sogar die Hühner und Gänse hat man zusammengetrieben und einer Jugendbrigade anvertraut.

Ein paar arbeitsunfähige Invaliden werden der Propaganda-Brigade des Parteisekretärs zugeteilt, sie bereisen auf Panjepferdchen die umliegenden Dörfer und Höfe, um die Bauern einzuladen, dem Kollektiv beizutreten. Auch sie haben ihre Norm, die sie erfüllen müssen: jeden Tag einen Beitritt.

Zu den Essenszeiten bringen die Frauen die großen Kessel ans Feuer, kochen den Gemüseeintopf und teilen den müden Pflügern und Säern aus. Am Abend klingt die Balalaika, man sitzt am offenen Feuer beisammen; dann kommt Andrej Tschuilew, läßt sich Listen mit der erreichten Tagesnorm vorlegen und verteilt Lob und Tadel.

Die Balalaika, das mit unserer Gitarre verwandte russische Musikinstrument, wird erstmals um 1700 erwähnt.

Wassilij wird zum «Stoßarbeiter» ernannt, er hat in der Reparatur von Pflügen und Maschinen sein Soll mit 16% überfüllt. Andrej hält eine kleine Ansprache:

«Lieber Genosse, empfange hiermit unseren brüderlichen Dank. Verdammt will ich sein, wenn du nicht auch fernerhin so vorbildlich arbeitest, wenn das ganze Inventar unseres Kolchos nicht immer kampfbereit ist! Und ihr, Genossen, müßt auf dem Feld ebenso mustergültige Arbeit leisten. Nur in diesem Falle werden wir den Namen unseres Kolchos rechtfertigen. Sonst stehen uns Schmach und Schande in der ganzen Sowjetunion bevor ...»

Aus Scholochow, «Neuland unterm Pflug».

Ein Beschluß der Aktivisten wird bekanntgegeben. Die alte Kirche, die man bisher auf Kosten der Gemeinde erhalten hat, ist überflüssig geworden. Man hat andere Verwendung dafür: Der Kolchose fehlt es an Speicherräumen, die zentral gelegen sind. Dafür mag die Kirche nutzbringend verwendet werden!

Schließlich kann Andrej einige Neuaufnahmen in die Kollektive bekanntgeben. Wieder haben ein paar Mittel- und Kleinbauern eingesehen, daß sie neben der Kolchose nicht existieren können. Die Sowjetmacht fordert vom Einzelbauern die Hälfte mehr an Steuern und fast das Dreifache an Ablieferungssoll. Da wirft man lieber alles auf einen Haufen und geht in die Kolchose.

*

Die Kollektivierung macht im ganzen Lande gute Fortschritte. Aber es gibt überall Abweichungen von der Parteilinie: In manchen Dörfern hat man auch die Hühner, die Tauben und das Gemüsegärtlein hinter dem Hause sozialisiert, das ist eine unerwünschte Linksabweichung. An anderen Orten sind Kolchosen von Kulaken nur zum Schein gebildet worden; eine verbrecherische Rechtsabweichung!

Am 2. März 1930 erscheint ein aufsehenerregender Zeitungsartikel aus der Feder Stalins. Die Überschrift lautet: «Vor Erfolgen vom Schwindel befallen»!

Nur die hauptsächlichsten Produktionsmittel dürfen vergesellschaftet werden – heißt es in dem Artikel –, also Getreidebau und Viehzucht; das Kleinvieh, die Hühner, Gärten, die am Haus anliegenden Grundstücke und die Wohnhäuser selbst müssen den Bauern verbleiben. Auch soll die Freiwilligkeit des Eintritts in die Kolchose gewahrt bleiben.

Diese Schwenkung von oben bricht vielen übereifrigen Kommissaren den Hals. Auch Andrej Tschuilew wird der «Linksabweichung» beschuldigt und bei der 3. Abteilung denunziert. Eines Nachts wird er von lederbekleideten Männern abgeholt, seinen Posten übernimmt ein anderer.

*

«Die Epoche der Kollektivierung steigert die Zahl der Zwangsarbeitslager und der Lagerinsassen bis zu früher unerhörten Ziffern. Gerade damit aber hören die Zwangsarbeitslager auf, ein Inhaftierungs- und Vernichtungsort Tausender von ‹Gegenrevolutionären› zu sein ... Sie verwandeln sich in ein gigantisches Unternehmen zur Ausbeutung kostenloser Arbeitskräfte. Das Werk wird durch die GPU-Hauptverwaltung der Zwangsarbeitslager, die GULAG, verwaltet ...»

Aus Solonewitsch, «GPU».

Die großen Planungen – Bau von Kombinaten, Kanälen, Kraftwerken und neuen Städten – erfordern unermeßliche Arbeitsmassen, denn die Termine des bolschewistischen Revolutionskalenders sind knapp gestellt. Man rechnet nach Lenins Theorie innerhalb der kommenden 15 Jahre mit dem zweiten Weltkrieg. Dann muß Rußland bereit und unangreifbar sein. Man zählt nicht die Opfer, sondern nur die erreichten Ziele.

*

Andrej Tschuilew, der gestrauchelte Kolchosen-Pionier, ist nach Leningrad zurückgebracht und in eines der GPU-Gefängnisse gesteckt worden. Dort hat er Zeit zum Nachdenken, warum er die Erwartungen der Partei nicht erfüllt hat. Es scheint nicht allzu schlimm um ihn zu stehen, denn die Schwarzuniformierten haben ihn nur in einen der großen Sammelräume verwiesen, wo ein paar Dutzend Häftlinge auf ihre Aburteilung warten. Die zyklopischen Eisenbetonwände sind kalt, schiefe Schächte mit starken Vergitterungen stoßen nach oben und lassen graues Licht in den kahlen Raum fallen.

Andrej kauert tagelang schweigend auf seiner Holzpritsche.

Er denkt zurück an die Jugend: Das Elternhaus war gut bürgerlich, man glaubte an Gott und das Recht, an die Unverrückbarkeit einer bürgerlich-dörflichen Moral. Freilich – gesteht sich Andrej ein – dieses Recht und die Moral waren von Bürgern für Bürger erfunden. Den Proletarier schloß die alte Gesellschaft aus, er blieb der Sklave, auf dessen Schultern der Bau errichtet war.

Obschon Andrej von der Höhe des Kirow-Vorarbeiters in die Tiefe eines Häftlingsdaseins gestürzt ist, zürnt er dem Sowjetstaat keineswegs. Er denkt nur nach, und dieses Nachdenken öffnet ihm die Augen für manches, was er bisher nicht gesehen hat.

«Wir erstreben doch das Paradies» – sagt er sich – «ein musterhaft organisiertes, blühendes und von Überfluß schweres Land mit einer klassenlosen Gesellschaft. Und in diesem Paradies sollen Menschen leben – anders wäre es sinnlos.»

«Menschen ...» denkt Andrej, «sind das die idealen, sozialistischen Menschen, die ich um mich sehe? Nun, wir wollen schweigen von den gedrückten, mißtrauischen und furchterfüllten Gefangenen, diesen grauen Schatten einer zerbrochenen Zukunft. Doch jene anderen, die draußen ‹in Freiheit› leben? Die Arbeitskollegen werden von der Norm und Übernorm gehetzt, man peitscht sie mit Versprechungen und Zukunftsbildern voran, man rationiert ihnen das tägliche Brot und hält sie unter Überwachung. Wer traut schon dem Kameraden? Wer weiß, ob nicht der Freund, die Geliebte, der Sohn im Dienst der 3. Abteilung stehen? Sie alle haben Angst, sie alle leben ein schabloniertes Dasein, sie denken und fühlen in vorgezeichneten Bahnen – nein, sie sind kaum mehr Menschen, man hat sie zu Nummern, zu Maschinen und Robotern gemacht. Es wimmelt wie von Termiten, die nach dem Befehl einer unsichtbaren Königin einen Riesenstaat auftürmen, dessen Gefangene sie sind.»

Es ist diese grausame, unpersönliche Maschine «Staat» oder «System», die alle gebannt hält. Jeder tut nur seine vorgeschriebene Pflicht, ohne mehr als einen winzigen Sektor zu übersehen; alle überwachen einander, keiner ist frei – wahrscheinlich ist auch Genosse Stalin nicht frei, wahrscheinlich kann auch er nicht mehr den von Dogmen ummauerten Weg verlassen.

«Die Staatsgewalt ist stärker als die Menschen; aber die Menschen sind zahlreicher. Die Scheidewand zwischen der Staatsgewalt und den Menschen ist mit einer solchen Schärfe aufgerichtet, wie sie für gewöhnlich nur in Zeiten einer ausländischen Besatzung beobachtet wird. Der Kampf selbst nimmt die Formen mittelalterlicher Grausamkeit an.»

Aus Solonewitsch, «Die Verlorenen».

Andrej sucht seinen Vorstellungen und Zweifeln zu entfliehen. Er wendet sich an seinen Pritschennachbarn.

«Warum bist du hier, Genosse?»

«Paragraph 2 des ‹Gesetzes zum Schutz des sozialistischen Eigentums›, erwidert der Mann.

«Ich bin kein Rechtsverdreher, Genosse, du mußt schon deutlicher werden.»

Der Nachbar scheint genau über seinen Fall orientiert, wie ein Rädchen schnurrt er die Gesetzesstellen herunter.

«1. Die Sachgüter der Kolchosebetriebe und der genossenschaftlichen Betriebe sind dem Staatseigentum gleichzusetzen, und die Bewachung dieser Sachgüter vor Diebstählen ist möglichst zu verstärken.

2. Bei Diebstahl des Kolchoseeigentums und des genossenschaftlichen Eigentums ist das Höchstmaß der sozialen Abwehr anzuwenden: Erschießung mit Einziehung des gesamten Vermögens oder statt dessen, bei mildernden Umständen, Freiheitsentziehung nicht unter zehn Jahren, mit Einziehung des gesamten Vermögens.

3. Bei Verbrechern, die wegen Diebstahls von Kolchoseeigentum und von genossenschaftlichem Eigentum verurteilt sind, werden Amnestien nicht angewandt.»

Aus «Gesetzessammlung der UdSSR» (1932)

«Mensch», staunt Andrej, «da sitzt du ja schön in der Tinte! Bist also ein Dieb am sozialisierten Eigentum?»

«Gewiß, Genosse, sozusagen ein Schwerverbrecher. Bin

nähmlich Lagerverwalter in einem Getreidesilo gewesen. Du weißt ja, wie es draußen mit dem Hunger steht. Die Leute fallen auf der Straße um. Ich habe drei kleine Kinderchen zu Hause. Da habe ich die Körner, die beim Abladen der Säcke in den Staub fielen, zusammengekehrt und mitgenommen. Zehn Jahre sind mir sicher.»

Er dreht sich auf der Pritsche zur Wand.

«Und deine Kinder?» fragt Andrej. Der Mann auf dem Holzbrett zuckt die Achseln.

«Hast noch nicht gehört, wie es die GPU auf den Dörfern treibt, wenn sie Arbeiter für ein sibirisches Kombinat oder sonst was braucht? Man holt die Arbeitsfähigen vom Feld oder aus den Häusern fort, die Kinder bleiben zurück, werden Besprisornije, Landstreicher.»

Nach der «Iswestija» vom 22. September 1935.

*

Eines Morgens ruft der Aufseher an der eisenbeschlagenen Tür den Namen Tschuilews. Endlich ein Verhör, Beginn der Verhandlung!

Andrej steigt über die am Boden liegenden Gefährten und folgt dem GPU-Mann.

In den Betonschächten hängt die Kälte, irgendwo gellt ein Schrei auf, mitten durchgerissen von einer rasch zugeworfenen Tür.

«Der Aufseher geht hinter Andrej und kommandiert: ‹Links runter – rechts ...› Die Fußböden sind mit Filz ausgelegt. In den gigantischen Wänden tiefe Nischen, die in die Kammern führen. Das sind die Einzelzellenkomplexe ...»

Aus Solonewitsch, «Die Verlorenen».

Wenn sie einem anderen Gefangenen begegnen, muß Andrej in eine dieser Nischen treten, der GPU-Mann deckt ihn mit seinem Körper gegen Sicht. Dann heißt es wieder: «Weitergehen! Geradeaus!»

Andrej wird in das Zimmer des Untersuchungsrichters gebracht. Aber er wird nicht verhört, der Mann mit den beiden violetten Rauten des GPU-Offiziers am Kragen schiebt ihm nur wortlos sein Urteil zur Unterschrift zu: Fünf Jahre administrative Verbannung.

*

Es gibt zwei Arten von Deportierten: Die einen sind zu administrativer Verbannung, die anderen zu Konzentrationslager verurteilt.

Die «Administrativen» sind die Gefangenen-Elite. Sie werden in eines der großen Lager überführt und dürfen es nicht verlassen. Aber ein direkter Zwang zur Arbeit besteht nicht, sie können sich auch frei innerhalb der riesigen Lagerbezirke bewegen. Sie müssen nur, um nicht zu verhungern, irgendeine Tätigkeit ausüben.

*

«Das Gefängnistor geht auf, davor wartet eine große Menge, fast lauter Frauen, an die fünfhundert.

Vor den Lastwagen teilt sich die Menge, und aus ihr ertönen explosivartig Hunderte von Schreien, Begrüßungen, Abschiedsrufe, Namen ... Das alles verwandelt sich in einen unartikulierten Schrei des menschlichen Leides, worin die einzelnen Worte und Stimmen untertauchen. Das sind alles russische Frauen, ausgemergelt und entkräftet, hierhergekommen, um sich von ihren Männern, Brüdern und Söhnen zu verabschieden ...»

Die Gesellschaft auf dem Lastwagen, dem Andrej zugeteilt ist, besteht aus Bauern, die auf Grund des Gesetzes zum «Schutz des sozialistischen Eigentums» verurteilt sind. Sie haben Ähren gelesen, schwarzgeschlachtet oder heimlich Rüben von den Feldern geholt. Der Eisenbahner neben Andrej ist nach dem neuen «Gesetz gegen Vergehen der Arbeitsdisziplin» verurteilt, das kleine Verzögerungen bei der Beladung von Waggons oder Zugverspätungen mit Freiheitsstrafen bis zu zehn Jahren ahndet. Auch ein paar Ingermanländer – Finnen und Esten – stehen in dem dichten Schwarm. Sie haben in Leningrad gearbeitet und werden im Zuge der «Umsiedlungsaktion» dahin gebracht, wo ihr gesamter Volksstamm bereits gelandet ist.

Ingermanland, nach dem westfinnischen Stamm der Ingern benannt, umfaßt die Landschaft zwischen dem Ladogasee, der Newa, dem Finnischen Meerbusen und der Narwa.

«Wohin geht die Fahrt?» fragt Andrej einen der Finnen.

«Stalin-Weißmeerkanal», sagt der Mann mit ausdruckslosem Gesicht. Die Kolonne rasselt schwankend unter ihrer Menschenfracht die graue Straße dahin und nimmt Richtung zu den nördlichen Vorstädten Leningrads.

Der 1933 eröffnete Stalin-Weißmeerkanal (heute Ostsee-Weißmeer-Kanal) schafft eine Verbindung zwischen Onegasee und Weißem Meer.

*

General Cadorna, der Chef des Stabes der italienischen Armee. (39)

General Gough, der Befehlshaber der Fünften Armee, die einen großen Teil des alliierten Sektors der Front hielt. (40)

Engländer rasten neben einem Tank, der bei Cambrai an einem Eisenbahndamm ins Rutschen gekommen ist. (41)

Die Amerikaner in Château-Thierry. (42)

General Pershing wird bei der Ankunft in Boulogne mit allen militärischen Ehren empfangen (43)

Englische MG-Schützen in erobertem Schützengraben. (44)

«Das Weißmeer-Kombinat, einfach BBK genannt, ist ein Reich für sich, ein Gebiet, das von Petrosawodsk bis Murmansk reicht, mit eigenen Holzverwertungsstellen, Steinbrüchen, Werken, Eisenbahnlinien und sogar eigenen Werften und eigener Schiffahrt ...»

Aus Solonewitsch, «Die Verlorenen».

Das Land ist eine unwirtschaftliche Moränenlandschaft mit außerordentlich rauhem Klima. Im Winter deckt eine meterhohe Schneeschicht die Steppen, Wälder und Felswüsten. Hier hat die sowjetische Führung aus wirtschaftlichen und strategischen Gründen den Bau einer Wasserstraße zwischen Weißem Meer und Finnischem Meerbusen in Angriff genommen. Der Bau erfolgt in Abschnitten.

«Die Teilstrecke soll 270 km lang werden. Es müssen u.a. gebaut werden: 19 Schleusen, 15 Wehre, 12 Wasserablaßvorrichtungen ... Es müssen 21 Millionen Kubikmeter Erde bewegt werden ...»

Die Termine sind kurz gesetzt, es gibt keine Maschinen und kaum genügend Werkzeuge – es gibt nur Menschenmassen, mit denen nicht gespart zu werden braucht.

*

Von der Station Swanka bis Medweschja sind die Gefangenen in Viehwaggons gefahren, ein paar sind auf dem Transport gestorben. In Medweschja werden sie ausgeladen, zu Kolonnen formiert, und nun marschieren sie durch ein trostloses Land, das aussieht wie die Welt am ersten Tage.

«Um die riesigen, wie von Urmenschen angelegten Feuer werden hastig Zelte aufgestellt, werden Hütten errichtet, da die Zelte nicht ausreichen – ein Transport nach dem anderen trifft ein ...

Es ist kalt im hohen Norden. Besonders haben die aus dem Süden der Sowjetunion ankommenden Sträflinge unter der Kälte zu leiden. Die Verbannten aus dem Süden steigen aus. Sie frieren. Sie binden sich Tuchfetzen um den Mund und schlagen die Röcke fester zu ...»

Andrej kommt mit seiner Leningrader Gruppe in eine Baracke, in der es ebenso unmenschlich kalt ist wie in den dünnen Zelten.

«Um den Ofen liegen auf Brettern, die man auf Kisten gelegt hat, Menschen in Mänteln und Joppen. Die Risse zwischen den Balken sind mit Zeitungspapier zugestopft.

Manchmal herrscht solcher Frost, daß die Wandbretter mit lautem Knall springen.»

Im Lager, um das sich ein dichter Stacheldraht zieht, gibt es auch steingemauerte, winterfeste Gebäude. Da wohnt die Lagerverwaltung, die GULAG. In einem festen Kasernenblock ist die GPU-Wache untergebracht.

Neben diesen Polizeitruppen wird der Wach- und Antreiberdienst vor allem von den ‹Wooruschennaja ochandra› – WOCHER genannt – ausgeübt. Das sind selber Häftlinge. Kriminelle oder administrativ Verbannte, die sich ihr Brot verdienen, indem sie die Gefährten zur Arbeit antreiben. Außer diesen Bewachern sorgt eine wohldurchdachte Organisation der Verwaltung für äußerste Arbeitsleistungen.

Von allen umschmeichelt werden die «Deßjatniki», Aufseher, denen die Verteilung und Bewertung der Arbeit obliegt. Sie geben die Normen an und beurteilen die Erfüllung; unter ihnen stehen die Brigadeführer, Transportaufseher – alles Leute, die bei guten Leistungen ihrer Kolonnen Prämien in Form von Schnaps, Tabak oder Lebensmitteln bekommen. In einer etwas besser gebauten Baracke sind die «Stoßarbeiter» untergebracht – meist Athletentypen, denen es nichts ausmacht, das Soll «überzuerfüllen».

Der Rest sind Zwangsarbeiter, unter denen nur noch die Sondersträflinge oder die Isolator-Insassen stehen.

Am dritten Tage wird Andrej zur ärztlichen Untersuchung nach der Verwaltungsbaracke befohlen. In einem langen, zugigen Gang warten die unbekleideten menschlichen Nummern, bis sie in das Untersuchungszimmer gelangen. Dort sitzt neben dem Arzt ein GPU-Offizier, mit vier violetten Rauten. Man flüstert sich zu, es sei der Chef der Hauptverwaltung – Matweij Davidson Bermann.

Vor Andrej steht ein zerlumpter, wassersüchtiger Alter, ein «umgesiedelter» Kulak aus dem Süden.

«‹Was ist mit ihm?› fragt der Beamte den Arzt.

‹Wassergeschwülste, wie Sie sehen ... offene TBC ... das Herz auch ...›

‹Tauglich also ...› gibt der Beamte an, und der Schreiber notiert.»

Die folgenden drei Zitate aus «Der Stalin-Weißmeer-Kanal» (Moskau 1934).

An der Wand hinter dem GPU-Offizier hängt ein in Birkenholz gerahmter Stalin-Spruch. Andrej liest:

«Die Arbeit hat sich aus Zwang und Fron, die sie unter dem Kapitalismus gewesen war, in eine Sache der Ehre und Würde, des Ruhmes und des Heldentums verwandelt.»

Stalin auf dem XVI. Parteitag im April 1929.

*

Kurz bevor Andrej verhaftet worden war, hatte er in der «Prawda» gelesen, daß 2000 obdachlose, streunende Kinder von der GPU in Obhut genommen worden seien, um in einem Lager erzogen zu werden.

Nach der «Prawda» vom 4. Oktober 1935.

Hier begegnet er solchen «Besprisornije» – Kindern verschleppter Eltern, «entkulakisierter» Bauern oder auch Waisen aus der Zeit des Bürgerkrieges. Sechs- und Siebenjährige hausen mit Sechzehnjährigen zusammen in Erdhöhlen und Zelten. Sie sind in Lumpen, Pelzfetzen und weggeworfene Tücher gehüllt. Wenn Andrej über den Appellplatz geht, sieht er manchmal Haufen kämpfender Jungen und Mädchen, die sich wie junge Wölfe mit Zähnen und Fäusten aufeinanderstürzen, um sich ein Stück Brot abzujagen. Gelegentlich fährt eine Wache mit Kolbenhieben dazwischen, oft aber stehen die rauhen Burschen um den Kampfplatz und vergnügen sich an der Wildheit der kleinen Bestien!

Drei verschüchterte, hohlwangige Mädchen, höchstens dreizehn Jahre alt, betteln Andrej um eine Zigarette an. Er fragt sie nach Namen und Schicksal. Sie heißen Sonja Sewastichina, Tamara Michalewa und Nadjeschda Galina und sind im Zuge der von Stalin befohlenen «Liquidierung der Kinderobdachlosigkeit» ins Lager gekommen.

«Wie kam denn das?» forscht Andrej.

«Ach, wir kamen auf die städtische Abteilung für Volksbildung», erwiderte Nadeschda. «Da sagte der Leiter zur Miliz: ‹Schicken Sie jemanden, der diese drei jugendlichen Verbrecherinnen abholt!›»

«Was wolltet ihr denn auf dem Amt?»

«Wir suchten Arbeit, Genosse – aber es kam anders. Sie führten uns zur nächsten Milizabteilung, dort wurde mit bewundernswerter Geschwindigkeit ein Strafprotokoll angefertigt. Wir waren nun keine obdachlosen Mädchen mehr, sondern ‹Mädchen-Rezidivistinnen›, gefährliche Staatsverbrecherinnen.»

Aus der «Iswestija» vom 22. September 1935.

*

Schon Lenin hat verkündet, daß das Endziel der sowjetischen Umformung des Staates, die Auflösung desselben sein würde. Das konnte dann geschehen, wenn eine neue Generation «sozialistischer Menschen» herangewachsen oder herangezüchtet sei. Auch Stalin strebt diesen Menschentyp der Zukunft an.

Aber dazu ist es notwendig, daß die im Geiste des Kommunismus erzogenen und von Grund auf geschulten Menschen ihre geistig-seelische Strukturveränderung an die nachfolgende Generation weitervererben. Als es dem sowjetischen Biologen Trofim Lyssenko gelingt, den sogenannten «Polarweizen» zu züchten und die «Jarowisation» oder Keimbestimmung im Laboratorium durchzuführen, ist mehr geschehen, als nur die Heranzucht einer Weizensaat, die auch in eisigen Tundragebieten innerhalb von 3 Monaten von der Aussaat bis zur Ernte kommen kann: Lyssenko hat damit offenbar entgegen den Mendelschen Gesetzen bewiesen, daß «erworbene» Eigenschaften vererbt werden können. Er wird Direktor der Moskauer Akademie und mit höchsten Orden ausgezeichnet; denn «was beim Weizen möglich ist, muß auch beim Menschen durchführbar sein». Der «sozialistische Mensch» – frei von Eigennutz, selbstlos, nur auf das Allgemeinwohl ausgerichtet – ist demnach erschaffbar.

Die westliche Wissenschaft, vor allem die Amerikaner, bringen zwar den Gegenbeweis und weisen darauf hin, daß Lyssenko jede Generation von Saatweizen immer wieder neu im Laboratorium vorbehandeln muß, weil sich eben die Eigenschaften des Polarweizens nicht vererben – aber auch die Sowjets denken wie Hitler: «Was der Mensch will, das hofft er und glaubt er!»

Die praktischen Erscheinungen der großen Umerziehung im Lande zeigen jedenfalls in der ersten «sozialistischen Generation» nur allzuoft, daß die Menschen eben Menschen bleiben und nur durch Furcht, pausenlose Beeinflussung und ständige, politische Manipulation zu vollkommenen Sozialisten werden und daß ihre Kinder wieder der gleichen «Laboratoriumsbehandlung» bedürfen, um Sozialisten zu sein. Diesen Leidensweg muß auch Andrej gehen ...

Zunächst wird er nicht als «administrativ Verbannter», sondern als Deportierter behandelt, vermutlich sind seine

Akten noch nicht eingetroffen. Bei der Einteilung in Arbeitsbrigaden hat er Glück. Er kommt nicht zu den Steinbruchbrigaden, die besonders gefürchtet sind, sondern wird der Bauabteilung eingegliedert. Dort sind die Verhältnisse etwas besser.

Morgens in aller Frühe werden sie unter Bewachung aus dem Lager an die Baustelle geführt.

Die folgenden drei Zitate aus «Der Stalin-Weißmeer-Kanal» (Moskau 1934).

«Als Andrej die Arbeitsstätte sieht, entringt sich seiner Kehle ein Schrei ... Er sieht Schneeberge, Dreck, etwas gefrorenen Sprengboden und ein Gewirr von Fahrbrettern. Sie nehmen das Werkzeug in Empfang und gehen an die Arbeit ... es wird nichts. Viel Erde, so viel Erde, daß es einem beim Anblick schlecht wird, das zu schaffen ist ausgeschlossen. Die Handkarren kippen, und die Menschen stürzen kopfüber in den Schnee.»

Schlimmer noch ist die große Baustelle drüben am halbgefrorenen Fluß. Da sind auch Frauen dabei, denn in der Sowjetunion ist die Gleichberechtigung der Geschlechter so weit durchgeführt, daß auch bei höchsten körperlichen Anforderungen keine Unterschiede mehr gemacht werden.

«Achtzehn Stunden dauert die Arbeit. Bis zum Bauch im eiskalten Wasser stehend, schleppen die Menschen Steine ... selbst in der Nacht gehen die Trägerkolonnen mit Felsbrocken in der reißenden, von Eisschollen erfüllten Strömung ...»

Die Menschen sind völlig ausgepumpt. Zitternd vor Frost und halb wahnsinnig vor Schinderei werken sie unter den Zurufen und Kolbenstößen der Bewachungssoldaten. Trotz der Kälte rinnen ihnen die Schweißtropfen übers Gesicht und mischen sich mit den Tränen einer wehrlosen Wut.

Wehe dem, der versagt, der zusammenbricht, ohne ohnmächtig oder tot zu sein! Das Geringste ist die Zuteilung einer Unter-Norm; der Entkräftete verliert den Anspruch auf die Verpflegung und erhält nur ein Minimum der üblichen Ration. Schreckliche Szenen spielen sich ab, wenn die Wachen einen Verzweifelten in den Strafisolator – ein eiskaltes, feuchtes und lichtloses Betonloch – abführen. Dort wird im Dunkeln gehungert und gefroren, die einzige Unterbrechung sind die Prügeleien der Sträflinge durch die Kriminellen von der WOCHER.

Schaut die Wache nicht her, so wagt es Andrej, sich umzusehen. Seine Gefährten sind Menschen aller Nationen und Schichten: Kalmücken, Tungusen, Ukrainer, Polen, Finnen, Russen, Kirgisen und Kaukasier; es sind Geistliche, Geschäftsleute, Mörder, Professoren und Räuber.

«Gegen Mittag trifft ein Transport deutscher Kolonisten von der Wolga ein. Den Kulaken wird ein Arbeitsfeld zugewiesen, doch sie weigern sich zu arbeiten. Sie werfen die Sägen und Äxte weg und stehen im Schnee. Ringsherum fallen die Bäume, kreischen die Sägen, laufen die Menschen. Regungslos stehen die Kulaken da. Es dämmert, gelbe Feuer flammen auf ... die Kulaken beginnen Gebete und Psalmen zu singen ... die Dunkelheit hüllt alles ein, und in der Dunkelheit stehen sie da und beten laut ...»

Aus «Der Stalin-Weißmeer-Kanal».

*

Es wird in drei Schichten gearbeitet. In der Nacht flammen gewaltige Feuer in der Taiga. Als die Kolonne, zu der Andrej gehört, sich todmüde zu den Baracken schleppt, begegnet sie einem GPU-Offizier, der mit der Taschenlampe die Gesichter ableuchtet.

Plötzlich faßt er Andrej Tschuilew am Rock.

«Du da!» befiehlt er, «komm mit!»

Es ist Grigorij Koslow, der Mann, der einst den jungen Fähnrich überredet hat, zu den Roten überzulaufen.

*

Sie sitzen sich in einem schmucklosen Raum gegenüber, der von einem Kanonenofen angenehm erwärmt wird. Von der weißgestrichenen Decke flackert elektrisches Licht. Über Koslows Platz hängen die üblichen Bilder Stalins und Lenins. Andrej erzählt sein Schicksal. Koslow, in dessen Augen immer noch das Feuer des Fanatikers glüht, hört zu und raucht eine Papyrossa nach der anderen.

Als der Gefangene schweigt, hebt er den Blick.

«Und nun», sagt er, «bist du unter die Hasser der Sowjetmacht gegangen, Andrej? Bist – weil es dir persönlich schlecht geht – ein Feind der größten Idee geworden, die jemals die Welt bewegt hat?»

«Nein», erwidert Andrej, «es geht nicht um mich. Ich bin

lediglich dahin zurückgekehrt, wo ich stand, als wir am Lagerfeuer der ‹Weißen› saßen: Ich trage Trauer um das Bild des Menschen, das ihr zerstört habt. Sieh dich doch um, Grigorij: Was ist aus unserem Paradies geworden: Schmach, Entwürdigung, Zwang, Elend und Tod.»

«Was hat das Elend des einzelnen schon zu bedeuten? Opfer müssen gebracht werden!» Der GPU-Hauptmann springt auf und beginnt in dem kleinen Raum auf- und abzugehen.

«Fahren wir also fort, wo wir vor mehr als zehn Jahren aufgehört haben. Du kommst aus der bürgerlichen und christlichen Welt, Andrej, der Kommunismus hat dich im Kern nicht zu verändern vermocht. Zu Recht hat man dich ins Lager geschickt. Denn du vermagst nicht über den Tag hinauszudenken. Hast du jemals die Millionen Opfer gezählt, die das Christentum der Inquisition, der Kreuzzüge, der Ketzerverfolgungen und Conquistadores auf seinem Wege zurückgelassen hat? Hast du dir je Gedanken gemacht über die verlorenen Generationen der Leibeigenen, der Bauernkriege, der dynastischen Kämpfe, der imperialistischen Kolonialpolitik, über die in Bergwerken, auf Schiffen und in Fabriken verendeten Opfer deiner bürgerlichen Welt? Nein – du nimmst das alles als gottgewollten Ablauf der Geschichte hin und verlangst, daß die neue Welt mit Schalmeien, mit Glaube, Liebe, Hoffnung geschaffen werden soll. Und – so frage ich dich, Andrej – was hat denn die christliche Welt mit den Blutopfern zweier Jahrtausende zuwege gebracht, war es denn wert, diese Leichenfelder zu hinterlassen? Was steht am Ende ... Wir doch! Die Revolution! Das Zwangsarbeitslager! Ja – wir. Denn hätte die bürgerlich-feudale Welt des Christentums nicht so restlos versagt, gäbe es uns nicht. Wir sind nur der Pendelschlag nach links, Andrej. Wir sind die Antwort auf das Versagen von Religionen, Staatssystemen und Ordnungen des Westens. Und jetzt verlangen auch wir Opfer. Vielleicht müssen zwei oder sogar drei Generationen im Elend leben, vielleicht müssen sie krepieren und verkommen. Aber dieses unser Werk geschieht nicht umsonst, nicht für private Profitsucht, nicht aus planloser Genuß- und Herrschsucht. Am Ende unserer Leidenszeit wird die neue sozialistische Welt stehen, wir opfern uns für die, die nach uns kommen. Lenin hat einmal gesagt, in hundert Jahren wer-

Die Inquisition entstand im 13. Jahrhundert als geistliches Gericht zur Ermittlung und Bestrafung der Ketzer.

de es niemanden sonderlich interessieren, ob diese Generation an Altersschwäche, an Krebs oder im Kriege gestorben ist – tot wird sie jedenfalls sein. Doch im Sowjetreich wird sie nicht sinnlos dahingegangen sein, sie wird den Kommenden das Glück erbauen.»

«Nein, Grigorij, das ist ein verhängnisvoller Trugschluß. Der Sowjetstaat erbaut um sich eine Mauer des Grauens und der Furcht. Können wir mit unseren Zwangsarbeitslagern und Liquidierungen ganzer Bevölkerungsschichten den Völkern des Westens die Weltrevolution schmackhaft machen? Werden nicht viele, die sich vielleicht Lenins Theorie zuneigen würden, von unserer Praxis erschreckt umkehren?»

Der GPU-Mann spuckt verächtlich aus.

«Ach, diese sogenannten Proletarier des Westens – sie mögen denken, was sie wollen!

‹Für guten Lohn haben sie uns verkauft. Für sattes Leben uns verraten! Warum haben sie noch keine Sowjetregierung? Warum warten sie so lange? Wenn das Leben sie sauer ankommen würde, hätten sie schon längst eine Revolution zustande gebracht. Es scheint ihnen immer noch zu gut zu gehen. Sie können sich nicht besinnen, nicht in Schwung kommen, nicht die Sache fest anpacken ... Sind sie blind, können sie nicht über die Grenze herübersehen, wie schwer es uns wird, die Wirtschaft aufzubauen? Welche Not wir dulden, wie wir halbnackt herumlaufen, wie wir mit zusammengebissenen Zähnen arbeiten? Sie werden sich schämen, sich hinterher an den gedeckten Tisch zu setzen, wenn wir das Schwerste schon hinter uns haben.›»

Aus Scholochow, «Neuland unterm Pflug».

«Aber weshalb, sag mir, weshalb schinden wir unser eigenes Volk so grausam?»

«Kennst du Stalins Forderung nicht: daß wir in zehn Jahren schaffen müssen, was ein Jahrhundert versäumt hat? Wir müssen unser Ziel erreichen – oder diese Welt, die uns heute kritisiert, wird uns morgen fressen.»

«Ich weiß nicht, Grigorij», sagt Andrej, «ob es auf dieser Welt ein Ziel gibt, das uns berechtigt, auch nur einem einzigen Menschen das Leben zu nehmen, auch nur ein einziges bescheidenes Glück zu zerstören; denn alle Zukunft ist ungewiß, und sicher ist nur die Gegenwart, in der wir unser Leben leben.»

Koslow schlägt zornig mit der Hand auf den Tisch.

«Das ist die Kapitulation, mit diesen Argumenten würde nicht einmal ein Pope kommen. Denn auch das Christentum lehrt, nicht für den Tag, sondern für die Ewigkeit zu leben. Der Unterschied zwischen uns besteht darin, daß ich glaube – du aber bist leer in deinem Herzen und schwach geworden.»

«Ja», erwidert Andrej leise, «ich bin ganz leer, ihr habt mir das Mark aus der Seele gesogen, ich bin nur noch eine Nummer, ein Roboter, ein Nichts.»

*

Im Gedanken an die alte Freundschaft vermittelt Koslow dem Gefangenen eine wesentlich leichtere Arbeit.

Vom Zentralstab ist ein neuer Befehl gekommen:

«An alle Abteilungschefs, an das technische Personal, an die Kanalsoldaten: Hiermit wird der Arbeitssturm verfügt ...

Um die Vollendung des Wodorasdel-Kanals wird nach den Regeln der Kriegstaktik gekämpft. Der Sturm beginnt am 7. Januar ...»

Schon werden neue Brigaden gebildet, die Frauen und Männer arbeiten fieberhaft.

«Sie schaffen 150, sie schaffen 160 Prozent der festgesetzten Normen. Sie wühlen den Boden 48 Stunden ohne Pause und ohne Schlaf. Schlaftrunken gehen sie in die Baracken, es hämmert in ihren Köpfen. Sie haben das Gefühl, als ob sie die Karrengriffe noch in den Händen hielten ...»

«Agit-Brigaden» kommen an die Bauabschnitte, feuern die Zwangsarbeiter durch Sprechchöre, revolutionäre Lieder und Musikstücke an. Manchmal singen und spielen die «Agit-Brigadler» 16 Stunden ohne Pause, bei Scheinwerfer- oder Fackellicht, im Schneesturm und bei eisiger Kälte.

Einer solchen Propaganda-Abteilung gehört Andrej jetzt an, das Leben ist ein wenig leichter als bei den Steinklopfern, Baumfällern, Karrenschiebern. Er singt, während ringsum die Arbeiter im Boden wühlen, während man die Frauen aus Küchen, Wäschereien und Schreibstuben zum Erdschippen kommandiert. Die Normen werden auf 200 und 210 Prozent hinaufgepeitscht. Der Kanal wächst; wie eine riesige Wunde gräbt sich seine Spur von Meer zu Meer. Massengräber folgen seinem Weg, doch der wirbelnde Schnee deckt sie zu, man wird sie nicht mehr sehen, wenn erst die Schiffe von Murmansk nach Leningrad fahren.

Blutrot steht die Polarsonne über den Lagern der Verdammten. Zur selben Stunde rast der Jazz in den Nachtlokalen von Berlin, Paris und New York; die Bürger rechnen ihre Einnahmen aus, und irgendwo wird die Gewinnspanne des Großhandels erhöht.

Die Zeitungsleser der westlichen Welt spüren ein angenehmes Gruseln bei den Berichten aus Rußland, oder sie lesen sie überhaupt nicht.

So bleibt ihre Welt in Ordnung ...

Jeder zahlt Zins!

Nicht das ständige Bewußtsein der Nachbarschaft des großen Termitenstaates, nicht der auf- und abschwellende Schrei ungeheuerlichen Leides im Osten erschüttert die Welt.

Was da drüben unter Seufzern und Tränen in der Sowjetunion emporwächst, hat noch keine so langen Schatten, daß sie über die Häuser der europäischen Bürger oder die Farmen der amerikanischen Bauern fielen. Rußland gleicht in diesen Jahren einem dumpfen Alptraum, der nur den Untergrund des Lebensgefühls westlicher Menschen berührt.

Die westliche Welt hat andere, taghelle Sorgen, die allgegenwärtig und spürbar sind. Der gesamte Aufbau der Wirtschaft ist vom Chaos bedroht.

Die Weltwirtschaftskrise hat eine lange Vorgeschichte. Als Großbritannien sein Empire in ein Commonwealth umbaute, gab es das freihändlerische Prinzip auf. Es verband die Dominions durch Schutzzölle und Meistbegünstigungsverträge mit dem Mutterland zu einem Organismus, der sich von der übrigen Welt deutlich schied.

Bis 1917 bezeichnete der Begriff «Dominion» im englischen Staatsrecht sämtliche überseeischen Besitzungen. Später wurde der Begriff nur noch auf die selbst regierenden Länder des Britischen Reichs (Kanada, Südafrika, Australien, Neuseeland) angewandt.

Die Umstellung der Kriegswirtschaft auf Friedensproduktion und die Entstehung neuer Industriegebiete, die vordem Industriewaren aus Europa aufgenommen hatten, rütteln ebenso am alten Gefüge des Welthandels wie die völlige Verschiebung des Schwergewichts durch die Folgen des Weltkrieges.

Zwei Riesenreiche, das eine ein Sechstel, das andere ein Zehntel der Erde beherrschend, sind als Käufer fast ganz ausgeschieden: Rußland und China, beide durch Revolutionen durcheinandergewirbelt, das eine in opfervollem und phantastisch schnellem Aufbau zur Industriemacht begriffen, das andere noch auf unabsehbare Zeit Spielball in Händen eigenmächtiger Generale.

Seit dem Ende des Weltkriegs sind die USA der Bankier der Welt geworden. 11 Milliarden Dollar hat Amerika seinen Verbündeten für Rüstungszwecke geliehen, 15 Milliarden sind in den USA von europäischen Staaten, Gemeinden und Privatunternehmen ausgeliehen worden. Die gewaltige Produktion der Kriegszeit und die hohen Löhne der Rüstungsarbeiter haben auch den Binnenmarkt Amerikas ausgeweitet. Der Dollar rollt im Kreise und erzeugt eine ungesunde «Prosperity».

Amerika erlebt ein Jahrzehnt des Geldverdienens und des rücksichtslosen Kampfes um den Dollar, eine wahre Blüte der «Babbits» – wie der Nobelpreisträger Sinclair Lewis den Typ des amerikanischen Durchschnittbürgers nennt.

Sinclair Lewis (1885–1951) wurde bekannt als Autor satirischer Romane, welche die amerikanische Mittelklasse zum Thema hatten. Er erhielt 1930 den Nobelpreis.

«Alle diese Leute waren sich darin einig, daß die Arbeiter energisch niedergehalten werden mußten; und sie konstatierten, daß die Demokratie Amerikas wohl nicht Gleichheit des Vermögens bedeutet, dagegen eine gesunde Gleichförmigkeit der Gedanken, Kleidung, Moral, Malerei und Ausdrucksweise bedingt.»

Aus Sinclair Lewis, «Babbit».

Die USA sind ein Land, in dem Tausende von Millionären leben, ein Land der unbegrenzten Möglichkeiten mit festen Grundsätzen und einer so hohen Moral – wenn man von dem zunehmenden Rauschgifthandel und dem aufblühenden Gangsterwesen absieht –, daß die Nation sogar darauf verzichtet hat, öffentlich Alkohol trinken zu dürfen. Es ist die Zeit der «Prohibition».

Die Prohibition, das Verbot der Herstellung und des Verkaufs alkoholischer Getränke, wurde in den USA im Jahre 1917 auf Kriegszeit, 1919 auch weiterhin eingeführt und erst 1933 wieder abgeschafft.

Diese wunderbare Zeit, in der Amerika zu einem neuen Babylon emporwächst, wird 1929 jäh von den Wirbelstürmen der Krise überfallen. Der Stoß trifft nicht nur irgendwelche Einzelunternehmen, die kommen und verschwinden könnten, ohne die Nation zu erschüttern. Er trifft vielmehr alle, ohne Ausnahme. Die Weltwirtschaft ist in diesem Jahrhundert der Massen, des Imperialismus und der Technik ein so dicht verflochtenes Netz, daß der Riß an einer Masche das gesamte Gewebe aufzulösen droht.

*

Schon zu Beginn des Jahrhunderts begannen die Spekulanten, sich in den Besitz lebenswichtiger Güter der Menschheit zu setzen und die Produktion der Welt unter ihre Kontrolle zu bringen.

Wirtschaftsmonopole und Monopolpreisbildung wurden erstmals von A. Cournot (1801–1877) untersucht.

Die Monopolwirtschaft – der Kampf um die Alleinherrschaft auf gewissen Wirtschaftsgebieten – begann ihren Siegeszug.

Als 1904 der Amerikaner Sully die Baumwollernte der USA in seine Hand brachte, hatte er die europäischen Textilfabriken in bedingungslose Abhängigkeit herabgedrückt. Er zwang Deutschland, im Jahre um 117 Millionen Mark mehr für den Rohstoff auszugeben, als er selber den Erzeugern zahlte.

Doch das waren nur Anfänge gewesen. Der Kampf ist unerbittlicher und grausamer geworden, er wird von einem unsichtbaren Generalstab geleitet.

Jeder zahlt Zins an die Unsichtbaren. Der Arbeiter, der sich eine Zigarette anzündet, die alte Dame, die eine Tasse Kaffee trinkt, der kleine Gemüsehändler, der sein Auto mit Benzin tankt, die Hausfrau, die Brot einkauft. Die Zigarette, die 2 Pfg. kostet, wird mit 5 oder 8 Pfg. bezahlt, das Kilo Bohnenkaffee, für das der Plantagenbauer in Brasilien 30 Pfg. erhält, wird mit 6–10 Mark berechnet, der Liter Benzin, der in der Herstellung auf 2–4 Pfg. kommt, kostet 40–45 Pfg., der Zentner Weizenmehl, für den man dem kanadischen Farmer 1,50 gibt, steht mit 12 Mark im Kurs. Die Differenzen zwischen dem Preis, den der Produzent buchen kann, und dem Preis, den die Börse notiert, geht zum nicht geringsten Teil an die großen Unsichtbaren: als indirekte Steuer an die Staaten, als Dividenden an die Trusts oder Konzerne. Damit die Preise bestehen bleiben, halten die Lenker der großen Geschäfte halbe oder ganze Baumwollernten in den Lagerhäusern zurück, legen Fabriken still oder vernichten die Ernteerträge. In Brasilien werden Schiffsladungen von Santos-Kaffee ins Meer geschüttet, um den Preis zu stützen und künstlichen Mangel zu erzeugen; in Kanada macht man aus Bergen von Weizen, indem man sie mit Teer übergießt, Briketts für die Eisenbahnen.

Zur gleichen Zeit fallen in Rußland und China die Menschen auf den Straßen vor Hunger um, die verhärmten Witwen und Pensionärinnen eines herabgestiegenen, verarmten Mittelstandes in Europa kochen Malzkaffee, und die Arbeiter geizen mit den Stummeln der Zigaretten.

Die Monopole beherrschen Nahrung, Kleidung und jeden Bedarf der Völker.

«Drei Völker besitzen alle Kopra der Erde. Zwei Staaten, Norwegen und England, beherrschen den Walfang und damit die Tranversorgung der Welt; vier Kolonialreiche, das britische, französische, niederländische und belgische, beherrschen 97% allen Palmöls, des wichtigsten Grundstoffes der Margarine- und Seifenerzeugung. Und ein einziger Trust – der Unilever-Konzern – hat die Verteilung und Weiterverarbeitung dieser lebenswichtigen Fette in der Hand.

Der Unilever-Konzern entstand 1930 durch Zusammenschluß verschiedener Unternehmen der Seifen- und Margarineindustrie.

Schwefel, das wichtigste Ausgangsprodukt der chemischen Industrien: Monopol der USA und Italiens. Platin, als Katalysator ebenfalls unentbehrlich für die Chemotechnik: Monopol Sowjetrußlands, Kanadas und Columbiens. Und die Treibstoffe? Zwei Monopole, das der Standard Oil und der Royal Dutch Shell beherrschen fast alle Ölquellen, beherrschen so fast alle Verbrennungsmotoren der Welt, zwei wichtige Gruppen von Menschen ... beherrschen also die Luftflotten und Tanks, Unterseeboote, Schlachtschiffe und Autos von vierzig Nationen.

Nickel: Monopol einer einzigen Firma: der ‹International Nickel Co.›, die wieder ein einziger Mann regiert, Robert Crookes Stanley ...

Simon Patino regiert zusammen mit den Engländern John Howesohn, Mair, Thomas und Stephens das gesamte Rohzinn der Erde ...»

Bis 1918 verfügte auch das deutsche Reich über ein Monopol: die Herstellung von Kalidünger. In Deutschland wurden 96% der Weltkaligewinnung produziert.

Ein einziges, für den Laien undurchsichtiges Netz von gegenseitigen Verpflichtungen – entstanden durch Kapitalbeteiligung, Austausch von Aktienpaketen und Anleihen – hält den Globus gefangen. Wer in das Geflecht des internationalen Kapitals an irgendeiner Stelle eingreift, wird sogleich die Maschen reihenweise zum Laufen bringen. Auf schwankendem Grund steht dieses System des «Feudalkapitalismus» – ein Stoß genügt, um es in die heftigste Erschütterung zu versetzen.

Der Mann, der dem Kartenhaus der Weltwirtschaft den ersten Stoß versetzt, ist der Schwede Ivar Kreuger.

Aus A. Zischka, «Wissenschaft bricht Monopole» (Leipzig 1936).

Der englische Wirtschaftssachverständige J. M. Keynes schreibt: «Eines der konstruktivsten finanziellen Talente dieser Zeit ist ganz entschieden Ivar Kreuger ...»

Im Berliner Wirtschaftsblatt äußert sich der Korrespondent einer Großbank: «Ivar Kreuger ist ein ungewöhnlich befähigter Mann und soweit wir das beurteilen können, ein Mann vom besten Wollen und solider Geschäftsauffassung. Er hat Großes geleistet, viele seiner Schöpfungen werden Bestand haben ...»

Ivar Kreuger, der bewunderte, von Geheimnissen umgebene Schwede, der Mann, der den zerrütteten Ländern des Kontinents als Privatmann Staatsanleihen bewilligt, ist das Finanzgenie, der Krösus Europas.

Wer ist Ivar Kreuger? Die wenigsten kennen ihn, sie haben nur seinen Namen wie ein Sage von goldenen Reichtümern und unübersehbaren Schätzen gehört. Manchmal bringt eine Illustrierte Zeitung das Bild des großen blonden, sympathisch aussehenden Schweden, wie er mit irgendeiner Filmschauspielerin in Nizza promeniert, wie er an die Reeling seiner Privatjacht gelehnt, sich mit einem berühmten Dichter unterhält, und einige Male haben die Boulevardblätter Anekdoten über Ivar Kreugers Freigebigkeit, seine Wohltätigkeit, seinen Charme gebracht. Mehr weiß der Mann auf der Straße nicht von dem Schweden.

Kaum einer ahnt, wenn er sich die Pfeife anzündet, daß er Zins an Ivar Kreuger zahlt; keine Hausfrau, die vor dem Herd kniet und Feuer macht, weiß, daß sie den Reichtum Kreugers erhöht. Jedes Streichholz, das irgendwo zwischen Sydney und dem Nordkap, zwischen Schanghai und Riga aufflammt, ist ein Gewinn für Ivar Kreuger. Er ist der Herr des Zündholzmonopols.

Der Zündholzkonzern, den Ivar Kreuger gegründet hatte, hieß Kreuger & Toll.

Ivar Kreuger (1880–1932), der Gründer eines schwedisch-englisch-amerikanischen Zündholz- und Finanztrusts.

*

Im Tearoom seiner prachtvollen Villa zu Kalmar – seinem Geburtsort – sitzt Ivar Kreuger bei einer Tasse Tee seinem alten Jugendfreunde Christar Littorin gegenüber. Er ist sehr groß, sehr elegant und sehr selbstsicher; man merkt ihm seine 49 Jahre nicht an, die Stirn ist zwar ein wenig höher geworden, die hellblonden Haare lichter, aber noch immer hat jeder, mit dem er spricht, den Eindruck einer unbekümmerten, unüberwindlichen Willenskraft.

Sorgfältig, wie einer, der Zeit für den Ritus des Genusses hat, zündet er sich eine jener Javazigarren an, die für ihn in einer eigenen Fabrik in Batavia hergestellt werden.

«Sage mal, Ivar», sagt der Freund, «wie fühlt man sich eigentlich als König, als großer Herrscher im Reiche der Wirtschaft?»

Ivar atmet behaglich den aromatischen Rauch ein und lehnt sich in den Klubsessel zurück.

«Man fühlt sich wie ein Mensch, der nie genug bekommt, Christar», sagt er. «Es hat sich nichts geändert seit den Tagen, als ich – ein kleiner Ingenieur – nach Amerika ging und in Mexiko Eisenbahnbrücken baute. Damals wollte ich Macht erringen – nicht nur eine Nummer sein, die im Strome untergeht. Ich versuchte es mit dem Bau von Stahlhäusern, ich konstruierte das Carlton-Hotel in Johannesburg, aber es brachte mich nicht hoch. Dann kam ich zurück nach Schweden, fand mein Arbeitsfeld, wurde reich, mächtig vielleicht – ja, sicher sogar mächtig, doch hat sich nichts geändert: Ich will auch heute noch Macht, mehr Macht.»

Der Freund senkt nachdenklich den Blick. Dann schüttelt er langsam den Kopf.

«Das verstehe ich nicht, Ivar. Du hast doch genug. Soviel ich mich erinnere, stand vergangenes Jahr in den statistischen Jahrbüchern zu lesen, daß du allein für 1 Milliarde 249 Millionen Schwedenkronen Anleihen an ausländische Regierungen gegeben hast. Du beherrschst nicht nur alle skandinavischen Zündholzfabriken, du hast sogar die Rohstoffbetriebe, die Kali- und Phosphorfabriken in der Hand. Seit der Weltkrieg dieses Festlandeuropa so gänzlich zerrüttet hat, hast du dich mit deinen Anleihen und den guten Schwedenkronen auch zum Herrn der polnischen, estnischen, lettischen, holländischen, belgischen, italienischen, bulgarischen, schweizerischen, österreichischen, tschechischen, der australischen, chinesischen, indischen und – was weiß ich, welcher Zündholzproduktionen gemacht. Du hast Deutschlands Monopol mit 125 Millionen Dollar aufgekauft, und seit der alte John Rockefeller sich gebeugt hat, bist du der Chef der ‹International Match Corporation› in USA; Südamerika und Afrika gehören dir als Markt, ja, selbst das konservative England bezahlt dir Zins durch die Firma ‹John Mesters und Co.›..»

John Davison Rockefeller hatte vorübergehend das amerikanische Erdölmonopol in der Hand (daher «Petroleumkönig»), indem er die Erdölerzeugung der USA im «Standard Oil Trust» zusammenfaßte.

«Bemühe dich nicht, Christar», lacht Kreuger, «die Statistik habe ich besser im Kopf als du. Ich will dir sagen, daß ich 35 Länder der Welt mit 160 Zündholzfabriken kontrolliere, daß ich 187 Millionen Menschen mit Zündhölzern beliefere. Das sollte genügen, sicher, aber es genügt nicht für Ivar Kreuger. Ich weiß, was du jetzt fragen wirst: ‹Wie kannst du mehr erreichen, Ivar, was willst du mit der Macht?› Hier hast du meine Antwort: Ich will als einzelner in einem Zeitalter des Massenwahns die Masse beherrschen!»

Kreuger hebt die Hand, als der andere ihn unterbrechen will.

«Halt! Alle deine Einwände kenne ich, sie sind mir von Freunden und Gegnern hundertmal entgegengehalten worden; und hundertmal habe ich – wenn mir eine Antwort überhaupt lohnend erschien – geantwortet: ‹Es ist nicht wahr, daß die Wirtschaft und der Staat zweierlei Dinge sind – beide werden von denselben Gesetzen beherrscht –, und es ist nicht wahr, daß ein guter Wirtschaftsführer ein schlechter Politiker sein muß, beide handeln nach denselben Grundsätzen.› Die Tage sind vorüber, in denen man Heere brauchte, um Herrschaft auszuüben. Heute braucht man Geld und Einfluß – was übrigens dasselbe ist. Ich führe ein Beispiel an: Als sich am Beginn der zwanziger Jahre die deutschen und französischen Staatsmänner noch heftig auf den Konferenzen stritten, begann Hugo Stinnes mit den Führern des französischen ‹Comité des forges› über die Bildung eines Kohle-Stahlblocks der deutschen, französischen und belgischen Schwerindustrie zu verhandeln. Hätte er Erfolg gehabt, so würde die europäische Politik von ihm – nicht von Stresemann oder Briand gemacht worden sein. Die Wirtschaft hat heute das Primat.»

Hugo Stinnes (1870–1924) und später sein Sohn Hugo Stinnes jr. (geb. 1897) beherrschten große Industriezweige im Kohlenbergbau, aber auch im internationalen Kohlenhandel und in der Papier- und Zellstoffindustrie.

Der Freund weist auf eine große Weltwirtschaftskarte, die an der Längsseite des Raumes hängt. «Vergiß es nicht, Ivar, daß du nicht der einzige bist, der mit Geld ein riesiges Gebäude der Macht errichten will. Du bist der Zündholzkönig – aber es gibt Ölkönige und Stahlkönige und Eisenbahnkönige. Sieh dich vor, wenn du ihnen ins Gehege kommst!»

Kreuger raucht nervös an seiner Zigarre und drückt sie halbgeraucht aus.

«Ich will weder mit Öl noch mit Eisenbahnen, Stahl oder Waffen handeln. Meine Armee sind die kleinen Zündholzsoldaten, und jetzt bin ich dabei, meine Hand auf einen anderen Zweig der Volkswirtschaft zu legen, der wie die Zündhölzer keiner Konjunktur unterliegt: auf das Nachrichtenwesen. Ich habe die Hauptanteile der großen internationalen Telefonfabrik ‹Ericson› erworben.

‹Das Telefon ist gerade das richtige, es hat denselben Charakter wie das Zündholz. Mit der Einrichtung und dem Betrieb von Telefonanlagen kann ich staatliche Konzessionen und Monopole ebenso bekommen wie durch meine kleinen Streichholzsoldaten.›»

Aus den Briefen Ivar Kreugers (1930).

Ein livrierter Diener tritt ein und überreicht Ivar Kreuger auf silbernem Tablett eine Anzahl Telegramme. Uninteressiert reißt er sie auf. Dann aber verdunkelt sich sein Gesicht beim Lesen. Er wirft die Telegramme auf den Tisch. «Da lies! Soeben erhalte ich Nachricht, daß ein paar Wiener Großbanken zusammengebrochen sind. Ich schätze, daß die Herren Pierpont Morgan und Konsorten andere Sorgen haben, als mir den Kampf anzusagen. Amerika ist stark engagiert an den Banken Mitteleuropas.»

«Und du, Ivar?»

«Mir kann nichts geschehen. Weißt du nicht, daß die schwedische Industrie- und Handelskammer meine Papiere als ‹die schwedische Volkssparkasse› bezeichnet hat? Kreuger-Aktien sind mündelsicher, daran ändert ein Bankkrach nichts!»

*

Der Zusammenbruch der Wiener Banken entfesselt eine Lawine. Bald greift das Unheil auf Deutschland über. Der Danat-Konzern gerät ins Wanken und muß durch staatliche Gelder gestützt werden.

In Paris beginnt der Franc zu fallen. Spekulationen und Schwindelmanöver erschüttern das Gefüge der französischen und belgischen Banken, Reserven sind nicht flüssig zu machen, weil die Krise von Land zu Land springt. Ganze Industriezweige erhalten keinen Bankkredit mehr und stellen die Produktion ein, die Arbeitslosenziffern schnellen empor.

In England werden im Jahre 1930 für Arbeitslosenunterstützung 45,5 Millionen Pfund ausgegeben, der Fehlbetrag im Staatshaushalt beträgt 23,3 Millionen Pfund. Unter dem Druck des Defizits und der Dollarschulden sieht sich England genötigt, den Goldstandard aufzugeben, das englische Pfund – von dem man einst sagte, es sei sicher wie die Bank von England – gerät ins Gleiten und reißt alle abhängigen Finanzinstitute und Währungen mit.

Der Sturz des englischen Pfundes begann im September 1931.

In Deutschland gibt es 4400000 Arbeitslose. Als im März 1930 Brüning Reichskanzler wird, kann er die Finanzen des Reichs nur noch durch Notverordnungen retten, indem er, gestützt auf Artikel 48 der Reichsverfassung, Preise und Beamtengehälter zwangsweise senkt. Die Verwirrung wird immer größer und fordert immer neue Opfer. Als die «Darmstädter und Nationalbank» falliert, als fast alle europäischen Bankinstitute ihre Reserven sperren und Bankfeiertage einlegen, ist es klar, daß eine Weltwirtschaftskrise von beispiellosem Umfang über die Völker hereingebrochen ist.

Heinrich Brüning (1885–1970) war seit 1924 Mitglied des Reichstags und 1920–1930 Geschäftsführer des deutschen Gewerkschaftsbundes.

Die europäischen Schuldner stellen Zahlungen und Zinsendienst an die USA ein. Präsident Hoover muß gute Miene zum bösen Spiel machen und ein «Schuldenmoratoriumsjahr» einlegen, im Oktober fordert Reichskanzler Brüning sofortige Einstellung der Reparationszahlungen. Deutschland erhält die Erlaubnis, vorläufig seine Zahlungen zu stoppen.

Herbert Clark Hoover (1874–1964) wurde 1929 der 31. Präsident der Vereinigten Staaten. Das nach ihm benannte Moratorium verhinderte 1931 den völligen Zusammenbruch der deutschen Wirtschaft.

Während die Auswirkungen der Krise bereits nach den USA, dem Goldtresor der Welt greifen, gibt der Schwedentrust Ivar Kreuger immer noch Anleihen aus, als sei nichts geschehen.

*

Die Dach- oder Holdinggesellschaft des Kreuger-Konzerns ist die «Kreuger + Troll AG. Stockholm», sie kontrolliert in vier großen Abteilungen die schwedischen Zündholzfabriken mit ihren Zweigfirmen in 35 Ländern, die Verwaltung der Zündholzmonopole der Staaten, die Kreuger-Anleihen genommen haben, die Holz- und Zellstoffindustrie mit etwa zehn Großfirmen und die Finanzinstitute, Holdinggesellschaften und Banken, die sich um die «Swedish American Investment Co.» gruppieren. Die vierte Provinz von Ivar Kreugers unsichtbarem Reich ist das Gebiet der Eisenerze mit seinen vielfältigen Unterabteilungen.

Kreuger hat die Zeit der Zusammenbrüche und der Kredite um jeden Preis dazu benützt, sich in die Bezirke der Schwerindustrie zu drängen.

«Die größten Eisenerzlager der Welt, etwa drei Milliarden Tonnen enthaltend, kontrollierte der schwedische

Staat gemeinsam mit einer Finanzgruppe. Es dauerte nicht lange, bis Ivar Kreuger in dieser Vereinigung die führende Stelle einnahm. Es ist nicht ganz klar geworden, welches seine Ziele gewesen sind; vermutlich wollte er die Amerikaner vom Weltmarkt verdrängen und den Weltmarkt auf diesem Gebiet beherrschen ...»

Aus A. Mayer, «Finanzkatastrophen».

Nun ist er Konkurrent des gefährlichsten Gegners, den es gibt: John Pierpont Morgans jun., des Beherrschers der «United States Steel-Corporation», des Inhabers des amerikanischen Stahl-Monopols.

John Pierpont Morgan jr. (1867–1943) beherrschte mit der 1900 gegründeten «United States Steel Corporation» den größten Teil des Weltmarktes.

*

Niemand weiß genau, wie es der aus kleinen Verhältnissen stammende Ingenieur Kreuger fertiggebracht hat, die Riesensummen zum Aufbau seines Wirtschaftsreiches aufzutreiben. Die Welt hielt und hält Ivar Kreuger für reich, seine Unternehmungen für solide und unerschütterlich. Seine Schuldverschreibungen, Aktien und Obligationen werden zu höchstem Kurs gehandelt, das Geschäft läuft reibungslos.

Und doch steht das Gebäude auf schwankendem Fundament.

Kreuger versteht es, mit den Papieren einer Firma als Einlage sich die Majorität einer anderen Firma zu beschaffen: Deren Papiere verwendet er wiederum als Pfand für eine dritte Firma. Das Spiel führt im Kreise herum, der Kreis erweitert sich, und doch ist der ursprüngliche Einsatz immer noch derselbe.

Kreuger hat einen Fehler gemacht: Er hat langfristige Anleihen an Staaten gegeben, um sich Privilegien und Monopole zu sichern, hat aber die versprochenen Summen keineswegs zur Hand gehabt, sondern hat sie bei den von ihm beherrschten Banken und Betrieben geliehen; er hat also langfristige Anleihen durch kurzfristige finanziert, er hat ein Loch gefüllt und zwei andere aufgemacht. Das kann nur so lange gut gehen, als sein Kredit unerschüttert ist.

*

Im Januar 1932, als die Weltwirtschaftskrise mit ungebrochener Kraft auch die scheinbar unerstürmbare Festung

USA erreicht, beschließt Pierpont Morgan, größere Geldmittel flüssig zu machen. Er wird Kreuger-Papiere abstoßen.

Im Jahre 1930 hat Morgan 600000 Aktien der «Ericson-Gesellschaft» – eines Kreuger-Betriebes – übernommen. Der Kurs stand gut, die Bilanzen der Gesellschaft wiesen hohe Aktiva auf. Als Morgan jetzt mit einem Schlage die Riesensumme von 600000 Aktien auf die Börse wirft – in einer Zeit, in der Ivar Kreuger seinem Freund Christar Littorin schreibt: «Der Markt leert sich von Kapital und scheint fast zu verdorren ...» – stellt sich heraus, daß die in der Bilanz «Ericson-Gesellschaft» aufgeführten Aktiva in Forderungen an andere Kreuger-Gesellschaften bestehen und daß diese Firmen wiederum Forderungen an die «Ericson» als wirkliches Vermögen gebucht haben.

Ivar Kreugers Kredit an den Weltbörsen ist nur noch zu retten, wenn er das Kapital flüssig machen kann, die 600000 Aktien einzulösen. Er muß so rasch wie möglich nach Amerika und verhandeln.

Zum Glück liegt der deutsche Lloyd-Dampfer «Bremen», der bei seiner Jungfernfahrt am 16. Juli 1929 das «Blaue Band» des Ozeans für die schnellste Fahrt zwischen Cherbourg und New York erobert hat, mit dampfenden Schornsteinen am Pier in Bremen. Kreuger, begleitet von seinen Sekretären und Mitarbeitern, fliegt in seiner Privatmaschine – einer dreimotorigen Junkers 52 – nach Vegesack und erreicht eben noch den 51000-Tonnen-Riesen.

Er ist gerüstet für das Duell mit Morgan, aber seine Chancen stehen schlecht, und er weiß es.

*

Aus der Upper Bay gleitet der Ozeanriese langsam nach der Battery hinüber, die Drahttrossen der Schlepper straffen sich. Die «Bremen» hat über die Toppen geflaggt, die Schiffssirene dröhnt über den Hafen. Unbeschreiblicher Lärm füllt das weite Wasserbecken, Hochseeschlepper steuern zwischen den Dampfern hindurch, Getreidesegler gleiten lautlos nach Hoboken hinüber, und dort vorne unter der «Sky-Line» liegen die gewaltigen Rümpfe der Transatlantik-Schiffe.

Die 1929 erbaute «Bremen» war eines von insgesamt drei Fahrgastschiffen dieses Namens, die je im Besitz des norddeutschen Lloyd waren.

Ein Engländer, der mit seinen 268 Metern Länge hoch wie

ein Palast über dem Ufergelände steht, dippt die Flagge zum Gruß. Es ist das 52000-Tonnen-Schiff «Berengaria» – vor dem Versailler Vertrag hieß es «Imperator» und fuhr für die HAPAG. Den Menschen seiner Zeit erschien es als ein technisches Wunder mit elektrischer Schottenschließung, Unterwassersignalanlage und Schlingertanks – heute gehört es fast schon zum alten Eisen.

Die 1847 gegründete HAPAG-Reederei (Hamburg-Amerikanische Packetfahrt-Actien-Gesellschaft) war bis zum Ersten Weltkrieg mit 206 Schiffen und 1,36 Mill. BRT die größte Schiffahrtsgesellschaft der Welt.

Die Reisenden der «Bremen» stehen dichtgedrängt in den Galerien der Sonnendecks und in den Laufgängen. Wie eine gewaltige Mauer wächst die «Himmelslinie» empor: Wolkenkratzer an Wolkenkratzer, Glas, Beton, Stockwerke, Termitenbauten der Neuzeit. Der Himmel ist klar und kalt: Gleich Pfeilern, die ihn stützen, ragen diese Kathedralen des Geschäftsgeistes auf. Burgen und Dome einer neuen Zeit.

Das Empire-State-Building wurde 1931 von William F. Lamp als Bürohaus in New Yorks Manhattan erbaut. Es blieb bis 1970 der höchste Wolkenkratzer der Welt.

Das höchste Gebäude ist das Empire-State-Building. Es hat 102 Stockwerke und ist 415 Meter hoch. 85 Meter höher als der Eiffelturm von Paris. Amerika empfängt seine Besucher mit Rekorden, mit unerhörten Leistungen, mit den Symbolen seiner phantastischen Entwicklung zur größten Industriemacht der Erde.

Ivar Kreuger, der die Reise oft gemacht hat, achtet kaum auf seine Umgebung. Seine Gedanken sind schwer: Er weiß, daß er dem größten Kampf seines Lebens entgegengeht; von den Gegnern wird er kein Erbarmen zu erwarten haben.

Er ahnt nicht, daß seit seiner Abreise in Bremen jeder Schritt von Morganschen Privatdetektiven bewacht wird, daß ein ganzer Stab von Wirtschaftsexperten seine Vergangenheit und die geschäftlichen Verflechtungen seiner Unternehmungen überprüft.

Erste Verhandlungen mit Wallstreet-Bankiers bleiben ohne Erfolg. Amerika sucht jetzt selbst Kredit, es gibt keinen Dollar mehr nach Übersee. Die Krise hat die Banken mißtrauisch gemacht – zudem wirkt die unsichtbare Hand Morgans im Hintergrund. So beschließt Kreuger, nach Chikago weiterzureisen, wo ihm beste Beziehungen die Wege ebnen werden.

Im Wagen durcheilt er die Millionenstadt New York, fährt durch die dämmrigen Schluchten der schwindelnd hohen Häuserfronten. Der Donner von U-Bahnen, Hochbahnen, das Pfeifen der Lokomotiven auf Fernbahnüberführungen mischen sich mit dem Gehupe Tausender von Autos, dem Geschrei der Zeitungsjungen, dem Lärm der Menschenströme. Ivar Kreuger fährt zum Flughafen.

Auch Chikago wird zur Enttäuschung. Kein Geld, keine Kredite, die Banken sind vom Run der Krise erfaßt, die Leute heben die Konten ab. Zusammenbrüche von Firmen häufen sich – da hat ein Ausländer keine Chance. Kreuger rast mit dem Flugzeug nach Kanada. Überallhin reichen seine Verbindungen.

Das Land, das unter der Maschine vorbeigleitet wie eine riesenhafte Landkarte, ist jetzt im Februar kahl und leer. Schnee bedeckt weite Strecken, manchmal blinken gefrorene Seen oder verschneite Wälder auf, dazwischen dehnen sich endlose Flächen – die unabsehbaren kanadischen Weizenäcker.

Er fliegt zum «Pitt» von Winnipeg, der Weltbörse für Korn, wo in dem Saal der «Wheat Exchange», zusammen mit der Börse von Chikago, der Preis für das Brot der Welt bestimmt wird. Hier herrschen die Weizenkönige, Männer mit den Millionen, die Kreuger braucht.

Auch in Winnipeg stößt er auf Ablehnung, man gibt keine Kredite. Die Kapitalmärkte werden von unsichtbaren Dirigenten gelenkt, sie sind geschlossen – das Geld scheint in unergründlichen Schächten versunken ...

*

Die Schlagzeilen der Zeitungen berichten von einem neuen «schwarzen Freitag», Gerüchte über große Kursstürze durchzittern das Land, der Telegraph trägt die Schreckenskunde von Küste zu Küste. Die USA geraten in Taumel, die Krise feiert ihre schrecklichen Triumphe in der Wallstreet von New York.

«Wallstreet ist das Symbol einer Welt, die für den Dollar lebt und stirbt, ist das Fanal einer ungeistigen und unbeseelten Herrschaft der Nutznießer über die Schaffenden ... es ist das Sinnbild der Finanzaristokratie der Neuen Welt ...»

Aus L. Dunin, «Wallstreet» (Berlin 1929).

Die wandernden Leuchtbuchstaben auf den Hochhäusern verkünden der atemlos starrenden Masse, daß die Aktien von Minute zu Minute um Punkte fallen. Warum das sein muß, erklärt niemand.

In der Börse überschreien sich die Makler, bieten Pakete mit Tausenden von Aktien an, verschleudern ungeheure Werte, die Panik ist ausgebrochen. Viele Kleinbürger stürzen zur nächsten U-Bahn, holen die Sparbücher oder die Wertpapiere, mit denen sie spekuliert haben und rennen zu ihrer Bank. Aber dort staut sich schon die Menschenmenge, die gegen die Türen und Fenster hämmert. Die irischen Polizisten sind machtlos.

Das Polizeikorps der Stadt New York setzt sich traditionell aus irischen Beamten zusammen.

Warum stürzen die Papiere ins Bodenlose? Irgendeine Bankgruppe handelt nach genau besprochenem Plan; sie wirft gehortete Aktienmassen der Konkurrenzfirma oder der Gesellschaften, die man billig aufkaufen will, auf den Markt. Das Beispiel macht Schule, es kommt zu Angstverkäufen, denn schließlich müssen es die Bankleute ja wissen, warum sie etwa die Papiere der «Mississippi-Stahl-AG» zu Verlustpreisen auf den Markt werfen.

Die Kurse fallen, die Unkosten trägt der kleine Spekulant und der Wertpapiersparer.

«Die Menschen stehen in der Wallstreet wie in einem Tal, sehen hoch über ihren Häuptern eine Lawine, die sich in Bewegung setzt. Staubwolken wirbeln auf, man hört das Dröhnen der Lawine, weiß, sie muß jeden Augenblick im Tal anlangen und alles zerschmettern ...

Diese Lawine sind die Kurse, die Krise.

Frauen ringen weinend die Hände, alte Leute, die kaum zu kriechen vermögen, verlassen die Häuser, Menschen stehen von ihren Krankenbetten auf, verharren Tag und Nacht auf der Straße, zitternd im kalten Wind ... Auch die Sparkassen werden bereits belagert. Die Gerüchte sind bis zur Ostseite zu den unwissenden Ausländern gedrungen, haben sich mit Blitzeseile im ganzen Lande verbreitet. Es heißt, daß die Panik auch in anderen Städten um sich greift. Tausend, zehntausend Banken im Osten, Süden und Westen fordern von der Metropole Geld. Und nirgends ist Geld zu haben..»

Aus Upton Sinclair, «Wallstreet».

Jetzt ist der Tag gekommen, an dem Ivar Kreuger zur Konferenz nach Pittsburg vor den Tisch des Finanzkönigs John Pierpont Morgan berufen wird. Er fährt mit dem D-Zug, er hat keine Kredite aufgetrieben.

Sie empfangen ihn in eisiger Atmosphäre. Ist er nicht der Mann – der Ausländer –, der es gewagt hat, das heilige Stahlmonopol des Morgan-Trustes anzutasten? Und sie fragen ihn: Wie werden Sie, Mister Kreuger, die «Ericson-Aktien» einlösen? Haben Sie Bargeld mitgebracht? Sie fragen ihn nach den 400 Millionen einer angeblichen Italienanleihe, die durch italienische Staatsobligationen gedeckt sein soll.

Ivar Kreuger blickt bleich in die Runde. Er sieht harte, mitleidlose Gesichter und ganz am Ende der hohen Tafel, schweigend, mit einem kleinen Lächeln auf den Lippen: Morgan.

Kreuger beginnt zu stammeln, verliert seine Selbstsicherheit, beugt sich plötzlich über den Konferenztisch und bricht im Weinkrampf zusammen.

Nach der Kreuger-Biographie von Hennig (1932).

*

Von nun an bleibt er der Gefangene des Morgan-Trustes. Da er sich in Zahlungsschwierigkeiten befindet, da man seine unsauberen Manöver aufgedeckt hat, wird er von Detektiven bewacht, darf nicht abreisen und wird endlich von zwei Geheimpolizisten nach Cherbourg gebracht.

«Ivar Kreuger kann nicht zweifeln, daß er seinem Ende entgegenfährt, wenn nicht dem Ende seines Lebens, so doch dem Ende seiner Macht, seiner Stellung als berühmter, großer Wirtschaftsbeherrscher der Welt, dem Ende dessen also, was sein Leben bedeutet hat ...»

Aus A. Mayer, «Finanzkatastrophen».

Im März des Jahres 1932 trifft er in Paris ein. Er wohnt wie immer in seiner Privatwohnung, noch ist er ja – für Europa – ein König.

Aber selbst hier spürt er Morgans Hand. Seine alten Gefährten suchen ihn auf und befragen ihn auf Ehre und Gewissen, was an dem Gerücht von den italienischen Obligationen wahr sei.

Die Sache ist also bekannt geworden, das bedeutet auch das physische Ende. Ivar Kreuger hat in seinen Bilanzen eine angebliche Staatsanleihe an das Italien Mussolinis mit 400 Millionen aufgeführt, den Gegenwert in Staatsobligationen Italiens bei einer Bank deponiert und beliehen.

Diese Obligationen aber sind gefälscht, es hat nie eine Kreugeranleihe für Italien gegeben. Als Ivar Kreuger verzweifelt nach Entschuldigungsgründen sucht, verlassen ihn die alten Freunde wortlos.

*

Am Sonnabend, dem 12. März, ist für vormittag 11 Uhr im «Hotel du Rhin» eine Besprechung mit schwedischen, amerikanischen und englischen Finanzexperten angesetzt, um den Milliardentrust zu retten. Doch der Mann, der davon geträumt hatte, die Welt durch seine Börsenmanöver zu beherrschen, geht statt ins «Hotel du Rhin» in eine Waffenhandlung und kauft eine 9-mm-Repetierpistole.

In seinem Arbeitszimmer schreibt er mit müder Hand ein paar Zeilen an den einzigen Menschen, dessen Urteil ihm etwas bedeutet, an Christar Littorin:

«Dear Christar! I have made such a mess of things that I believe this is the most satisfactory solution for everybody concerned.»

«Lieber Christar! Ich habe ein solches Durcheinander angerichtet, daß diese Lösung wohl die beste für alle Beteiligten ist.»

Abschiedsbrief Ivar Kreugers aus dem Jahre 1932.

Dann schießt er sich eine Kugel ins Herz.

*

Der Wirtschaftskönig hat den höchsten Zins bezahlt, den das Spiel um die Macht fordern kann. Die Liquidation seines Trustes bringt ungeheuerliche Schiebungen und Defizite zutage, das ganze Gebäude war auf Flugsand errichtet, auf dem Glauben an die Allmacht des Geldes – nicht auf Arbeit, nicht auf wirklichen Werten.

Der Zusammenbruch zerstört zahlreiche Existenzen kleiner Sparer, die ihr Scherflein in Kreuger-Papieren angelegt haben. Die Kurve der Selbstmorde steigt an, die Firmenschließungen nehmen zu.

Die Weltwirtschaftskrise hat derartige Ausmaße angenommen, daß sie zur Katastrophe des Westens zu werden droht. In diesem Augenblick greift die mächtigste der Regierungen ein: die USA. Präsident Herbert Hoover gründet die «Reconstruction Finance Corporation (RFC)», die einen mächtigen Goldstrom als Anleihen in die amerikanische Wirtschaft pumpt.

Zur selben Zeit beschließt die deutsche Regierung die sogenannte «Osthilfe», eine Entschuldungsaktion für den Großgrundbesitz der ostelbischen Herrenschicht – während die Arbeitslosenziffer im Jahre 1932 fast die 6-Millionen-Grenze erreicht hat.

Die Osthilfe wurde 1931 beschlossen und bezweckte Zinsverbilligung, Lastensenkung, Förderung der Siedlung, vor allem aber Entschuldung der Landwirtschaft.

Der offenbare Widersinn dieses kapitalistischen Wirtschaftens ist Wasser auf die Mühlen der «starken Männer».

Benito Mussolini erfindet das Schlagwort von den westlichen «Plutokraten» und den armen «proletarischen Nationen Deutschland und Italien». In Deutschland haben die Nationalsozialisten schon bei den Reichstagswahlen im September 1930 den sensationellen Anstieg von 12 auf 107 Abgeordnete feiern können. Zum Endkampf gegen die bürgerliche und marxistische Mitte schließen sich der Frontkämpferbund «Stahlhelm», die NSDAP und die Deutschnationalen in der «Harzburger Front» zusammen. Adolf Hitler verkündet dem verwirrten und verzweifelten deutschen Volk die verlockende These von der «Brechung der Zinsknechtschaft».

Die Harzburger Front entstand anläßlich der Harzburger Tagung vom 11. Oktober 1931.

In allen Städten und Dörfern marschieren die SA- und SS-Stürme – zum Letzten entschlossen – wartend auf den Befehl des «Führers», der sie zum siegreichen Sturm auf die «Weimarer Republik» ruft.

An der Wegscheide

Bis zum Hoover-Moratorium vom 30. Juni 1931 hatte das Reich insgesamt 63 000 Millionen Goldmark an Reparationen entrichtet. Davon sind von der Reparationskommission nur 21 000 Millionen angerechnet worden. Diese enorme Differenz ist aus der unterschiedlichen Bewertung des deutschen Auslandsvermögens und der deutschen Sachlieferungen entstanden. Im grellen Licht der Bankzusammenbrüche und Wirtschaftskatastrophen ist es nun selbst den Alliierten klar geworden, daß Deutschland am Ende seiner Leistungsfähigkeit angelangt ist und daß ihr Ausbeutungssystem die wirtschaftlichen und finanziellen Beziehungen der Nationen aufs schwerste erschüttert hat.

Der Zusammenbruch der unvernünftigen Politik der Nachkriegszeit kann nicht mehr fortgeleugnet werden, nirgendwo aber wird er furchtbarer erlitten als in Deutschland. Die Parteien, die einst die Weimarer Verfassung geschaffen und die versucht haben, durch Versöhnlichkeit, Erfüllung und friedliche Verhandlungen dem Volk einen Weg zurück in die große Gemeinschaft der Welt zu bahnen – Sozialdemokraten, Demokraten und Zentrum –, stehen um die Jahreswende 1931/32 ebenso vor den Trümmern ihrer Hoffnungen wie die Industriellen, Bankiers oder Reeder vor dem Ruin ihrer Geschäfte, die Arbeitermassen aber vor dem nackten Hunger.

Das Scheitern der Weimarer Republik dürfte allerdings vor allem auf die Rechtswendung des Bürgertums und, damit verbunden, auf die bedenklichen Urteile der Justiz gegenüber Gegnern der Weimarer Verfassung, insbesondere der Rechtsradikalen, zurückzuführen sein.

Trotz allem wäre die Weimarer Koalition unerschütterlich, wenn nur die Parteien untereinander einig blieben, wenn nicht in den leidvollen Jahren seit 1919 der Zerfall der politischen Meinungsbildung sich immer mehr fortgesetzt und immer neue Parteigruppen und -splitter auf den Plan gerufen hätte. Dazu kommt das Bestreben der Parteien, wichtige Posten durch politisch zwar zuverlässige, aber fachlich oft ungeeignete Funktionäre zu besetzen; die Hierarchie der Berufsbeamten wird durch diese Maßnahme dem Staat immer mehr entfremdet.

Die Jugend steht abseits, sie spürt überall die Enge und Stickigkeit dieses ratlosen Staates und verliert die Achtung vor einer Autorität, die nicht fähig ist, Brot und Arbeit zu schaffen. Die Generation der Frontkämpfer und Revolutionäre fragt sich grollend, wofür sie gekämpft und gelitten hat, wenn am Ende des Weges nichts als Armut, Arbeitslosigkeit und Hunger warten. Die in der Inflation verarmten Mittel- und Kleinbürger stehen dem Staate mit dem Ressentiment der Enterbten gegenüber; dazu kommt gerade bei ihnen die wachsende Furcht vor dem Aufstand der Kommunisten.

Deutschland wird zum Heerlager vor der Entscheidungsschlacht. Die Armeen der Parteien organisieren und rüsten sich. Neben dem aktiven «Rotfrontkämpferbund» der KP marschieren die Scharen der «Eisernen Front» – eines sozialdemokratischen Kampfbundes, zu dem sich SPD, Gewerkschaft und «Reichsbanner» zusammengeschlossen haben; der «Stahlhelm», der seit 1918 bestehende nationale Frontkämpferbund, schwimmt im Fahrwasser der Deutschnationalen Partei Hugenbergs; sogar kleinere Parteien beginnen Wehrverbände aufzustellen und sich dem Zuge der Gewalt anzuschließen.

Der Rotfrontkämpferbund war 1924 gegründet worden, die Eiserne Front 1931.

Alfred Hugenberg (1865–1951). Nachdem er Direktionsvorsitzender bei Krupp gewesen war, begann er 1916 mit dem Aufbau eines eigenen Konzerns. 1928 wurde er Parteivorsitzender der Deutschnationalen Volkspartei.

Drohung und Fanatismus beherrschen das politische Bild, die Menschen hassen einander wegen ihrer politischen Meinung, so wie sie einander vor ein paar hundert Jahren wegen religiöser Glaubensfragen verabscheut und ausgerottet haben. Fast jeder Deutsche trägt offen oder heimlich irgendein Abzeichen, das ihn einer Gemeinschaft einreiht und das ihn zu verpflichten scheint, jeden Träger eines anderen Abzeichens als persönlichen Feind zu betrachten.

«Fast überall erdrückt die Masse ... jede oppositionelle Gruppe. Die Masse – wer würde es denken beim Anblick ihrer Dichte und Zahl! – wünscht keine Gemeinschaft mit dem, was nicht zu ihr gehört: Sie hat einen tödlichen Haß auf alles, was nicht zu ihr gehört.»

Nach Ortega y Gasset, «Der Aufstand der Massen».

Der Kampf um die tragfähige politische Form, die dieses unselige Volk auch 1918 nach dem Sturz der Monarchie nicht gefunden hat, fängt an, zu einem politischen

Bekenntnisstreit zu werden, und er wird mit aller Wildheit und Grausamkeit eines Glaubenskampfes geführt.

Keine der Parteien geht mit einer besseren Organisation in die letzte Runde als die NSDAP mit ihren Verwaltungs-, Kampf- und Nachrichteneinheiten.

Der «Führer» dieser wehrhaften Partei kann mit dem sicheren Gefühl der Überlegenheit dem anbrechenden Jahre 1932 entgegensehen. In der Ausgabe vom 1. Januar des «Völkischen Beobachters» erläßt er einen Aufruf:

«Am 14. September 1930 zählte unsere Partei 293 000 Mitglieder, und heute, am 1. Januar 1932, hat sie das achthundertste Tausend bereits überschritten. Am 1. Januar 1931 haben sich rund 100 000 Männer in unserer SA- und SS-Organisation befunden; heute, am 1. Januar 1932, weit über 300 000. Die Zahl unserer Anhänger beträgt schon jetzt mehr als 15 Millionen! Es ist ein Siegeszug, der in der Geschichte unseres Volkes ohne Beispiel ist.»

Aus dem «Völkischen Beobachter» vom 1. Januar 1932.

Die Ernennung Hitlers zum Regierungsrat erfolgte am 25. Februar 1932.

Kurz nach der Jahreswende 1932 wird der «staatenlose» Adolf Hitler durch den der NSDAP angehörenden, braunschweigischen Innenminister Klagges zum Regierungsrat ernannt und erwirbt damit die deutsche Staatsangehörigkeit. Er ist für den Angriff auf die höchsten Reichsämter gerüstet; denn das kommende Jahr wird das Ende der Amtsperiode Hindenburgs und sicherlich den Sturz des Reichskanzlers Brüning bringen. Dr. Goebbels, der Propaganda-Chef Hitlers, trommelt Tag und Nacht den Generalmarsch der Partei. Von den Hauswänden schreien die Plakate, sie zeigen einen Arbeiterriesen, der mit dem Betonstampfer den Palast der «Internationalen Hochfinanz» zerschmettert; die Gefühle der ehemaligen Soldaten und das Mitleid der Frauen werden angesprochen, wenn ein anderes Plakat den bleichen, ausgehungerten Gefreiten Hitler mit dem EK I darstellt, wie er in Lazarettkleidung, auf den Stock gestützt, «mit stahlhartem Blick» in die Zukunft schaut.

«Für eine Zeit, die, wie die notvolle des deutschen Volkes der letzten Jahrzehnte, alle psychologischen Voraussetzungen für das Aufleben der primitiven Raubtierinstinkte in einem zerschundenen, gequälten Volke neu geschaffen hat, und für die seelische Grundverfassung eines Volkes, das, wie die Deutschen, den leidenschaftlichen

Hang zum Kampf um des Kampfes willen und einer sich im Mythus der Vergangenheit verströmenden Romantik direkt als natürliches Erbteil mit auf den Weg der Geschichte bekommen hat, für eine solche Zeit und psychologische Grundstimmung, wie sie die jüngste Epoche der deutschen Lebenskrise hervorgebracht hat, ist die nationalsozialistische Weltanschauungsideologie der Mythus und die Hitler-Predigt eines haßerfüllten Blut- und Rassefanatismus die wirklich zeitnahe ‹Heilsbotschaft›.»

Aus E. Alexander, «Der Mythus Hitler».

Schon sind es Millionen, die sich im Namen des «Führers» begrüßen, ganz so, wie einst die frühen Christen einander den Namen des Erlösers als Gruß zuriefen.

*

Reichskanzler Heinrich Brüning, Zentrumspolitiker und ehemaliger Geschäftsführer des christlichen Deutschen Gewerkschaftsbundes, behauptet sich mühsam unter der Last drückender Sorgen. Die harte Notwendigkeit, die ihn seit einem Jahre zwingt, mit Notverordnungen zu regieren, hat ihn zur Zielscheibe des Hasses fast aller Parteien gemacht. Aber er hält beharrlich seinen Kurs ...

Langsam gleitet der Wagen durch die Ausfahrt des Reichskanzleramtes in der Berliner Wilhelmstraße, die beiden Reichswehrposten präsentieren. Dr. Brüning winkt unwillig ab, er ist Zivilist und liebt diese militärischen Floskeln nicht. Für ihn gibt es zu viel Uniformen auf der Welt und zu wenig Menschen, die auch ohne Uniform etwas darstellen.

Er trägt den gewohnten Cut, den halblangen Mantel und auf dem Kopf den runden, steifen Hut. Neben ihm sitzt der neue Botschafter der Französischen Republik, Monsieur François-Poncet.

«Das ist ein statiöser Herr in den Vierzigern, mit hoher, breiter Stirn, die Haare gelichtet, die Schläfen schon angegraut, aber doch noch sehr jugendlich und elastisch. Eine kräftige, ziemlich lange Nase, kleine, lebhafte Augen, darüber aufgebürstete schwarze Augenbrauen. Ein gutgeformtes, energisches Kinn vervollständigt das Bild eines Mannes, der Anspruch darauf erhebt, beachtet zu werden ...»

Aus der «Vossischen Zeitung» (1931).

Man hat sich eben noch über die Februar-Konferenz

Diese Abrüstungskonferenz fand am 2. Februar 1932 statt.

der Abrüstungskommission in Genf unterhalten. Die Franzosen haben eine internationale Armee vorgeschlagen und wieder einmal Sicherheiten als Preis ihrer Abrüstung gefordert; Deutschland hat nach der eigenen Entwaffnung den Vollzug der allgemeinen Abrüstung verlangt. Ein Vermittlungsversuch der USA mißlang – man war ergebnislos auseinandergegangen.

Das Folgende frei nach einem Interview François-Poncets im Jahre 1932.

«Ich glaube, es ist nun fünf Minuten vor Zwölf, Exzellenz», sagt Brüning mit schmalen Lippen. «Nach so vielen tragischen Erfahrungen und nach so gutwilligen Anläufen müßte sich endlich eine echte Versöhnung und Verständigung in die Wege leiten lassen ...»

Der Botschafter wendet sich im Fond des Wagens zum Reichskanzler. Er ist ein Mann, dem es nicht auf die Folie, sondern auf die glasklare Diktion ankommt.

Nach François-Poncet, «Als Botschafter in Berlin 1931–1938».

«Exzellenz», sagt er, «wir brauchen gar keine Politik zu machen, die Notwendigkeiten der Wirtschaft werden es für uns tun. Hier liegt das industriell vorzüglich ausgestattete und an Facharbeitern so reiche Deutschland, dem es aber im Augenblick an Kapital fehlt; dort ist Frankreich, wirtschaftlich und technisch ein wenig rückständig, doch im Besitze bedeutender Kapitalien. Was wird beide zusammenführen? Ganz einfach: der gegenseitige Vorteil. Frankreich besitzt große, noch unentwickelte Kolonialgebiete, ich kann mir denken, daß hier für eine Zusammenarbeit deutschen Menschenüberschusses, deutscher Industrie und französischen Kapitals Möglichkeiten gefunden werden müßten ...»

Der Wagen verläßt soeben die stille, wenig belebte Wilhelmstraße, drei Polizisten auf Motorrädern folgen ihm. Dr. Brüning, der auch als Reichskanzler das Leben eines bescheidenen Privatmannes führt, hat vergeblich gegen die Eskorte protestiert. Er mußte sie dulden, weil die Gefahr von Zwischenfällen und Attentaten einen Schutz für die Person des Reichskanzlers notwendig macht.

Durch den Tiergarten flutet eine unübersehbare Menschenmenge. Anscheinend ist dort wieder eine Massenversammlung zu Ende gegangen. Der Wagen vermag sich nur noch in Schrittgeschwindigkeit durchzukämpfen. Eine Verkehrsstockung zwingt zum Halten.

Aus den umliegenden Straßen quellen schwarze Ströme von Menschen. Verloren stehen ein paar grüne Polizisten am Rande. Aufreizend schrillen die Schalmeien, rote Banner werden geschwungen, und auf brandroten Tüchern schreien Parolen: «Schlagt die Faschisten, wo ihr sie trefft!». «Für Arbeit, Brot und Freiheit!» und «Fort mit der Hungerregierung!»

Dr. Brüning ist einen Schein blasser geworden, er wendet keinen Blick von dem Menschengewühl.

«Rot-Front!» donnern die Sprechchöre.

Marschtritt naht mit dumpfem Getön. Da schieben sich schon die ersten Kolonnen, in graugrünen Windjacken, mit Schirmmütze und roter Armbinde, heran. Radfahrer balancieren durch die Menge und klingeln unablässig, auch sie tragen den roten Stern auf den Windjacken.

Die Männer in den ersten Reihen sind harte Kämpfer, kraftbewußte Gestalten, dazwischen Intellektuelle mit der modischen Hornbrille und offene Jungensgesichter, in deren Augen Begeisterung brennt. Am Rande treiben brutale Schlägertypen vorbei, wie man sie in den Kellern der Unterwelt in der Linienstraße trifft. Fanatische Weiber kreischen «Rot-Front»!

Vom Rondell des «Großen Sterns» schiebt sich ein neuer Strom heran. Als das Auto, hupend und von der Polizei eskortiert, endlich nach links einzubiegen versucht, erkennen die beiden Insassen, daß da drüben ein nationalsozialistischer Demonstrationszug im Anmarsch ist: Braune Hemden, runde Kappen und wehende Hakenkreuzbanner beherrschen das Straßenbild.

In den Pausen des Lärms, wenn die durchdringenden Schalmeien Ruhe geben und die Sprechchöre Atem schöpfen, hört man den Ruf «Deutschland erwache!», Fetzen des Horst-Wessel-Liedes wehen herüber.

Einige Kommunisten haben das Regierungsauto erkannt, vermutlich ist auch Dr. Brüning gesehen worden; plötzlich ist der Wagen von drohenden Fäusten, roten Bannern, verzerrten Haßgesichtern umgeben.

«Nieder mit dem Hungerdiktator!» schreien die Kommunisten dem Reichskanzler aus kurzer Entfernung ins Gesicht ...»

Die Polizei kämpft sich mit dem Gummiknüppel Bahn und umringt den Wagen; Überfallautos heulen heran, Schupos mit Karabinern springen noch im Fahren ab.

Horst Wessel (1907–1930) wurde 1926 Mitglied der NSDAP. Das von ihm verfaßte «Horst-Wessel-Lied» wurde vom Nationalsozialismus neben dem Deutschlandlied zur Nationalhymne erhoben.

Aus P. Schmidt, «Statist auf diplomatischer Bühne».

Die Menge weicht. Langsam treibt der Demonstrationszug vorüber und wälzt sich wie eine über die Ufer getretene Flut die Charlottenburger Chaussee entlang.

Dr. Brüning zieht, während der Wagen wieder anfährt, die Vorhänge vor die Scheiben. François-Poncet sucht dem Kanzler, dem in diesen peinlichen Minuten die ganze Problematik seiner Lage vor Augen geführt worden ist, über die Situation fortzuhelfen und nimmt das Thema des unterbrochenen Gesprächs wieder auf. Doch Brüning ist kein sehr aufmerksamer Zuhörer.

Das Auto rollt jetzt an den SA-Kolonnen vorbei, wieder donnert die Brandung der Straße auf.

Den von fern herüberhallenden Rufen der roten Massen antworten vielstimmige, sich überschreiende Sprechchöre der braunen Demonstranten. Es ist Technik in diesen Schreidisputen der Propaganda, die Kampfparolen fressen sich in die Hirne – sie sind unmißverständlich, schlagartig, jede Parole ein Programm!

Durch einen Spalt des Vorhangs sieht Dr. Brüning blutrote Fahnen mit dem schwarzen Hakenkreuz im weißen Kreis. Die Gesichter, die in nächster Nähe vorüberwirbeln, die abgehackten Sprechchöre, die graue, wogende Masse des Menschengewühls – das alles ist nicht anders, als es im vorderen Teile des Tiergartens war.

*

Es sind die ersten Märzwochen des Jahres 1932.

An den Hauswänden kleben riesige Plakate.

«Wer will, daß es anders wird, wählt Hitler!» schreit es in gewaltigen Lettern. Auf den Litfaßsäulen sieht man einen Giganten, der den Athletenkörper aufreckt und seine Ketten zerfetzt: «Schluß jetzt! Wählt Hitler!» Die KPD hat ein Plakat geklebt, das einen Boxkampf darstellt: Der Junker im Offiziersrock bekommt Schläge von der harten Arbeiterfaust. Darunter die haßvolle Aufforderung: «Not kennt kein Gebot ... schlag tot!»

Die «Eiserne Front» der SPD polemisiert gegen den Todfeind, indem sie Hitlers Gesicht als Karikatur zeigt, mit der niederen Stirn, der seltsamen Frisur und dem typischen Bärtchen des Kleinbürgers. Darunter steht: «Ich verspreche alles und halte nichts!»

Die Fabrikwand gegenüber ist mit übermannshohen Plakaten bedeckt, ein wuchtiger Schmied schlägt hart mit dem Hammer ein undefinierbares Etwas, und die Worte erklären: «Zerhaut den schwarz-roten Block!»

Es geht um die Neuwahl des Reichspräsidenten am 13. März. Der Kampf wird mit allen Mitteln, mit Terror, Lüge, Millionengeldern, Film, Presse, Massenversammlungen, Aufmärschen und Klebekolonnen geführt. Nacht für Nacht bedecken sich Hausfronten, Asphalt, Mauern mit rasch hingepinselten Parolen. Es gibt niemanden mehr, der von dem Lärm dieser Schlacht nicht erreicht würde. Adolf Hitler rast im Auto und D-Zug durch die deutschen Gaue und spricht vor den Massen. Er ruft die gegen die Pfändung ihrer Höfe rebellierenden Bauern von Schleswig-Holstein und die hungernden Ruhrkumpels, die auf den Abraumhalden aus Dreck und Asche ein paar Kohlen herausklauben. Die aufgestörten Bürger schreckt er mit den Kommunisten und lockt sie mit dem Versprechen, Ordnung zu schaffen; den Soldaten verspricht er Ehre, militärischen Glanz und Pensionen, den Beamten Aufhebung der Notverordnungen, den Geschäftsleuten Senkung der Steuern und den Arbeitslosen Arbeit und Brot.

Im Jahre 1932 lief die siebenjährige Amtszeit Hindenburgs ab.

Der Wahltag zeigt das augenblickliche Kräfteverhältnis. Hindenburg – auf dessen Kandidatur sich alle Parteien der Weimarer Koalition geeinigt haben – erhält 18 651 497 Stimmen, Hitler 11 339 446, der Kommunist Thälmann 4 983 341, der Kandidat der Deutschnationalen, Düsterberg, 2 557 729.

Da Hindenburg nicht die erforderliche absolute Mehrheit erhalten hat, wird der zweite Wahlgang auf den 10. April festgesetzt. Der Kampf steigert sich ins Gigantische: wieder Massenversammlungen, wieder eine Flut von Papier, Geschrei, Farben, Reden, Lautsprecherparolen und Schlägereien. Diesmal forciert Hitler sein Tempo, fliegt in den Tagen vom 3.–9. April mit einer Junkersmaschine durch das Reich und spricht in 21 Großstädten vor den Massen.

Für den zweiten Wahlgang schied der Kandidat mit den wenigsten Stimmen aus dem ersten Wahlgang, Düsterberg, aus.

Der zweite Wahlgang bringt für Hindenburg 19 359 983, für Hitler 13 418 547 und für Thälmann 3 706 759 Stimmen.

Auf der Linken wird ein Bündnis der Marxisten, der

SPD und KPD, erwogen. Alle Versuche einer Einigung der feindlichen Brüder scheitern – bei der SPD am begründeten Mißtrauen, sie könne das Schicksal Kerenskis erleiden; bei den Kommunisten aber am strikten Befehl aus Moskau. Stalin ist der Überzeugung, daß der Weg zur Bolschewisierung Deutschlands nur über das Abenteuer des Faschismus führen könne; er hat sich entschlossen, die deutsche KP vorläufig zu opfern.

Nach der Entscheidung für Hindenburg macht Reichskanzler Dr. Brüning abermals von seinem Notverordnungsrecht Gebrauch und verfügt am 13. April die Auflösung der NS-Kampfverbände SA und SS.

Der Vorschlag, SA und SS zu verbieten, ging auf General Groener zurück.

Polizei fährt in Überfallwagen vor die Parteihäuser der NSDAP, besetzt die Büros und beschlagnahmt Akten, Karteien, Korrespondenzen.

In diesem Jahre nehmen die Wahlen kein Ende. In Bayern, Preußen, Württemberg und Anhalt werden neue Parlamente gewählt, überall – mit Ausnahme Bayerns – zieht die NSDAP als stärkste Partei in die Landtage ein.

Unbeirrt kämpft der zähe, nüchterne Kanzler weiter. Er hofft auf die bevorstehende Konferenz in Lausanne, wo er Aussicht hat, die endgültige Streichung der Reparationen zu erreichen und damit den Gipfelpunkt der Krise zu überschreiten. Aber das Schicksal Dr. Brünings ist bereits besiegelt.

Der greise Hindenburg ist nicht die Persönlichkeit, die – über den Dingen stehend – die volle Tragweite der Entwicklung erkennen könnte. Er war nie etwas anderes als ein treuer General seines Kaisers, ein Mann, der seine Pflicht auf jedem Posten erfüllt, auf den ihn das Schicksal stellt. Er ist nicht der geniale, weitblickende Politiker, wie ihn eine junge, gefährdete Republik in Sturmjahren als Kapitän verlangt.

Um ihn hat sich eine Kamarilla Gleichgesinnter gebildet – sein Sohn und persönlicher Adjutant Oskar v. Hindenburg, der Vorsitzende des «Herrenklubs», Franz von Papen, Hindenburgs Gutsnachbar, der Reaktionär Elard von Oldenburg-Januschau, und der General Kurt von Schleicher, der Chef des Ministeramtes im Reichswehrministerium.

Franz von Papen (1879–1969) war 1921–1932 preußischer Landtagsabgeordneter.

Kurt von Schleicher (1882–1934) war während des Krieges als General in der Obersten Heeresleitung.

Brüning zieht sich den Haß dieser Clique zu, als er mit den Plänen zu einer Bodenreform im Osten – im Bereich

Dieser Spendenaufruf erfolgte im Mai 1918. (45)

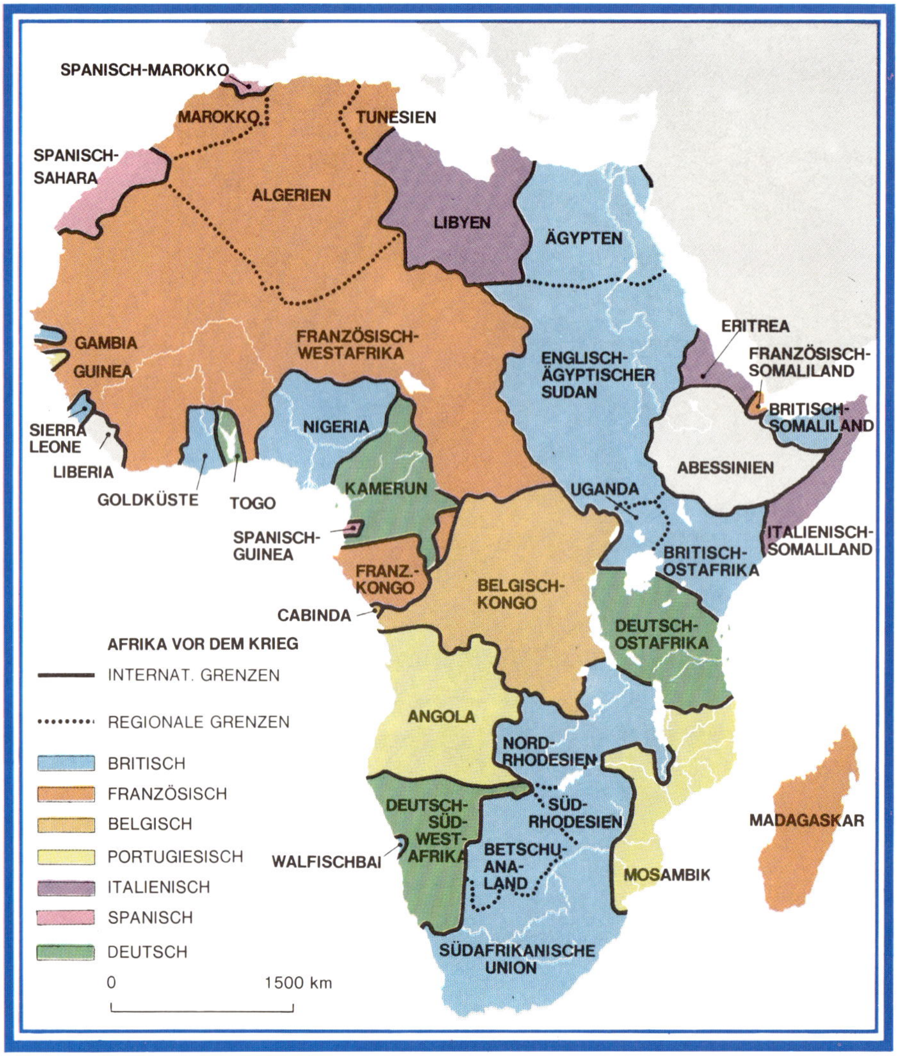

Afrika vor und nach dem Ersten Weltkrieg. (46)

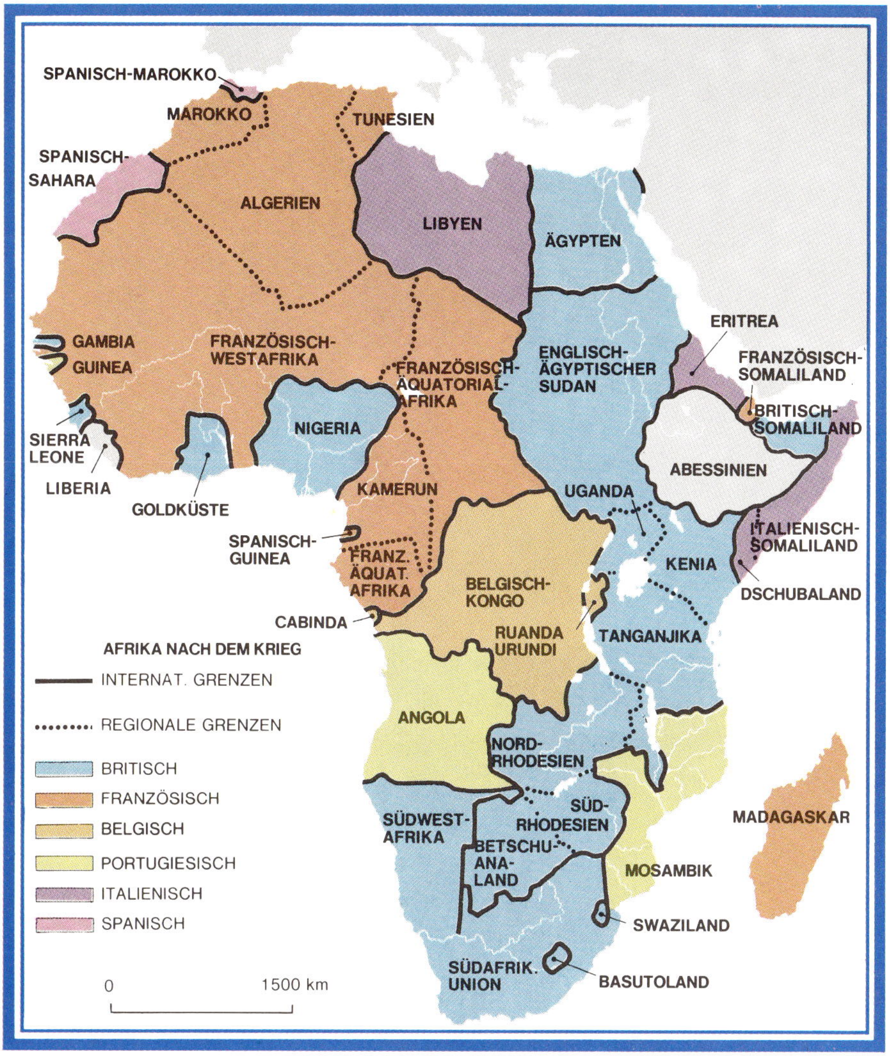
SPANISCH-MAROKKO
MAROKKO
TUNESIEN
SPANISCH-
SAHARA
ALGERIEN
LIBYEN
ÄGYPTEN
GAMBIA
GUINEA
FRANZÖSISCH-
WESTAFRIKA
FRANZÖSISCH-
ÄQUATORIAL-
AFRIKA
ENGLISCH-
ÄGYPTISCHER
SUDAN
ERITREA
FRANZÖSISCH-
SOMALILAND
BRITISCH-
SOMALILAND
SIERRA
LEONE
LIBERIA
GOLDKÜSTE
NIGERIA
KAMERUN
ABESSINIEN
UGANDA
SPANISCH-
GUINEA
FRANZ.
ÄQUAT.
AFRIKA
ITALIENISCH-
SOMALILAND
KENIA
BELGISCH-
KONGO
DSCHUBALAND
CABINDA
RUANDA
URUNDI
TANGANJIKA
AFRIKA NACH DEM KRIEG
INTERNAT. GRENZEN
REGIONALE GRENZEN
BRITISCH
FRANZÖSISCH
BELGISCH
PORTUGIESISCH
ITALIENISCH
SPANISCH
ANGOLA
NORD-
RHODESIEN
SÜDWEST-
AFRIKA
SÜD-
RHODESIEN
BETSCHU-
ANA-
LAND
MOSAMBIK
MADAGASKAR
SWAZILAND
SÜDAFRIK.
UNION
BASUTOLAND
0
1500 km

(47)

Präsident Woodrow Wilson (grüßend), der im Friedensvertrag von Versailles viele Kompromisse hinnehmen mußte und das Heil der Welt im Völkerbund sah. (48)

Ministerpräsident Clemenceau, der «Tiger». Er wollte Deutschland einen harten Frieden aufzwingen, Rache für die Millionen, die im Krieg getötet oder verwundet worden waren. (49)

David Lloyd George, der britische Premierminister, diskutiert mit Balfour einzelne Klauseln. Er vermittelte bei der Pariser Friedenskonferenz zwischen Wilson und Clemenceau und verschaffte England gewaltige Territorialgewinne in den Kolonien. (50)

Lloyd George wird in Paris von Marschall Foch begrüßt. (51)

der Riesengüter – ernst macht, um einige Tausend Entwurzelte auf überschüssigem Land ansiedeln zu können. Die Kamarilla überzeugt den alten Hindenburg, daß dieses Unternehmen bereits die erste Etappe auf dem Wege zum Bolschewismus bedeute.

Der Reichspräsident läßt den Mann, der sich eben noch in aufreibendem Wahlkampf für ihn eingesetzt hat, rufen, macht ihm schwerste Vorwürfe und läßt ihn kaum zu Worte kommen. Die peinliche Szene dauert nur wenige Minuten. Dann ist die zweijährige Zusammenarbeit des Präsidenten mit Dr. Brüning beendet. Der Kanzler, den der Sturm der Parteien nicht zu stürzen vermochte, fällt durch den Angriff der Reaktion.

Am 1. Juni ist Herr von Papen Kanzler.

Von Papen bildete ein Kabinett aus Angehörigen des Adels, ein Anachronismus, der in keiner Weise den wirtschaftlichen und gesellschaftlichen Gegebenheiten entsprach.

Er hebt das Verbot von SA und SS auf und schickt den Reichstag nach Hause. Wieder stehen Neuwahlen bevor. Jedem Einsichtigen muß es klar sein, daß Hitler diesmal mit mehr als 107 Abgeordneten in den Reichstag einziehen wird.

*

Und wieder Wahlkampf, abermals Deutschlandflug Hitlers, Massenversammlungen der Parteien auf Sportplätzen, in Sporthallen, auf Stadtplätzen. Abermals Brudermord, Raufhändel, Saalschlachten.

Der «Führer» spricht!

Stundenlang vor Beginn sind die Menschen mit Eisenbahn, Omnibussen, zu Fahrrad und zu Fuß gekommen, die Riesenhalle ist bis zum letzten Stehplatz, ist zum Bersten gefüllt, und Vieltausende ballen sich an den Eingängen, um wenigstens an den schnell improvisierten Lautsprecherstellen die Vorgänge im Innern mitzuerleben.

Aufpeitschende Marschrhythmen hämmern in die Menge, die Galerien und Seitenwände der Halle sind von Spruchbändern überzogen, Lorbeerbäume rahmen die Bühne. Mit Hakenkreuzbannern drapiert, hängt ein erdrückend großes «Führerbild» an der Stirnwand.

Es gibt keinen Theaterregisseur, der eine Veranstaltung besser vorzubereiten verstände, der die Spannung der Tausende höher zu jagen vermöchte als Dr. Goebbels. Er hat sein geniales Propaganda-System in tausend

Versammlungsschlachten Berlins erprobt und entwikkelt.

Der Mittelgang der wogenden, brausenden Halle wird von SA in braunen Hemden, mit Schulterriemen und Hakenkreuzbinden, in Absperrketten gesäumt. Seit Minuten schweigen die Lautsprecher, die Massen sind allein mit ihrem Gesumme, Gewühl, allein mit ihren Gedanken. Sie werden unruhig, fiebern dem Kommenden entgegen. Plötzlich aus den Vorhallen Lärm, Unruhe! Elektrisiert springen die Tausende auf, recken die Hälse, vibrieren in Erwartung. Ganz hinten erscheinen Fahnen, Standarten. Vergoldete Adler in Eichenkränzen werden über den Köpfen sichtbar. Musik setzt ein, Trommeln rasseln dumpf, der Gleichschritt der Fahnenkompanie stampft dröhnend im Saal.

Der Ritus ist erprobt, hundertmal durchgedrillt. Es ist immer das gleiche, und immer tut es die gleiche massenpsychologische Wirkung.

Hein Kröger ist schon lange bei der «Bewegung». Er trägt die schwarze Mütze mit dem Totenkopf, er ist einer der Auserlesenen, ein «Prätorianer», wie der Sturmführer sagt. Natürlich ist auch er seit langem arbeitslos, im Kohlenpott ruhen die Maschinen.

Die Prätorianer waren im alten Rom die Schutzgarde der Feldherren und Kaiser.

Seit einigen Jahren ist Hein verheiratet, ein Kind ist schon da. Zu essen gäbe es wenig, wären nicht die Kameradschaft der Kumpels und die paar Pfennige, die er bei der Partei bekommt. Doch das alles wird nun bald anders werden: Der «Führer» hat versprochen, jedem Arbeit und Brot zu geben, wenn er erst die Macht in Händen hat.

Die Fahnen der Stürme, die Standarten, die zum Gruß emporgereckten Arme, die Heilrufe – wie das emporreißt! Das ist Schwung, Ordnung, Disziplin! Hein Kröger ist ein gutmütiger Mensch, aber diese Musik, das Rattern der Trommeln, der harte Gleichschritt und das donnernde Gebrüll der Masse machen ihn kampflustig.

Mit einer Wut, die ihm normalerweise ganz unbekannt ist, stößt er einem alten Manne, der in der Reihe vor ihm beim Fahneneinzug die Hand nicht erhoben hat, in den Nacken: «Nimm den Arm hoch!»

Nachbarn schauen den Alten haßvoll an. Die Menschenmauer steht und starrt inbrünstig auf die bunten Banner und blitzenden Adler, die nun hinter dem Rednerpult die Bühne umrunden und das Bild des «Führers» flankieren.

Wieder tritt Stille ein, jäh verstummt die Musik, nur leises Flüstern der Menschenmenge. Die Nerven sind bis zum Zerreißen gespannt, die Erregung überträgt sich von Mensch zu Mensch. Das dichte Beieinander wirkt anstekkend, die Spannung verstärkt sich. Der einzelne ist zum Massenatom geworden. Ein Funke genügt, das Ganze zur Entladung zu bringen.

Mit schmetternden Fanfaren setzt der Badenweiler Marsch ein. Das ist das Signal – der Lieblingsmarsch des «Führers».

Hein Kröger reckt sich auf, nimmt Haltung an. Hinter ihm holt die Masse tief Atem, dann bricht es aus zehntausend aufgerissenen Mündern: «Heil Hitler! Heil!»

Die Männer heben die Arme zum Gruß. Mädchen und Frauen schluchzen, weinen, kreischen, springen auf Stühle, winken, schreien, schreien ... «Heil Hitler!»

Alles ist entfesselt, alle sind nur noch Tropfen in einem aufgepeitschten Meer.

Wer hat diese Bewegung verursacht, die nichts mehr mit politischem Denken, mit privater Entscheidung zu tun hat? Ist es wirklich nur dieser einzelne, der da im Braunhemd bei allem zeremoniellem Gehabe doch fast unscheinbar, unheroisch einherschreitet? Oder ist er selber es gar nicht, sondern nur der Mythus, zu dem eine geschickte Propaganda ihn hinaufgesteigert hat?

Er wirft das Haar mit herrischer Gebärde aus der Stirn, hebt affektiert und selbstbewußt den Arm zum Gruß – bald hierhin, bald dorthin, manchmal soldatisch stramm, dann wieder leicht abgewinkelt und lässig.

Wer erklärt das Phänomen, daß dieser Mann die Menschen zu Rasenden, zu Verzückten macht?

Hinter ihm das Gefolge: Reichsführer SS Himmler mit nichtssagendem Gesicht, die scharfen, kleinen Gläser und die kurzsichtigen Augen lassen ihn eher harmlos als gefährlich erscheinen; neben ihm der lange und massive Brückner – hoher SA-Führer und ehemaliger Berufsoffizier. Dr. Leys Gesicht ist aufgedunsen vom Alkohol, dem er verfallen ist. Braune, schwarze Uniformen, Kriegsorden, Goldlitzen

Heinrich Himmler (1900–1945) war seit 1929 «Reichsführer der SS» und nahm daher innenpolitisch während des Dritten Reichs eine zentrale Stellung ein.

Robert Ley (1890–1945) wurde 1932 der Nachfolger von Strasser als Stabsleiter der politischen Organisation.

und Wehrgehenke – der ganze Anhang von Kämpfern für das neue Deutschland treibt in Hitlers Kielwasser.

«Wer ist es, der in bewegten Zeiten die Völker anführt? Sind es nicht auf der einen Seite die Fanatiker, die stürmisch verbissenen Affektmenschen, die Schwärmer und die Prophetennaturen, und auf der anderen Seite die dekadenten Literaten, die entgleisten Existenzen, die Überlebten und Blasierten, die einer neuen Sensation bedürfen, die Schwindler und Hochstapler, die Schwätzer und Poseure, die Mörder und die Perversen?»

Aus Kretschmer, «Geniale Menschen».

Getragen vom Schrei der Massen, umwogt von Tausenden, betritt der Mann der Zukunft das Podium.

Seine erhobene Hand bändigt den Sturm. Er hebt die Stimme: eine rauhe, zwingende Befehlsstimme, ein wenig abgehackt, aber eindringlich.

«Parteigenossen und Parteigenossinnen! Volksgenossen und Volksgenossinnen!

Mein Wille – das muß euer aller Bekenntnis sein – er ist euer Glaube!

Mein Glaube ist mir – genau wie euch – mein Alles auf dieser Welt!

Das Höchste aber, das mir Gott auf dieser Welt gegeben hat, ist mein Volk. In ihm ruht mein Glaube. Ihm diene ich mit meinem Willen, und ihm gebe ich mein Leben!»

Aus einer Rede Hitlers im Jahre 1932.

Wie ein Kanonenschuß bricht der Beifall los und rollt durch die bebende Halle, setzt sich über die Lautsprecher auf den dunkelnden Straßen fort.

Hitler kennt alle Wege der Volksverführung: die sich ständig wiederholenden, einprägsamen und bedeutungsvoll klingenden Sätze, mit denen in Wirklichkeit kaum etwas Neues, oft nicht einmal Greifbares gesagt wird, die Magie des rollenden, mit dem Brustton der Überzeugung vorgetragenen Nichts.

Diese Menschen sind bereit, in Blindheit geführt zu werden, sie sind bereit, Beifall zu spenden, sie sind bereit, gegen jeden und gegen alles zu marschieren.

*

Erhitzt, taumelnd und trunken vom Ansturm der Forderungen, Phrasen und Versprechen, der leidenschaftlichen Anklagen, der Beschimpfungen Andersdenkender und der

Drohung mit einer heraufsteigenden Abrechung, strömen die Massen aus der «Großkundgebung» auf die erleuchteten Straßen, ballen sich in erregte Haufen und lösen sich nur widerstrebend auf. Überall ist Polizei und fordert zum Auseinandergehen auf; langsam lockert sich die Masse, truppweise verschwindet sie im Geäder der Stadt.

Da ist einer – ein junger Arbeiter, den das Erlebnis des Abends auf alle Gipfel der Leidenschaft geführt hat; er ist in eine andere, ihm bisher nicht zugängliche Welt entrückt. Alles, was bisher auf sein Leben eingedrungen ist, war dem Stoff, dem Nüchternen, Alltäglichen verhaftet. Da ging es um Tarife, Organisationen, Beiträge, um Sozialisierung und Klassenkampf, um Begriffe, die man erklären und «anfassen» konnte wie Hammer, Meißel und Zange. Doch dieser «Führer», der wendet sich an etwas anderes im Menschen – an das Dunkle, das Ungreifbare, das Geheimnisvolle. Er ruft den Idealismus auf, die Hingabe, das Heroische, er spricht weniger den Verstand als die Leidenschaft an. Der «Führer» öffnet den Jungen ein Tor in das Reich des Mythus, er zeigt ihnen Deutschland wie eine Gralsburg.

Wie im Fieber geht der Arbeiter nach Hause, er stürmt die vier Treppen in seine Dachstube hinauf und tut, was er nie vorher getan hat: Er setzt sich hin und schreibt Verse. Mit einem von Gedanken ungehemmten Schwung fährt der Stift übers Papier.

«Ein Junger ward vom Tag besessen
Und schaute mit der Seele in das Licht.
Die Helle wusch aus dem Gesicht
des Jungen alle Nacht.
Die Sonne wuchs am Morgen, sank am Abend,
Doch als sie nächsten Morgen wiederkam,
Da ward der Junge ihr gegeben;
Und er ging hin und trug für das Gewaltige
Die Fahne.»

Gedicht von Gerd Ruthardt aus der Buchreihe «Junge deutsche Dichter».

So also ist das. Die Worte rollen daher, leicht und eingängig, ohne klaren Sinn, nur noch klingend, scheinbar geheimnis- und bedeutungsschwer, wie sie der Führer manchmal spricht, nicht dazu bestimmt, genauer überdacht zu werden. Der junge Arbeiter ist glücklich.

*

Eine Schar alter Parteigenossen sammelt sich nach Schluß der Versammlung um den Ortsgruppenleiter. In dieser Nacht der Nächte wachen viele Menschen. SA-Stürme sind zu der Führerrede von auswärts gekommen, sie fahren erst am Morgen zurück, manche übernachten in Massenquartieren.

Unter den Parteigenossen sind auch Frauen und Mädchen, aber es gibt wenig Rücksichtnahme zwischen den Geschlechtern. Man lebt in einer Kampfzeit, in einer Zeit der Massenbewegung, das macht gleich und verwischt die bürgerlichen Vorurteile guter Erziehung. Die «Kämpfer» duzen einander, sie entwickeln den rauhen Landsknechtton, die Formlosigkeit, die ihr Vorbild immer von den untersten Schichten entlehnt.

«Verhandlungen, Normen, Höflichkeit, Rücksichten, Gerechtigkeit, Vernunft! Warum erfand man das alles? Wozu dieser ganze Umstand? ... Es dient dazu, die civitas, die Gemeinschaft, das Zusammenleben zu ermöglichen ... Zivilisation ist in erster Linie der Wille zur Gemeinschaft ...

Barbarei ist die Neigung zur Auflösung der Gesellschaft. Darum sind alle barbarischen Epochen Zeiten der menschlichen Vereinzelung, eines Gewimmels kleinster, getrennter und feindlicher Gruppen ...»

Aus Ortega y Gasset, «Aufstand der Massen».

Das widerspricht nicht dem Gesetz der politisch ausgerichteten Masse; denn diese Zusammenballungen berühren sich alle nur an der Oberfläche oder in der Anonymität des Masseninstinkts; die wahrhaft menschlichen Beziehungen fehlen, jene Bindungen, die sich auf der Ebene des Geistes vollziehen. Überall ist es dasselbe: ob bei den «Rot-Frontkämpfern», bei der SA und SS oder anderen Massenbewegungen. In der organisierten Gemeinschaft geht die menschliche Beziehung unter, die Parteidisziplin und das Herdengefühl schalten den persönlichen Ton, die individuelle Achtung vor dem Nebenmenschen aus. Man ist nur noch Genosse, Nummer, Träger einer Funktion.

Mit knapper Befehlsstimme beordert der Ortsgruppenleiter die Parteigenossen in die nächste Gastwirtschaft. Dort wird eine laute und kraftmeierische Gemeinschaft gepflegt, deren unsichtbarer Kristallisationspunkt der blinde Glaube an Hitler ist.

*

Der SS-Sturm, dem Hein Kröger angehört, marschiert zu den Quartieren ab. Scharfe Kommandos ertönen, wie eine Mauer stehen die Männer, dann dröhnt der Rhythmus des Marschtrittes. Wie ein Schiff bahnt sich die Kolonne den Weg durch den Strom der noch von der Massenerregung gepackten Versammlungsbesucher.

«Zu beiden Seiten eine jubelnde, rasende Menschenmenge. Das erfaßt schließlich auch den Verstocktesten und reißt ihn hinein in die Begeisterung. Die SS-Leute dachten, so etwas gäbe es im heutigen Deutschland nicht mehr ... Die Herzen scheinen zu zerspringen. Sie hätten laut hinausschreien können ... Schaut her, ihr Zwerge! Hier marschiert Deutschland! Ein Heer kampfentschlossener Aktivisten, von Tag zu Tag größer werdend. Die Zukunft ist unser! ...»

Bericht von R. Reitmann in «Ewiges Deutschland».

Als der Sturm in die düsteren, schlecht erleuchteten Gassen des Arbeiterviertels einbiegt, verstummt der Beifall, die Straßen sind beinahe menschenleer. Im Schatten verbergen sich dunkle Gestalten, und da drüben, wo durch die Fensterläden einer ärmlichen Wirtschaft noch Licht scheint, steht eine Gruppe von Männern vor der Tür. Kein Gruß, kein Wort wird laut. Schweigend und drohend verfolgen die da drüben den Vorbeimarsch der SS.

Hein Kröger läuft an der Kolonne entlang zum Sturmführer und meldet sich ab. Er hat Verwandte in der Stadt und will sie aufsuchen.

«Sei vorsichtig, Kröger!», warnt der Sturmführer, ein ehemaliger Freikorpsleutnant, «ich kenne diese Burschen hier. Die Roten legen dich auf die Decke, ehe du dich umsiehst.»

Hein Kröger geht allein durch die Nacht. In der Ferne verklingt der Gesang der Kameraden.

«Heraus, ihr Knechte der Maschinen
Und Front gemacht der Sklaventyrannei ...»

Der Weg führt ins Laubengelände. Hier gibt es keine Laternen mehr, keinen Schutzmann, keine bewohnten Häuser. Die Finsternis wird immer undurchdringlicher. Halt – stehen da nicht ein paar Gestalten? Rührt sich nicht die Nacht? Fester faßt Hein Kröger den Totschläger.

Da springt es schon in langen Sätzen herzu. Gellend läßt Hein die Trillerpfeife tönen und empfängt den ersten, der ihm das Braunhemd herunterreißen will, mit einem schweren Hieb. Dann sind sie über ihm: ein halbes Dutzend mit Zaunlatten, Messern und Schlagringen. Er sinkt blutend zusammen.

*

Sie haben sein Trillerpfeifensignal vernommen. Ein zurückgebliebener Trupp der Kameraden hat es gehört. Als sie dem Kampflärm zueilen, stieben die Roten auseinander. Hein Kröger ist übel zugerichtet, aber er lebt noch, hat Glück gehabt. In diesen Tagen der Wahlkämpfe vergeht kein Tag, an dem es nicht Tote auf beiden Seiten gäbe. Seit Januar sind 88 SA- und SS-Männer erschlagen worden, die Gegenseite hat noch mehr Opfer zu beklagen.

Kurz nach der Aufhebung des SA-Verbotes am 29. Juni eskalierte der politische Terror. Allein der Altonaer Blutsonntag im Juli forderte 17 Todesopfer.

Schnell spricht sich der Überfall herum. Der SS-Sturm wird zurückgeholt, man berät aufgeregt über eine Gegenaktion. Während Hein Kröger im Krankenwagen zur Klinik gebracht wird, rotten sich SA und SS vor dem Lokal zusammen, das als Verkehrswirtschaft der Kommunisten bekannt ist. Signale ertönen, mit Brechstangen und Pfählen zertrümmern die SS-Leute die Tür, dringen ein, werfen sich auf die Arbeiter und Rot-Frontleute, die sie vorfinden. Dumpf klatschen die Schläge, Menschen schreien jämmerlich um Hilfe.

Als die Polizei mit heulenden Sirenen vorfährt, findet sie nur noch eine Gruppe blutender Männer, die sich um drei Schwerverletzte bemüht.

Das ist Deutschland im Kampf um die Macht. Der Terror entscheidet – nicht die Vernunft.

«... die direkte Aktion dreht die Ordnung um und proklamiert die Gewalt als das erste Mittel, genauer als das einzig Vernünftige. Sie ist die Norm, die jede Norm aufhebt, die alle Zwischenglieder zwischen unserem Vorsatz und seiner Durchführung ausschaltet. Sie ist die Magna Charta der Barbarei ...»

Nach Ortega y Gasset, «Der Aufstand der Massen».

Die Masse kennt keine andere Form der Einflußnahme auf das öffentliche Leben, als jene der Gewalttätigkeit. Wer die Massen für seine politischen Ziele einspannen will, muß die Gewalt in Rechnung stellen, muß den Terror wollen.

Es begann in Potsdam

Kaum von der Öffentlichkeit beachtet, beendet die Konferenz von Lausanne die trübe Epoche deutscher Reparationszahlungen: Mit einer Schlußleistung von 3 Milliarden Goldmark soll Deutschland endlich aus der Knechtschaft entlassen werden.

Die Lausanner Konferenz fand im Juli 1932 statt.

Aber alles Interesse richtet sich jetzt auf die Vorgänge im Innern des Reiches. Schärfer und blutiger werden die Auseinandersetzungen zwischen den uniformierten Kampfverbänden, der 17. Juli 1932 fordert allein in Altona mehr als ein Dutzend Tote und 127 Verletzte.

Unbeachtet bleibt das am 18. Juli erlassene Demonstrationsverbot und das am 29. Juli verkündete Verbot politischer Versammlungen. Der Terror frißt sich weiter, er wütet in Hintergäßchen, Laubenkolonien, Hafenvierteln und Arbeiterblocks.

Am 9. August setzte die Regierung Zuchthaus und Todesstrafe auf politische Gewalttaten.

Die Reichstagswahl am 31. Juli bringt den Nationalsozialisten 230 Sitze, der SPD 133, der KPD 89, dem Zentrum 75, den Deutschnationalen 37 und der Bayerischen Volkspartei 22.

In Preußen hatten schon im April Wahlen stattgefunden, die Zahl der nationalsozialistischen Abgeordneten schnellte von 9 auf 162.

Eine stabile Regierungskoalition ist bei diesen Kräfteverhältnissen unmöglich, die Kreise um Hindenburg scheuen sich, den Sieg Hitlers anzuerkennen und ihm die Kanzlerschaft auszuliefern. Zwar sind sie seit dem Sturz Brünings entschlossen, die «Bewegung» Hitlers als Abwehr des unter kommunistischer Führung drohenden Sozialismus zu benützen, doch scheint es ihnen gefährlich, Hitler einen höheren Posten als den des Vize-Kanzlers zuzugestehen.

Am 13. August lehnt Hitler es ab, Büttel einer anderen Regierung zu sein. Entweder man macht ihn zum Kanzler, oder der Kampf geht weiter.

Abermals wird der Reichstag aufgelöst, und der Wahlkampf hebt von neuem an. Es ist die Absicht der Drahtzieher, die NSDAP und die KPD durch die teuren Propagandafeldzüge finanziell zu erschöpfen und zu ruinieren. Die

Kraft der radikalen Parteien läßt bereits merklich nach, das Volk ist wahlmüde, die Kassen sind leer, die Schulden steigen.

Am 6. November 1932 tritt der neue Reichstag mit 196 Nationalsozialisten, 121 Sozialdemokraten, 100 Kommunisten, 70 Zentrumsleuten, 51 Deutschnationalen und 20 Abgeordneten der BVP, zusammen. Die Schwungkraft der NSDAP hat nachgelassen – Hitler begegnet Widerständen in den eigenen Reihen.

In den Tagen vom 3. zum 8. November 1932 hat in Berlin ein Verkehrsstreik stattgefunden, der, von nationalistischen Betriebszellen organisiert, im Verein mit der sozialistischen und der kommunistischen Gewerkschaft durchgeführt worden war. Das ist eine Entwicklung, dic dic Männer um Hindenburg alarmiert.

Ein Wahlplakat hat die gefährliche Verschiebung der Situation schlagartig beleuchtet. Es trägt die Überschrift: «Der Tag des Erkennens – Anbruch des Dritten Reiches!» Eine Hakenkreuzsonne leuchtet, doch neben dem Nazi-Symbol strahlen Hammer und Sichel, im Vordergrund reichen sich Rot-Frontkämpfer und SA-Mann die Hände zum neuen Bund, während ein jüdischer Kapitalist gebrochen zu Boden sinkt. Die Unterschrift verkündet beziehungsvoll: «Brüder eines Volkes!»

Die Kommunisten haben 100 Sitze im Reichstag, 6 Millionen Wähler haben sich zum Bolschewismus bekannt. Stalin erklärt auf dem Moskauer Parteikongreß:

«Den Sieg des Faschismus in Deutschland darf man nicht nur als ein Zeichen der Schwäche der Arbeiterklasse und als Ergebnis der Verräterei an der Arbeiterklasse seitens der Sozialdemokratie betrachten, die dem Faschismus den Weg ebneten. Man muß ihn auch als Zeichen dafür begreifen, daß die Bourgeoisie nicht mehr imstande ist, mit den alten Methoden des Parlamentarismus und der bürgerlichen Demokratie zu herrschen ...»

Aus Stalin, «Fragen des Leninismus».

Angesichts der Annäherung zwischen den radikalen Parteien ruft Hindenburg von Papen ab und übergibt das Reichskanzleramt dem Reichswehrminister, General von Schleicher.

General von Schleicher übernahm das Reichskanzleramt am 4. Dezember 1932.

Die Intrigen laufen wie Fäden auf dem Webstuhl kreuz und quer. General von Schleicher, der schon zu Seeckts Zeiten und in den Tagen von Rapallo einer Ostorientierung das Wort geredet hat, vertritt den linken Reichswehrflügel. Er nimmt geheime Beziehungen zu den Männern der SPD und KPD auf.

«Zu jener Zeit werden von sozialdemokratischer Seite sehr ernsthafte Versuche unternommen, ein besseres Verhältnis zu der KPD anzubahnen. Sie gestalten sich äußerst schwierig, da das Mißtrauen auf beiden Seiten ungeheuer groß ist und in Moskau die Meinung vorherrscht, der Sieg des Faschismus in Deutschland sei für den Sieg des Kommunismus ein unvermeidliches Vorspiel.»

Aus Friedrich Stampfer, «Vorwärts».

*

Herr von Papen ist der Vertreter der konservativen und besitzenden Schicht Preußens. An seiner Seite steht der alte Geheimrat Hugenberg, der Beherrscher der Universum-Film A.G. (UFA) und des Scherlverlags; die Schwerindustrie ist ebenso wie der ostelbische Großgrundbesitz an einer Klärung der Situation im Sinne stabiler und konservativer Verhältnisse interessiert. Wenn man den Sozialismus nicht auf eine andere Weise stoppen kann, so muß man mit Hitler marschieren.

Die UFA war 1917 gegründet worden und blieb bis 1945 das größte Unternehmen der deutschen Filmindustrie.

Herr von Papen hat keine allzu hohe Meinung von der beeinflußbaren Masse der Wählerschaft, aber mehr und mehr spürt auch er den Druck, den die politischen Führer durch die Zahl ihrer Anhänger auszuüben verstehen. Zwischen Hitler und Thälmann wird ihm – dem Repräsentanten der Tradition – die Wahl nicht schwer. Quälend ist für ihn nur die Tatsache, daß es keinen dritten Weg zu geben scheint.

In den ersten Januartagen 1933 bespricht er sich mit seinem Gesinnungsgenossen Rauschning, dem späteren Senatspräsidenten von Danzig, über die Linie der zukünftigen Staatspolitik.

Das Folgende nach Papen, «Appell an das deutsche Gewissen».

«Am sympathischsten», sagt Herr von Papen, «wäre mir freilich, man könnte in der Form der sogenannten ‹präsidiellen Politik›, so wie ich sie im vergangenen Sommer eingeschlagen habe, regieren, also auf Grund von Verordnungen, ohne Reichstag, nur auf die Autorität des Reichspräsidenten gestützt – aber leider, mein lieber Rauschning, das ist nicht mehr möglich. Es hat sich herausgestellt, daß die Demokratisierung Deutschlands zu weit fortgeschritten, die Volksstimmung ein allzu entscheidender Faktor geworden ist.»

«Wie soll es aber weitergehen?» will Rauschning wissen, «General von Schleicher sitzt nicht sehr bequem auf den Spitzen seiner Reichswehrbajonette!»

Franz von Papen lächelt verbindlich.

«O nein, mein Freund. Er sitzt überhaupt nicht, er schwankt. Er hat nicht alle Wehrkreiskommandeure hinter sich, ich weiß es. Für manchen Geschmack ist er zu rot. Er wird gehen müssen.»

Herrmann Rauschning (geb. 1887) wurde 1933 als Nationalsozialist Senatspräsident von Danzig, legte aber nach einem Gesinnungswandel 1934 sein Amt nieder und floh 1936 in die Schweiz.

Rauschning sieht den Freund forschend an, es scheint so, als habe Papen bereits einen Weg zur Lösung der Krise gefunden.

«Nachdem die konservative Revolution», fährt Papen fort, «das Regieren mit Präsidialentscheidungen über die Köpfe des Volkes hinweg, mißlungen ist, muß man eben mit der Masse regieren, das heißt, man muß den Umweg über die großen nationalen Organisationen und Bewegungen gehen.»

«Also sind die Würfel für Hitler gefallen?»

Papen nickt.

«Auch der alte Herr – unser verehrter Herr Reichspräsident – ist ein Mann, der den Notwendigkeiten nicht ausweicht. Er ist preußischer General, Gutsherr, Konservativer, gläubiger Christ – was bleibt ihm anderes übrig, als sich in die Arme der nationalen Extremen zu retten, wenn er nicht samt diesem unglücklichen Volk in der roten Flut versinken will?»

Rauschning schüttelt verwirrt den Kopf.

«Diesen Hitler», sagt er, «diesen böhmischen Gefreiten, wollen Sie mit dem Feldmarschall zusammenbringen? Was war denn der Mann, bevor er in die Politik ging: Kofferträger, Gelegenheitsarbeiter, Postkartenzeichner, Asylinsasse! Dem wollen Sie die Macht geben?»

Franz von Papen lächelt überlegen.

«Hitler an die Macht? Nein, dieser Herr wird von uns nur engagiert. Herrschen tun wir! ...

Eben, weil er aus dem Nichts kommt, wird er leicht zu überspielen sein, wenn man ihm nur den Schein der Macht ausliefert. Kleine Leute sind immer eitel und ehrgeizig. Außerdem werden wir Gelegenheit haben, ihn zu kaufen.»

Rauschning blickt überrascht auf: «Ich höre zum erstenmal, daß Hitler am Geld interessiert ist. Ich dachte immer, sein Abgott sei die Macht!»

Papen hebt die Schultern. «Herr Hitler hat in den Wahlkampagnen des vergangenen Jahres seiner Parteikasse etwas zu viel zugemutet, jetzt steht er vor dem finanziellen Ruin, seine Schulden fressen ihn auf. Ich habe eine Zusammenkunft mit Herrn von Schroeder vermittelt, dem Bankier, der die rheinische Schwerindustrie vertritt, Hitler wird Geld von der Industrie nehmen, Hugo Stinnes hat ihm ebenfalls Beträge zur Verfügung gestellt. Mein Freund – wir werden ihn an die Kandare legen.»

Rauschning nickt erleichtert, dann geht ein Schatten über sein Gesicht.

«Es soll Pferde geben», sagt er, «die dafür berüchtigt sind, daß sie die Kandare zwischen die Zähne nehmen und durchgehen.»

*

Bereits am 17. November und am 21. November 1932 ist Adolf Hitler durch Staatssekretär Meissner zu Unterredungen mit Hindenburg gebeten worden. Jede Einigung ist aber bisher an der Forderung der NSDAP nach dem Reichskanzleramt gescheitert.

Hitler, Dr. Goebbels, Göring, Dr. Ley und Frick haben ihr Hauptquartier ins Hotel «Kaiserhof» am Wilhelmplatz zu Berlin verlegt und warten auf ihre Stunde. Sie wissen, daß ihnen die Beute nicht mehr entgehen wird. Konferenzen mit Bankleuten und Großindustriellen liegen hinter ihnen, die Parteikassen sind wieder gefüllt, und Herr von Papen vermittelt beim Reichspräsidenten.

Wilhelm Frick (1877–1946) war als erster nationalsozialistischer Minister 1928–31 Innenminister von Thüringen und wurde später Reichsinnenminister.

Verzweifelt hat General von Schleicher eine Spaltung der NSDAP betrieben und Gregor Strasser, den Leiter der Politischen Organisation der Partei, zur Teilnahme an der Regierung aufgefordert. Bevor es zu einem Entschluß kommen konnte, hat Hitler zugeschlagen, die Absetzung Gregor Strassers verfügt, die Einheit der NSDAP gewahrt.

«Seit Menschengedenken hat das deutsche Volk kein so trauriges Weihnachten erlebt. Allein in der Zeit vom 1.–15. Dezember 1932 sind in Deutschland weitere

250 000 Menschen arbeitslos geworden. Am 31. Dezember zählt man 5 770 000 unterstützte Arbeitslose, zu denen weitere Millionen Nichtunterstützungsberechtigte kommen.»

Aus Sammlung Rehse, Band 1.

Hitler kann in Ruhe warten, bis sein Stichwort fällt.

*

«Am 25. Januar fordert die deutschnationale Reichstagsfraktion die vollständige Neubildung des Kabinetts, da die Regierung Schleichers immer deutlicher in sozialistisch-internationale Gedankengänge abgleite ... Eine besondere Gefahr bedeute es, so heißt es in der deutschnationalen Erklärung weiter, wenn man Gegensätze zwischen groß und klein, vor allem in der Landwirtschaft, entstehen lasse und dadurch die Gefahr des Bolschewismus auf dem flachen Lande hervorrufe ...»

Aus K. Stecher, «Wie war das möglich?»

In der Reichswehr ist man unentschlossen; einmal heißt es, der General werde nie und nimmer zurücktreten, die Garnison marschiere zum Staatsstreich – dann wieder folgen Veröffentlichungen, Schleicher werde nun doch verzichten, Hindenburg habe ihn fallen lassen. In diesen Tagen

Kurt Freiherr von Hammerstein-Equord (1878–1943), im Ersten Weltkrieg Generalstabsoffizier, wurde 1930–34 Chef der Heeresleitung und erbitterter Gegner der Nationalsozialisten.

«interveniert General von Hammerstein, der Chef der Heeresleitung, und einer der von den Nationalsozialisten stets scharf bekämpften ‹Novembergenerale› vergebens bei Hindenburg zugunsten Schleichers. Hammerstein verlangt von Hindenburg, mit Rücksicht auf die Wehrmacht kein Kabinett Papen oder Hitler zu berufen. Das sei für die Generalität nicht tragbar.»

Aus K. Stecher, «Wie war das möglich?»

Hindenburg zeigt sich sehr ungehalten. Sein Sohn Oskar, Herr von Januschau und Franz v. Papen haben bereits vorgearbeitet. Keine Gnade für den General, der sich so weit vergaß, mit den Roten zu verhandeln! Hammerstein wird abgewiesen, und das Kabinett Schleicher fällt.

Am Abend des 29. Januar macht Hermann Göring, der die Verhandlungen geführt hat, dem «Führer» die Meldung, daß die Ernennung zum Reichskanzler unmittelbar bevorstehe.

Bereits am Vormittag des 30. Januar 1933 ruft Hindenburg Adolf Hitler zu sich ins Reichspräsidentenpalais. Nach kurzer Unterredung übergibt er ihm den Auftrag zur

Bildung einer neuen Regierung. Ein langer Weg ist damit zu Ende gegangen, ein Sieg errungen und ein schicksalhafter Wendepunkt nicht nur der deutschen Geschichte erreicht.

Der Mann, der vor 14 Jahren im Lazarett von Pasewalk beschlossen hatte, Politiker zu werden, der damals seinem Tagebuch anvertraute: «In diesen Nächten wuchs mir der Haß, der Haß gegen die Urheber dieser Tat ...» hat erreicht, was er leidenschaftlich und rücksichtslos erstrebt hatte: die Macht über ein ganzes Volk.

Sein Auftritt steht im Zeichen des Hasses.

*

Carl von Ossietzky, ein Schriftsteller, der für Friede und Versöhnung gekämpft hat, schreibt in diesen Tagen in seiner «Weltbühne»:

Carl von Ossietzky (1889–1938) wurde 1933 als Pazifist verhaftet und zu Haft im Konzentrationslager verurteilt. 1936 erhielt er den Nobelpreis, durfte ihn jedoch nicht annehmen.

«Jetzt wird Kirchhofstille über dieses Land kommen. Wir werden bald nicht mehr reden dürfen – die Dinge werden reden. Eines aber wollen wir einander versprechen: Was auch immer kommen mag, keiner von uns soll dem Feinde je den kleinen Finger reichen ...»

Aus Carl von Ossietzky, «Weltbühne» (1933).

*

In der Nacht vom 30. zum 31. Januar 1933 bildet sich ein riesiger Fackelzug. Durch die Straßen der Reichshauptstadt – und zur selben Stunde auch in allen anderen Städten des Reiches – wogen aufgestörte Massen. Der Rundfunk hat die Kunde in die letzte Hütte getragen: Adolf Hitler ist an der Macht!

Für viele ist es ein Beginn, für andere das Ende. Hoffnungen und dunkle Ahnungen widerstreiten sich, doch die labile Menge neigt in ihrem überwiegenden Teil zu befreitem Aufatmen, zu Jubel und lärmender Zustimmung: Hat man doch endlich nach langem Kampf ein sichtbares Ziel erreicht, hebt doch nun eine völlig andere Epoche an.

«Sie marschieren taumelnd und wonnetrunken im glühenden Fackelschein, immer gewaltiger wird der Jubel, Musik, Gesang, Trubel. Das ist zuviel auf einmal, die Menschen können ihre Eindrücke gar nicht mehr einordnen ...»

Aus einem Bericht Erwin Heitmanns.

Adolf Hitler steht im schwarzen Anzug an einem der großen, hellerleuchteten Fenster der Reichskanzlei, an den anderen Fenstern sieht man Göring – jetzt Minister ohne Geschäftsbereich –, Dr. Frick, den neuen Reichsinnenminister, und Vizekanzler Franz v. Papen.

Wie ein urweltliches Siegesgeheul braust das endlose «Heil! Heil! Heil!» zu dem Manne empor, der den Erfolg erzwungen hat. Die Menschen singen, schreien sich heiser. Und unabsehbar zieht der Strom der Fackeln durch die Nacht, rotes Gewölk braut zu Häupten der Masse wie eine Vorbedeutung kommenden Geschicks, alles ist auf den Beinen, den Aufbruch der Nation zu feiern.

Ein Aufbruch – wohin?

Es gibt Zahllose, die sich furchterfüllt in ihre Wohnungen eingeschlossen haben, die sich die Ohren zuhalten, wenn das wahnsinnige Heilgeschrei heraufdringt, die mit leeren, trostlosen Blicken ins Dunkel starren und dessen gedenken, was kommen wird.

*

Am 1. Februar löst der Reichspräsident auf Antrag Hitlers den Reichstag auf und bestimmt den 5. März als Wahltag. Am gleichen Tage spricht Hitler zum erstenmal im Rundfunk. Er verkündet den ersten Vierjahresplan und schließt seinen Aufruf, in dem viel von Gemeinschaft, Zusammenschluß und Vergessen des Gewesenen die Rede ist, mit den Worten:

«Deutsches Volk! Gib uns vier Jahre Zeit – dann richte und urteile über uns! Deutsches Volk, gib uns vier Jahre, und ich schwöre dir, so wie wir und ich dieses Amt antraten, so will ich dann wieder gehen – ich tat es nicht um Gehalt oder Lohn, ich tat es nur um deiner selbst willen!»

Rede Hitlers vom 1. Februar 1933.

In der Praxis sieht die Versöhnlichkeit des neuen Kanzlers anders aus. Schon am 4. Februar erläßt er eine «Verordnung zum Schutze des deutschen Volkes», die sich gegen die gegnerische Presse und die anderen Parteien wendet. Künftig können Verdächtige «auch vorbeugend» festgenommen, Verbote «auch vorbeugend erlassen» werden. Die Rechtlosigkeit wirft ihre Schatten voraus. Noch während des Wahlkampfes, der wieder mit allen Mitteln – auf seiten Hitlers aber nun mit dem gesamten Staatsapparat – geführt wird, beruft der neue preußische Ministerpräsident Hermann Göring SA-, SS- und Stahlhelmverbände als «Hilfspolizei» ein und läßt sie mit Waffen ausrüsten.

Es bedarf nur noch eines Fanals für das Klein- und Großbürgertum, um es in die Front Hitlers einschwenken zu lassen; jetzt – ein paar Tage vor der entscheidenden Wahl – ist es an der Zeit, daß es aufleuchtet ...

In der Nacht zum 27. Februar 1933 steht der Reichstag in Berlin in Flammen: Symbol für die zu Ende gehende Periode der Demokratie. Die Polizei der Wache am Brandenburger Tor ergreift im brennenden Reichstag den unzurechnungsfähigen jungen Holländer van der Lubbe, der in seiner Heimat einer Anarchistengruppe von «Rätekommunisten» angehört, jedoch keinerlei Verbindung zu deutschen Kommunisten hat. Obgleich schon das nächtliche Verhör im Berliner Polizeipräsidium klar macht, daß es sich hier um einen herostratischen Einzelgänger handelt, erklären die Zeitungen und der Rundfunk dem deutschen Volke, daß die Kommunisten diese Brandstiftung an einem Heiligtum der Freiheit als Signal für einen Aufstand betrachtet hätten. Nur die Wachsamkeit des «Führers» habe Deutschland gerettet.

In einem Erlaß Hitlers vom 17. Februar 1933 an die Polizeibehörden wurden diese angewiesen «gegenüber den nationalen Verbänden» (SA, SS, Stahlhelm), «in deren Kreisen die wichtigsten staatserhaltenden Kräfte vertreten sind, das beste Einvernehmen herzustellen».

Die Aktion – die von der Berliner SA selbst gestartet worden ist und die sich des halb närrischen van der Lubbe bedient hat – gibt den willkommenen Anlaß, kurz vor der Wahl die gesamte kommunistische und sozialdemokratische Presse zu verbieten. Die gegnerischen Parteihäuser werden gestürmt und geschlossen; 4000 kommunistische Abgeordnete und Funktionäre werden verhaftet.

Die Wahl vom 5. März 1933 verteilt die Mandate: 288 für die NSDAP, 52 für die Kampffront Schwarz-Weiß-Rot, 119 für die SPD, 81 für die KPD, 74 für das Zentrum, 18 für die BVP, 6 für die DVP und 8 für die Deutsche Bauernpartei.

Hitler hat mit 43,9% der Stimmen die absolute Mehrheit nicht errungen, er ist genötigt, für eine Übergangszeit mit der Kampffront Schwarz-Weiß-Rot – den Stahlhelmleuten, den Deutschnationalen und anderen Nationalisten – zusammenzuarbeiten. Dadurch ergibt sich eine knappe Mehrheit von 52%. Die 81 Kommunisten werden nicht zum Reichstag zugelassen, und so verbessert sich

Hitlers Mehrheit um weitere Prozente. Er verfügt über 340 von 566 zugelassenen Abgeordneten.

*

Die dramatische Entwicklung der deutschen Innenpolitik hat in den vergangenen Monaten die Blicke der ganzen Welt auf sich gezogen. Über dem Aufstieg Hitlers hat man beinahe das Geschehen vergessen, das die europafernen Schauplätze der Politik erschüttert.

Die Japaner hatten die Mandschurei Ende 1931 besetzt.

Im August 1932 haben die Japaner in der chinesischen Provinz Mandschurei den «autonomen» Staat Mandschukuo errichtet. Seither toben Kämpfe in Schanghai und an der Chinesischen Mauer, der Ferne Osten scheint in Brand zu geraten.

Die «Ultima ratio» – der Rückgriff auf die Gewalt – hat auch die asiatische Hemisphäre erfaßt. Japans Expansionspolitik ist ein brutaler Raubzug in den Lebensraum eines anderen Volkes. Aber noch sind China und Japan Mitglieder des «Völkerbundes», der das Recht und die Pflicht hat, Streitfälle friedlich zu lösen.

Eine Untersuchungskommission unter dem Engländer Lytton prüft den Fall und berichtet dem Völkerbundsrat. Das Vorgehen der Japaner wird verurteilt – der Völkerbund steht vor seiner ersten Zerreißprobe.

Am 25. Februar 1933 kommt es zur Abstimmung über die Annahme des Lytton-Berichtes.

Die Vollversammlung tagt bereits in dem neuen, in modernstem Stil erbauten Betonpalast am Ufer des Genfer Sees. In weitgespannten Rängen sitzen die Delegierten der Nationen um den Aufbau der Präsidialpodien. Fast alle Anwesenden benützen die Kopfhörer, als der kleine Japaner Matsuoka spricht. Die Rede geht vom Mikrofon unmittelbar in die Übersetzerkabinen, wird sofort übertragen und auf weitverzweigten Leitungen in die Kopfhörer weiterverteilt.

«Anarchie beherrscht China. Japan, als sein nächster Nachbar, ist verpflichtet, für Ordnung zu sorgen. Es gibt in China keine zentrale Regierungsgewalt mehr, das Land ist auseinandergefallen, Tibet ist unabhängig, Turkestan hat keinen Zusammenhang mit dem eigentlichen China mehr, und die Äußere Mongolei bildet bereits seit Jahren einen Teil Rußlands ...»

Aus der Rede des japanischen Vertreters Matsuoka in Genf vom 25. Februar 1933.

Unruhe geht durch den großen Saal, der im matten Februarlicht nüchtern und niederdrückend wirkt.

«Wir haben sehr viel Geduld gehabt», ruft Matsuoka mit erhobener Stimme, «aber diese Geduld ist nun erschöpft!»

Als der Japaner endet, gibt es keinen Beifall. Tiefes, lastendes Schweigen breitet sich aus, als er klein und stämmig auf seinen Platz zurückkehrt.

Präsident Hymans ruft zur Abstimmung über den Lytton-Bericht auf. 42 Nationen verurteilen Japans Vorgehen.

Noch einmal erhebt sich Matsuoka, öffnet seine Aktenmappe und verliest eine vorbereitete Erklärung.

«Die japanische Regierung bedauert die soeben erfolgte Annahme des Lytton-Berichtes aufs äußerste. Japan sieht sich genötigt, daraus die notwendigen Konsequenzen zu ziehen und zu erklären, daß eine Zusammenarbeit mit dem Völkerbund in dieser Angelegenheit künftig nicht mehr stattfinden wird.»

Aus den Genfer Völkerbundsprotokollen des Jahres 1933.

Durch die Versammlung geht es wie tiefes Seufzen, man blickt sich bestürzt an. Bedeutet diese Stunde das Ende des Völkerbundes?

«Nach diesen Worten erhebt sich Matsuoka und mit ihm die ganze japanische Delegation, und die Japaner verlassen im Gänsemarsch unter dem betretenen Schweigen der anderen Delegationen die Sitzung. Erst als sich die Türe hinter dem letzten Japaner schließt, verfällt Präsident Hymans auf den Ausweg, die Sitzung aufzuheben, um dem Vorgang seinen dramatischen Charakter zu nehmen.»

Aus Schmidt, «Statist auf diplomatischer Bühne».

*

In der «Bavaria», einem kleinen Lokal in Genf, in dem sich nach alter Gewohnheit die Mitglieder der Völkerbundsdelegationen zu treffen pflegen, sitzen am Abend dieses bedeutsamen Tages ein deutscher Dolmetscher und ein französischer Journalist beisammen. Sie sind schon lange befreundet, haben seit Locarno hundert Konferenzen und Tagungen gemeinsam erlebt.

In den letzten Tagen scheint es dem Deutschen, als sei zwischen ihm und einigen seiner ausländischen Freunde eine gläserne Wand emporgewachsen. Man begegnet ihm frostig, zurückhaltend und mißtrauisch. Die Ereignisse im Reich werfen ihre Schatten nach Genf.

«Wohin soll das führen?» fragt der Deutsche, um das Gespräch in Gang zu bringen, «Japan verläßt den Völkerbund und geht seinen eigenen Weg. Kehren wir zu der alten Methode zurück, daß jede Macht das tut, wozu sie sich stark genug glaubt? Sind wir am Ende der kollektiven Sicherheit angelangt?»

Der Franzose gießt den Wein nach und zuckt die Achseln.

«Sprechen wir lieber von Ihrem Hitler», sagt er, «Japan liegt so weit entfernt. Sie wissen, daß Jules Sauerwein vom ‹Matin› schon vor drei Jahren gesagt hat: ‹Wenn in Deutschland etwa die Nationalsozialisten an die Macht kommen, so gibt es bald danach bestimmt Krieg ...› Nun, ich muß gestehen, was wir aus Deutschland zu hören bekommen, klingt wenig ermutigend: Gleichschaltungen, Säuberung, Verhaftung, Prügeleien, Plünderung jüdischer Geschäfte.»

Jules Sauerwein (geb. 1890), 1914–31 außenpolitischer Leiter des «Matin», seitdem beim «Le Soir» tätig.

«Das sind Randerscheinungen jeder Umwälzung», wehrt der Deutsche ab. «Wenn nur die Abrüstungskonferenz endlich ein Ergebnis brächte. Ich vermute, daß Hitler nicht der Mann ist, der sich die praktische Gleichberechtigung auf militärischem Gebiet vorenthalten läßt.»

«Was wollen Sie, mein Freund?» fährt der Franzose auf, «hat man Deutschland diese Gleichberechtigung nicht am 11. Dezember 1932 ausdrücklich gewährt? Sind nicht die Reparationen aufgehoben? Was noch, mein Herr? Aber es scheint etwas in der Luft zu liegen: Alles hat genug vom System der Zusammenarbeit, von der kollektiven Sicherheit. Der Isolationismus marschiert, die Autarkie hebt überall das Haupt. Und das ist immer der Anfang neuer Kriege gewesen.»

Der Deutsche blickt nachdenklich dem Rauch seiner Zigarre nach.

«Es mag ja sein», gibt er zu, «daß die Sowjets, Japan vielleicht, auch Italien und Hitler-Deutschland sich auf die eigene Wirtschaft zurückziehen, ihre Devisen bewirtschaften und selbstgenügsam aus den eigenen Möglichkeiten zu leben versuchen. Werden sie aber nicht gezwungen dazu durch die Weltkrise, die allgemeine Geldknappheit, die Ausschließung von den Kolonialmärkten?»

«Ich sagte Ihnen schon: Es liegt in der Luft!» erwidert der Franzose, «die Welle der Kollektivierung steigt überall.

In den USA ist im Dezember der Demokrat Roosevelt gewählt worden. Das ist der Sieg der Planwirtschaft auch drüben, Preise und Löhne werden gelenkt, den Farmern werden Bebauungsquoten und die Art der Bestellung künftig vom Weißen Haus diktiert werden. ‹New deal› nennt es Roosevelt – neu sollen die Karten gemischt werden zu fairem Spiel, der Staat greift durch Anleihen, Verordnungen, Arbeitsbeschaffungsprogramme und Industrieplanungen ein. Roosevelt soll sich zu diesem Zweck einen eigenen ‹Gehirn-Trust› zugelegt haben. Was bedeutet das alles, Monsieur? Zweiter Fünfjahresplan in der Sowjetunion, erster Vierjahresplan in Deutschland, Mussolini kommandiert die Wirtschaft, Roosevelt gründet einen ‹Hirntrust›, Japan tritt aus dem Völkerbund? – Merken Sie, wohin das steuert? Wir werden Krieg – den Weltkrieg haben. Überall entstehen Kollektivwirtschaften, kleine autarke Bereiche, die nach hausgebrautem Rezept produzieren, verteilen, planen. Das Ideal jedes Kollektivs ist aber notwendig die Einheit eines Wirtschaftsgebietes, das über alle Rohstoffe im eigenen Land verfügt. Darum wird jede Nationalwirtschaft notwendig auf die Bahn einer Eroberungspolitik getrieben, sie muß untergehen oder Rohstoffbasen gewinnen. Wie soll das ohne Gewalt geschehen? Wir wollen noch einmal anstoßen, vielleicht stehen wir uns bald als Feinde gegenüber, Monsieur!»

Franklin Delano Roosevelt (1882–1945) wurde 1933 der 32. Präsident der USA.

New Deal, wörtlich das neue Verteilen der Spielkarten, von Roosevelt verwendeter Begriff für die auf Grund umfangreicher Vollmachten des Kongresses 1933 eingeleiteten Reformen zur Überwindung der Wirtschaftskrise.

Sie trinken sich zu, zwei Europäer, zwei ohnmächtige Bürger mächtiger Staaten.

*

Der Führer schmiedet das neue Reich.

Am 8. März stürmt die SA das Karl-Liebknecht-Haus in Berlin. Noch hängen die riesenhaften Spruchbänder des Wahlkampfes an der Fassade der roten Hochburg. Die stockwerkhohen Bilder von Lenin, Liebknecht und Rosa Luxemburg werden heruntergerissen, die Hakenkreuzfahne flattert auf dem Dach. Das Haus erhält den Namen Horst Wessels, des von Kommunisten ermordeten SA-Sturmführers aus Berlin.

Horst Wessel war am 23. Februar 1930 bei einem Überfall ums Leben gekommen.

Die letzten Wahlen haben fast in allen deutschen Ländern die Regierungsgewalt in die Hände der NSDAP gegeben. Nur in Bayern steht noch die Regierung Held.

Adolf Hitler löscht die in jahrhundertelanger Tradition gewachsenen Länder von der Karte. Am 9. März schickt sein Gefolgsmann Dr. Frick eine Depesche an Generalleutnant von Epp in München mit der Aufforderung, in Bayern sofort die Macht als «Reichsstatthalter» zu übernehmen.

Abends 18.30 Uhr weht plötzlich vom Münchner Rathausturm eine riesige Hakenkreuzfahne. Massen wogen durch die Straßen, und wieder werden Fackeln entzündet. Von der Mittelloge des Rathausturmes verkündet Stadtrat Max Amann:

«General von Epp hat soeben alle Macht in Bayern übernommen, SS-Führer Himmler den Befehl über die gesamte Polizei. Bis zum Abend werden auf allen staatlichen Gebäuden Münchens die Hakenkreuzbanner wehen. Gleichzeitig finden in den Straßen große SA- und SS-Aufmärsche statt. Der bisherige Oberbürgermeister Scharnagl hat das Rathaus verlassen ...»

Aus dem «Völkischen Beobachter» vom 10. März 1933.

Am nächsten Tag stürmt die Menge die Verlagsgebäude der «Münchner Post» und das Gewerkschaftshaus, schlägt einige Redakteure und Setzer halb tot und zertrümmert Einrichtungen und Fenster.

*

Am 21. März 1933 tritt der neugewählte Reichstag feierlich in der Potsdamer Garnisonkirche zusammen. Generalität, nationale Front, Industrie und Diplomatie sind durch ihre Spitzen vertreten. Die Ränge des festlich geschmückten Raumes füllen sich mit Herren in feierlichem Schwarz oder in blitzenden Uniformen. Als Letzter betritt Hitler die Kirche, an deren Wänden die Fahnen der alten preußischen Traditionsregimenter hängen. Er legt sein Manuskript auf das Rednerpult und beginnt zu sprechen.

«Wir wollen wiederherstellen die Einheit des Geistes und des Willens der deutschen Nation!

Wir wollen die großen Traditionen unseres Volkes, seiner Geschichte und seiner Kultur in demütiger Ehrfurcht pflegen als unversiegbare Quellen einer wirklichen Stärke und einer möglichen Erneuerung im Frieden ...

Wir wollen an die Stelle des ewigen Schwankens die

Festigkeit einer Regierung setzen, die unserem Volke damit eine unerschütterliche Autorität geben soll ...»

Aus der Hitler-Rede am Tage von Potsdam (21. März 1933).

Am 23. März fordert Hitler vom Reichstag die Zustimmung zum «Ermächtigungsgesetz», einem Gesetz, das der Reichsregierung für die Zeit des ersten Vierjahresplanes neben der vollziehenden auch die gesetzgeberische Gewalt ohne Kontrolle durch das Parlament überträgt. Das Gesetz trägt den Namen «Gesetz zur Behebung der Not von Volk und Reich».

Die Kroll-Oper, in der die Sitzung stattfindet, ist bis auf den letzten Platz besetzt. Als Hitler seine flammenden Anklagen gegen die bisherigen «Systemregierungen» beendet und seine Forderungen gestellt hat, ist es ganz still in dem weiten Rund. Reichstagspräsident Göring sieht sich um, wer das Wort verlangt.

Der Sozialdemokrat Otto Wels wagt es, dem Machthaber zu entgegnen. Er betritt das Podium.

Otto Wels (1873–1939) war 1931–33 Vorsitzender der SPD. Er emigrierte 1933 nach Prag, 1938 nach Paris.

«Nach den Verfolgungen, die die SPD in der letzten Zeit erfahren hat, wird billigerweise niemand von ihr verlangen oder erwarten können, daß sie für das hier eingebrachte Ermächtigungsgesetz stimmt. Die Wahlen vom 5. März haben den Regierungsparteien die Mehrheit gebracht und damit die Möglichkeit gegeben, streng nach dem Wortlaut und Sinn der Verfassung zu regieren. Wo diese Möglichkeit besteht, besteht auch die Pflicht.

Kritik ist heilsam und notwendig ...

Eine Allmacht der Regierenden wird sich um so schwerer auswirken, als auch die Presse jede Bewegungsfreiheit eingebüßt hat.»

Die drei folgenden Zitate aus der Reichstagsrede von Otto Wels.

Auf den Bänken der NSDAP entsteht Unruhe. Gelächter und Zwischenrufe antworten dem Redner. Die Männer in den braunen Hemden sind sich ihrer Position sicher. Außerdem warten vor der Tür dieses Hauses die schwarzen Kolonnen der SS.

Wels fährt fort:

«Sie werden also zunächst den Reichstag ausschalten, um Ihre Revolution fortzusetzen. Zerstörung des Bestehenden ist aber noch keine Revolution ... Wir Sozialdemokraten wissen, daß man machtpolitische Tatsachen durch bloße Rechtsverwahrung nicht beseitigen kann. Wir sehen die machtpolitische Tatsache Ihrer augenblicklichen Herrschaft ...

Aber auch das Rechtsbewußtsein des Volkes ist eine politische Macht, und wir werden nicht aufhören, an dieses Rechtsbewußtsein zu appellieren.»

Lebhaft stimmen die Sozialdemokraten zu, aber sie sind nur eine Minderheit, die bürgerliche Mitte schweigt verschüchtert, die Rechte zeigt durch ihr anhaltendes Gelächter, wie wenig ernst man diese letzten Proteste einer untergehenden Partei nimmt.

Wels hebt seine Stimme.

«Kein Ermächtigungsgesetz gibt Ihnen die Macht, Ideen, die ewig sind und unzerstörbar, zu vernichten ... Wir grüßen die Verfolgten und Bedrängten, wir grüßen unsere Freunde im Reich. Ihre Standhaftigkeit und Treue verdienen Bewunderung. Ihr Bekennermut, ihre ungebrochene Zuversicht verbürgen uns eine hellere Zukunft.»

Die Abstimmung ergibt 444 Stimmen für und 94 Stimmen der SPD gegen das Gesetz.

Hitler regiert von nun ab als Diktator.

*

Die «Gleichschaltung» und Eroberung aller Machtpositionen, bis hinab zur letzten Bauerngemeinde und zum Sportverein, dessen Vorsitzender von der Partei gebilligt oder bestimmt wird, setzt sich fort. Die marxistischen Parteien werden verboten, die anderen lösen sich selbst auf, nachdem ein Teil der Führerschaft verhaftet oder emigriert ist. Die NSDAP erklärt sich zur «alleinigen Willensträgerin der Nation». Aus dem Reichskabinett scheiden alle Nicht-Nationalsozialisten aus. Der «Stahlhelm» wird in die SA überführt, und überall fahndet die bereits stark mit SS durchsetzte Polizei nach politischen Gegnern. Man nimmt Gewerkschaftsführer und Funktionäre in «Schutzhaft» und übergibt sie der «Gestapo» – der «Geheimen Staatspolizei», die anfangs Göring, bald aber Himmler unterstellt wird.

Der «SD» – der Sicherheitsdienst – überwacht Volksstimmung und öffentliche Meinung, zahllose kleine Amtswalter helfen mit, das System in die Häuser, Fabriken, Schulen, Vereine und Jugendverbände zu tragen. Jedes freie Wort beginnt gefährlich zu werden. Man hört von neuerrichteten «Konzentrationslagern», ohne allerdings Einzelheiten zu erfahren.

Hier ist zu berücksichtigen, daß sämtliche kommunistischen Abgeordneten entweder untergetaucht oder verhaftet waren. Auch einige SPD-Abgeordnete befanden sich bereits in sog. Schutzhaft.

Die «Gestapo» war 1933–45 die politische Polizei des NS-Regimes. Zunächst von Göring geleitet, ging sie 1936 in die Hände Himmlers über.

Der Sicherheitsdienst, ein politischer Überwachungsapparat, unterstand Heydrich.

Minister Frick kann am 11. Juli 1933 die «Revolution» für abgeschlossen erklären. Das Dritte Reich ist Wirklichkeit geworden.

*

Im Zeichen des Hasses ist die «Bewegung» aufgewachsen, im Zeichen des Hasses tritt sie nun ihre unumschränkte Herrschaft an. Alle völkischen und rassischen Ressentiments, die bis auf die Zeiten der «Alldeutschen» und «Teutomanen» zurückgehen, die unverstandenen Ideen Nietzsches über ein neues Herrenmenschentum, die überspitzten Theorien des «Professors» Günther und die persönlichen Haßgefühle Hitlers und einiger seiner führenden Gefolgschaftsleute kommen zum Ausbruch. Die Juden sind als die Urheber aller volkswirtschaftlichen und moralischen Schäden bezeichnet worden, für sie wird es im «Dritten Reich» keine Lebensmöglichkeit geben.

Hans Friedrich Karl Günther (1891–1968), Professor in Jena, Berlin und Freiburg i. Br. Er legte in seinen Schriften die ideologischen Grundlagen für den nationalsozialistischen Rassismus.

Schon am 1. April hat der «Frankenführer» Julius Streicher eine Art Probealarm durchgeführt und den Boykott jüdischer Geschäfte, Ärzte und Rechtsanwälte befohlen. Plötzlich stehen vor den Wohnungen der Juden, vor ihren Schaufenstern und Büroeingängen SS-Wachen und machen drohend darauf aufmerksam, daß kein Deutscher diese Türen durchschreiten dürfe.

Am 11. April erläßt die Reichsregierung ein Gesetz «Zur Wiederherstellung des Berufsbeamtentums», durch das die Möglichkeit geschaffen wird, «alte Kämpfer» in entscheidende Posten zu bringen. Das gleiche Gesetz schließt alle «Nicht-Arier» von den Beamtenrechten aus. Jüdische Beamte müssen sofort ausscheiden.

Der 1. Mai wird zum Nationalfeiertag der «Deutschen Arbeit» erklärt. Die Pressestellen des neuen Reichspropagandaministers Goebbels geben bekannt:

«Die Hissung der Reichsfahnen, insbesondere der Hakenkreuzfahne durch Juden hat zu unterbleiben. In Zweifelsfällen trifft die örtliche Polizei die nötigen Anordnungen.»

Aus dem «Völkischen Beobachter» vom 29. April 1933.

Ein Nachsatz besagt, daß die Juden verpflichtet sind, sich an der Ausschmückung der Feststraßen mit Girlanden zu beteiligen. Zur Entrechtung kam nun der Hohn.

*

SA-Brigadeführer von Balow wird in seinen neuen, modern eingerichteten Arbeitsräumen durch einen aufgeregten Sturmführer aufgestört. Der Mann ist in Zivil Studienrat und vermutlich noch nicht an den rauhen Ton der Legion gewöhnt, deren Uniform er trägt.

«Kommen Sie um Himmels willen, Brigadeführer», sagt er. «Sie ahnen ja nicht, was diese Schweine anstellen!»

Zusammen fahren sie zum Sturmlokal eines Villenvororts.

Als sie das Lokal betreten, schrillt wie in der Kaserne der Achtungsruf. Der Obertruppführer, einer der wildesten Schläger der «Kampfzeit», erstattet Meldung.

«Wo habt ihr den Burschen?» fragt Herr von Balow.

Ein wenig verlegen führen ihn die SA-Männer in eine nach rückwärts gelegene Kammer. Die Einrichtung besteht aus einigen alten Wirtshausstühlen, einem Tisch, dem ein Bein fehlt, und einem verstaubten Führerbild. Auf dem Fußboden liegt, blutig und zerschlagen, mit beschmutzten Kleidern, halb bewußtlos, ein Mann von etwa vierzig Jahren.

Der Obertruppführer stößt den Stöhnenden mit dem Stiefel an.

«Willst du aufstehen, Judenschwein!»

«Lassen Sie den Mann in Ruhe», sagt Balow angewidert, dann wendet er sich an den am Boden Liegenden: «Machen Sie, daß Sie nach Hause kommen, aber schnell!»

Der Mann richtet sich langsam auf. Es ist Dr. Moritz Hirsch, der ehemalige Kriegskamerad.

*

Später, in der Wohnung Balows, erzählt Dr. Hirsch von dem Überfall, dessen Opfer er geworden ist. Wie überall in jüdischen Wohnungen, sind in der Kanzlei seines Vaters SA-Männer erschienen. Vielleicht wollten sie eine der beliebten «Haussuchungen» halten, vielleicht brauchten sie die Büroräume.

Dr. Hirsch hat in einem plötzlichen Einfall sein EK I. an den Rock gesteckt und ist den Leuten entgegengegangen. Wütend fielen sie über ihn her; er schände das Zeichen, das auch der Führer trage, er habe es irgendwo gestohlen. Man

Die Verfolgung der Juden im nationalsozialistischen Deutschland begann 1933. So brachte das «Beamtengesetz» in diesem Jahr die Ausschaltung der Juden aus dem öffentlichen Leben.

hat ihn verhaftet, geprügelt, mitgeschleppt, wieder geprügelt.

«Verdammte Sache, Moritz», sagt von Balow und blickt verlegen zu Boden. «Tut mir mächtig leid für dich. Aber – wenn ich dir einen Rat geben darf: Es wäre am besten, du würdest lieber heute als morgen außer Landes gehen. Es wird noch schlimmer kommen.»

«Ist das alles, was du mir zu sagen hast?», fragt Dr. Hirsch. Das Recht hat also aufgehört, in Deutschland zu regieren?»

Überall auf den Rampen der Güterbahnhöfe, an den Kais der Binnenschiffahrt sind jetzt die riesigen Überseekisten zu sehen, in denen der Hausrat der emigrierenden Juden auf den Abtransport wartet. Die Aufschriften zeigen an, daß die Fracht nach New York gehen soll, nach Haifa, nach Rio de Janeiro.

Von den 1933 in Deutschland lebenden 499 700 Juden wanderten mehr als 300 000 aus.

Herr von Balow spielt nervös mit dem Ehrendolch an seiner Seite.

«Das Recht», sagt er, die Worte wägend, «das Recht, mein Lieber, ist den Deutschen so lange verweigert worden, daß sie nun nicht mehr genau wissen, was das für ein Ding ist. Jetzt geht es gegen euch.»

«Gegen uns? Sind wir denn plötzlich keine Deutschen mehr, wir, die wir zumindest ebensoviel Heimatrecht in diesem Lande haben wie alle die in den Jahrhunderten zugewanderten Slawen, Franzosen, Holländer oder Italiener?»

«Ihr seid eine andere Rasse – du weißt es. Es geht gar nicht um die Religion. Der Führer hält nicht viel von Religion.»

«Und ihr duldet diese Barbarei? Denkt ihr denn nicht, daß das eine böse Schule ist? Heute geht es gegen die Juden, morgen gegen die Marxisten, gegen die Pfaffen, gegen die Freimaurer, gegen die Braunäugigen, gegen die Rothaarigen – keiner wird mehr frei und sicher sein, wenn er einmal zugestimmt hat, daß solche Pauschalurteile gefällt werden. Wo ist da die Grenze?»

Herr von Balow erhebt sich, er ist sehr unsicher und fühlt sich in dieser traditionslosen Theater-Uniform nicht wohl. Er war Berufsoffizier, er hat hier wieder eine Kommandostelle gefunden, ist versorgt, gut, aber, verdammt, bei der alten Armee hatte man andere Ehrbegriffe.

Streicher, der in seinem Hetzblatt «Der Stürmer» großen Anteil an der Judenverfolgung hatte, war 1924–40 Gauleiter von Franken. Er organisierte am 1. April 1933 auf Hitlers Weisung einen allgemeinen Judenboykott.

«Moritz», sagt er begütigend, «sei vernünftig! Heute hast du Glück gehabt, da war ich da, ein Zufall! Aber wehe dir, wenn du Julius Streicher in die Hände gefallen wärest.»

Dr. Hirsch blinzelt kurzsichtig, seine Brille haben sie ihm zerschlagen. Er versteht die Welt nicht mehr. Da hat man jahrelang gut und friedlich in einer Straße gewohnt, die Nachbarn gegrüßt, Freunde gehabt und ist überall ein gern gesehener Gast gewesen. Jetzt schauen die Bekannten zur Seite, wenn man sie zufällig trifft; in Räumen, die er betritt, verstummen die Gespräche; sogar die Geschäftsleute sind peinlich berührt, wenn man bei ihnen kauft. Es gibt auch andere, die demonstrativ betonen, daß sie an dem alten Verhältnis festhalten werden – aber auch dieses Unterstreichen schafft eine unsichtbare Mauer.

Man steht plötzlich draußen vor der Tür, ist ein Fremder geworden.

«In unserer Straße», sagt Dr. Hirsch leise, «wohnt ein einfacher Mann, ein Hilfsarbeiter, er haust in einem Gartenhaus, und meine Frau hat ihm, da er lange arbeitslos war, oft zu essen geschickt. Er trägt meinen alten Havelock und meine fast neuen Bergschuhe. Wie ein ergebenes Hündchen stand er immer am Wegrand, zog die Mütze und machte eine tiefe Verbeugung. Ich habe ihn vor einem Jahr bei Bekannten in der Fabrik als Lagerist untergebracht. Der Mann trägt jetzt SA-Uniform, heute war er auch dabei, er trat mich mit meinen eigenen Bergschuhen und überschüttete mich mit unsäglichen Schimpfworten. Siehst du, Balow, das ist es, was ich nie begreifen werde: Was sind das für Menschen? Jahrelang kennt man sie als brav, friedlich, freundlich, harmlos. Dann plötzlich werden sie zu wilden Tieren. Leben wir im Dschungel?»

«Ich weiß nicht, Moritz; aber ich habe es beim Freikorps erlebt: Die Menschen haben etwas Teuflisches in sich, das kann geweckt werden, ebenso wie sie etwas Göttliches in sich tragen. Es kommt ganz darauf an, was angerufen wird.»

Dr. Hirsch schüttelt nachdenklich den Kopf.

«Manchmal denke ich, wir leben auf einer dünnen Eisschicht, die wir Zivilisation nennen. Darunter aber lauert jederzeit der Abgrund, lauern Haß, Grausamkeit, Gemeinheit, Mord. Wir haben nur vergessen, daß wir auf der Eisschicht gehen, wir lassen uns durch ein paar

Illusionen in der Meinung bestärken, es sei alles in Ordnung.»

Später (1935) wurde die Diffamierung der Juden in den sog. «Rassengesetzen» legalisiert.

«Die Gefahr ist in jedem von uns», sagt der Brigadeführer. «Ich spüre es auch. Die Macht verführt, die Masse zieht an, es ist so verantwortungslos und so beruhigend, sich im Strome tragen zu lassen. Oft möchte ich diese Uniform ablegen und von all dem nichts wissen.»

«So tu es doch, Hans!»

«Das ist nicht so einfach, wie du glaubst. Das Ausziehen dieser Uniform wäre ein Bekenntnis und – das merke dir – nichts ist in diesen Tagen gefährlicher, als zu bekennen.»

*

Es ist ein trüber Herbst am Genfer See.

Lange haben sich die ausländischen Journalisten überlegt, ob sie zu einem Presse-Empfang des deutschen Propagandaministers Dr. Goebbels im Carlton-Hotel erscheinen sollten oder ob es nicht besser wäre, dem Gesandten Hitlers durch demonstratives Fernbleiben die Meinung der Welt über das brutale Regime der Nazis klarzumachen. Die berufliche Neugierde, das Bestreben, die Leser zu orientieren und die Hoffnung auf Sensationen hatten gesiegt.

Als der deutsche Minister die Hotelhalle betritt, ist kein Platz mehr für Stühle, viele Reporter müssen stehen.

Ein wenig den Fuß nachziehend, klein, aber sehr sicher, begibt sich Dr. Goebbels zu seinem Platz. Der scharf geschnittene Kopf, die hohe, ein wenig fliehende Stirn und der fuchsschlaue Gesichtsausdruck weisen ihn als Intellektuellen von hohem Grade aus. Ein teuflisches Genie ist dieser Mann, und von maßlosem Ehrgeiz besessen.

Goebbels war im März 1933 Reichsminister für Volksaufklärung und Propaganda geworden.

«Mit Schmerz und Enttäuschung», beginnt Goebbels, «hat das deutsche Volk in den letzten Monaten die Beobachtung gemacht, daß das Werden des nationalsozialistischen Staates und seine positiven Rückwirkungen ... in der Welt vielfach Verständnislosigkeit, Mißtrauen oder gar Ablehnung gefunden haben ...»

Die drei folgenden Zitate aus Schmidt, «Statist auf diplomatischer Bühne».

Die Journalisten stenographieren eifrig, man spürt, daß manche nicht unbeeindruckt bleiben. Goebbels gewinnt an Boden. Er versteht es großartig, mit Wortern und Gedanken zu spielen.

Als er sich später den Fragen der Presse stellt, macht man ihm unmißverständlich klar, daß die Welt genau über das Vorgehen gegen die Juden unterrichtet und zutiefst empört sei. Goebbels verzieht sein Gesicht in bedauernde Falten, als werde hier ein Punkt gestreift, der ihn besonders peinlich berühre.

«Ich stehe nicht an, offen zuzugeben, daß im Verlaufe der nationalsozialistischen Revolution in Deutschland gelegentlich Übergriffe einiger unkontrollierbarer Elemente vorgekommen sind ...»

Das Geständnis gewinnt ihm Sympathien. Dann geht ein zynisches Lächeln um seinen schmalgeschnittenen Mund.

«Unverständlich aber scheint mir», fährt er fort, «daß sich das Ausland weigert, den von Deutschland abwandernden Überschuß aufzunehmen ...»

Meisterhaft jongliert sich der Propaganda-Chef Hitlers durch das Kreuzfeuer der Fragen.

*

Die militärische Gleichberechtigung Deutschlands wurde in der Genfer Fünf-Mächte-Vereinbarung anerkannt.

Am 11. Dezember 1932 war Deutschland die volle militärische Gleichberechtigung zugestanden worden. Nun soll die praktische Durchführung festgelegt werden. Der Völkerbund nimmt – vielleicht unter dem Eindruck der Vorgänge im Reich – eine für Hitler brüskierende Formel an: Deutschland soll noch einmal eine «Bewährungsfrist von vier Jahren» durchlaufen, bevor es von den Beschränkungen des Versailler Vertrages entbunden wird.

Die Antwort des neuen Kanzlers erfolgt schneller als erwartet. Wie ein erstes Wetterleuchten kommender überraschender Entschlüsse und Entscheidungen ist es, als Deutschland seinen Austritt aus dem Völkerbund erklärt. Damit wendet sich eine zweite Großmacht vom System der kollektiven Sicherheit ab und geht ihre eigenen Wege. Zugleich aber verliert Hitler damit die breite Plattform weltweiter Verhandlungsmöglichkeit, die Türen fallen zu.

Zu einem der aus Genf heimkehrenden Deutschen sagt einer seiner Kollegen auf der Rückreise nach Berlin:

«Der Kapitän hat die Navigationsinstrumente über Bord geworfen und steuert nun nach seiner Intuition weiter. Dafür läßt er jetzt unter Deck die Kapellen spielen, um die Stimmung bei den Passagieren aufrechtzuerhalten.»

Das deutsche Schiff fährt im Taumel von Rundfunkreden, Aufmärschen, Fahnen, Girlanden, Feuerwerken und einer Flut von Kundgebungen aller Art der Zukunft entgegen. So herrlich und strahlend fuhr einst auch die «Titanic».

Irgendwo in dunkler Nacht schwimmt der Eisberg des Schicksals, irgendwo in der Tiefe des Alls wartet die Stunde, die kommen muß. Nur wenige fühlen, wie dünn die Schiffswände sind, die alle Herrlichkeit vom gähnenden Abgrund trennen.

Verzeichnis der Abbildungen

Hinweis

Für den vorliegenden Band wollen Sie die Begriffserklärungen und Karten mit heranziehen, die am Schluß des Bandes 20, Otto Zierer, «Der Zweite Weltkrieg» mit abgedruckt sind.